流动、认同与融入

对外籍学生来华留学实践的社会学考察

王昕生/著

Mobility,Identity and Integration

A Sociological Study on the practice of
international students in China

中华工商联合出版社

图书在版编目（CIP）数据

流动、认同与融入：对外籍学生来华留学实践的社会学考察 / 王昕生著. -- 北京：中华工商联合出版社, 2021. 11

ISBN 978-7-5158-3120-6

Ⅰ. ①流… Ⅱ. ①王… Ⅲ. ①留学生教育－研究－中国 Ⅳ. ① G648.9

中国版本图书馆 CIP 数据核字（2021）第 191123 号

流动、认同与融入：对外籍学生来华留学实践的社会学考察

作　　者：王昕生
出 品 人：李　梁
责任编辑：于建廷　效慧辉
封面设计：周　源
责任审读：傅德华
责任印制：迈致红
出版发行：中华工商联合出版社有限责任公司
印　　刷：北京毅峰迅捷印刷有限公司
版　　次：2022 年 02 月第 1 版
印　　次：2022 年 02 月第 1 次印刷
开　　本：710mm × 1000 mm　1/16
字　　数：355 千字
印　　张：24.25
书　　号：ISBN 978-7-5158-3120-6
定　　价：98.00 元

服务热线：010-58301130-0（前台）
销售热线：010-58301132（发行部）
　　　　　010-58302977（网络部）
　　　　　010-58302837（馆配部、新媒体部）
　　　　　010-58302813（团购部）
地址邮编：北京市西城区西环广场 A 座
　　　　　19-20 层，100044
投稿热线：010-58302907（总编室）
投稿邮箱：1621239583@qq.com

工商联版图书
版权所有　侵权必究

凡本社图书出现印装质量问题，
请与印务部联系。

联系电话：010-58302915

序

这本题名为《流动、认同与融入：对外籍学生来华留学实践的社会学考察》的著作，是我的博士研究生王昕生在其论文基础上修改完善而成的。据我的不完全阅读的判断，这大概是我国第一本基于翔实的统计和调查资料对当代来华留学生进行研究的社会学著作。我国关于海外华人移民、包括海外华人留学生的研究著作很多，但关于来华留学生的研究为数很少。因为在大家的印象里，中国是一个留学生输出大国，当我得知中国已经是世界上第三大留学生输入国时，我也感到十分吃惊，觉得这确实是一个需要研究的新领域。这些学生为什么选择来中国留学？在来到中国之后，对于中国社会的认识产生了一个怎么样的变化过程？这些变化又会对中国社会造成什么影响？这些问题不仅仅是留学生群体的个人问题，更是一个亟待探究的社会问题。

王昕生是我指导的少数在职博士生之一，他在法国接受过系统的社会学训练，硕士毕业后在教育部中外语言交流合作中心工作。他努力刻苦，能够在繁重的工作压力下兼顾学业，只用3年的时间就提前完成了博士学业，开创了社会学的先河。他也结合自己的工作经验和优势，在全面梳理了来华留学相关理论和历史的基础上，利用丰富的访谈资料和宏观统计数据，对改革开放以来来华留学生经济、社会、文化的认同和融入问题进行了深入的研究，在这个领域具有开拓性的意义。特别是他对京津地区、长三角地区和珠三角地区的134名留学生进行了深入的访谈，还采访了学校负责人、奖学金项目负责人、留学生导师等，收集了大量生动、鲜活、丰富的资料，对我们从多样的个体经历认识宏大的社会变迁进行了有价值的探索。他还基于自身的工作经验和研究结果，对改进来华留学工作，提出一些具有操作性的政策建议，很有价值。我希望他能够持续地把这项研究坚持下去，为发展来华留学事业提出真知灼见。

中国社会科学院学部委员

中国社会科学院大学社会学特聘教授

2021年12月1日于北京

目录

○

Contents

绪　论
来华留学生研究的目的和意义

第一节　问题的提出

在经济一体化、文化多元化、教育国际化的背景下，跨境流动日益成为国家间社会经济往来的主要形式，全球化加大了对国际化人才的需求，引发了新世纪国际留学的热潮。"一个国家的外国留学生规模和层次是体现该国政治、经济、文化、外交实力和国际化的重要指标之一，而外国留学生教育也是促进国家之间合作交流的重要途径。"[1]来华留学生是中国国际人才布局中的重要"战略资源"，2013年，习近平总书记在欧美同学会100周年大会上强调要"充分开发利用国内国际人才资源，积极引进和用好海外人才"。

陈松林、程家福通过对联合国教科文组织（UNESCO）有关数据的梳理，发现1990-2000年，世界范围的留学生年均净增长为7万人，2000-2008年则达到16.3万人[2]。菲利普·阿尔特巴赫认为世界范围内留学生的流向是由南向北、从发展中国家向发达国家[3]。改革开放以来中国的迅速崛起则打破了这一格局，1987-2018年，来华留学生规模保持着年均增长率16.8%的高速增长，从1950年的33人发展到2018年近50万人，成为继美英之后"世界第三大留

---

①　贺向民.从数据看我国来华留学生教育的发展［C］//北京高校来华留学生教育研究.2008.北京：北京语言大学出版社，2008：19-34.

②　陈松林，程家福.本世纪初来华留学教育的发展战略研究［J］.巢湖学院学报，2014，000（005）：128-133.

③　菲利普·阿尔特巴赫，郭勉成；跨越国界的高等教育［J］.比较教育研究；2005（01）.

学生输入国”和“亚洲最大留学生目的地”①。这一跨越式的变化让我们不禁深思：为何，改革开放后来华留学生规模增速得以大幅增长？外国学生如何选择他们的留学目的地？他们为什么选择来华？来华留学的外国学生都来自哪些国家？中国的哪些方面吸引了他们？对于来华留学他们有哪些期待？如何吸引更多的学生选择来华留学？

改革开放40年以来，来华留学生不仅在规模上实现跨越式的发展，在结构层级上也得以不断优化。陈松林将留学生分为两大类7小类：两大类指的是学历留学生和非学历留学生。前者包括博士研究生、硕士研究生、本科和专科4小类；后者包括短期留学生、普通进修生和高级进修生3小类②。国际社会通常将前4小类中的博士研究生和硕士研究生视作留学生中的高层次人才，并称为外国研究生③，从国际比较看，发达国家留学生教育已达到以研究生为主，本科生、进修生为辅的阶段④，一般占学历生比例的40%以上⑤，德勒埃和Poutvaara认为这一层次留学生群体有利于国家“智力”的显著提升（significant brain gain）⑥。目前，来华留学生虽教育层次偏低⑦，但近三十年来华研究生规模一直保持年均近30%的增长速度。2018年，共有196个国家492,185名留学生在中国留学，其中来华学历生258,122人，占留学生总数的52.44%，同比增长6.86%；研究生人数达85,062人（硕士生59,444人，博

① 张烁.中国成世界第三大留学生输入国仅次于美英［N］.人民日报海外版.2015-10-16.

② 陈松林，程家福.21世纪初来华留学生结构状况及变化趋势［J］.现代教育管理，2012（8）：39-44.

③ 韩鲁青，李彤彤，陶扉.我国现阶段研究生层次留学生教育管理模式研究［J］.赤峰学院学报：汉文哲学社会科学版，2014（5）：258-259.

④ 王军.来华留学研究生教育现状分析［J］.中国高教研究，2006，000（006）：21-23.

⑤ 程家福，陈松林，赵金坡.新中国来华研究生教育历史研究［J］.学位与研究生教育，2012（10）：64-71.

⑥ Dreher A, Poutvaara P. Foreign Students and Migration to the United States[J]. World Development, 2011, 39(8):1294-1307.

⑦ 谭伟红.我国高校来华留学生比例和结构上的问题与对策［J］.现代教育论丛，2016，000（002）：33-37.

士生25,618人），占留学生总数17.3%，占来华学历生人数的33%，较2017年增长12.28%。与此同时，这一群体的专业结构也从"文科为主"到工科、管理、理科、艺术、农学"百花齐放"，那么不同来源地区、不同留学类型、不同专业背景、不同教育层次的来华留学生对于中国社会的看法是否一致？中国对外展示的"中国形象"和他们眼中的"中国印象"有哪些不同？作为全球消费的参与者，他们如何看待中国经济的发展和在国际市场的地位？作为中国人眼中的"老外"，他们如何理解中国的社会关系？作为跨越文化的"他者"，他们如何看待中国文化？

从社会发展的角度来看，帮助外籍留学生融入中国社会，使其能够深入学习语言和知识、结交中国朋友、理解中国文化，有利于带动国际经济交往、推动国际教育发展、促动国际学术交流[1]。从社会治理的角度来看，如果这一庞大的异文化群体长期无法融入中国社会，缺乏认同感和归属感，有可能演变成社会的不稳定因素[2]。2019年7月以来，埃及籍留学生YOUNES暴力抗法、徐州留学生聚居吸毒、江苏、山东、广西等多所高校强迫中国学生为留学生腾让宿舍、山东大学25名中国学生陪护1名受伤留学生以及为留学生配对3名中国学伴等事件的发生，为来华留学事业的发展敲响了警钟。正因如此，随着中国教育国际化的发展，不仅应关注外籍留学生群体的数量和质量，同时也应关注他们社会融入的深度和广度。来华留学生是否期望融入中国社会？在华留学生的社会融入具体情况如何？有什么样的特征？他们的融入沿着哪些维度展开？具体的策略和机制是什么？他们依靠哪些资源融入中国社会，而影响这一群体社会融入的因素又包括哪些？相关的政策和管理制度对于他们的融入起到了何种影响？发挥了何种作用？对于这些问题的关注和思考，构成本文的研究起点。

---

[1] 方宝，武毅英.高等教育来华留学生的变化趋势研究——基于近十五年统计数据的分析［J］.高等教育研究，2016（2）：19-30.

[2] 安东尼M.奥罗姆、张玥，亚洲城市未来十年面临的四个巨大挑战［J］.中国治理评论，2014（1）：26-38

第二节　研究内容及意义

现代性加速了社会的流动，流动也建构了现代性的特征①。长时段的跨境流动行为被称为移民，李明欢将移民类型分为：工作性迁移、团聚性迁移、学习性迁移、投资性迁移、休闲性迁移和托庇性迁移六类群体②。以往研究对以学习性迁移为目的的教育移民关注较少，对其他类型则多有讨论。相较其他移民群体，留学生具有流动目的性强、流动周期和融入意愿群内差异较大、对政策支持和制度整合的依赖性强、存在逆向制度排斥和社会排斥、不以经济融入作为首要融入目标等特点。实际上，留学自始至终承担着促进各国、各地区沟通与共同进步的使命，是人类文明传播的重要依托。来华留学的历史可以追溯到隋唐时期，距今已有千年。自新中国建立以来，来华留学更是被赋予重要的历史使命，从20世纪50年代作为民间外交手段与正式外交互为补充；改革开放以来，来华留学事业迅速发展，1987–2018年，来华留学生规模保持着年均增长率16.8%的高速增长，2018年来华留学规模近50万人，中国也成为继美英之后的"世界第三大留学生输入国"和"亚洲最大留学生目的地"③。本研究以来华留学生为研究对象，主要考察这部分人群来华留学动机、对华态度印象以及在华融入情况，即来华留学生的流动、认同与融入。

本研究的第一章梳理了经典移民研究以及留学生研究中关于流动、认同和融入理论，并结合布迪厄场域、惯习、资本的实践理论建立了本文的分析框架。布迪厄的实践理论一方面有利于破除已有研究中行动和结构的二元对

---

① 齐格蒙特·鲍曼，鲍曼，Bauman, et al.流动的现代性［M］.上海：上海三联书店，2002：7

② 李明欢.国际移民政策研究［M］.厦门：厦门大学出版社，2011：7-13

③ 张烁.中国成世界第三大留学生输入国仅次于美英［N］.人民日报海外版.2015-10-16.

立；另一方面，通过引入时间和关系的分析维度，我们将外国学生在华留学看作由流动、认同和融入三种实践类型相互建构、彼此影响的生命历程，并试图勾勒出这一历程的整体画像：发展的方向、转变的轨迹以及延续的路径。

第二章旨在梳理来华留学的发展历史。来华留学古已有之，中国最早的、成规模的来华留学可以追溯到隋唐时代。对隋唐至今来华留学历史的梳理，有助于探究不同时代来华留学生的流动、认同和融入特征，以及不同时期来华留学管理制度的变化和意义的变迁；第三章主要考察外籍留学生为何选择来中国留学，流动是惯习驱动与场域推拉共同作用的结果；第四章讨论了来华留学的组织场域——中国高校中的游戏规则，以及在规则的引导下，留学生与场域中其他行动者的互动关系。

第五章、第六章、第七章尝试探讨留学生在走出校园，走入更广阔的、更丰富的社会维度后，将面对哪些机遇？经历哪些挑战？他们在不同空间维度上处于什么位置？他们如何通过策略性的实践，维持或改变他们在中国经济、社会和文化中的位置？本文以布迪厄的"场域–惯习–实践"理论分析框架，结合跨文化适应研究、国际移民研究与国内流动人口研究等"中层理论"，通过"资本"分析考察留学生通过策略性的行动积累、提高、利用经济资本、社会资本和文化资本，以应对跨境流动带来的"经济危机""社交断裂"和"文化冲击"等问题；通过"场域"分析考察中国市场、社会和文化的结构和制度对该群体认同、融入中国的支持和制约；通过"惯习"分析考察留学生在行动和制度的双重作用下，在经济、社会、文化等维度的认同和融入状况。

来华留学生的流动、认同、融入看似是各不相干的实践过程，实际是紧密联系的生命历程。在整个留学历程中，惯习、场域、资本的互动贯穿始终，流动是受惯习与"想象的"异国场域"选择性亲和力"牵引的选择实践；认同是惯习与"真实的"异国场域互动的认知实践；融入是受惯习与场域的契合程度以及持有相应场域资本的数量和质量共同影响的行动实践。流动、认同和融入在因果链条上相互影响，同时也是建立在一个时间序列上的循环的历程，"美好"的留学经历以"流动"为起点，以"融入"为终点，反映在经济、社会和文化维度上的理想型，分别呈现出身份趋同化、生活社会化、文化交互融合的特征；"不美好"的留学经历则以"不融入"为起点，以反向"流动"为终点。不融入的理想型表现为对身份特殊化的强调、社交的内卷化和文化相互区隔的特征。本研究具有理论、现实和政策等三方面的重要意义。

理论意义：一是研究内容的创新，中外移民研究多关注工作移民、家庭移民、政策移民等群体，对于"以学习性迁移"为目的的教育移民——留学生关注较少[1]，对这一群体的考察是对传统移民研究内容的拓展和补充；二是研究视角的创新：通过对以往研究的综述，我们发现以往学者对于旅居者在异域社会生活的考察或是沿着通过行动–资本行动路径，或是基于结构–系统的分析视角，或者强调制度–政策的宏观影响，但是对社会行动的强调往往忽略社会结构和制度对行动者的规范和约束，而夸大社会结构的作用则会无视行动者的能动性，如何既能够对社会行动和社会结构进行全面关注，又避免研究中的断裂和对立？本文旨在借用布迪厄实践理论，建立一个行动–结构–制度的综合分析框架，以超越社会研究中行动与结构、主体与客体、微观与宏观的二元对立。与此同时，布迪厄理论中的时间和关系维度有利于对留学生流动、认同、融入三个方面进行关联地、历时地、动态地考察；三是研究旨趣的创新，在对2000年至今来华留学生中国研究的情况梳理中，我们发现，近20年来关于此群体的文献共2,000余篇，主要集中在留学生制度管理和教育教学方面，与社会学相关的研究成果较少，探讨留学生来华动机的文章共50余篇，研究留学生跨文化适应的文章共300余篇，与留学生认同和融入相关的文章共90余篇[2]，本文在汲取教育学、心理学、管理学、社会学等多学科成果的基础上，探索开展一个跨学科交流的可能性。

---

[1]　李明欢.国际移民政策研究［M］.厦门：厦门大学出版社，2011：11

[2]　朱虹，胡金光.近十年我国来华留学生教育研究文献梳理［J］.世界教育信息，2018（17）：43–47.

现实意义：对外籍学生来华留学研究的现实意义包括四个层面——就学生的个体层面而言，来华留学的流动、认同与融入是一个理解中国文化、嵌入中国社会、进入中国市场的由浅及深的过程，也是一个满足个人需求、提高个体能力、发挥本体优势的不断调适的历程；从高校的组织层面来看，发现人才、培养人才、留住人才、用好人才是高校教育的基本方针，吸引优质的留学生流动到校既是提高本校"国际化"水平的重要手段，也是发展"国际教育"的重要途径，而提高留学生对中国的认同和融入的能力和水平更是高校招录、培养和管理留学生的最终目标；从中国的国家层面来讲，吸引各国优秀青年来华求学，具有巨大的经济、文化、政治和社会效益（详见第二章第四节）。与此同时，只有促进留学生融入中国、理解中国，才能培养出真正知华、亲华、友华的新生力量，从而向世界传递出中国声音、讲述好中国故事、建构起中国形象；反之，则可能因中外文化差异引发文化冲突、威胁社会稳定、损害国家形象；以全球的国际层面来说，加强来华留学生的流动、认同与融入是中国与世界各国发展民间外交，促进国际交流，实现民心相通，构建人类命运共同体的重要手段。

政策意义：来华留学七十载，从筚路蓝缕到硕果累累，留学生已不再是中国高校的点缀[①]，而是大学亟缺的国际化优质生源、社会亟缺的具有示范效应的中国故事讲述者、市场亟缺的海外高端人才。来华留学生不仅包括提高外语、学习知识、攻读学位、参与实习、开展调研等教育方面的需要，同时也有适应、融入异国空间、群体、文化需求。目前我国虽有较完善的奖学金激励政策，但行政化的管理模式和封闭式的住宿模式并不利于他们结交中国朋友、接触中国社会，在其完成学业后也缺乏留住人才的实习、工作、长期居留和永久居留等配套政策，导致以外籍留学生为代表的国际人才能"来"而不能"留"，能"融"而不能"入"，造成了经济资源和教育资源的浪费。人才是一个国家最宝贵的财富。新时代对来华留学的国际人才培养提

---

① 杨军红.来华留学生构成特点及影响因素分析［J］.中南民族大学学报：人文社会科学版，2006（S1）：104–108.

出了新的要求，《国家中长期教育改革和发展规则纲要》（2010-2020）提出应"培养大批具有国际视野、通晓国际规则，能够参与国际事务和国际竞争的国际化人才"。2016年3月，中共中央印发《关于深化人才发展体制机制改革的意见》。在"构建具有国际竞争力的引才用才机制"部分，提出了完善海外人才引进方式的目标，明确要实行更积极、更开放、更有效的人才引进政策，更大力度实施海外高层次人才引进计划。2016年5月6日习近平总书记就深化人才发展体制机制改革批示时强调"综合国力竞争说到底是人才竞争。要加大改革落实工作力度，把《关于深化人才发展体制机制改革的意见》落到实处，加快构建具有全球竞争力的人才制度体系，聚天下英才而用之。激励广大人才为实现'两个一百年'奋斗目标、实现中华民族伟大复兴中国梦贡献聪明才智"。新时代来华留学事业追求更深层次改革和更高水平开放，对于这一群体及其实践逻辑的研究既有利于更好地落实国家有关的战略和政策，也有助于进一步为发展来华留学事业和国际人才建设建言献策。

第三节　研究方法

一、主要调查方法

本文以深度访谈法（in-depth interview）作为主要调查方法，考察来华留学生流动、认同和融入的动机、状态、策略和困难。教育部公开的留学生统计数据包括教育部官方网站历年公布的简明统计以及教育部发展规划司编纂的《教育统计年鉴》，因统计口径的不同，两方面数据差异较大，难以合并使用，且公开信息涉及的项目较少，缺乏相关项目的交叉统计和分析。宏观统计数据的缺失导致对于这一群体的量化研究较难开展。因此，本研究采用质性分析为主，量化分析为辅。来华留学生来自不同的国家和家庭，选择不同的专业和学科、属于不同的宗教和文化。在众多质性调查方法中，深度访谈法更能体现个案的多样性和丰富性。

本研究的实地调查自2018年12月开始至2021年2月结束，历时近两年半。根据2018年来华留学生统计数据（见图0-1），留学生主要分布在京津地区、长三角地区和珠三角地区：其中，京津地区留学生约10万人，占21%；长三角地区留学生约15万人，占30%；珠三角地区留学生约2万人，占4%，三地区留学生占总量的50%以上[①]。本文的调查地点并不局限在一所学校或一座城市，而是涵盖了三地区的13所高校，分别是：京津地区的7所高校（北京大学、北京师范大学、北京外国语大学、北京语言大学、北京工业大学、中国人民大学、南开大学）、长三角地区4所高校（复旦大学、华东师范大学、上海外国语大学、南京大学）和珠三角地区2所高校（中山大学、广东外国语大学）。

我们共对在京津地区、长三角地区和珠三角地区的13所高校134名来华留学生进行深度访谈，他们来自五个大洲的45个国家，在选取访谈对象方面，尽可能保证留学生的来华地区、留学身份（语言生、学历生、进修生）、教育层次（本科生、硕士生、博士生）、学习阶段（新生或老生）的多样性。为保障留学生隐私安全，我们对学生姓名进行化名处理，并加以编号，引述访谈内容时使用"编号+国籍"的形式。部分学生参加多次访谈，部分学生参与了焦点小组访谈和文字访谈，为了避免信息冗余，访谈时间均使用留学生第一次参加访谈的时间，留学生具体情况见附录一。

参加访谈的留学生多是通过学校负责人和奖学金项目负责人推荐或由参加访谈学生介绍，再由访谈人与其约定访谈时间，为了及时比较和反思不同受访者的情况，我们尽可能与同一所学校的受访者约定在同一天进行访谈。访谈一般以中文进行，在沟通不畅的情况下以英文或各自以中英文发言。访谈地点大多在半开放的空间进行，如高校的咖啡店、餐厅、校园的活动中心。在这样的空间中，访谈可以在相对轻松的氛围下进行，但交流环境比较嘈杂，容易受到外界影响；在高校老师的帮助下，部分访谈在相对安静的私

---

① 教育部国际合作与交流司.2018来华留学生简明统计［M］.内部资料，2019：164-165

密空间下进行，如教室、会议室和留学生公寓的图书馆会议室，这些地点既相对安静，又能确保双方面对面地互动，相对而言效果最佳。但介绍老师有时出于责任要求陪同参加，导致留学生在访谈时容易处于紧张、担心、敏感等负面状态，对访谈效果有一定影响。在这种情况下，我们通常会以较轻松的话题开场，在访谈过程中多给予被访谈者鼓励、赞许、理解等积极回应，通过构建同理心以增强被访谈者的安全感，这一策略也适用于性格内向、腼腆的访谈者；部分留学生在高校拥有独立的办公室，访谈人会被邀请前往办公室进行访谈，访谈者在自己的"主场"通常最为自然，更喜欢主动发言，并分享自己认为有趣或印象深刻的事件，偶尔会有意外之喜，而在其他访谈空间中，对话大多需要访谈者发起或引导。与大部分留学生的访谈是在面对面的情况下进行的，2020年初，受新型冠状病毒感染的肺炎疫情影响，身处国外的留学生无法返回中国，与少数留学生的访谈或跟踪访谈是通过互联网远程进行的。相对线下访谈而言，线上访谈对时空的限制较少，更为方便。但语音和电话访谈仅能捕捉语言内容，无法进行表情和肢体互动，访谈持续的时间通常较短，难以展开话题；通过zoom或微信视频访谈极大地还原了互动的各种元素，另外，网络视频平台避免了访谈双方因主场优势带来的附加因素，可以以相对平等的方式进行互动。因时差交流不便，2020年7月与2021年2月，访谈者与多名留学生通过电子邮件进行文字访谈。文字访谈的效果相对较差，一方面，文字访谈缺乏互动的即时性，造成因无法及时追问而丢失关键信息；另一方面，文字访谈也难以维持持久性，被访谈者通常只在第一次邮件互动时保持较好的耐心，在多次交流后往往会失去耐心，大量的问题只能收到简单的回复。留学生对于文字访谈的内容也比较谨慎，部分学生不允许对文字访谈的内容进行顺序和逻辑上的调整。

在确定访谈对象后，我们首先通过推荐人、官方档案、互联网等途径收集留学生的身份档案、在华期间重要事件、获得荣誉或惩罚的记录、相关新闻报道和发表著作，尽可能全面地了解访谈对象的基本信息，做好前期准备工作，并在此基础上制作开放式（open-ended interviews）或非结构式（nonstrutured interviews）的访谈纲要。在访谈过程中，根据不同访谈对象的特点，"弹性的、反复的、持续的"调整、补充访谈问题[1]，做到发现调查线索，贯彻问题意识，不受事前准备束缚，"力图探究一个特定事情的复杂而全面的细节"，保障调查研究的深度和广度[2]。在老师的安排（权威）和熟人的推荐（关系）下，大部分访谈都能按照预期顺利进行，没有留学生对于访谈表现出明显的抗拒和不耐。个别留学生在访谈期间有明显的情绪变化，如高兴（叙述自己取得的成就）、悲伤（课业压力大、身体不好、自己去医院看病的无助）、愤怒（行政人员对自己的合理要求爱答不理）、冷漠（突然退学回国却不愿言明原因）……带有情绪的陈述和回忆大多是发生在留学期间特别或难忘的事情，这些情绪变化也有助于访谈者关注留学生所处的情境。

对大部分留学生的访谈是一次性的，访谈时间为60分钟至90分钟不等；对20名配合程度较高、性格开朗、中文较好、善于言辞所进行的深入访谈是多次的、追踪式的，总时间约为4小时。大部分访谈在被访谈者允许的前提下进行了录音，并通过技术软件（科大讯飞）进行最初的文字转换，由于留学生中文语速较慢，技术软件对语音的识别率较高，但囿于留学生表达能力较差，转出的文字内容存在较多语法、语序和用词方面的问题，需较长时间进行文字调整，最终累积整理形成文字素材150万字。对访谈结果的呈现主要包括两种方式，一种是以故事形式呈现，访谈者将访谈材料按照时间、地点、人物、情节、事件进行重组和改写，尽可能完整地还原故事的时间和逻辑脉络；一种是以叙事方式呈现，为保证访谈内容的真实、完整、生动，我们尽可能减少对原文的改动，保留留学生语言的原汁原味，仅对部分难以理解的部分进行改写，对于可以大致理解但存在语序问题和语法问题的情况进行小幅度的调整和主谓宾语补充。与此同时，本文尽可能地"隐蔽"访谈者，将对话转换为叙事，以凸显被访谈者的主体视角和叙事逻辑。

深入访谈法贯穿本研究始终，但是，由于这一方法是围绕访谈人与被

---

[1] Rubin, Herbert, and Irene Rubin. Qualitative Interviewing: The Art of Hearing Data. 2nd ed [M]. Thousand Oaks, CA: Sage., 2005:43

[2] 丹尼.L.乔金森.参与观察法 [M].重庆：重庆大学出版社，2009：95

访谈人展开的，一方面，"要想从一般意义上研究沟通活动的关系，最真实也最现实的办法是从采访者和受访者之间的互动入手，重视这个特殊情形所凸显出来的问题"①；但另一方面，也难以避免双方理解和互动中产生的客观性和主观性的问题："主位"视角要求访谈者以文化持有者的视角理解问题，"客位"视角则要求尽可能拉开与访谈对象的距离并进行反思②。主位视角的不足通常导致访谈者难以代入被访谈者的角色中，尤其是对于"外籍留学生"这类"异质性"群体，无法形成共情，从而产生理解偏误，或站在研究者的立场，而非被研究的角度上理解问题③；客位视角的不足则导致"共情过度"，研究者完全站在被访谈的立场中理解问题。然而，仅仅通过单一访谈者的描述，往往难以全面、准确、客观地把握人际互动关系和事件发展过程中的逻辑脉络。Davis 用"火星人"（Martian）和"皈依者"（Idolater）的比喻生动地阐释了两种视角的极端情况④。因此，我们通过网络追踪法和问卷调查法等辅助调查方法弥补深入访谈客观性不足带来的问题，以参与观察法和文献研究法弥补深入访谈主观性不足带来问题。除此之外，我们还进行了3 次 5–10 人规模的焦点小组访谈，参与小组访谈的留学生共计 20 人（部分与深入访谈对象有重叠）。

二、辅助调查方法

本文以焦点小组访谈、参与观察、网络跟踪、文献研究、问卷调查等方法为辅助调查的方法。

网络跟踪法（contact tracing）有助于进一步理清留学生的社会关系网络，

---

①　布迪厄.世界的苦难［M］.北京：中国人民大学出版社，2017：1389.

②　巴比.社会研究方法［M］.北京：华夏出版社，2000：291.

③　张广利，祁跃.关于布迪厄"参与性对象化"的分析［C］.//上海市社会科学界联合会.上海市社会科学界第七届学术年会论文集.2009：504–507.

④　Davis, F. The Martian and the Convert: Ontological Polarities in Social Research [J]. Journal of Contemporary Ethnography, 1973, 2(3):333–343.

并以此方法扩大调查群体①。与定量方法的滚雪球抽样（snowball sampling）相似，我们通过访谈中留学生对于事件的陈述和对于人物的提名，找到相关的研究对象，并对其进行访谈，力求以多种角度展现留学生与其他群体的互动模式，探寻不同事件的发生机制。通过网络跟踪法，我们与访谈对象相关的、负责留学生行政管理（政府教育部门和高校外事办、留学生办领导或工作人员）、学习管理（研究生院及留学生所在院系）和生活管理（宿舍管理员、后勤部门、餐厅、咖啡店工作人员）的学校工作人员、留学生导师、中国学生和外国学生进行访谈。在调查期间，一位被访谈者向我们讲述了一起留学生与学校管理部门抗争的事件，通过网络追踪法，我们对参与了这一事件的其他留学生、学校管理部门负责人、访谈对象的中国导师分别进行了访谈，更加全面地了解到事件发生的起因、经过和结果，这也构成了本文第四章的部分内容；为了客观、有效地反映留学生的社交网络，我们对访谈对象提供的"好友名单"中部分中国国学生和留学生进行了访谈，多方观点交互验证构成了第六章的主要内容。

焦点小组访谈法（focus group discussion）有利于弥补了深度访谈因调查对象单一造成的客观性不足的问题，留学生对于中国高校行政管理模式的负面体验到底是个人问题还是群体问题？是偶然发生还是机制风险？在南开大学、复旦大学和中山大学三所高校的调研中，我们从同一类型的留学生群体中挑选出若干对象（5-10人不等），以座谈会的形式，组织他们就同样的主题进行讨论。本研究的第四章展示了"焦点小组"成员对于"留学生办公室"这一机构功能、定位的不同理解，有助于加深我们对中国留学生管理机制的反思。

问卷调查法（questionnaire survey）通过补充封闭式问题（closed-ended questions），弥补了深度访谈开放式问题（open-ended questions）代表性不足的劣势，在深入访谈的基础上，我们通过对472名学生统一制式的问卷调查

---

① 王春光，JeanPhilippeBEJA.温州人在巴黎：一种独特的社会融入模式［J］.中国社会科学，1999（06）：106-119.

（共发出 500 份问卷，有效反馈 472 份，应答率为 94.4%），收集来华留学生人口学指标（性别、年龄、婚姻状况、来源地区）、经济社会指标（家庭收入、社会阶层）、在华时间，并了解其留学动机、对中国社会认同情况、融入意愿及状态。调查问卷详见附录二，问卷分析结果散见于本文各章中，对第七章描绘留学生在华消费结构、经济来源等方面起到了重要的作用。

参与观察法（participant observation）有助于研究者以参与者的身份进入留学生学习空间（如教室、自习室、图书馆）、生活空间（如宿舍、餐厅）和娱乐空间（如酒吧、咖啡店），以观察他们的生活和行动。要想做到深入理解被访谈者的观点，参与式观察尤为重要。Jorgensen 认为 "直接涉入人们的日常生活，不仅为参与观察法的研究逻辑和过程提供了参照基点，而且对于那些从非参与者角度来考察模糊不清的现象的研究，也提供了深入其中的有效策略"[①]。但同时，"在研究过程中，研究者要做到 '参与对象化'（participant objectification），认识到自身与研究对象之间的关系，对这一关系可能造成的影响加以把握"[②]，在研究者和被研究者关系超过客观研究的程度，我们适当采取 "研究后仰" 的策略。第四章对于留学生在学校这一组织场域生活、学习和社交情况的描述主要源自参与观察的结果。

文献研究法（literature research）有利于弥补因语言障碍（访谈使用的主要语言为中文，部分内容通过英文或法语完成）、经费不足（大部分访谈对象不要求报酬，少数留学生希望得到一定酬劳或相关物质性回报）和交流目的不对等性（访谈者希望访谈对象客观地陈述事实，但访谈对象则出于其他动机可能深化、曲解、编造部分事件）造成的主观理解冲突以及调查样本不足、访谈时间紧张、被访谈者准备不足等原因造成的客观材料匮乏的问题。我们通过收集留学生正式（出版物或档案材料）或非正式（日记、朋友圈、博客）发布的留学期间的故事、经历、心得、感想或进行分析，或对已有资料进行

---

① 丹尼.L.乔金森.参与观察法［M］.重庆：重庆大学出版社，2009：8

② Bourdieu P. The Essence of Neoliberalism: Utopia of Endless Exploitation [J] Le Monde Diplomatique (12). 1998.

二手分析（secondary analysis）。根据林聚任等人定义①，第一手文献指的是"由曾经经历过特别事件或行为的人撰写的资料文献"，除参与访谈学生提供的文字资料外，此类文献还包括部分留学生的自传，如：《泡菜薯条遇见炸酱面：洋博士中国留学记》（[韩]赵凌波、[澳]史凯特，2016）、《学做中国人：法兰西女孩的中国梦》（[法]Laura Weissbecker，2018）、《我不见外：老潘的中国来信》（[美]William N·Brown，2018）；第二手文献"由那些不在现场的人们所编写的。他们通过访问目击者或阅读第一手文献，获得了编制文献所必需的信息"，本研究参考的此类资料包括：《红楼飞雪：海外校友情忆北大（1947–2008）》（林建华主编，2008）、《播种友谊、桃李五洲：新中国来华留学教育60年纪念文集》（教育部国际司、外国留学生教育管理学会主编，2010）、《燕园流云：世界舞台上的北大外国留学生》（北京大学国际合作部主编，2010）、《汉韵悠扬、中国印象：南京大学外国留学生征文作品集》（南京大学海外教育学院主编，2012）、《长忆未名湖——北京大学中文系1957级同学回忆录》（段柄仁，禹克坤主编，2015）、《北京大学新中国留华校友口述实录丛书》（夏红卫、孔寒冰主编，2016–2020年）、《我与中国的美丽邂逅》（教育部国际司、教育部留学服务中心主编，2017–2020年）、《"一带一路"100个全球故事》（新华社等主编，2017）、《我眼中的中国：2018北京大学留学生演讲文集》（北京大学对外汉语教育学院主编，2019）、《留学中国：新中国70周年专题》（中国教育报刊社主编，2019年）。另外，中国教育部、教育部发展规划司和国家合作与交流司编纂的《中国教育年鉴》《中国教育统计年鉴》《来华留学生简明统计》为本文撰写提供了重要的数据来源及背景资料。

三、研究分析方法

本研究主要使用的分析方法是个案研究法（case study），134个深入访谈的

---

① 林聚任，刘玉安.社会科学研究方法（第2版）[M].山东：山东人民出版社，2008：115–116

对象，以及访谈得到的故事、事件、案例共同组成本研究赖以展开的个案。个案研究有利于发现研究对象的"典型性"，通过对普遍现象、反常现象和未知现象的共性考察，得到具有集中性、极端性和启示性的知识，实现从个案到理论的"分析性扩大化推理"①。理想的个案研究能够发现社会行动与其环境背景关联，从而上升到对社会现象"公共性、可重现性、可预期性、整体性和历史性"的分析②。但是，个案研究的缺点在于如何解决从微观到宏观的"代表性"问题以及从静态到动态的"时间性"问题③。本文通过结合使用类型分析法、扩展个案法和网络分析法以应对个案"代表性"不足的问题，通过生命历程分析法、历史分析法和过程–事件分析法弥补个案分析对"时间性"忽略。

类型分析法（pattern analysis）是"走出个案"的常见解决办法，可分为两种路径：一种是从特殊到一般的归纳法，费孝通对于中国不同类型村庄的调查，就是通过"比较方法逐步从局部走向整体……逐步接近我想了解的'中国社会'的全貌"④；另一种是从一般到特殊的演绎法，这种方法致力于提炼研究对象的理想类型或象限图示⑤，象限的横、纵坐标即反映事物的"代表性"的规律特征，现实存在的所有案例都可以在某个象限中找到对应的理想类型。Berry对于旅居者文化认同的考察就是这一路径的典范，他的模型意在说明，不同个体因为保持原有身份动机和意愿程度和与获得新身份认同的动机与意愿程度的不同，分别形成四种理想认同类型和融入策略：双向文化认同的融入类型、客居文化认同的同化模型、原有文化认同的分离模型和混乱文化认同的边缘化模型⑥。

---

① 王宁.代表性还是典型性？——个案的属性与个案研究方法的逻辑基地［J］.社会学研究，2002（5）：123-125.

② 张静.案例分析的目标：从故事到知识［J］.中国社会科学，2018（8）：126-142.

③ 卢晖临，李雪.如何走出个案——从个案研究到扩展个案研究［J］.中国社会科学，2007（01）：119-131+208-209.

④ 费孝通.学术自述与反思［M］.上海：三联书店，1996：34-35

⑤ 李培林.村落的终结［M］.北京：商务印书馆，2004：8

⑥ Berry J W. Immigration, Acculturation, and Adaptation[J]. Applied Psychology, 1996(01): 5-34.

表0.1 移民认同类型分类（Berry，1996）

获得新的文化认同的动机和意愿	保持原有文化认同的动机和意愿	
	高	低
高	融入（integration）	同化（assimilation）
	双身份认同	新身份认同
低	分离（separation）	边缘化（marginalization）
	原身份认同	混身份认同

  扩展个案法（extended case method）由布洛维提出，在他看来，这一方法旨在"从'特殊'中抽取'一般'、从'微观'移动到'宏观'，并将'现在'和'过去'连接起来以预测'未来'——所有的一切都依赖于事先存在的理论"[①]。在理论与经验的关联方面，与格拉泽倡导的不带理论假设进入田野的"扎根理论"（grounded theory）不同，扩展个案法要求"在进入之前，尽可能地罗列出想要观察到的现象"[②]，并强调在深入考察已有理论的基础上进行经验调查，通过调查结果修正、补充甚至重建理论的方法，形成从理论到实证再到理论的研究闭环；在分析方法上，扩展个案法同样遵循从宏观到微观，再从微观到宏观的过程，在对赞比亚殖民研究的经验调查中，布洛维同时选择从官员和工人两个不同的阶级视角进行研究，以"深挖出殖民者和被殖民者、白人和黑人、中心和边缘、资本和劳动的政治二元对立"[③]。本文同样关注留学生和管理者两个群体，以发现宏观制度对微观生活的塑造，以及微观生活的变化对宏观制度的影响。与此同时，我们力图完成从"具体的留学生"到"抽象的留学生"再到"具体的留学生"的转换，以描绘他们在流动、认同、融入过程中的实践逻辑[④]。

---

① 布洛维.公共社会学［M］.北京：社会科学文献出版社，2007：78

② Burawoy M, Burton A, Ferguson A A, et al. Ethnography Unbound[J]. California Universit, 1991:9

③ 布洛维.公共社会学［M］.北京：社会科学文献出版社，2007.83

④ 郭星华，姜华.农民工城市适应研究的几种理论视角［J］.探索与争鸣，2009（1）：61-61.

　　网络分析法（network analysis）为宏观与微观之争提供了一个折中的方案，旨在从社会关系的角度入手，"从微观层次研究延展到宏观层次研究"①。"行动者是在他们'嵌入'的关系网络中活动"②，网络分析不仅关注个体网络中的人际关系、群际关系和组织关系，而且"可以对具体社会的网络进行归纳和比较"③，从而超越个体转而探究社会关系的网络构型和"独立于个人意识和个人意志"的诸多客观关系④。布迪厄将自己的理论称之为"关系科学的哲学"，就是把"客观的社会关系放在研究的最重要的位置"⑤，在对卡比尔人的婚姻策略的研究中他做出了很好的示范，"行动者被社会关系的结构所占据，是社会关系的产物，当一个人在亲属关系的规则下发现婚姻策略，即恢复与世界的实际关系。这种对实践逻辑真理的重新利用，反过来促使人们能够发现仪式或婚姻实践的真相"⑥。通过这种转换，"个案不再是一般中的个别，整体也不是个别的种属或个体的总体，而分别就是在关系中生成的关系型个案和关系型整体"⑦，社会关系中的因果机制在"情境性整体"中得以展现⑧。本研究将留学生在华期间的生活和实践放入关系的维度进行考察，通过对其社会网络的分析，超越留学生个体经历而扩展到他/她与场域中其他个体（如国际学生、本国学生、中国学生、管理教师、学业导师）和组织（如留学生办公室、国际学生志愿社团、老乡会等）的互动关系，这些关系进一步构成了场域的一个关系和网络的空间⑨。不同留学生的个体网络大小不同、

---

①　罗家德.社会网分析讲义.第2版［M］.北京：社会科学文献出版社，2010：1

②　李培林.分立抗衡的两大学派［J］.读书，1997（05）：111-115.

③　张继焦.城市的适应：迁移者的就业与创业［M］.北京：商务印书馆，2004：59

④　洪进.论布迪厄社会学中的几个核心概念［J］.安徽广播电视大学学报，2000.

⑤　李培林.生活和文本中的社会学［M］.生活·读书·新知三联书店，2013：116

⑥　Bourdieu P. Algerian landing[J]. Ethnography, 2004, 5(4):415-443.

⑦　王富伟.个案研究的意义和限度——基于知识的增长［J］.社会学研究，2012（5）：161-183

⑧　王富伟.质性研究的推论策略：概括与推广［J］.北京大学教育评论，2015，Vol.13（001）：40-55.

⑨　皮埃尔·布迪厄，华康德，布迪厄，等.实践与反思：反思社会学导引［M］.中央编译出版社，1998：134

疏密各异，但留学生群体在场域中与其他行动者的关系以及所处的网络位置趋于一致。

生命历程分析法（life course perspective）为个案研究引入时间的概念，以还原周期性活动的实践逻辑。托马斯和兹纳涅茨基在《身处欧美的波兰农民》中开创的"生活史"分析法（the life study method）是这一方法的雏形，通过"让外来移民自己讲述自己的生活故事。在方式上，他们要么有偿约请外来移民来参与，要么是查找他们讲述自己生活经历的文献资料，特别是信件"，建构出一个个鲜活的移民社会生活故事，并勾勒出波兰农民在欧美流动、认同、融入的移民历程[1]。Ryder的《社会变迁中的同龄群体观念》（1965年）、Elder的《大萧条的孩子们》（1974年）、李强的《生命的历程——重大社会事件与中国人的生命轨迹》（1999年）、周雪光的《国家与生活机遇——中国城市中的再分配与分层（1949—1994）》（2006年）等作品，分别通过定性和定量的调查方法考察了不同群体的社会期望、行动路线、资本累积、生命转折，还原了他们的生命历程[2]。本研究将留学生在华期间的生活和实践放入时间的维度进行考察，通过深入访谈挖掘对象留学前的生活经历和中国印象、留学中的重要事件和难忘故事、留学后的职业规划和生活预期，结合个案分析的研究方法，根据不同留学生融入过程中的实际行动，抽象成不同的流动、认同、融入类型和策略[3]，以展现具有不同惯习、携带不同资本的留学生与中国的组织场域（学校）和社会场域遭遇所产生的不同结果[4]，分析来华留学生流动动机、认同状态和融入意愿的产生、转变、形成的原因和机制。

过程-事件分析法（process-event analysis）由中国学者孙立平提出，是

---

① Thomas, William Isaac, Znaniecki, Florian, 张友云，译.身处欧美的波兰农民［M］.南京：译林出版社，2000：2

② 包蕾萍.生命历程理论的时间观探析［J］.社会学研究，2005，020（004）：120-133.

③ Robert.K.Yin.周海涛，译.案例研究方法的应用［M］.重庆：重庆大学出版社，2014：36.

④ 符平.漂泊与抗争：青年农民工的生存境遇［J］.调研世界，2006，000（009）：20-25.

对布迪厄"实践社会性"分析方法的补充和创新①，这一方法"力图将所要研究的对象由静态的结构转向由若干事件所构成的动态过程"②。过程-事件分析法的本质是通过对社会现象的过程、机制、技术（策略）和逻辑的研究，把握其背后结构不可见性和隐秘的机制③。在《"软硬兼施"：正式权力非正式运作的过程分析—华北B镇定购粮收购的个案研究》一文中，孙立平通过这一方法分析农村官员收粮的过程中"正式权力的非正式行使过程"，展现了在农村收粮的官民互动中，真正发挥效用的并非强制性的正式制度，而是依赖"道理""人情"等民间社会中的非正式制度④。"过程-事件分析法"是针对"结构-制度分析法"提出的⑤，但正如张静所言这两种方法并非完全的排斥⑥，过程-事件分析法所谓的"正式权力非正式运作"和结构-制度分析法所谓的"结构性紧张"，与布尔迪的理论中的"惯习迟滞"（l'hystérésis）都有异曲同工之处⑦，都是表达惯习与场域规则的不匹配。唯一不同的是，布迪厄面对的是社会结构日渐固化的法国社会，而中国学者面对的则是处于剧烈社会结构转型的中国社会⑧，相较而言，后者出现惯习与场域规则不相适应的可能性更大，因此更迫切地需要发现"市场转型中的实践逻辑"⑨。从这一角度来看。来华留学生面临的最大问题同样是形塑于本土社会的惯习与中国留学场域的规则难以匹配，而引发的认同与融入的问题，过程-事件分析法

---

① 孙立平.迈向实践的社会学［J］.江海学刊，2002.

② 孙立平.中国农村：国家-农民关系的实践形态-试论"过程-事件分析"方式［J］.经济管理文摘，2001（19）：12-15.

③ 孙立平.现代化与社会转型［M］.北京：北京大学出版社，2005：426-427

④ 孙立平，郭于华."软硬兼施"：正式权力非正式运作的过程分析—华北B镇定购粮收购的个案研究［A］.清华社会学评论：第1辑［C］.厦门：鹭江出版社，2000.

⑤ 谢立中.结构-制度分析，还是过程-事件分析？——从多元话语分析的视角看［J］.中国农业大学学报（社会科学版），2007，024（004）：12-31.

⑥ 张静.基层政权：乡村制度诸问题［M］.上海：上海人民出版社，2007：13

⑦ 皮埃尔·布迪厄，华康德，布迪厄等.实践与反思：反思社会学导引［M］.北京：中央编译出版社，1998：175

⑧ 李培林.另一只看不见的手：社会结构转型［J］.中国社会科学，1992（05）：3-17.

⑨ 孙立平.实践社会学与市场转型过程分析［J］.中国社会科学，2002（5）：83-96.

有助于通过具体事件有效地发现这一问题。

历史分析法（historical research）是本文使用的补充性分析方法，通过"研究社会的历史变化，并对不同的社会进行比较"[①]，是本研究第二章所使用的主要分析方法，通过这一方法我们对比了不同历史时期下留学生选择来华留学生的流动动机、认同状态和融入策略的异同。

---

① 巴比.社会研究方法［M］.北京：华夏出版社，2000：331.

第一章

概念界定、文献综述与理论框架

第一节　核心概念

一、留学生

留学生（student studying abroad）通常指在母国之外的国家或地区进行学习和研究的学生，国际上将此类群体称作"教育移民"（education migration）[①]。中文语境中的留学生一词源自日语りゅうがくせい（ryūgakusē），原指跟随遣唐使者来华求学的日本青年。隋唐时期，日本在派遣使者访问中国时，同时派出了"留学生"和"还学生"来华学习中国文化。"还学生"在遣唐使完成外交使命后随其一起回国，"留学生"则指遣唐使回国后仍然留在中国学习的学生[②]。《旧唐书》沿用了这一特殊称谓，卷一百九十九记载"贞元二十年，遣使来朝，留学生橘逸势、学问僧空海"。"留学生"一词的内涵和外延随时代不断演变，从特指"日本来华求学的学生"到泛指"离开长居之地赴外求学的人"[③]，从专指"来华求学的外籍学生（foreign student）"，到涵盖"出国学习的中国学生"[④]。

新中国成立以来，官方文件通常以"来华留学生"表示到中国求学的外

①　Robertson S. The Education–Migration Nexus: Global Flows[M]// Transnational Student–Migrants and the State. Palgrave Macmillan UK, 2013.

②　之士."留学生"一词源自中国唐代［J］.政府法制，2010，（18）：14.

③　［美］傅鸿础.谈"留学生"一词的词源及词义演变［C］//第七届国际汉语教学研讨会.广西师范大学，2009.

④　刘集林，LiuJiling.从"出洋"、"游学"到"留学"——晚清"留学"词源考［J］.广东社会科学，2007（6）：104–111.

籍学生，以"出国留学生"表示赴国外求学的中国学生。随着中国进入新时代，国际化程度不断提高，对国际人才的质量标准和数量需求日渐明确，官方文件逐渐使用"国际学生"（international student）替代"来华留学生"。2017年中国教育部、外交部、公安部联合颁发的《学校招收和培养国际学生管理办法》将"国际学生"定义为"根据《中华人民共和国国籍法》不具有中国国籍且在学校接受教育的外国学生"（第一章第二条），并将接受高等教育的国际学生按教育类别分为接受学历教育的"专科生、本科生、硕士研究生和博士研究生"和接受非学历教育的"预科生、进修生和研究学者"（第二章第九条）①。

由于本研究涉及一定历史跨度，我们使用"来华留学生""外籍留学生""外国学生"或"国际学生"等名称指代研究对象，为保障概念使用的统一性，对研究对象的概念界定使用2017年《学校招收和培养国际学生管理办法》中"国际学生"的定义。与此同时，考虑到研究对象的复杂性和研究能力的有限性，本研究所涉及的对象仅包括来华接受高等教育的外籍学生，接受初等和中等教育的外籍学生不列入研讨范围，关于研究对象界定包括以下三条：（1）非中国籍的外籍人士，包含华人、华裔；（2）目前或曾经在中国高等学校接受学历和非学历教育；（3）根据部分高校的有关规定，年龄不超45周岁。

"只是因为存在着行动者，才有了行动，有了历史，有了各种结构的维续或转换"②。作为本文研究主要对象，外国学生是来华留学场域中的重要行动者，他们在中国校园以及从校园延伸而出的大千世界中扮演什么样的角色？是作为积极行动者的"玩家"③？还是作为消极行动者的"旁观者"？我

---

① 中华人民共和国教育部、中华人民共和国外交部、中华人民共和国公安部.学校招收和培养国际学生管理办法［EB/OL］，2017-06-02. http://www.moe.gov.cn/srcsite/A02/s5911/moe_621/201705/t20170516_304735.html

② 皮埃尔·布迪厄，华康德，布迪厄等.实践与反思：反思社会学导引［M］.北京：中央编译出版社：20

③ 罗纳德·伯特，Ronald Burt.结构洞［M］.上海：上海人民出版社，2008：48

们将结合流动、认同、融入等其他三个核心概念对其进行考察。

二、流动

在中文语境下，"流动"具有多重含义。鲍曼将现代社会比喻成液体，流动（fluidity）是现代社会重要的标签，"一切都有可能发生，但一切都不能充满自信与确定性去应对。这样就导致了不确定性，同时还导致了无知感（不知道将要发生什么）、无力感（不可能阻止它发生）以及一种难以捉摸和四处弥散的、难以确认和定位的担忧，一种没有靠山却绝望地寻找靠山的担忧"①，这种不确定性带来风险的同时，也意味着无穷的可能和机遇。

流动同样意味着迁徙（migration），意指"从一个地方向另一个地方迁徙，特别是跨国迁移"②，即从自己熟悉的场域进入一个陌生的场域。在流动的时代，迁徙更加成为普遍的社会现象，无数人通过流动寻找机遇，他们从故乡到他乡，从农村到城市，从母国到异国，成为当地人眼中的"他者"和"移民"。"移出（emigration）和移入（immigration）是同一个现实不可分割的两个方面，前者将后者包含其中，且同时以其为结局"③，流动的结局同样充满不确定性，有的人既无法融入当地，又失去了与故乡的社会联结，陷入双重缺席（double absence）的窘境④；有的人则通过流动改变了命运，实现了梦想。

流动（mobility）同样指社会对迁徙结果的评价标准，它是个人或群体在社会结构中的位置变化⑤。垂直流动（vertical mobility）意味着从下层向上

---

①　齐格蒙特·鲍曼，鲍曼，Bauman, et al.流动的现代性［M］.上海：上海三联书店，2002：12

②　吉登斯.王修晓，译.社会学基本概念（第二版）［M］.北京：北京大学出版社.2019：77

③　Bourdieu, The Organic Ethnologist of Algeriani Migration

④　Saverese Éric. Sayad Abdelmalek, La double absence. Des illusions de l'émigré aux souffrances de l'immigré[M]. Paris: Le Seuil, coll. "Liber", 1999:2

⑤　陆学艺.当代中国社会流动［M］.北京：社会科学文献出版社2004：14

层跃迁或从上层跌落下层，水平流动（horizontal mobility）表示在同一社会地位水平上身份或职业的变化。地位获得理论（status attainment theory）认为先赋因素（父母地位）、自致因素（教育与职业地位）都对社会流动的结果产生一定影响，但相较而言自致因素的影响力更大①。

对于留学生而言，流动同样具有这两个层面的丰富含义，一方面，现代社会的流动性（fluidity）为外国学生来华留学创造了丰富的动机，促成了各国留学向中国教育场域流动（migration）；另一方面，在华留学的经历为外国学生社会位置的流动（mobility）带来各种可能性影响，决定了未来流动的方向（immigration/emigration）。

三、认同

认同（identification/identity）词源来自拉丁文idem，意为"同一"，吉登斯将其定义为"个人或群体的某种独特品性特征，与自我认知密切相关"②。认同的研究源远流长，不同学科对其均有探讨，根据学科的不同可以分为：哲学"本体视角下的认同"、心理学"主体视角下的认同"和社会学"群体视角下的认同"③。

哲学最先关注"同一性"的问题，自古希腊时期，哲人就尝试探究不同事物差异之中的同一性，"在一切有限事物里都有同一性存在，只有同一性是现实的"④，对于"一与多"之辨推动了对万物本体的思考，唯物主义思想家将万物本体看作"水"、"基质"等物质性实在，唯心主义则归之于"逻各斯""理念""绝对精神"等精神性实在，近代以来，哲学对于同一性的关注

① Blalock H M, Blau P M, Duncan O D, et al. The American Occupational Structure. [J]. American Sociological Review, 1967, 33(2):296.
② 吉登斯.王修晓，译.社会学基本概念（第二版）[M].北京：北京大学出版社.2019：138
③ 刘仁贵.认同概念发展的三条线索[J].齐鲁学刊，2014（01）：67-70.
④ 黑格尔.贺麟、王太庆等，译.哲学史讲演录（第四卷）[M].北京：商务印书馆，1978：394

从本体论转向认识论[①]，哲学对同一性的关注也启发了社会科学对这一概念的思考。

心理学关注"个人认同"（ego identity），"认同是心理学中用来解释人格统合机制的概念，即人格与社会及文化之间怎样互动而维系人格同一性和一贯性，认同是维系人格与社会即文化之间互动的内在力量，从而是维系人格同一性和一贯性的内在力量，因此，这个概念又用来表示主体性、归属性"[②]。弗洛伊德将认同看作人的心理防御机制的本能之一，他分别用自居（identification）、内投射（introjection）、合并（incorporation）和内化（internalization）解释认同的内涵[③]；埃里克森在对弗洛伊德批判的基础上提出认同理论，在他看来，认同可以理解成连续性、同一性、可预见性、可信赖性（feeling of being trustworthy），是"一种熟悉自己的感觉，知道未来将去何方，在他人心中获得信赖"[④]。

社会学关注"社会认同"（social identity），"认同是一种集体现象，而绝不仅是个别现象"[⑤]，对于认同的关注可以追溯到符号互动论学派，詹姆士自我（self）的概念、库利"镜中自我"（looking glass self）以及米德关于角色（role）的理论都与认同概念息息相关，认同被视作将群体的价值、要求、期望和社会角色，内化于个人的行为和自我概念之中[⑥]；泰费尔的"微群体实验范式"（minimal group paradigm）和特纳的"自我分类理论"（self categorization theory）则从另一角度定义认同，在他们看来，"差异构成了认同"。认同就是在区分内群（in-group）和外群（out-group）的基础上完成

---

① 白苏婷，秦龙，杨兰.认同概念的多学科释义与科际整合［J］.学术界，2014（11）：80-90.

② 沙莲香.社会心理学（第二版）［M］.北京：中国人民大学出版社，2006：4

③ 李孟潮，王高华.对弗洛伊德著作中认同的概念研究［J］.上海精神医学，2005，17（002）：123-125.

④ Erik H. Erikson, Identity and life Cycle[M]. New York: Norton, 1959:118

⑤ 吉姆·麦克盖根.文化民粹主义［M］.南京：南京大学出版社，2001：228

⑥ Theodorson G A, Theodorson A G. A Modern Dictionary of Sociology[J]. British Journal of Sociology, 1969, 3(2).

对于自我的分类①。两种定义虽然都强调社会和自我的相互连接，但相较而言前者更关注社会类别，后者在更关心自我分类②。

本书主要通过社会学的视角的认同理论进行研究，并主要关注留学生对中国经济、社会和文化等三个层面的认同情况。

四、融入

融入（integration）是指旅居者在遵守客居地社会政策、制度、法律、规范的前提下，利用必要的机会和资源，全面地参与经济、政治、社会、文化生活，并享受合法、公平、平等的社会权利、义务和资格③。这一概念起源于涂尔干对社会"整合"（intégration sociale）问题的研究。以斯宾塞、涂尔干、马克思为代表的学者都热衷于思考社会何以维系个人这一"大问题"，认为"一个社会如果其成员之间没有一条牢固而持久的纽带维系在一起，那它就像一堆松散的尘土，随时都可能被一阵最轻微的风吹散到地球的四角上去"④。如果以柴火为喻，社会整合意味着将散落于四方的柴捆成一捆⑤。"进入后工业社会后，社会整合的研究纷纷从抽象的窠臼中走出，更多地转向具体领域"⑥，在这全球化的后工业时代，区域间贫富差距的迅速拉大、商品和资本的流动加快、科技带来的时空压缩引发从农村流向城市、从农业流向工业、从欠发达国家流入发达国家的移民潮⑦，移民的融入问题成为这一时代的

---

① 戴维·莫利.认同的空间［M］.南京：南京大学出版社，2001.61.

② 周晓虹.认同理论：社会学与心理学的分析路径［J］.社会科学，2008（04）：48–55.

③ 嘎日达，黄匡时.西方社会融合概念探析及其启发［J］.国外社会科学，2009，2009（002）：47–49.

④ 亚历山大，夏光等，译.社会学的理论逻辑（第二卷）［M］.北京：商务印书馆，2008：106–107

⑤ 费孝通.乡土中国　生育制度［M］.北京大学出版社，1998：25

⑥ 吴晓林.社会整合理论的起源与发展：国外研究的考察［J］.国外理论动态，2013，000（002）：37–46.

⑦ 李培林，田丰.中国农民工社会融入的代际比较［J］.社会，2012，32（5）：1–24.

热点，中外学者纷纷建构各自的理论，学界众说纷纭，难以达成共识，这也导致了融入的概念和内涵的复杂性与多重性。造成这一概念复杂性的原因主要包括以下三点：

一是融入的主体呈现出多样性和异质性，西方融入研究的主体包括："未成年人、老年人、残疾人、吸毒者、精神病患者、刑满释放人员、农民工、流浪乞讨人员等特殊群体，异地求学、工作的群体和移民者"①；中国学者融入研究的对象还包括少数民族群体、城市新移民、农民工群体、流动儿童、异地养老群体、外籍人士等，不同的移民主体有着不同的行为特征。

二是部分学者为与整合概念区分，使用其他概念替代integration，大致包括同化（assimilation）、涵化（acculturation）、适应（adaptation）、接纳（inclusion）与社会并入（incorporation）等概念。其中，使用同化、涵化和适应概念的学者多强调移民对移入地社会规范、制度、文化的被动适应，认为移民在进入客居国后，通过与主流族群持续交流和互动，不断调适自身的思想、行为模式，最终达到与主流群体相近或趋同的状态②，社会学家常用"同化"，人类学家偏爱"涵化"，心理学家则倾向"适应"概念③；接纳和并入将融入作为一种正式或非正式的制度。并入概念强调公共部门的作用，认为融入不仅要关注移民群体的行动和认知，还需公共政策和管理制度对移民的影响④；接纳（inclusion）通常与排斥（exclusion）相对立⑤，排斥是指个人或群体因社会歧视和社会屏蔽制度的原因在经济、政治、社会交往、文化等

---

① 陈成文，孙嘉悦.社会融入：一个概念的社会学意义［J］.湖南师范大学社会科学学报，2012（6）：66–71.

② Redfield R, Linton R, Herskovits M J. MEMORANDUM FOR THE STUDY OF ACCULTURATION[J]. 1936, 38(1):149–152.

③ ZHOU Feifan, An Overview of Studies on New Immigrants into Chinese Cities from the Perspective of Social Integration[J] Journal of Liberal Arts and Sciences, 2017, 39–55

④ Hatziprokopiou, Panos. Albanian immigrants in Thessaloniki, Greece: processes of economic and social incorporation[J]. Journal of Ethnic & Migration Studies, 2003, 29(6):1033–1057.

⑤ Omidvar, R. & Richmond, Ted & Foundation, Emigration and Immigration Canada Government Policy. Immigrant settlement and social inclusion in Canada. [J]. Laidlaw Foundation. p. 23–28

方面无法享受充分的社会参与权利①；接纳则强调通过推行平等、公正的社会价值观和社会政策，给予弱势群体相同的社会参与机会，并保障其享有主流群体相同的社会权利和国民待遇，缩小族群之间差距，消除对移民群体的刻板印象和社会歧视。

三是融入在一定程度上继承了整合概念的复杂性。整合本身具有多义性，早期理论家偏重结构–制度的研究视角（系统整合），以涂尔干、帕森斯为代表的结构功能主义强调系统之间的等级与秩序，而以马克思、洛克伍德为代表的冲突论则强调系统之间矛盾和冲突；哈贝马斯、吉登斯、布迪厄、卢曼等当代理论家不但注重结构–制度层面的系统整合，同时关注行动者之间的社会整合，并期望通过自己的理论建构超越主体/客体、行动/结构的二元对立。受宏大理论的影响，不同学者对于融入概念的定义也呈现出对行动和结构偏重②；部分学者将融入定义为一种社会行动，即外来移民与本地居民通过互动，从而形成相应的文化接纳、行为适应与文化认同的过程；部分学者强调融入是一种状态和目标，用以研究移民是否较好地嵌入客居地社会各系统中？是否形成新的结构和系统特征？是否与客居地人民形成互相融合和平等的状态？部分学者则将融入视为一种制度安排，反映了移民是否能够享受合法的、公平的、平等的权利、义务、机会和资格。

对于留学生而言，来华留学不仅是一个被动应对跨文化困境的"适应"（adaptation）过程，更是一个主动探索异国社会的"融入"（integration）过程。但是，留学生的"融入"是一种比较特殊的融入类型。不同于其他移民，留学生的最终目的并不一定是留在当地，加之中国并非移民国家，因此，他们的"融入"并非以留在当地为目标的行动或状态，而是指留学生在华期间，在遵守中国高校及社会政策、制度、法律、规范的前提下，利用必要的机会和资源，深入参与中国的经济、社会、文化生活，享受并遵守合法、公

---

① 彭华民.社会排斥与社会融合——一个欧盟社会政策的分析路径［J］.南开学报（哲学社会科学版），2005（01）：23–30.

② 任远，邬民乐.城市流动人口的社会融合：文献述评［J］.人口研究，2006（03）：87–94.

正、平等的社会权利和社会义务。

第二节　移民研究相关理论的中外文献综述

一、移民流动研究的理论综述

19世纪英国学者莱温斯坦（Ravenstein）最早在其著作《移民的规律》（The Laws of Migration）中对移民流动的规律进行系统地探求[1]，认为流动意味着"生命和进步"。在他看来，经济结构的差距是引发流动的主要动因[2]，而距离则是限制流动的主要因素。城乡差距以及城市商业、制造业的繁荣促使人们从农村向城市流动，地理区位的远近导致流动通常是渐进的、阶段性的，"人们从毗邻发达城镇的农村蜂拥而入，农村因此留下了缺口又迅速被来自更偏远地区的移民占据，直到发达城镇的吸引力一步一步地影响到这个王国最偏远的角落"[3]。距离越近，迁入的移民人数越多，相反，距离越远，迁入的移民越少，长距离的迁徙通常伴随着商业目的。偶尔存在逆向回流，但净人口的变化依然遵循从经济不发达的边缘地区向经济发达的中心地区流动。

巴格内（D.J.Bagne）在莱温斯坦理论的基础上提出了"推拉模型"（Push and Pull theory）。他认为，流动的最终目的在于改善生活，左右移民流动的是两只看不见的手，一只代表移民流出地不利的生存、发展环境，对移民的流出提供推力；另一只则象征移民迁入地所具备的优势资源、机会和环境，

---

① 文军.从分治到融合：近50年来我国劳动力移民制度的演变及其影响［J］.学术研究，2004，（7）.

② 尽管莱温斯坦提到法律、税收、气候、社会环境等综合性因素对移民的流动的影响，但他认为相较这些因素，物质方面的差别才是引发流动的根本因素（pp.286）

③ E. G. Ravenstein. The Laws of Migration[J]. Journal of the Royal Statistical Society, Vol. 52, No. 2 (Jun., 1889), pp.199.

为移民的迁出提供拉力。两种力共同作用造成了移民在全球迁徙、流动[①]。美国学者李（E.S.Lee）进一步丰富了推拉模型，他认为流出地和移入地都既存在推力，也存在拉力。除此之外，两地间还存在中间障碍（intervening obstacles），如：距离远近、教育差别、文化差异等。除了结构因素形成的力场左右着移民行动，李也强调了移民主体选择对流动的重要性。在李看来，影响迁移的因素包含四种，分别为与流出地有关的因素、与移入地有关的因素、中间障碍以及个人因素，如果将各种因素中的吸引力以+表示，排斥力以−表示，被中和掉的力以0表示，最终形成如下的迁移模型[②]。

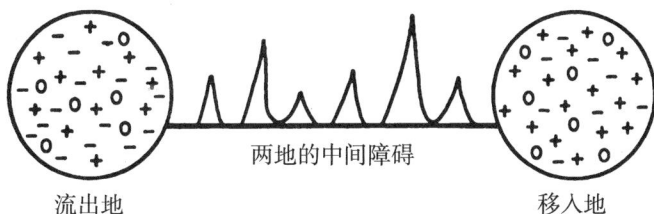

图1.1 影响移民流动的主要因素（E.S.Lee，1966）

从莱温斯坦到李，推拉理论的分析框架逐步完善，因其简单灵巧、解释力强，这一理论逐渐成为解释移民流动原因的经典理论[③]，而后世"推陈出新"的理论大多也难以跳出这一基本框架[④]。总体而言，推拉理论从结构维度分析了移民产生的原因，流出地和流入地中经济、政治、社会、文化、自然环境因素对比的落差是影响移民流动的推力和拉力。但是，推拉理论难以解释在相同的社会结构和环境下，为何有的人选择迁移，有的人则留在家乡[⑤]？除了结构因素，个人的主动选择不可忽略，流动理论中行动和结构的

[①] Benjamin B, Bogue D J. Principles of Demography. [J]. Journal of the Royal Statistical Society, 1969, 19(4):410.

[②] Lee E. A theory of migration[J]. Demography, 1966, 3(1):47–57.

[③] 李明欢. 20世纪西方国际移民理论［J］. 厦门大学学报（哲学社会科学版），2000（04）：12–18.

[④] 廖正宏. 人口迁移［M］台湾：三民书局，1985：21

[⑤] 李强. 农民工与中国社会分层［M］. 北京：社会科学文献出版社，2004：398.

张力随处可见。

经济学家认为，在这些复杂的结构因素中，经济因素是推动流动的决定性因素。近代以来，大规模人口主要迁移的方向是从宗主国或较发达地区流向殖民地或不发达地区，呈现出"奔向西方"的趋势[①]。在此基础上，刘易斯提出的"二元经济"模型，认为在一个农业和工业二元结构的经济体中，当农业的供给过剩而工业供不应求、存在边际效益的不平衡时，工业的拉力和农业的推力引导农村剩余劳动力向城市转移，以寻求资源的合理配置和价值的最大化实现[②]；流动同样被视为移民经济理性选择的结果，新古典主义经济（neoclassical economics）理论家认为移民行动是在充分权衡投入与回报、代价与预期的基础上做出的选择[③]，新经济移民（new economics of migration）理论家则在批判前者的基础上提出：流动意愿的产生并非出于两地绝对收益的差距，而是受对比形成的相对剥夺感（sense of relative deprivation）的影响[④]，两者都将移民看作是"一桩生意"。经济学理论认为移民不仅追求物质资本的提升，同样追求人力资本的回报[⑤]。

社会学家提出了与经济学家不同的理论假设。社会网络理论认为移民的血缘、地缘、业缘网络带来了更广泛的迁移。对在美的菲律宾和韩国移民的研究显示，平均每个来自菲律宾的移民将带入一个家庭成员，每个韩国移民将带来半个家庭成员[⑥]。行动者的交往取向和互动偏好造成了移民对社会网络

---

① 李明欢. 20世纪西方国际移民理论［J］. 厦门大学学报（哲学社会科学版），2000（04）：12-18.

② Lewis A. Economic Development with Unlimited Supplies of Labour[J]. The Manchester school of economic and social studies, 1954, 22(2):139-191.

③ Sjaastad L A. The Costs and Returns of Human Migration[J]. Journal of Political Economy, 1962, 70(S5):80-93.

④ Galor O, Stark O. The probability of return migration, migrants' work effort, and migrants' performance[J]. JOURNAL OF DEVELOPMENT ECONOMICS, 1991, 35(2):399-405.

⑤ Salt J, Stein J. Migration as a Business: The Case of Trafficking[J]. International Migration, 2010, 35(4):467-494.

⑥ Arnold F, Shah N M. Asian Labor Migration: Pipeline to the Middle East[J]. Boulder Colorado/london England Westview Press, 1986, 17(5).

的"路径依赖",并进一步影响行动的选择偏好[①]。累积因果理论认为移入地成熟的移民网络降低移民成本,吸引了更多的移民流入,新流入的移民进一步扩大了移入地的移民网络[②]。族裔经济同样离不开移民网络的牵引,因为移民的经济行动总是嵌入在社会网络中[③]。解释移民流动的理论还包括基于文化层面的惯习理论和移民文化理论,惯习理论认为当一个人长期身处于浓厚的移民环境中,移民行为对于他来说是已经被意识所内化,成为自然而言的选择[④];移民文化理论认为早期的移民者在他乡创造出跨国的文化空间,让同源文化的移民群体可以更快速地融入当地[⑤]。

二、移民认同研究的理论综述

Hogg认为关于"认同"问题探讨,可以根据关注"我的"还是"我们的",抑或按照"个人身份"还是"集体身份"区分为两种分析路径,继而分成四种认同理论:其中探究"我的"认同以McCall的角色认同理论和Stryker的认同理论为代表,可以统称为"认同"理论;Tajfel的社会认同理论和Turner的自我归类理论则关注"我们的"认同,可称之为"社会认同理论"[⑥]。前者"着眼于标定(labeling)或命名(naming)一个人为某种社会类别以及承诺的过程",相对注重社会结构和规范对于认同的型塑;后者则"侧重社会自居作用(social identification)和自我分类的过程",强调个

---

① 王春光.移民的行动抉择与网络依赖——对温州侨乡现象的社会学透视[J].华侨华人历史研究,2002(3):43-52.

② 梁玉成.在广州的非洲裔移民行为的因果机制——累积因果视野下的移民行为研究[J].社会学研究,2013,028(001):134-159.

③ 项飙.跨越边界的社区:北京"浙江村"的生活史[M]//跨越边界的社区:北京"浙江村"的生活史.上海:三联书店,2000:54

④ 周大鸣.移民文化——一个假设?[J].江苏社会科学,2005(05):19-22.

⑤ 李明欢.20世纪西方国际移民理论[J].厦门大学学报(哲学社会科学版),2000(04):12-18+140.

⑥ Hogg M A, White T K M. A Tale of Two Theories: A Critical Comparison of Identity Theory with Social Identity Theory[J]. Social Psychology Quarterly, 1995, 58(4):255-269.

人选择对于认同建构的重要性①。以上两大类理论都强调在社会或群体互动中界定认同，根据互动群体规模和类型可以细分为文化认同、社会认同和经济认同。

西方学者对于文化层面认同的研究包括：强调文化共融的同化论和强调各美其美的多元论②，对于社会交往层面认同的研究和经济生活层面认同的研究分别包括关注社区认同的反排斥理论和强调移民身份认同的市民化理论③；中国学者对农民工群体的研究指出，由于社会转型和制度变迁所遗留的户籍制度、二元劳动力市场等会导致城市对农民工在经济制度上接纳，在社会认同上拒斥；可以在城市"立业"，但难以"安家"；可以完成职业转换，但难以改变身份认同④，最终成为城市的边缘性群体⑤，无法实现市民化和社区化的认同转变。结合中外学者的研究，可以总结出：旅居者在异域的认同是介于经济生活"市民化/游民化"、社会生活"社区化/孤岛化"、文化生活"趋同化/趋异化"的连续统。

（一）文化认同-同化与多元化

"同化理论"（assimilation theory）和"多元文化理论"（cultural pluralism）是解释移民文化认同的主要理论。"文化同化论"认为移民群体与客居国的文化差异最终会消失，朝向一个文化混合或趋同的方向发展，包括强调单一趋同的"盎格鲁一致性"（Anglo-conformity）模式、多元趋同的"熔炉论"和分层趋同的"区隔同化"等模式，这一理论最早可回溯到美国早期的"盎格鲁一致性"（Anglo-conformity），强调移民完全接受盎格鲁-

---

① 周晓虹.认同理论：社会学与心理学的分析路径［J］.社会科学，2008（04）：48-55+189.

② 胡雨.穆斯林移民在德国及其社会融入［J］.德国研究，2013（03）：69-80.

③ 李吉和，常岚.穆斯林流动人口城市融入研究文献综述［J］.中南民族大学学报：人文社会科学版，2014（1）：33-39.

④ 潘泽泉.中国城市流动人口的发展困境与社会风险——社会排斥与边缘化的生产和再生产［J］.战略与管理，2004，000（001）：87-91.

⑤ 刘传江，周玲.社会资本与农民工的城市融合［J］.人口研究（5）：12-18.

撒克逊群体的价值观和行为方式，放弃母国的文化特征，伴随着第一次世界大战期间的"美利坚化运动"（Americanization movement），这一理论在美国的影响力达到顶点。但是，由于事实上的结构同化、婚姻同化并未像该理论预测那样大范围出现，这一理论也逐渐丧失了解释力而被"熔炉论"所取代[①]。"熔炉论"（Melting Pot）反映了不同族裔的群体在互动过程中，原生文化消解，形成一个不同于任何族裔文化的"混合文化认同"，如同将各种形式的材质投入到一个大熔炉中，炼化成统一制式的过程，因此也被称作"熔炉论"。"盎格鲁一致性"和"熔炉论"均发展于美国新中国成立初期。在这一时期，不同种族的移民互相融合，随着民族国家和主流文化的形成，同化论者虽仍坚持不同族群间文化的交互，但更强调移民对主流文化的适应和模仿。Warner 和 Srole 认为随着时间推移，移民会与移民国的居民拥有越来越相似的行为模式[②]；Massey 的"空间同化论"（spatial assimilation model）则强调移民是否与当地社会主流群体居住在同一空间，是检验移民文化认同的重要标准[③]。Richard Alba 和 Victor NEE 提出"新同化论"（neo-classical assimilation theory），对移民文化认同的分层情况进行阐释，他们认为移民只有进入移民国主流社会，并具有中上层社会相应的生活、行为和文化模式才算完成真正的认同[④]。

20世纪60年代后，同化论受到广泛质疑，一方面是来自同化论的内部反思，认为在"趋同"和"趋异"之间应该存在更多选择。Gans首先提出"曲线型同化"（bumpy line theory）来批判 Warner 和 Scole 的理论，Gans认为

---

①　米尔顿·M.戈登，马戎.美国生活中的同化：种族、宗教和族源的角色［M］.南京：译林出版社，2015：77

②　Lloyd Warner W, Srole L. Anthropology Applied to American Problems. (An Anthropological Bibliosymposium: The Social Systems of American Ethnic Groups) [J]. Scientific Monthly, 1945, 61.

③　Massey D S, Mullan B P. Processes of Hispanic and Black Spatial Assimilation[J]. American Journal of Sociology, 1984, 89(4):836–873.

④　Alba R D, Nee V. Rethinking assimilation theory for a new era of immigration. [J]. Int Migr Rev, 1997, 31(4):826–874.

随着时间的推移，移民的行为并不会与本地居民完全相同，他的研究关注到第二代移民会根据社会环境的变迁形成自己的文化认同[1]；Portes 和 ZHOU 则针对 Massey 的分层理论提出"区隔型同化"（segmented assimilatio）理论，认为移民除了接受移入国文化外，还有进入底层后，利用自身少数族裔和文化优势向上流动的策略[2]；Berry 认为移民进入异国后既有保持源文化的倾向性，又有认同异文化的倾向性，两种倾向综合形成四种文化认同模式，分别为融入（integration）、同化（assimilation）、分离（separation）和边缘化（marginalization）[3]。中国学者的研究主要关注转型时期农村的流动人口对城市文化认同的问题[4]，具体可分为两派，其中一派近似 Gordon 的"直线同化论"，如田凯、朱力、杨菊华等的研究；另一派近似 Portes 的"分层同化论"，持此理论的有李培林、田丰、张文宏、雷开春等学者[5]。

对于传统同化论的挑战还来自多元文化论，多元文化理论认为不同的移民群体进入客居国后会保留各自的族群特征，政府和公共机构也应在政策制度中尊重各群体的特殊性，并确保不同族群的权利平等。Horace Kallen 最先提出"族群多元文化主义理论"（cultural pluralism），认为移民的文化认同呈现出一种多样化、差异化特征，美国应在政策和制度层面上承认不同族群间"差别"，这与独立宣言和宪法平等思想并不背离[6]。Han Entzinger 和 Renske Biezeveld 通过研究发现，发达国家的大量移民都会保留来源地的习惯和传

---

① Gans H J. Symbolic ethnicity: The future of ethnic groups and cultures in America*[J]. Ethnic and Racial Studies, 1979, 2(1):1-20.

② Portes A, Zhou M. The New Second Generation: Segmented Assimilation and Its Variants[J]. The Annals of the American Academy of Political and Social Science, 1993, 530:74-96.

③ Berry J W. Immigration, Acculturation, and Adaptation[J]. Applied Psychology, 1996(01):5-34.

④ 姚烨琳，张海东.国际移民的社会融入研究——以上海为例［J］.学习与探索，2018（6）：33-41.

⑤ ZHOU Feifan, An Overview of Studies on New Immigrants into Chinese Cities from the Perspective of Social Integration[J] Journal of Liberal Arts and Sciences, 2017, 39-55

⑥ Horace M. K. Democracy versus the melting-pot: A study of American nationality[M]// Theories of Ethnicity. 1915.

统，且这一习俗和传统还在一定程度上得以强化①。移民在异国保持本国的文化传统，并形成聚居文化族群（cultural diaspora），这一理论可以在马来西亚、新加坡、越南、印尼等东亚华人文化圈找到现实的证明。20世纪60年代以来，多元文化主义成为国际发展领域的主导力量②，多元文化不仅限于一种理论假设，同时也是一种政治主张，英、法、德、加、美等西方国家都是文化多元主义政策的早期践行者。其中，英国实行"社群主义"政策，承认少数族裔个人及群体的权利，所有来自英联邦的居住者，无论是否具有公民资格均能享有完全的选举权、无差别的公共服务以及社会保障等③；法国施行"共和主义"政策，认为移民与主流群体均享有同等的公民权，但并不承认族裔群体的特殊权利④；德国推行族群主义，认为异族难以融入，因此在制度设置上尽可能保证不同族裔的互相隔离⑤；加拿大和澳大利亚选择了融合式（integré）的多元文化主义，赋予移民文化权利，同时在社会生活的各个领域如就业、住房、医疗保险等方面给予政策倾斜；美国则采用分离式（eclaté）多元文化主义模式，默许文化多元，但在社会权利方面强调一视同仁，少数族裔并无特殊优待⑥。二十一世纪第一个十年后，多元主义在欧洲的政策实践方面遭受重重质疑。2010年德国总理默克尔宣告这一政策在德国"彻底失败"；2011年2月英国首相卡梅伦在公开场合严厉抨击多元文化政策；同年，法国总统萨科齐提出多元文化主义是一个失败；荷兰副首相费尔巴哈、西班牙前首相阿斯纳尔同样认为多元政策不利于促进移民形成本国的文化认同。

---

① Han E, Renske B. Benchmarking in immigrant integration[A]// In Rita Süssmuth, Werner W. Managing integration: The European Union's responsibilities towards immigrants[C]. Gutersloh: Verlag Bertelsmann Stiftung, 2004:123–136.

② ［美］劳伦斯·哈里森. 多元文化主义的终结［M］. 北京：新华出版社，2017：3

③ 任梦格，常晶. 英国多元文化主义政策的困境与反思［J］. 贵州师范大学学报（社会科学版），2013（04）：54–59.

④ 彭代琪格. 当代法国马格里布女性移民社会融入问题研究［J］. 法语国家与地区研究（中法文），2018，000（003）：12–20.

⑤ 刘骞. 德国穆斯林移民社会融入分析和启示［J］. 国际关系研究，2016（5）：69–80.

⑥ 米歇尔·维沃尔卡，王鲲，黄君艳，等. 社会学前沿九讲［M］. 北京：中国大百科全书出版社. 2017：157

学术界同样对多元论持保留态度，多元文化主义在两个完全对立的方向遭到了批判，"一方面，它被批判为不接受普世价值观，摒弃了启蒙时代的思想遗产；另一方面，它被指责为破坏了传统价值观，对让某种文化或某个语言占统治地位的文化思想遗产表示质疑"[①]。哈里森认为多元文化主义已经终结，它的基石——文化相对主义非常脆弱[②]。Michael S. Berliner 和 Gary Hull 指出多元文化论认为不同族群的特性无法改变，这将导致族群隔阂固定化、合法化[③]；阿马蒂亚·森认为如果不同族群两种风格或传统并存而不交融，将导致畸形的、多元单一的文化主义[④]。也有学者认为，欧洲多元主义实践的失败并不代表理论的失败，多元主义的核心要义是承认所有文化都是平等的，允许文化认同的多样性与差异性，保护并尊重不同族群，给予外来移民平等的权利与公平的竞争机会[⑤]。

（二）社会认同–社区化理论

社区化理论认为移民群体与当地居民的社会生活认同，取决于两个群体疏远与隔离、合作与交融以及矛盾与冲突的模式和程度[⑥]。移民对当地社会认同程度越高，与当地居民之间的交往、调适、渗透的社区化程度也越高[⑦]。

移民群体和主流群体存在一定的社会距离，影响移民群体和主流群体的

---

① 米歇尔·维沃尔卡，王鲲，黄君艳，等.社会学前沿九讲［M］.北京：中国大百科全书出版社.2017：144

② ［美］劳伦斯·哈里森，多元文化主义的终结［M］新华出版社，2017：3

③ 李明欢.20世纪西方国际移民理论［J］.厦门大学学报（哲学社会科学版），2000（04）：12–18+140.

④ 阿马蒂亚·森.身份与暴力：命运的幻象：the illusion of destiny［M］.北京：中国人民大学出版社，2014：126

⑤ Kymlicka, Will. The Current State of Multiculturalism in Canada and Research Themes On Canadian Multiculturalism 2008–2010[R]. Ottawa: Government of Canada. 2010.

⑥ 符平，江立华.农民工城市适应研究：局限与突破［J］.调研世界，2007（6）：14–17.

⑦ 任远，邬民乐.城市流动人口的社会融合：文献述评［J］.人口研究，2006（03）：87–94.

互动①，社会距离既是群体间合作的"隔离带"，同时也是冲突的"缓冲带"。Alloport认为不同群体的频繁接触有利于消除刻板印象②，卢国显的研究分析了农民工与城市市民在职业、邻里、同龄群体以及婚姻等四个主要领域的社会距离，指出农民工与城市市民在公共领域的社会距离较小，在私人领域的社会距离较大，农民工更倾向与市民交往，但市民对与农民工交往并不热衷③；马西恒和童星通过对上海某社区的田野调查提出新移民与城市社区的关系正从"二元社区"转向"敦睦他者"④；任远和陶力对中国流动人口的研究说明流动人口和本地居民交往频率与社会认同程度并不一定成正比关系，过于频繁的互动反而容易引发社会冲突⑤。移民群体由于与本地居民相比，存在文化上的差异、教育程度上的差别、经济地位上的距离，容易导致社会认同内卷化。而当地居民对移民群体的偏见和歧视——如认为移民的流入占用有限的社会资源、扰乱了社区生活环境、对社会安全构成了潜在的威胁等刻板印象——加剧了社会排斥，进一步引发两个群体间的矛盾和冲突⑥。

国外学者的研究认为宗教组织、非营利组织组织、公共服务机构和社区组织对移民与当地居民的正向互动有积极影响⑦；中国学者则认为政府是促进两个群体彼此认同的主要推动者，应该以加强社区服务体系建设、加大对移

---

① 郭星华，姜华.农民工城市适应研究的几种理论视角［J］.探索与争鸣，2009（1）：61-61.

② Biernat M, Crandall C S, Young L V, et al. All that you can be: Stereotyping of self and others in a military context. [J]. Journal of Personality & Social Psychology, 1998, 75(2):301-317.

③ 卢国显.我国大城市农民工与市民社会距离的实证研究——以北京市为例［J］.社会学，2006（4）：1-11.

④ 马西恒，童星.敦睦他者：城市新移民的社会融合之路——对上海市Y社区的个案考察［J］.学海，2008（2）：15-22.

⑤ 任远，陶力.本地化的社会资本与促进流动人口的社会融合［J］.人口研究，2012（05）：47-57.

⑥ 张春龙.民工与市民冲突的社会学分析［J］.社会，2000（04）：23-24.

⑦ Andrew, Thomas, Hulton, et al. Effectiveness of a community football programme on improving physiological markers of health in a hard-to-reach male population: the role of exercise intensity[J]. Soccer & Society, 2015.

民的公共管理和服务为主，同时辅之以各类社会组织、社区组织参与治理，实现移民的自组织和参与式管理，提高其对社区的认同[①]。

（三）经济认同 – 市民化理论

市民化理论关注移民对于当地经济生活的认同，身份是影响这一认同的重要因素。帕克认为移民将通过相遇、竞争、磨合、最终完成市民化[②]。Lucassen将市民化定义为移民完全被流入国接纳，成为该国的公民并认可其市民身份的过程[③]。中国学者将农民工的市民化视为这一群体在价值观念、交往模式、生活方式与城市居民趋同，完成身份转换的过程[④]，而他们"在工作、社会交往、生活方式等方面的惯习不利于农民工市民化，并可能促进农民工保留自身的族群特性，对我国城市化进程产生消极的影响"[⑤]。户籍是一种阻碍农民工市民化的结构因素，是影响他们获得市民身份或实现户籍身份转换的社会屏蔽（social closure）[⑥]，隐藏在户籍差别背后的是城乡居民在待遇和机会方面的真实差距。虽然同在城市，但这一群体却无法享受平等的"国民待遇"[⑦]，长期无法实现市民化身份的转变，会导致"半城市化"的困境，农民工既不愿返回农村，也不能融入城市[⑧]，只能如"候鸟"一样在两地间不

---

① 韩克庆.农民工融入城市的问题与对策［J］.中共珠海市委党校珠海市行政学院学报，2008（05）：32–35.

② Park, Robert E. Our Racial Frontier on the Pacific [A]. Race and Culture [C]. Glencoe: The Free Press, 1950:150.

③ Prof.dr. L.A.C.J. Lucassen. The determinants of the settlement processes of immigrants and their descendants in th Netherlands (1853–1960) [J]. 1997.

④ 吕柯.浅议推动"农民工"市民化的有效途径［J］.中国社会发展战略，2004，000（003）：15–20.

⑤ 王微.农民工市民化转型中的惯习障碍［J］.南京工业大学学报：社会科学版，2008（3）：58–61.

⑥ 任远，邬民乐.城市流动人口的社会融合：文献述评［J］.人口研究，2006（03）：87–94.

⑦ 王春光.当代中国社会流动的总体趋势及其政策含义［J］.中国党政干部论坛，2004.

⑧ 唐斌."双重边缘人"：城市农民工自我认同的形成及社会影响［J］.中南民族学院学报：人文社会科学版，2002（S1）：36–38.

断迁移[1]。

职业是影响移民经济生活认同的另一个重要因素，新的职业身份带来价值观念、行动模式的变化，通过学习和模仿最终实现"成人再社会化"[2]；但由于双重劳动力市场的结构限制，移民往往只能进入次要市场，从事报酬少、安全性低、工作环境差的工作，即使从事与本地居民相同的工作也可能享受不同的待遇[3]。Castle将工作组织看作一个从吸引到排斥的连续谱（continuums from integration to exclusion），在社会保障和社会关系双重缺失的情况下，移民常常处于孤立和隔离的状态[4]；除了正式制度的影响，非正式的制度吸纳和排斥也会对移民的经济认同产生影响，宗力对加拿大华人群体移民的研究表明，移民在就业中会受到非正式制度的"隐性歧视"[5]；"厂商经济"的产生则表明移民在难以进入当地市场的情况下，会通过聚族而居、建构非正式组织的方式形成群内认同[6]。建立统一劳动力市场，保障移民与主流群体享受同等的工作机会、待遇和保障，是促进移民认同当地经济生活，实现市民化的有力保障[7]。

生活方式和现代性程度的差异同样影响移民对当地经济生活的认同[8]。

---

①　王春光.农村流动人口的"半城市化"问题研究［J］.社会学研究，2006（05）：107-122.

②　田凯.关于农民工的城市适应性的调查分析与思考［J］.社会科学研究，1995（05）：90-95.

③　Doeringer P B, Piore M J. Internal Labor Markets & Manpower Analysis[J]. Industrial & Labor Relations Review, 1971, 25(2).

④　Castel, R., The roads to disaffiliation: insecure work and vulnerable relationships[J]. International Journal of Urban and Regional Research, 24, (3).

⑤　宗力.多元文化社会的民族关系与新种族主义：中国大陆移民在加拿大面临的社会障碍［J］.西安交通大学学报：社会科学版（6）：82-88.

⑥　王汉生，刘世定，孙立平，等."浙江村"：中国农民进入城市的一种独特方式［J］.社会学研究，1997（1）：58-69.

⑦　文军.从分治到融合：近50年来我国劳动力移民制度的演变及其影响［J］.学术研究（7）：32-36.

⑧　周晓虹.流动与城市体验对中国农民现代性的影响——北京"浙江村"与温州一个农村社区的考察［J］.社会学研究，1998（05）：60-73.

马克思认为生产方式决定生活方式[①]，凡勃仑将消费的模式视为社会地位和生活方式的决定性因素，生活方式和消费模式相近的群体更容易相互接纳[②]。移民自身素质的缺陷与自身现代化程度低导致了低度市民化，而这又进一步造成移民自卑、过客式的"边缘人"心理和人际交往的封闭性。英格尔斯将现代性看作一种精神状态，并总结了现代人十二种特征[③]。包容的社会组织和社会环境（如"文明城市"、市场化与组织化程度较高的现代企业的、慈善性民间组织）有利于移民意识形态以及个体人格的改变。部分中国学者认为市民化是农民工逐步放弃其原有的乡土性，以"城市人"为参照群体，不断改变自我、调整自己的行为和生活方式，实现从封闭到开放、从传统向现代、从乡土往城市的市民化认同转变的过程[④]；也有学者认为乡土社会的产物并不与现代化、理性化相冲突，村落组织的传统资源也非现代性的对立面，两种生活方式的交融有助于构建现代化的新传统，形成新的认同模式[⑤]。

三、移民融入研究的理论综述

中外学者对于移民融入的关注形成了丰富的研究成果，黄佳鹏将之概括为关注体制政策的宏观层面和关注教育技能、社会支持网络的微观层面[⑥]；王毅杰、童星梳理了五种理论视角，分别为人的现代化与农村现代

① 马克思.资本论（全3册）[M].上海：上海三联出版社，2009：588

② 凡勃伦.有闲阶级论[M].北京：商务印书馆，2011：24

③ 英格尔斯将现代人的特征总结为：乐于接受新观念、新变革、思想开放、守时惜时、个人效能感强、计划性强、可信任感强、专业性强、创造力强、追求科技、尊重他人，参考：英格尔斯，殷陆君，译.人的现代化　心理·思想·态度·行为[M].成都：四川人民出版社，1985：22-35.

④ 时宪民.中国沿海经济中心城市劳动力流动与体制选择——深圳特区流动劳动力管理研究[J].社会学研究，1999（03）：114-127.

⑤ 李培林.从"农民的终结"到"村落的终结"[J].传承，2012，000（015）：84-85.

⑥ 黄佳鹏.农民工城市社会融入的组织整合路径[J].华南农业大学学报：社会科学版，2019，18（01）：63-73.

化、冲突与失范、分层与流动、国家与社会、社会网络，并将前三种概括为地位结构观，后两种归纳为网络结构观[①]，郭庆在此基础上补充了制度结构观[②]；梁波、王海英将学界相关研究总结为人力资本和现代化、社会资本与社会网络、制度主义等三种理论范式[③]；夏国峰认为学界对既有融入问题的研究，主要集中为四种视角：现代性、社会化、社会排斥与互动、社会网络或社会资本的视角[④]；陈成文和孙嘉悦认为目前学术界已有的三种代表性的观点包括基于社会参与视角的"社会排斥论"、基于社会公平视角的"社会融合论"以及基于市民化视角的"移民融入论"，他们还补充了处于弱势地位的主体与其他群体进行反思性、持续性互动的"社会行动论"范式[⑤]；胡杰成将农民工融入的现有的研究分为现代性、社会化、社会整合、社会分层与社会流动、社会网络五种理论视角[⑥]。虽然以上学者划分的方法和类型各异，但是都表现出对于微观–宏观分析层次和行动–结构分析视角的关注。本文将中外融入相关理论归纳为行动–资本和结构–系统两种分析范式。

（一）行动–资本分析范式

陈成文、孙嘉悦认为融入实质上是一种社会行动，是主体与周围环境不断地持续性互动过程，并表现为主体行动的社会性、能动性、持续性、反思

---

① 王毅杰，童星.流动农民社会支持网探析［J］.社会学研究，2004.

② 郭庆，高平安，余运江.社会信任视角下的农民工城市融合——基于上海的实证分析［J］.人口与社会，2014（4）：55-60.

③ 梁波，王海英.国外移民社会融入研究综述［J］.甘肃行政学院学报，2010，000（002）：18-27.

④ 夏国锋.城市文化空间的再造与农民工的社会融入——以深圳市农民工公共图书馆建设为例［J］.江西师范大学学报（哲学社会科学版），2011（02）：16-20.

⑤ 陈成文，孙嘉悦.社会融入：一个概念的社会学意义［J］.湖南师范大学社会科学学报，2012（6）：66-71.

⑥ 胡杰成.农民工城市融入问题研究综述［J］.兰州学刊，2008，000（012）：87-89.

性和交互性①。正是因为社会融入具有情境性和实践性②，行动的理论视角关注移民如何通过策略性地积累资源、利用资源以更好地实现社会融入？此类研究根据对不同资源和资本的强调进一步细分为文化资本、社会资本、经济与人力资本三种理论。

1.文化资本理论

文化资本理论由布迪厄系统地提出，泛指与文化活动有关的有形或无形资本③。布迪厄认为，社会阶层较高的群体拥有较高文化资本，在跨国流动的视域下，较高的文化资本同样有利于移民的社会融入。布迪厄将文化资本分为三种形式：即以肉体或精神持久性情的身体性形式（l'état incorporé）；以文化产品或这些产品的理论的实现、批判、客体化的客观性形式（l'état objectivé）；以官方认可的、拥有合法性的体制性形式（l'état institutionnalisé）④。文化资本的获得包括两种方式：一种是通过幼年时期的家庭培养塑造，主要指身体性的文化资本；另一种则是在较晚时期通过系统地学习获得，主要指客观性的文化资本和体制性的文化资本。学术界对于移民的文化资本的研究较少，部分学者关注身体性的文化资本对社会融入的影响，将文化资本看作一种具有身份区隔性的资本，是客观阶层地位的"指示器"⑤，并强调这一资本与经济资本和社会资本可以相互转化，从而影响移民的融入⑥；语言是文化的载体，也是身体性文化资本的一种重要形式，部分学

---

① 陈成文，孙嘉悦.社会融入：一个概念的社会学意义［J］.湖南师范大学社会科学学报，2012（6）：66-71.

② Standing G, Goldscheider C. Urban migrants in developing nations: patterns and problems of adjustment[J]. Boulder Colo Westview Press, 1983, 38(3):515.

③ 朱伟珏."资本"的一种非经济学解读——布迪厄"文化资本"概念［J］.社会科学，2005（06）：117-123.

④ Bourdieu P. Les trois états du capital culturel[J]. Actes de la recherche en sciences sociales, 1979, 30(1):3-6.

⑤ 仇立平，肖日葵.文化资本与社会地位获得——基于上海市的实证研究［J］.中国社会科学，2011（06）：122-136.

⑥ 赵芳，黄润龙.文化资本与农民工的城市融人［J］.法制与社会，2008，000（013）：198-199.

者通过考察移民对于母语、移入地官方语言和本地方言、第二语言等语言的接收、回避、偏爱和使用情况来探索语言对融入的影响[1]；部分学者关注客观性的文化资本，巫达通过对援疆兵、团返沪人员社会融入的研究，指出这一群体虽在经济和社会资本上不及同龄本地退休老师，但是由于他们在新疆学习了正宗的民族歌舞，形成的异域族群文化资本，让他们顺利地融入当地人组建的阿凡提歌舞团，并以"资深者"的身份获得本地居民的认可[2]；文凭是体制性文化资本的主要形式，通过教育系统完成再生产，进一步加剧这一资本累积的异质性[3]。

2.社会资本理论

社会资本概念由布尔迪厄正式提出，并将其定义为通过对"体制化的关系网络"的占有而获得的实际或潜在的资源集合[4]。此后，社会学家纷纷提出各自的理论：一种是将社会资本理解为个人在社会网络或通过社会网络获取的一种资源，如Coleman认为社会资本是个人拥有的、表现为社会结构资源的资本[5]；林南将其理解为个人通过直接或间接关系从而获得的资源[6]；博特认为两人间的非重复关系构成结构洞，为个人攫取资源带来了关系上的优势[7]。总体而言，这一种观点认为社会资本是通过社会网络达成工具性目的个体资源，我国学者如边燕杰、赵延东、张文宏也持此种观点。另一种是将其理解为社会存在的一种公共资源，格拉诺维特提出"嵌入性"理论，认为社会关

---

① 黎红.语言同化与城市新移民的社会融入［J］.中共福建省委党校学报，2014（2）：88-92.

② 巫达.论大都市人的族群意识——以上海人个案为例［J］.思想战线，2010，36（003）：20-24.

③ P.布尔迪约，J.-C.帕斯隆，布尔迪约，et al.再生产：一种教育系统理论的要点［M］.商务印书馆，2002.

④ Bourdieu P. The Forms of Capital[M]// Readings in Economic Sociology. 1986. 242–257

⑤ Coleman, J.S. Social capital in the creation of human capital[J]. American Journal of Sociology, 1988, 94, S95–S120.

⑥ Marsden P V, Lin N. SocialStructure and Network Analysis[C]. Beverly Hills, CA: Sage, 1982:103–130.

⑦ 罗纳德·伯特，Ronald Burt.结构洞［M］.上海人民出版社，2008：9

系嵌入在经济行为中，为物质资源交换的可能提供规范和信任的支持[1]；普特南将其定义为促进社会内外达成共同利益的规范、信任和网络，并区分了保持内部和谐的聚合型（Bonding）资本与加强外部联络的桥接型（Bridging）资本[2]；福山认为社会或群体中的信任关系是一种社会资本[3]，我国学者李惠斌、杨雪冬也持此种观点。社会资本是移民研究最重要的理论范式之一，Portes首先将社会资本概念引入移民研究，在他看来，移民过程中的每一个环节都与其密不可分，在之后的研究中他进一步指出"社会资本是移民个人通过加入社会网络和更广泛的社会结构来调动稀缺资源的能力，移民可以利用这些社会结构获得各种资源，包括就业、廉价劳动力和低息贷款"[4]，Massey等人将社会资本归纳为移民网络成员为其提供的工作机会以及资金、居住上的帮助和支持[5]。中国学者同样强调社会资本对于社会融入的重要性：栾文敬等将社会资本定义为"个人在团体中，通过人际关系、社会网络、自身掌握的社会资源来满足自己需求、获取利益的能力"[6]。刘传江、周玲认为社会资本是移民求职的最主要途径，大部分农民工依赖于亲缘、地缘、血缘关系，但农民工可动用的社会资本质量较低，导致难以找到比较好的工作职位[7]；李汉林认为社会资本是农民工生存和发展的重要社会支持系统，它影响农民工

---

① Granovetter, Mark. Economic Action and Social Structure: The Problem of Embeddedness[J]. American Journal of Sociology, 1985, 91(3):481–510.

② Putnam, D. Robert. Bowling Alone: American's Decling Social Capital[J]. Journal of Democracy, 1995:65–78.

③ 福山.信任——社会道德与繁荣的创造［M］.远方出版社，1998.

④ Alejandro Portes, The Economic Sociology of Immigration: A Conceptual Overview[M]// The Economic Sociology for Immigration: Essays on Networks, Ethnnicity and Entrepreneurship, New York: Russell Sage Foundation, 1995:12

⑤ Massey D S, Espinosa K E. What's Driving Mexico–U.S. Migration? A Theoretical, Empirical, and Policy Analysis[J]. American Journal of Sociology, 1997, 102(4):939–999.

⑥ 栾文敬，路红红，童玉林，等.社会资本、人力资本与新生代农民工社会融入的研究综述［J］.江西农业大学学报：社会科学版，2012（2）：48–54.

⑦ 刘传江，周玲.社会资本与农民工的城市融合［J］.人口研究（5）：12–18.

的融入城市生活的程度[①]；赵延东和白小喻将移民流动前积累的社会资本定义为"原始社会资本"和"初级社会资本"，将流动后积累的社会资本定义为"新型社会资本"和"次级社会资本"[②]，前者在移入前期减少了融入的交易费用，节约了生存成本[③]，但随着时间的推移，可能妨碍外群体的社交，不利于形成归属感和认同感[④]，要想实现进一步的融入，则需要通过建立新型社会资本；任远、陶力和刘芳则分别将流动人口基于亲缘、血缘、地缘关系形成的社会资本定义为"初级社会资本"和"聚合型社会资本"，而将在移入地积累的与本地居民、组织和政府互动积累的社会资本称为"本地化的社会资本"和"桥接型社会资本"，并认为后者更有利于社会融入[⑤]。部分学者比较了人力资本和社会资本对于融入的影响，赵延东等认为社会资本与人力资本对移民的社会融入均产生重要的影响，但社会资本的作用更为明显，人力资本需要依靠社会资本的途径才能充分发挥作用。白积洋的研究认为人力资本存量决定预期收入，社会资本存量决定了迁移的集聚程度，人力资本积累与社会资本依赖度在人口流动过程中具有一定的负相关关系[⑥]；李培林、张翼、赵延东对农民工进城求职的研究说明，在市场渠道不通畅和求职的正式制度缺位的情况下，亲友关系等社会资本在求职中能够发挥出更加重要的作用[⑦]。

---

① 胡伟，李汉林.单位作为一种制度——关于单位研究的一种视角[J].江苏社会科学，2003，000（006）：68-76.

② 赵延东，王奋宇.城乡流动人口的经济地位获得及决定因素[J].中国人口科学，2002，000（004）：8-15；白小瑜.新生代农民工的社会资本[J].湖北民族学院学报：哲学社会科学版，2006（1）：148-150.

③ 李培林.流动民工的社会网络和社会地位[J].社会学研究，1996（04）：42-52.

④ 牛喜霞.社会资本在农民工流动中的负面作用探析[J].求实，2007，000（008）：51-54.

⑤ 任远，陶力.本地化的社会资本与促进流动人口的社会融合[J].人口研究，2012（05）：47-57；刘芳.桥接型社会资本与新移民社会融入——兼论社会组织与基层社区对新移民融入的推动作用[J].学习坛，2015（11）：67-72.

⑥ 白积洋.迁移者的空间选择机制分析——基于人力资本和社会资本视角[J].西南科技大学学报（哲学社会科学版），2009，26（6）：56-64.

⑦ 李培林.就业与制度变迁[M].杭州：浙江人民出版社，2000：23.

3.经济与人力资本理论

经济资本是早期经济学家研究的主要对象，是可增值的物质性资源。移民融入的研究认为，经济资本是移民完成社会流动和融入的重要手段。具有较高经济资本的移民更容易进入当地的主流社会，取得合法身份，进入中上阶层，实现向上流动[①]。马伟华等对朝鲜族移民在韩社会融入的研究发现，经济资本持有量影响融入的路径，低收入、低资本的群体容易形成聚居经济，更倾向群内认同和群内社交，不利于其融入，而具有较高收入和经济资本的群体通常更易进入本地中、高端社区，有利于群外认同、群外社交和全面的融入[②]。

人力资本理论强调移民的个人能力对于融入的影响。舒尔茨将资本分为经济资本和人力资本，他发展了亚当·斯密提出的人力资本主张，认为"经济效益要在人们为了自身利益的服务当中显示出来"[③]。Becker进一步完善了人力资本理论，认为人的知识、技能、经验、体力与物质资本相似，可以通过积累形成财富，通过投资实现增值[④]。Chiswick将人力资本的概念引入移民的研究中来，用移民的教育水平、工作经验和其他工作技能来代表其所拥有的人力资本，并提出较高人力资本有利于提高移民收入，对其融入当地产生积极影响[⑤]。Borjas的研究显示1970年代到达的移民相对以前到来的移民技术水平更低，他们的收入在其整个职业生涯中也大大低于当地人的收入[⑥]。人力资本因投资而升值，投

---

① Zong, Li. International Transference of Human Capital and Occupational Attainment of Recent Chinese Professional Immigrants in Canada[R]. Working Paper No. WP03–04. Prairie Centre of Excellence. 2004

② 马伟华，陈纪.分化与差异：在韩中国朝鲜族社会融入的人类学研究［J］.民族研究，2018，236（06）：69–80.

③ 舒尔茨.人力资本投资［M］.商务印书馆，1990：203

④ Becker G. Human capital: A theoretical analysis with special reference to education[J]. Nber Books, 1964, 18(1):556.

⑤ Chiswick BR, Sullivan TA. The new immigrants. [J]. State of the Union America in the S, 1978, 21(4Suppl): suppl 8–9.

⑥ Borjas G J, Tienda M. The economic consequences of immigration. [J]. Science, 1987, 235(4789):645–651.

资人力资本包括两种手段，分别为教育和技能培训[1]，教育水平、劳动技能、语言能力等人力资本指标对于移民融入具有重要影响，具有较高人力资本的中国和印度移民相比非裔和拉美裔移民更容易融入西方国家[2]。

（二）结构–系统分析范式

结构分析是融入研究的重要范式，主要可分为两类：一类是系统结构分析理论，关注移民在社会各系统之间是否衔接[3]；一类是网络结构分析理论，关注移民的网络类型、规模、密度以及结构特征[4]。

1.系统结构理论

系统结构理论可追溯到帕森斯的AGIL理论，帕森斯认为任何行动系统都需满足结构系统的功能要求，经济系统、政治系统、社会化系统和文化系统分别对应适应（adaptation）、目标达成（goal attainment）、整合（integration）和模态维持（latent pattern maintenance）的功能类型[5]，中外学者对于移民融入状态和行为特征的研究可视为对这一理论的延续和发展。"没有任何理由去偏向分析一个关系维度而轻视另一个，这些关系可能是经济的、家族的、政治的、宗教的等等"[6]，中外学者对不同维度的类型和层级划分持有不同意见，戈登将移民的融入划分为结构维度与文化维度：结构维度强调群体的构成、组织要素以及相互之间的物质利益关系间客观状态；文化维度则注重解释群体的行为特征，如价值取向、身份认同、生活方式与

---

①　Gruescu S. Effects of a declining population in a model of economic growth with endogenous human capital–Lucas (1988) [M]// Population Ageing and Economic Growth. 2007.

②　项飚.全球"猎身"［M］//全球"猎身".北京大学出版社，2012.

③　王春光.农村流动人口的"半城市化"问题研究［J］.社会学研究，2006.

④　方亚琴，夏建中.社区治理中的社会资本培育［J］.中国社会科学，2019，000（007）：64-84.

⑤　塔尔科特·帕森斯，尼尔·斯梅尔瑟.经济与社会［M］.华夏出版社，1989.

⑥　Inglis, Christine. Transnationalism in an Uncertain Environment: Relationship between Migration, Policy and Theory. [J]. International Journal on Multicultural Societies. 2007, vol.9, no.2, pp.185–204.

意识形态等①；杨格·塔斯在戈登的基础上，补充了政治—合法性的维度②；Entzinger 和 Biezeveld 进一步提出第四个研究维度——主流社会对移民的态度③；法国人类学家 Gagnepain 的"中介理论"（théorie de la médiation）将融入分为语言、经济、社会和文化四个维度④；Bernard 提出经济层面上包容–排斥和平等–不平等、政治层面上存在合法化–非法化和参与–不参与、文化层面上认可–拒绝和归属感–孤独感的六维模型⑤；

中国学者朱力认为农民工的城市融入是沿着经济、社会和心理三个层次递进⑥；杨菊华将其分为经济整合、文化接纳、行为适应和身份认同四个层次，并认为各层次间存在相互影响⑦；李培林、田丰则认为农民工的融入分为经济、社会、心理和身份四个层次但并不存在递进关系⑧；张文宏等认为城市新移民的融入包括文化融入、心理融入、身份融入和经济融入；风笑天认为应从家庭经济、日常生活、与当地居民的关系、生产劳动、社区认同等五个维度对三峡移民的适应和融入进行分析⑨；李培林关注中国城市化过程中形成的"城中村"问题，他认为村落共同体的边界开放和村民人生半径扩展的过程是沿着经济边界向自然边界、行政边界、文化边界，最终到社会边界的扩

---

① 米尔顿.M.戈登.美国生活中的同化［M］.译林出版社，2015：27–30

② Junger–Tas J. Ethnic Minorities, Social Integration and Crime[J]. European Journal on Criminal Policy and Research, 2001, 9(1):5–29.

③ Han E, Renske B. Benchmarking in immigrant integration[A]// In Rita Süssmuth, Werner W. Managing integration: The European Union's responsibilities towards immigrants[C]. Gutersloh: Verlag Bertelsmann Stiftung, 2004:123–136.

④ Jean Gagnepain. Théorie Cognitive et Théorie de la Mediation Cognitive[J] Evolution, 1999, 1–18.

⑤ Paul Bernard. Social Cohesion: A Critique[J]. 1999.

⑥ 朱力.论农民工阶层的城市适应［J］.江海学刊，2002（6）：82–88.

⑦ 杨菊华.从隔离、选择融入到融合：流动人口社会融入问题的理论思考［J］.人口研究，2009（01）：19–31.

⑧ 李培林，田丰.中国农民工社会融入的代际比较［J］.社会，2012，32（5）：1–24.

⑨ 风笑天."落地生根"？——三峡农村移民的社会适应［J］.社会学研究，2004（05）：21–29.

展过程[1]；王春光对中法移民问题进行了长期的关注和考察，并提出"移民空间"概念，认为移民融入是通过构建经济空间、政策空间、社会空间和文化空间进行的[2]；杨黎源从邻里关系、工友关系、困难互助、社区管理、风俗习惯、联姻结亲、安全感、定居选择等八个视角分析流动人口融入状况[3]；任霞从经济适合、社会接纳、文化认可和心理归属四个维度建立了大城市外来少数民族人口社会融合评价指标体系[4]；李林凤研究了经济融入、社会融入、政治融入、文化融入、市民社会与少数民族流动人口之间相互接纳、认同的程度等[5]。近年来，部分学者开始关注中国的外来移民现象：朱蓓倩认为外国人的在华融入包括心理满足、经济整合、行为适应、文化认同、社会构建、制度接纳[6]；姚烨琳、张海东将国际移民的社会融入分为心理融入、文化融入和经济融入[7]。

2.网络结构理论

社会网络理论认为社会系统概念过于模糊，他们将个人行动以及如何连接他人行动置于社会网络理论的核心[8]，阿朗戈认为社会网络对移民的重要性无论如何估计都不过分[9]。相比系统结构分析，网络结构的视角更具中观性。传统的社会网络理论包括两种研究视角：一种关注网络的规模、密度、同质

① 李培林.村落的终结［M］.北京：商务印书馆，2004：39

② 王春光.移民空间的建构——巴黎温州人跟踪研究［M］.北京：社会科学文献出版社，2017：199–203

③ 杨黎源.外来人口社会关系和谐度考察——基于对宁波市1053位居民社会调查的分析［J］.浙江工商大学学报，2007（03）：56–60.

④ 任霞.大城市外来少数民族人口的社会融合研究［D］.上海：华东师范大学，2009.

⑤ 李林凤.从"候鸟"到"留鸟"——论城市少数民族流动人口的社会融合［J］.贵州民族研究，2011（1）：13–19.

⑥ 朱蓓倩.上海外籍人口城市融入研究［D］.上海：华东师范大学，2016.

⑦ 姚烨琳，张海东.国际移民的社会融入研究——以上海为例［J］.学习与探索，2018（6）：33–41.

⑧ 马克·格兰诺维特.镶嵌：社会网与经济行动［M］.北京：社会科学文献出版社，2015：2

⑨ 华金·阿朗戈，黄为葳.移民研究的评析［J］.国际社会科学杂志（中文版），2001（3）：35–46.

性、中心度等结构性特征；另一种关注互动的多重性、频率和持久性、互动的内容和方式等互动性特征[①]。

移民的流动性决定其社会网络的丰富性，大量学者的研究证明本土的社会网络为移民融入当地提供了重要的帮助，在客居国所拥有的网络规模是衡量其融入程度的重要指标。群际交往理论（intergroup contact theory）将社会网络理论与文化距离理论结合，认为同文化群体的网络和异文化群体网络具有不同特征，相较于异文化群体，同文化群体社会距离更近[②]、社会信任更强[③]，移民更倾向与同文化群体中建构和利用网络，而减少与异文化群体接触和交流；曹子玮将以血缘、地缘形成的网络定义为初级社会网络，将以业缘和趣缘形成的网络定义为次级关系网络，移民初级网络规模往往高于次级网络[④]；王毅杰等将流动人口的社会网络特点总结为"规模小、紧密度高、趋同性强、异质性低"[⑤]。同乡组织是一种同文化群体在异地聚集而形成的非常独特的社会结构，可以看作是熟人社会的延伸，这种组织具有门槛低、成本小、效率高等特点[⑥]，这一组织一方面为移民的融入提供支持，另一方面也容易形成封闭的小圈子，导致其社会网络的同质性和内卷化。移民的融入除了利用现有的同质关系外，还需扩展新的社会关系网，渠敬东对农民工城市融入的考察，认为农民工初入城市主要依赖强关系结成的社会网络，以解决在城市立足的生存问题；而在发展阶段中，则需要充分利用具有异质成分和制度因素的弱

①　方亚琴，夏建中.社区治理中的社会资本培育［J］.中国社会科学，2019，000（007）：64-84.

②　刘丽娟.群际交往，社会信任与流动穆斯林社会融入研究——以长沙市为例［J］.民族论坛，2019（2）.

③　郭庆，高平安，余运江.社会信任视角下的农民工城市融合——基于上海的实证分析［J］.人口与社会，2014（4）：55-60.

④　曹子玮.农民工的再建构社会网与网内资源流向［J］.社会学研究，2003，018（003）：99-110.

⑤　王毅杰，童星.流动农民社会支持网探析［J］.社会学研究，2004.

⑥　黎莹，杨娜.同乡会对在京新生代农民工社会融入的影响［J］.重庆工商大学学报：社会科学版，2017（4）：104-108.

关系，寻求发展的信息、机遇和资源[①]；塔玛的研究认为，应把紧密的社会网络和松散的社会网络看作"个人的主观感受和相互责任感的轴线上的连续谱"，移民在融入的过程中，既会依靠强关系，也会使用弱关系，强弱关系并非绝对，而在一定程度上可以进行转化[②]；博特的结构洞理论认为个人在网络的位置比关系的强弱更为重要，网络结构的位置决定了权力、信息和资源的分配[③]。

社会网络是构成社会资本的基础[④]，通过社会网络可以集聚社会资本，社会资本也有助于网络规模的扩展和结构的优化[⑤]。社会网络还为移民的目标达成、心理慰藉以及群体互嵌等方面提供物质支持、信息共享、情感互动的渠道[⑥]，社会网络的视角突出了网络结构因素对移民重建生活世界和支持系统的重要意义，但也有学者认为这一理论夸大关系网络在他们适应城市中的作用之嫌，低估了行动者的实践能力、反思性特征等自主性因素[⑦]。

第三节　来华留学生研究相关理论的中外文献综述

"作为一种跨文化的实践活动，留学是与异域的相遇，是一种他者的眼光与陌生现实的相遇留学行为导致异质文化之间在生活方式、价值观念、意识形态等方面的交流碰撞，有时甚至会产生极端的社会变迁"[⑧]，一部留学史

---

① 渠敬东.生活世界中的关系强度——农村外来人口的生活轨迹［A］.见：柯兰君、李汉林主编.都市里的村民——中国大城市的流动人口［C］.北京：中央编译出版社，2001：40-70.

② 塔玛·戴安娜·威尔森，赵延东.弱关系、强关系：墨西哥移民中的网络原则［J］.思想战线，2005.

③ 罗纳德·伯特，Ronald Burt.结构洞［M］.上海人民出版社，2008.

④ 任远，陶力.本地化的社会资本与促进流动人口的社会融合［J］.人口研究，2012（05）：47-57.

⑤ Nan L, Ensel W M, Vaughn J C. Social Resources and Strength of Ties: Structural Factors in Occupational Status Attainment[J]. American Sociological Review, 1981.

⑥ Granovetter M S. The Strength of Weak Ties[J]. American Journal of Sociology, 1973, 78(6):1360-1380.

⑦ 符平，江立华.农民工城市适应研究：局限与突破［J］.调研世界，2007（6）：14-17.

⑧ 李雪涛.全球史视野下的中国留学史［J］.教师博览：文摘版，2016（11）：30-33.

蕴藏着有关对自我与他者认知、异乡人对他乡的融入、两种文化之间冲突与融合等多个命题，也吸引了教育学、管理学、传播学、文化学、历史学、社会学等多个学科的中外学者对这些问题进行讨论。从研究方向来看，相对于以工作为目的移民研究，以留学为目的移民研究比较边缘，中国学者对政府治理政策和高校管理制度对留学生的制度整合讨论较多，对留学生的来华动机、认同情况以及融入策略的研究较少；从学科领域来看，以教育学、语言学领域的研究居多，从社会学角度开展的研究较少；从研究作品类型来看，以期刊文章（1761篇）、硕博士论文（283篇）居多，立项课题（242项）和专著成果较少。期刊文章及硕博论文的分布情况见图1.2，课题学科及资助机构的统计分析见图1.3，关于留学生群体的代表性专著成果包括：杨军红的《来华留学生跨文化适应问题研究》（2009）、于富增的《改革开放30年的

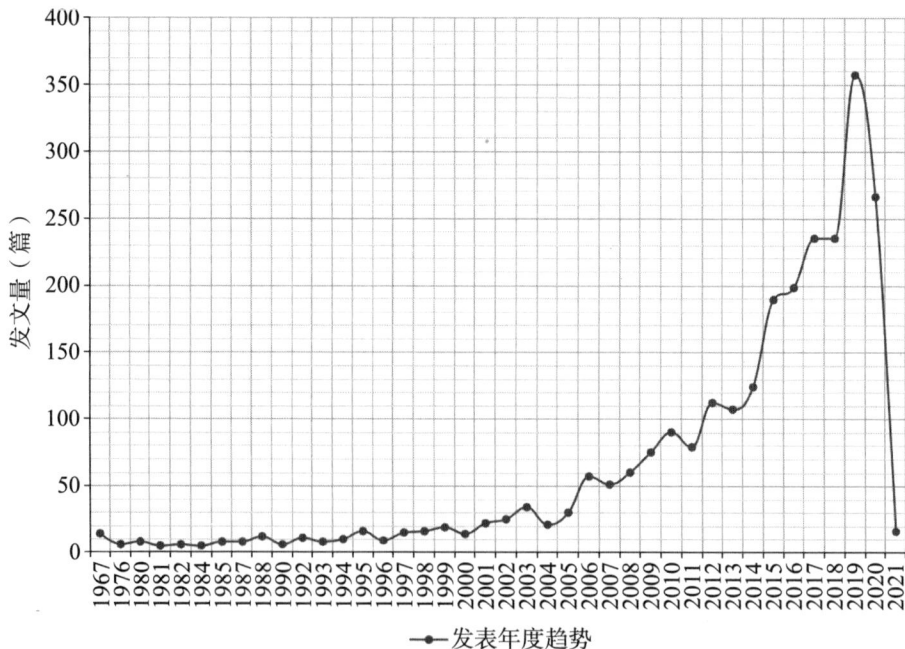

图1.2 来华留学研究成果统计及趋势分布（中国知网，2020）①

① 根据2020年2月中国知网"留学生"关键词检索的期刊统计情况制作

来华留学生教育：1978-2008》（2009）、徐为民的《来华留学生教育的理念与实践》（2011）、丁笑炯的《基于市场营销理论的留学生教育服务》（2012）、董泽宇的《来华留学教育研究》（2012）、程家福的《来华留学生教育结构历史研究：1950~2010》（2012）、马佳妮的《留学中国——来华留学生就读经验的质性研究》（2020）。除此之外，为做好来华留学生管理工作，1989年，由相关领域的专家学者共同发起并正式成立"中国高等教育学会外

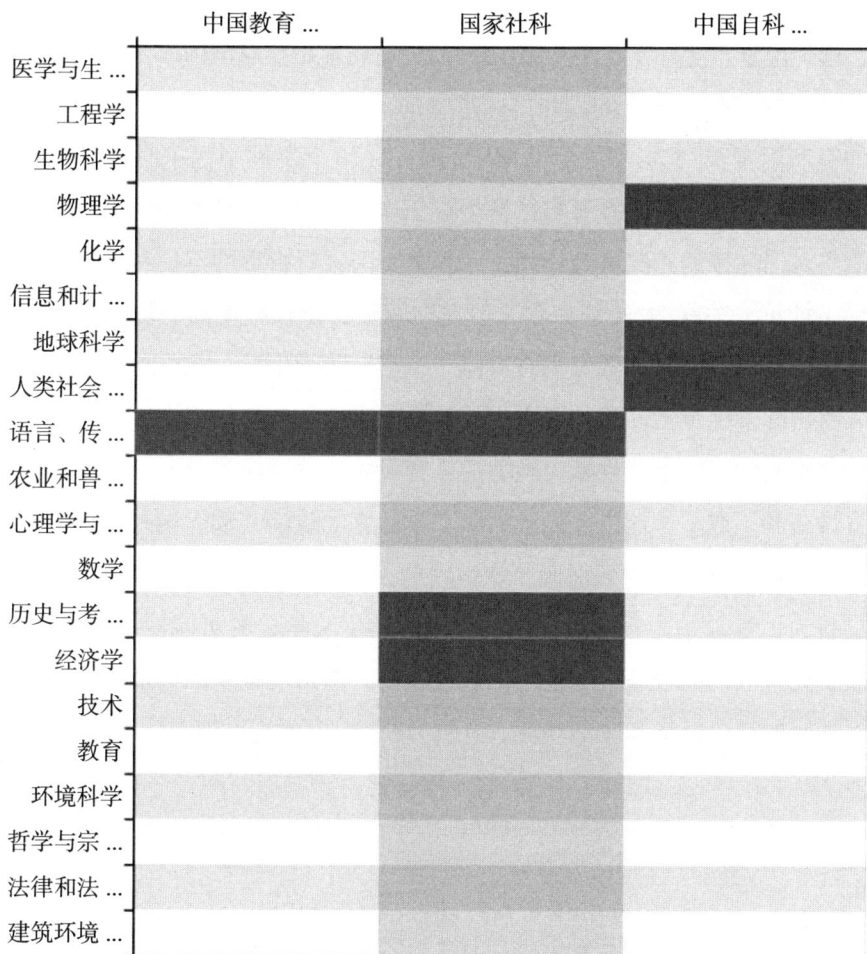

图1.3　2011-2020年来华留学立项研究情况（万方科慧，2020）①

---

① 根据2020年2月万方科慧数据库"留学生"关键词检索的课题统计情况制作

国留学生教育管理分会"，该分会办有《外国留学生工作研究》（内部季刊），并定期汇编出版年会论文集，分会主要关注来华留学生教育、培养和管理等相关课题。

一、留学动机研究

Mazzarol 和 Soutar 的研究指出，跨境留学的选择经历三个步骤：决定出国、选择国家、选择学校[①]。出国留学的决定通常是在对国内求学和国外留学得失权衡的基础上作出的，在国内求学的不利因素被视为"推力"，国外留学的有利因素被视为"拉力"。Mc Mahon 对 18 个发展中国家学生留学美国的实证分析论证了跨国教育与经济（在全球贸易中的影响力和贸易集中度）、政治（对国际援助和奖学金依赖）和教育（国家对教育的重视和提供教育的机会）的重要关联，"经济疲软"但对国际贸易依赖程度高、教育薄弱但对教育机会重视程度高的国家更有可能"生产"留学生[②]；Altbach 将推拉模型引入对国际学生留学动机的研究中，他将学生留学选择的推力因素归结为本国"获得奖学金的可能性低、较差的教育设施、缺乏研究设备、缺乏适当的教育设备和（或）未能进入当地大学、不适宜的政治气候、国外学位（在市场上）的增值、歧视少数民族、认识到现存的各种传统教育的不足"；将留学的拉力因素总结为目的地"提供给国际学生奖学金的可能性、优质教育、可获得先进的研究设备、有适当的教育设施，并可能被录取、适宜的政治气候、适宜的社会经济和政治环境、有机会获得国际生活经验"[③]；大部分学者

---

① Mazzarol T, Soutar G N. "Push-pull" factors influencing international student destination choice[J]. International Journal of Educational Management, 2002, 16(2):82–90.

② Mcmahon M E. Higher education in a world market——An Historical Look at the Global Context of International Study [J]. Higher Education, 1992, 24(4):465–482.

③ 菲利普·G.阿特巴赫.比较高等教育：知识，大学与发展［M］.北京：人民教育出版社，2001：233.

的研究都是在"推拉模型"的基础上展开[①]，部分学者对于这一模型进行了补充和优化，如Li和Bray在母国和留学目的地"推拉因素"的基础上提出了"反推拉因素"即在留在母国学习的拉力（如与家人在一起的愿望）和留学目的地的推力（如高额的学费、严格的审查程序）[②]；陈松林引入SWOT模型，将动机因素分为留学对自身发展的优势（Strengths）与劣势（Weaknesses）以及外部环境中的机遇（Opportunities）与挑战（Threats）等四个方面[③]，关于推拉模型如下图。

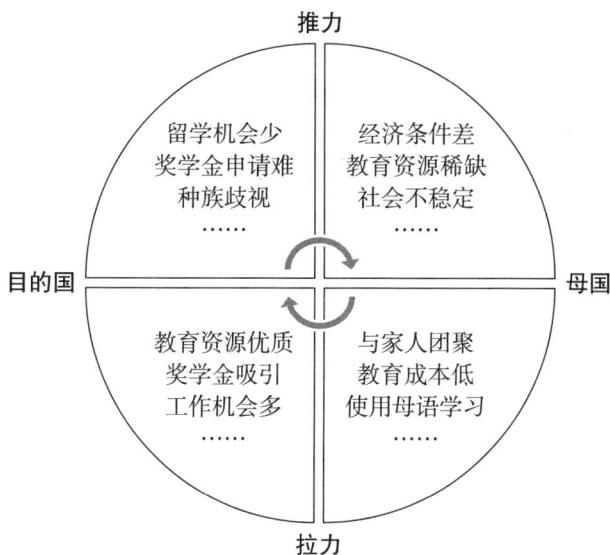

图1.4　影响留学生流动的主要因素

　　部分学者认为，虽然留学的选择由推力和拉力共同决定，但两种力对留学生的影响是不同的，"推力"让学生对接受海外教育产生普遍兴趣，"拉

---

① 安亚伦，段世飞.推拉理论在学生国际流动研究领域的发展与创新［J］.北京师范大学学报：社会科学版，2020（4）：25-35.

② Li M, Bray M. Cross-border flows of students for higher education: Push-pull factors and motivations of mainland Chinese students in Hong Kong and Macau[J]. Higher Education, 2007, 53(6):791-818.

③ 陈松林，程家福.本世纪初来华留学教育的发展战略研究［J］.巢湖学院学报，2014，000（005）：128-133.

力"则为选择留学国家和地区指明具体的方向[①]。CHEN和BARNETT的研究考察了国际学生规模靠前的64个国家，他从"世界体系"的宏观视角描述国际学生的流动，提出学术霸权与世界经济和政治表现是一致的，一个国家或地区在世界体系中的地位越高，它在留学生交换的全球网络中的地位就越高：美国和大多数西方工业化国家占据核心地位，东欧和亚洲居于中间，非洲和中东国家则位处边缘[②]；Caruso和de Wit根据1998年至2009年欧洲各国留学生的研究发现，目的地的经济实力、社会安全程度、开放程度是影响流动的主要因素[③]；Mazzarol对澳大利亚、加拿大、新西兰、英国和美国的315所教育机构的量化分析结果显示，教育机构的形象、资源、学术网络和拥有海外市场的"战略伙伴"是吸引留学生的重要因素[④]；Cullinan和Duggan通过引力模型对爱尔兰学生择校动因的研究发现，除了距离因素，学校规模和性质（男女分开还是混合、是否有教会背景）都显著影响学生对学校的选择[⑤]。大部分国外学者研究关注发展中国家学生向发达国家流动或发达国家之间流动的趋势，对于留学目的地的设定多为欧美国家，以亚洲国家为目的地的研究较少。Ahmad和Buchanan以马来西亚为留学目的地的研究显示：对于亚洲国家而言，国家形象（马来西亚国家的吸引力）的"拉力"因素是吸引外国学生留学的关键[⑥]。中国学者对于来华留学生动机的研究同样聚焦于中国的"拉力"因素，具体可以分为两类：一方面是与欧美国家吸引相似的"同

① Davis, Todd, Flows of International Students: Trends and Issues[J]. International Higher Education. 1995, 10.6017/ihe.1995.1.6167.

② Tse-Mei, ChenGeorge, A, et al. Research on international student flows from a macro perspective: A network analysis of 1985, 1989 and 1995[J]. Higher Education, 2000.

③ Caruso R, De Wit H. Determinants of Mobility of Students in Europe: Empirical Evidence for the Period 1998-2009[J]. Journal of Studies in International Education, 2015, 19(3):265-282.

④ Mazzarol T. Critical success factors for international education marketing[J]. International Journal of Educational Management, 1998, 12(4).

⑤ Cullinan J, Duggan J. A School-Level Gravity Model of Student Migration Flows to Higher Education Institutions[J]. Spatial Economic Analysis, 2016, 11(3):1-21.

⑥ Ahmad S Z, Buchanan F R. Choices of destination for transnational higher education: "pull" factors in an Asia Pacific market[J]. Educational Studies, 2016:1-18.

质性"因素,如发达的经济实力、稳定的政治和社会环境、国际化的教育质量、开放的留学政策[1],以杨军红(2006)、安然和张仕海(2008)、程家福和胡德维(2009)等人的研究为代表;一方面是与发达国家不同的"差异化"因素,如独特的中国语言、历史和文化,以文峰(2007)、黄年丰(2008)、肖耀科和陈路芳(2012)、吴文英等(2012)等人的研究为代表[2]。岳芸从留学生个人的角度出发,将受前者影响做出的来华留学选择归纳为"成就动机"和"教育消费动机",后者归纳为"好奇动机"和"文化认同动机"[3]。以上国内学者的研究结论大部分来自调查数据和访谈资料,近年来,部分学者利用统计数据和面板数据展开研究,以曲如晓和江铨(2011/2012)、姚海棠和姚想想(2013)、宋华盛和刘莉(2014)等人的研究为代表[4]。

总而言之,中外学者对留学动机因素的探索可以分为三个方面[5]:一是留学生母国的优劣因素,包括全球经济的参与程度、教育机会和质量、政府对出国留学的态度和政策、就业市场对本国和国外文凭的区分度和接受度、社

---

① 此类研究包括:杨军红.来华留学生构成特点及影响因素分析[J].中南民族大学学报:人文社会科学版,2006(S1):104-108;安然,张仕海.亚洲来华留学生教育需求调查分析[J].高教探索,2008(3):103-108.;程家福,胡德维.简论来华留学教育60年发展的历史经验[J].设计艺术研究,2009,000(006):P.44-47.

② 此类研究包括:文峰.多样性文化适应:对华裔学生来华留学的调查与分析[J].东南亚研究,2007(06):86-89.黄年丰.外国来华留学生学习动机调查和对策[J].中国成人教育,2008(9):113-114;肖耀科,陈路芳.在中国的东南亚留学生的文化适应问题——对广西民族大学东南亚留学生的调查[J].东南亚纵横,2012,000(005):38-42;吴文英,周红玲,董晓梅.留学生跨文化适应问题实证研究——基于北京某高校的调查[J].北京工业大学学报(社会科学版),2012,12(3):75-80

③ 岳芸.来华留学生影响因素的实证分析[J].国家教育行政学院学报,2013(8):71-77.

④ 此类研究包括:曲如晓,江铨.来华留学生区域选择及其影响因素分析[J].高等教育研究,2011(03):30-38;江铨,曲如晓,北京师范大学经济与工商管理学院,北京,.来华留学生现状、问题及影响因素分析[C]//中国教育经济学年会.中国教育学会,2012;姚海棠,姚想想.来华留学生影响因素研究[J].现代商业,2013(14):255-257;宋华盛,刘莉.外国学生缘何来华留学——基于引力模型的实证研究[J].高等教育研究,2014(11):31-38.

⑤ 范祥涛.论扩大来华留学研究生规模的招生策略[J].中国校外教育:上旬,2014(S2):337-339.

会的国际化程度、移民网络、地理位置；二是留学目的地和地区的优劣因素，包括国际政治和经济地位、教育机会和质量、文凭的国际影响力、自然和社会条件、政府的留学政策（奖学金、教育合作）、教育机构的声望和影响力、就业机会和移民政策；三是留学生个人的因素，如年龄、性别、宗教信仰、外语和学术能力、对于不同文化的偏好、经济条件、家庭对于留学的态度、获得留学信息的渠道和能力等[①]。

二、认同与调适

与传统移民研究相似，中国学界对留学生文化认同的看法同样存在三种观点，一种持有直线同化论的观点，强调依靠教育促进留学生完成"长期的文化转型"[②]，代表中国人发出"中国声音"[③]；另一种则持有多元论的观点，强调尊重留学生的文化传统，专注于知识传播，避免价值干预[④]；第三种持分层同化论观点，呼吁应从"文化相容"到"文化相融"[⑤]，主张建立和衷共济、和谐共赢、和合共生、具有普世价值、全球伦理原则，兼具国际性和民族性为一体的多元主体互利共赢[⑥]。持此观点的学者认为，对于来华留学生的教育应秉持Giroux的"边界教育学"（Border Pedagogy）的方法，培养"间性文化观"（interculturality），反对学科领域之间、社会生活不同领域之间、种族和种族之间、权力中心与边缘之间固定不变的界限，并强调文化的非唯我性

---

① 魏浩，袁然，赖德胜.中国吸引留学生来华的影响因素研究——基于中国与全球172个国家双边数据的实证分析 [J].教育研究，2018，v.39；No.466（11）：78-92.

② 马春燕.浅谈对来华留学生的公共外交 [J].海外华文教育，2017，000（012）：1695-1701.

③ 卜雪章.基于中国传统文化认同的留学生育人路径创新 [J].产业与科技论坛，2020（19）.

④ 强百发.基于文化差异下的来华留学生管理 [J].现代教育管理，2010（2）：88-91.

⑤ 陈南菲."文化相容"和"文化相融"——高校来华留学生跨文化管理初探 [J].课程教育研究，2015，000（002）：225-225.

⑥ 张乐平，裴庆祺，李国宏，等.从"命运共同体"视角管窥来华留学博士研究生培养中的"和合共生" [J].科技创新导报，2015（15）：8-8.

和非中心性，促进不同文化之间相互渗透和相互融合[①]。

文化认同在一定程度上影响留学生的社会认同。Hall在其提出的"情境文化理论"（context culture theory）中，将中国列为"高情境国家"（high-context culture），认为中国人比较注重集体主义、生活规范和利益分享，而留学生大多来自相对于中国的"低情境国家"（low-context culture），相对崇尚个人主义、生活自由和隐私保护，中外学生缺乏相同的生活经历和文化背景，导致双方的友谊多表现为低责任感和低持续性[②]。米磊认为中国人差序格局的社会结构和文化传统导致了其对"圈内人"和"圈外人"持不同的相处态度，在中外交流中表现为对外国留学生的"客套""不热情""有隔阂"[③]。陈文婷、丁洁在对215名来华留学生和200名中国学生的对比研究中，发现了中外学生在亲密感、同理心、情理性这三个影响社会交往的心理因素上存在明显差异。留学生在"亲密感"上的均值普遍高于中国学生，而在"同理心""情理性"上的均值普遍低于中国学生。留学生比中国学生更加渴望亲密的友谊关系[④]。

留学生主要阶段性目的是完成学业和提高人力资本，对于留学国教育质量和水平的认同是一切认同的基础。Tim Anderson关注到加拿大高校中国博士生通过积极利用内部和外部的学术资源，不仅积累丰富的人力资本，而且以"学霸"的身份被老师和学生认可[⑤]；但是，对于来华留学生的研究提醒我们，并非所有教育都对留学生具有正向影响，对于政治和意识形态的教育应当格外谨慎。蒋华杰考察了20世纪60年代非洲留学生大量退学这一历史事

---

① 刘学蔚.文化间性：发展来华留学生教育的跨文化之思［J］.华中师范大学学报（人文社会科学版），2016，55（001）：160-167.

② Hall.E.T. Beyond Culture Garden City[M]. NY: Doubleday & Company, 1976:79.

③ 米磊.浅析来华留学生的文化适应性［J］.群文天地：下半月，2012，000（002）：18-19.

④ 陈文婷，丁洁.亲密感、同理心、情理性：来华留学生友谊观评析［J］.复旦教育论坛（4期）：55-61.

⑤ Anderson T. The doctoral gaze: Foreign PhD students' internal and external academic discourse socialization[J]. Linguistics and Education, 2017.

件，认为导致这一事件的原因是以政治改造为目的的"革命教育"造成了其身份认同上的障碍①。而陈德军、杨健璎对同一时期在沪越南留学生政治教育考察则发现，越南学生由于对政治身份认同较高，并未出现不适的情况②。

总体而言，中外文化、社会、教育等方面差异不仅容易引发留学生的认同危机，更为严重的情况下还会导致心理疾病。王家麟、徐珊、沈洪兵通过对南京市5所高校500名留学生的问卷调查得出留学生心理问题的严重程度呈现出：偏执＞其他＞强迫症状＞抑郁＞人际关系敏感＞敌对＞躯体化＞恐怖＞精神病性＞焦虑，而造成这些现象的影响因素按照重要程度包括：想家＞文化冲击＞歧视＞内疚感＞安全感＞接受③。在跨文化的环境中，心理辅导是有效的调试手段，可以帮助留学生提高对陌生环境的适应能力、对突发状况的应变能力和对繁杂情况的判断能力④。

三、跨文化适应

中国学者大多从"跨文化适应"的视角研究来华留学生融入问题，跨文化适应（cross-cultural adaptation或acculturation）既强调移民群体对客居国主流群体经济、社会、文化等结构方面的被动接纳，也认为移民群体可以通过对特定生活方式和文化模式的习得与运用，以获得一种自在感、幸福感和满足感⑤。中外学者通过考察留学生在留学目的地的跨文化适应情况，发现绝大多数留学生

① 蒋华杰.二十世纪六十年代在华非洲学生"退学现象"分析［J］.党史研究与教学，2016，No.250（02）：54-64.

② 陈德军，杨健璎.1965年来沪越南留学生考述［J］.当代中国史研究，2017（2）：52-63.

③ 王家麟，徐珊，沈洪兵.南京市来华留学生心理健康调查与研究［J］.南京医科大学学报（社会科学版），2014，000（005）：377-381.

④ 陈传忠，陈喜凤.来华留学生心理适应问题研究述评［J］.文教资料，2010（35）：227-228.

⑤ 黄天娥，王永颜，徐莉.全球化背景下中外留学现状与趋势的研究综述［J］.教育学术月刊，2013，000（012）：36-41.

在留学期间都会经历困惑、紧张、慌乱和不确定①，产生或多或少的心理健康问题②。留学生可以通过压力应对（stress and coping）、社会学习（social learning）、文化学习（culture learning）和开展跨文化交际、积累心理资本和文化资本等方式改善这一情况③，部分留学生最终能够较好地融入当地的社会文化环境中，而部分留学生则局限于母国的圈子，无法与当地学生建立密切的社会联系。

留学生对留学国或地区语言掌握程度、留学时间的长短、个体性格、年龄、留学期间与当地人、本国人以及其他国家的外国人互动的频率、密切的程度以及交友的数量、对留学国或地区当地社会的偏见和歧视以及当地社会对留学生的偏见与歧视、母国与留学国或地区的工作节奏、生活习惯、自然环境、文化差异、对外国文化的开放包容程度等因素均会导致跨文化适应程度的差异④。为了简化理论的复杂程度，以下将中外学者关于留学生跨文化适应的研究集中在文化层面、社会交往层面和经济层面上进行梳理和总结。需要指出的是，在来华留学生研究中"适应"和"融入""融合"等概念常常替代使用，此处为了强调"跨文化理论"，保障概念使用的一致性，均使用"适应"这一概念。

（一）文化适应研究

Peter Adler认为造成旅居者在异国面对的首要困难是文化休克（culture shock），即面对陌生的异国文化环境和缺失的本国文化资源，无法正常进行

① 阎琨.中国留学生在美国状况探析：跨文化适应和挑战［J］.清华大学教育研究，2011.

② 朱国辉.高校来华留学生跨文化适应问题研究［D］.上海：华东师范大学，2011.

③ Nguyen, M. C., & Wodon, Q. Coping and adaptation[J]In Climate Change Adaptation and Social Resilience in the Sundarbans. 2015. pp. 107–122.

④ 参考以下研究：Bochner S, Mcleod B M, Lin A. Friendship patterns of overseas students: A functional model1[J]. International Journal of Psychology, 1977, 12(4):277–294; Poyrazli, Senel, Grahame, et al. Barriers to Adjustment: Needs of International Students within a Semi–Urban Campus Community. [J]. Journal of Instructional Psychology, 2007, 34(1):28–45.; Tawagi A L, Mak A S. Cultural Inclusiveness Contributing to International Students' Intercultural Attitudes: Mediating Role of Intergroup Contact Variables[J]. Journal of Community & Applied Social Psychology, 2015, 25(4):340–354.；梁颖萍，刘苑，韩冀皖，等."一带一路"沿线国家来华留学生的文化适应性问题及对策研究——以太原理工大学为例［J］.世界教育信息，2018，031（019）：21–26.

社会行动和社会交往，产生一系列失落感、无助感、无能感和恐惧感等负面情绪反应①。部分学者认为留学生在刚进入异国社会会有短暂的兴奋期和蜜月期，继而才会进入不适应的状态，部分学者则认为所谓的蜜月期过于短暂且掺杂了痛苦而不予承认。总体来看，来到异国求学的留学生会经历从不适应到适应的曲线过程②，中国学者大多支持此观点，但也有部分学者提出反对意见。如吕玉兰对欧美留学生的研究发现，这部分群体来华后会有较长一段时间处于以"局外人"的身份审视中国文化的观光心理阶段，随着在华时间的拉长，当他们不得不深入到中国的文化生活中的时候，就会进入到严重的文化休克阶段，最终才能达到基本适应阶段③。陈晔等的研究证明了留学生在华时间越长，经历的文化冲击反而会越大④；芮晟豪对韩国留学生的研究证明，经历同样留学时间的韩国学生并未达到同样的适应状态，而是呈现出分离型、过渡型、融入型三种不同的表现⑤；黄永红认为中外学生的交往过程中甚至会出现双向文化适应、逆向文化适应的可能性⑥。

文化距离理论对文化适应具有很强的解释力，蔡燕按照文化距离的远近将亚洲大部分地区划分为汉文化圈，将欧美及非洲地区划分为非汉文化圈，通过不同文化圈留学生对于中国传统节日的参与情况和程度分析，证明了同一文化圈留学生适应情况优于非同一文化圈的学生⑦。在对黑龙江省149名

① Warren D, Adler P. AN EXPERIMENTAL APPROACH TO INSTRUCTION IN INTERCULTURAL COMMUNICATION[J]. Communication, 1975.

② Oberg K. Culture shock: Adjustment tot new cultural environments[J]. Curare, 1960, 7(2):177-182.

③ 吕玉兰.来华欧美留学生的文化适应问题调查与研究［J］.首都师范大学学报（社会科学版），2000（S3）：158-170.

④ 陈晔，黄在委，钱俊文.来华长期留学生跨文化交流模式探讨［J］.西北医学教育，2013（4）：710-712.

⑤ 芮晟豪.来华韩国留学生的留学方式分析和建议［J］.南京财经大学学报，2010（6）：94-96.

⑥ 黄永红.跨文化适应理论的逆向性研究［J］.外语学刊，2009，2009（004）：88-91.

⑦ 蔡燕.外国人中国传统节日认知与参与情况研究———以山东大学来华留学生为例［J］.民俗研究，2015（4）：148-160

"一带一路"沿线国家或地区学生的调查中，马晨辉等人发现，文化距离对文化适应有显著影响，母国和客居国或地区差异越大，文化适应越困难[1]。郝晶晶进一步区分了"跨文化敏感"和"跨文化效力"这两个概念，认为留学生的跨文化敏感远远高于跨文化效力，外国学生对中国人的情感方面的适应能力远高于其行为方面，也就是说亚洲地区和欧美地区的留学生对中国的情感方面可能具有相似的卷入程度，但亚洲地区留学生的适应能力和适应状况相对于欧美地区留学生更佳[2]。Ward和Kennedy的研究认为留学生对异国语言掌握程度直接影响到跨文化适应的难易程度[3]。

对留学所在国或地区的刻板印象在留学生踏入异国之前造成文化心理上的适应困难，致使留学生出现恐惧、担忧、抗拒等负面情绪，但Stangor Charles等人的研究显示超过90%的学生会在留学一段时间后会有所改观[4]，苏博对于来华美国留学生的研究证实了这一观点[5]。进入留学国或地区之后，不同文化、政治和宗教信仰的差异和冲突是造成不适的重要原因[6]，狄斯马对181名非洲留学生的调查证明了中非巨大的文化差异导致了非洲留学生在校园生活中普遍感觉到不知所措和思乡[7]。除了两国文化和制度的决定差异，想象与现实的相对反差也会导致的孤独和思乡、怀疑和焦虑、埋怨和误解等心

---

① 马晨辉，张莹，张书慧."一带一路"背景下来华留学生跨文化融合问题研究［J］.现代商业，2018, No.491（10）：182-183.

② 郝晶晶.短期来华留学生的跨文化敏感和效力研究［J］.长春大学学报，2015, v.25; No.188（10）：98-100.

③ Ward C, Kennedy A. Psychological and Socio-Cultural Adjustment During Cross-Cultural Transitions: A Comparison of Secondary Students Overseas and at Home[J]. International Journal of Psychology, 1993, 28(2):129-147.

④ Stangor C, Jonas K, Stroebe W, et al. Influence of student exchange on national stereotypes, attitudes and perceived group variability[J]. European Journal of Social Psychology, 1996, 26(4):663-675.

⑤ 苏博.论美国来华留学生对中国文化的刻板印象及其影响［J］.智库时代，2018, 145（29）：243-245.

⑥ 鲁华，马龙.来华留学生心理健康现状［J］.科技视界，2015, 000（003）：147-147.

⑦ 狄斯马.外国留学生在中国的适应性［D］.江苏：南京师范大学，2004.

理问题①。

（二）社会适应研究

外国学者的研究证明，留学生建立当地朋友圈有助于其学业完成、适应中国文化与社会②，甚至有利于改善未来两国之间的国际关系③。但遗憾的是，建立跨文化友谊并非易事，大多数留学生更喜欢和自己国家的学生交往④，相似的文化背景、年龄、教育背景、社会地位、社交网络是建立并维持友谊的有利因素⑤。

中国学者对于来华留学生社交方面的研究基本上验证了外国学者的观点，梁茂春、陈文对两广地区15个国家东南亚来华留学生调查研究发现，东南亚的留学生与本国人交往最多，其次是东南亚其他国家，与中国学生交友相对较少。中国高校中外学生分隔管理模式是造成双方交往的最大制度障碍，而亚洲各国驻华使馆举办的本国活动则增强本国留学生群体的内聚力，间接抑制了中外学生交往的意愿⑥。虽然很多东南亚的留学生具有华裔背景，且在华交流不存在语言障碍，但研究发现华裔留学生与非华裔的本国留学生更为亲密，与中国学生则明显疏离。这些研究在一定程度上说明，相较于语言，文化对于社会交往具有更强的影响力。

---

① 赵敬，隆莉.高校留学生在华生活的心理适应问题及其对策［J］.中华医学教育探索杂志，2008（02）：83-84.

② Furnham A, Bochner S. Social difficulty in a foreign culture: An empirical analysis of culture shock[M]// Cultures in contact: studies in cross-cultural interaction. Pergamon Press, Oxford, pp 161-198.

③ Volet S E, Ang G. Culturally Mixed Groups on International Campuses: An Opportunity for Intercultural Learning[J]. Higher Education Research & Development, 1998, 31(1):5-23.

④ Trice A D, Elliott J. Japanese students in America: II. College friendship patterns. [J]. Journal of Instructional Psychology, 1993, 20(3):262-264.

⑤ Rubin, Alan M. Uses of daytime television soap operas by college students[J]. Journal of Broadcasting & Electronic Media, 1985, 29(3):241-258.

⑥ 梁茂春，陈文.东南亚来华留学生的社会交往状况分析——基于15所院校的问卷数据与访谈资料［J］.世界民族，2016（2）：84-92.

通过对新疆8所大学910名中亚留学生的调查，胡炯梅得出以下结论：在人际交往中，留学生与中国学生存在着交往频率低、目的工具性强、对学校组织依赖性强、愿意深入交流但缺乏相关渠道等特点[①]。代红伟的研究表明，"同乡会"可以帮助留学生减少不确定性，缓解压力，但过分地依赖会放大异国求学中产生的消极情绪，不利于对异国文化的接受、理解和适应。虽在短期内有利于其适应中国，但从长远来看，其消极意义更为明显[②]。

同样地，文化距离也是影响中外学生社会适应的一个重要因素，陈文婷、丁洁的调查发现，来华留学生普遍愿意和中国学生交往，但能否建立和维持友谊往往取决于文化距离的远近[③]；代红伟的研究提供了不同的看法，他的受访者普遍抱怨中国人对欧美留学生态度积极热情，而对亚洲留学生则更为冷淡，这也导致了社会交往和社会支持的不均等分布[④]。来自留学目的地或地区本土的社会支持有利于留学生的适应，但目前关于此方面的研究多从接收方（留学生）的角度开展，缺乏对施与方（中国学生）的考察[⑤]。

（三）经济适应研究

外国留学生的经济适应的研究相对较少，有限的研究主要集中在对外国留学生的经济来源及消费情况的分析上，外国留学生的收入来源可分为：亲属资助、奖学金资助和兼职收入。留学的消费根据支出类型可分为：生存资料消费（包括日常饮食、住宿、交通、衣物、通讯和生活用品方面的消费）、

① 胡炯梅.中亚来华留学生跨文化人际交往的因素聚类分析［J］.新疆职业大学学报，2014（02）：70-82.

② 代红伟.亚洲来华留学生"文化休克"现象的根源及其对策研究——以南昌航空大学为例［J］.江西青年职业学院学报，2015（1）.

③ 陈文婷，丁洁.亲密感、同理心、情理性：来华留学生友谊观评析［J］.复旦教育论坛（4期）：55-61.

④ 代红伟.亚洲来华留学生"文化休克"现象的根源及其对策研究——以南昌航空大学为例［J］.江西青年职业学院学报，2015（1）.

⑤ 王媛，英明.中国大学生对向来华留学生提供社会支持的意识调查［J］.中国多媒体与网络教学学报（上旬刊），2018（11）：122-123.

发展资料消费（包括购买学习资料和器材、以学业改善为目的而参加培训、研讨、文化活动的支出）、享受资料消费（包括以娱乐、休闲、旅游、恋爱为目的消费），根据消费的合理性也可分为"理性消费"和"非理性消费"。已有研究显示，留学生主要经济来源为奖学金和助学金[①]，他们以理性消费为主，非理性消费并存[②]，大部分留学生每月生活消费超支，且缺乏合理的消费计划[③]。

由于留学生具有明确的教育目的指向，且受严格的制度限制[④]，对于留学生在华实习、兼职、打工和就业的研究尚处于空白，而在实际调研中，我们发现留学生兼职非常普遍，中国高校和企业对于留学生实习与正式就业的界定往往处于模糊地带，且部分留学生存在以留学之名行经商之实的违法行为。

四、制度整合

与其他移民群体相比，留学生群体具有流动性弱、任务性强、融入意愿和状态更趋多元等特点。无论到哪个国家留学，学校都是他们的最终目的地。如果说"跨文化适应"理论强调留学生作为"行动者"，通过理解中国文化、结交中国朋友、提高学习能力，主动适应和融入校园生活和中国社会；制度整合理论则强调政府和高校通过规章制度和行政、教职人员对留学生进行管理、协调、安置、培养，帮助他们更好地融入当地的校园生活和社

---

① 陈夏瑾.浙江留学生消费状况调研［J］.市场论坛，2017，（3）：68-72.

② 周少余，谷志阳.跨文化背景下来华留学生消费行为研究［J］.商场现代化，2015，000（031）：16-17.

③ 章晓颖，黄妍霄，周宇宁，等.海外来华留学生适应因素和需求分析［J］.文化创新比较研究，2019，000（006）：P.171-172.

④ 中国政府始终严格限制留学生经济活动，2000年公布的《高等学校接受外国留学生管理规定》第三十六条明确规定"外国留学生在校学习期间不得就业、经商，或从事其他经营性活动，但可以按学校规定参加勤工助学活动"，2017年新发布的《学校招收和培养国际学生管理办法》再次重申这项要求（第三十条）。

会生活，充当留学生融入的重要"调节器"[1]。

新中国招收外国留学生的历史最早可以追溯到20世纪50年代，早期的来华留学生多作为社会主义友国的外宾来华学习中国改革和发展的经验，中国政府通过优惠政策，并委托高校帮助他们融入中国，这一传统至今仍对来华留学生的制度管理产生影响。中国高校按照职能不同可以进一步分为三类系统，即行政管理系统、后勤管理系统和教学管理系统[2]，分别由科层化的行政机构、多样化的社会组织和学生团体、专业化的教师学术团队提供支持[3]，为留学生提供入学申请、学业咨询、签证指导、食宿安排、心理辅导、医疗保险、社团组织、学业规划、学术指导和培养等方方面面的支持和帮助。三类组织呈现出不同的制度特点，也在不同层面上促进或阻碍了留学生的融入。

（一）科层制的留学生行政管理系统

绝大部分中国公立高等学校属于教育机关下属的事业单位，具有与政府机关相似的组织机构，依赖规章制度统筹规划和职能部门的分工协作，侧重于对留学生的规制性管理职能[4]，呈现出明显的科层制特征[5]，具体表现为以中央政府–教育部/省教育厅–高等院校–留学生管理部门为主的纵向权威治理体系和以教育部门、公安部门、外交部门、移民管理部门为主的横向分工治理体系，高等学校留学生管理部门无疑是整个治理链条的底层基

---

① Sani, Serena. The Role of Intercultural Pedagogy in the Integration of Immigrant Students in Europe[J]. Procedia–Social and Behavioral Sciences, 2014, 122(2):484–490.

② 杨立强，彭春.浅析高校留学生管理工作中的问题及建议［J］.才智，2013（35）：169–170.

③ 付科峰.文化差异下的来华留学生跨文化管理研究［J］.技术与创新管理，2014（4）：374–376.

④ 黄大卫.来华留学生教育管理新举措［J］.江苏大学学报（高教研究版），2005（03）：79–81.

⑤ 李立国.为"科层制"正名：如何看待科层制在高等教育管理中的作用［J］.探索与争鸣，2018，No.345（07）：89–95.

础，以学科体系划分的各个学院、外事处（国际交流合作处）、留学生办公室、招生办公室、学生处、学位办、研究生院及后勤部门等等共同协作以连接纵、横两个体系。中国学者对是否应该设立留学生统筹管理部门展开讨论，并将其区分为强调留学生群体特殊性及资源整合重要性的"整合式"管理模式和强调中外学生权利相同、义务相同、责任相同的"趋同化"管理模式。

持"整合式"观点学者认为应把留学生作为一个特殊的群体，由学校专门设立国际教育学院、国际合作交流处或留学生事务办公室，作为留学生的主管部门[1]，由其与留学生个人联系，并与学校其他职能部门协调，负责留学生的招生、入学指导、手续办理、学籍管理、法制教育、身心健康和校园文化生活等各个方面的工作[2]，该模式强调留学生群体的特殊性和主管部门对学校各类资源的整合能力，是"全口径、全过程、跨部门的协同管理机制"[3]。戴宝印、赵原认为目前大部分学校依然施行此种管理模式，并根据其主管部门的不同，将其分成外办制、留办制、学院制和书院制等四种模式[4]。持此观点的学者认为这种模式降低了留学生与多个部门的沟通成本，有利于学生快速适应中国的学习和生活。面对来华留学生群体规模日渐扩大的趋势，不仅应加强主管部门的统筹协调和资源整合能力[5]，全面推

① 姜苏华，马艳妮，胡乃麟，等.140所高校来华留学生管理体制与留学生规模相关性的探讨［J］.长春教育学院学报，2015（11）：5-8.

② 杨立强，彭春.浅析高校留学生管理工作中的问题及建议［J］.才智，2013（35）：169-170.

③ 张伟.德国招收外国留学生策略研究［J］.中国高教研究，2013（12）：42-50.

④ 戴宝印，赵原.高校来华留学生"书院制"教育管理模式探析［J］.边疆经济与文化，2014，000（012）：77-79.

⑤ 参考以下研究：全克林.高校来华留学生协同管理机制构建［J］.贺州学院学报，2017，033（001）：96-98.何雨桑.来华留学生教育发展的新特征［J］.当代教育实践与教学研究，2017（04）：210.曾影.浅谈新形势下高校来华留学生管理策略——以海南大学留学生管理工作为例［J］.教育现代化（电子版），2016.李坤.新形势下外籍学生安全管理体系模式探究［J］.教育现代化，2018，5（38）：212-213.

进信息化、一体化管理①，还应加强与政府行政机关之间关于留学生政策制定方面的通力合作②。

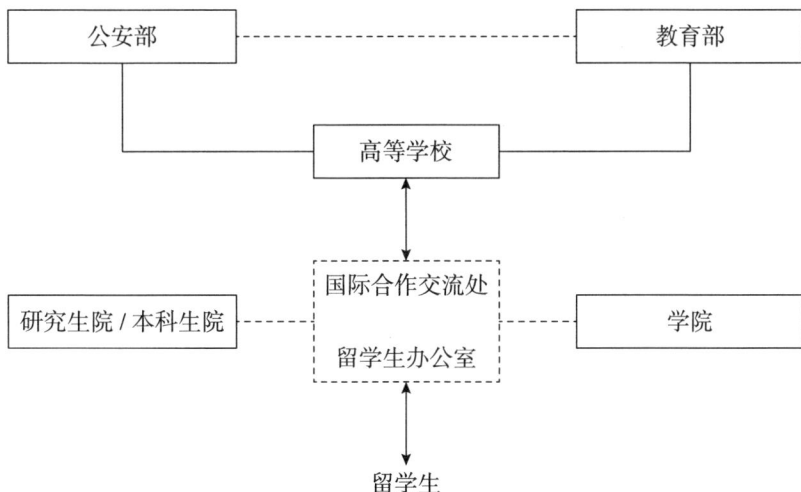

图1.5 "整合式"管理模型的运作机制图

持"趋同化"观点学者认为，"整合式"模式是新中国建立初期在意识形态和国际形势的双重制约下，将留学生奉为外宾，给予特殊的待遇③，是一种"保姆式""封闭式""隔离式"的管理模式④。随着改革开放和国际化、全球化的推进，这一模式既与国际主流管理模式脱轨，也不符合目前留学生实际情况⑤，应从"特殊照顾"过渡到"一视同仁"⑥。"趋同化"管理指中外学生

① 卢秀娟.留学生教务管理之信息化［J］.市场周刊：理论研究，2011，000（005）：153–154.

② 张林华.同济留学生教育与国际化特色校园文化研究［J］.科教文汇，2013.

③ 金成.新时期来华留学工作面临的机遇和挑战［J］.兰州教育学院学报，2014，000（008）：71–72.

④ 孙萌.我国来华留学生管理工作中面临的问题与对策分析［J］.智库时代，2018，165（49）：97–98.

⑤ 艾忻.留学生管理向国际化迈进［C］//北京市高等教育学会学术年会.2008.

⑥ 彭庆红，李慧琳.从特殊照顾到趋同管理：高校来华留学生事务管理的回顾与展望［J］.河南师范大学学报：哲学社会科学版，2012（05）：247–251.

在学习、研究、生活等各方面应接受相同的管理，遵守相同的规章制度，享有相同的校内软硬资源，享有同等的国民待遇[①]。这一模式不仅强调中外学生在遵守管理规范、享受福利待遇、完成学业要求等方面趋同，也认为学校不应为留学生专设主管部门，而要求留学生服从学校各职能部门的相关要求，与中国学生一样分别接受学校各个职能部门的管理。他们认为与中国学生相同的管理要求和生活氛围更有利于留学生的融入。值得注意的是，2018教育部发布的《来华留学生高等教育质量规范（试行）》明确规定将"趋同化"作为留学生管理改革方向，因此大部分学者对于留学生制度整合的研究也持此观点[②]。

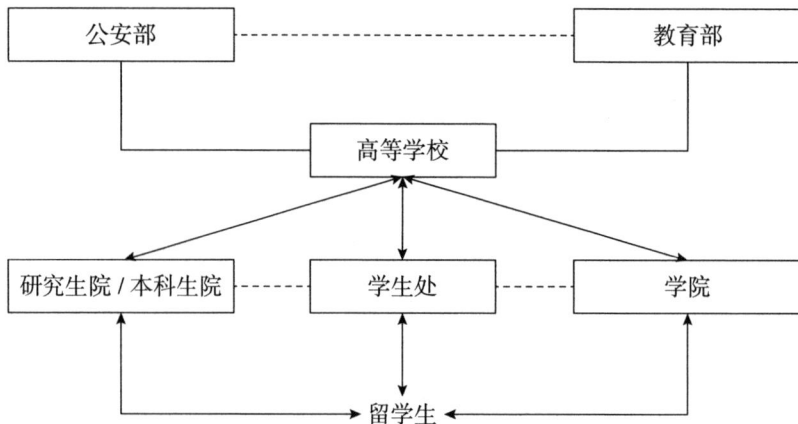

图1.6 "趋同化"管理模型的运作机制图

（二）单位制的留学生后勤管理系统

中国高校的留学生后勤管理系统，由留学生公寓、餐厅、图书馆、校医院、留学生社团等多样化组织构成，为留学生提供私人的生活空间和公共空间。与西方高校相较，中国高校不仅注重对留学生法律规范和学术培养方面

---

① 伊鸿慧.高校来华留学生趋同化管理的思考与实践［J］.教育教学论坛，2015，000（038）：8-9.

② 艾忻.留学生管理向国际化迈进［C］//北京市高等教育学会学术年会.2008.

的管理，还强调对其生活方面的管理，具体表现为将校园建设为功能一体化组织，确保留学生生活、学习、社交等种种需求均可在学校内满足，并受学校相关部门的管理和监督，这一模式因高度组织化和功能一体化的特征，可称为"单位制"的管理模式。中国学者对此方面的关注主要集中在留学生公寓制度以及留学生社团组织。

绝大多数中国高校要求留学生在校住宿，并施行中外学生分隔的住宿制度，对留学生宿舍实行严格的定期检查、晚间关门、晚归登记、访客登记[①]。中外分隔和严格管理有利于减少中外学生因文化、语言、生活习惯不同而引发冲突，提高学校安全管理水平[②]，但是这一制度也导致了中外学生生活空间的隔离[③]，不利于中外学生的互动交流，影响了留学生的融入[④]。随着留学生数量的增多，高校中留学生公寓的供不应求，越来越多的留学生出于隐私保护、住宿价格、文化习惯、社区融入、体验文化等方面的考虑，选择在校外住宿[⑤]。在北京望京、上海古北、广州小北等地区都出现了一定程度的留学生聚居情况。面对这一情况，部分学者认为留学生在校外住宿难以及时了解校内信息，存在住宿安全、非法租赁、聚居违法等风险，导致留学生管理难度的提高；部分学者则通过对美国、英国、法国、德国、日本、埃及等国或地区相关情况的全面考察，提出校外住宿是国际通行做法[⑥]。通过这种"社会化"的管理模式，可以降低学校的管理成本，有利于

---

① 俞映辉.来华留学生宿舍管理：文化差异与和谐共处［J］.高校后勤研究，2018，000（004）：26-28

② 黄大卫.来华留学生教育管理新举措［J］.江苏大学学报（高教研究版），2005（03）：79-81.

③ 道格拉斯·艾伦，胡锐军.外国留学生在中国主流大学的文化适应——超越留学生公寓［J］.国家教育行政学院学报，2005（10）：68-71

④ 朱文达.来华留学生宿舍管理存在的问题及对策［J］.武汉冶金管理干部学院学报，2019，029（002）：87-89.

⑤ 吴斌.外国留学生校外住宿的管理问题研究［J］.才智，2018，（21）：50.

⑥ 侯桂英，陈丽华.浅析外国留学生校外住宿现象和对策［J］.武汉纺织大学学报，2007，020（011）：80-83.

打破一切活动都在校内进行的封闭式管理模式[①]，促使留学生深入社会，有利于帮助他们更全面地了解中国人的生活方式、理解中国文化。在对留学生社团组织进行考察的基础上，中国学者提出，留学生自办社团是实现社会化管理的重要组成部分，同时也有利于降低学校管理成本，加强中外学生的交流与互动[②]。但是，目前在这方面的研究还不多，缺乏深入的观察和系统的分析。

（三）师徒制的留学生教学管理系统

根据留学生的来华目的可分为非学历生和学历生，非学历生以学习汉语为目的，一般纳入各校的国际教育学院或中文学院，根据其汉语水平的高低分为不同班级进行培养和管理，每个班级设立辅导员负责留学生行政管理和日常生活管理，兼顾授课和专业指导[③]，这一模式有助于留学生提高汉语水平，但非学历生班级成员皆为留学生，这也导致了他们缺乏与中国学生接触、互动机会[④]。

学历生以来华攻读学位为目的，根据学位类别和层次的不同，可以分为专科生、本科生、硕士研究生和博士研究生，其中专科和本科层次的留学生一般与同专业的中国学生编入同一班级，并由班主任负责管理，由各专业教师负责培养[⑤]。研究生因其研究方向多样且人数较少，难以以班级为管理单位，学校通常代之以一对一导师或团队导师负责制[⑥]，同时辅以院系

---

① 李盛伍.浅析外国留学生校外住宿的管理［J］.中国人民公安大学学报：社会科学版，1995（4）：37-39.

② 黄佳静，李育球.大学社团对来华留学生跨文化适应的意义——以浙江师范大学中非学生交流协会为例［J］.世界教育信息，2015（22）：57-61.

③ 李勇.也谈来华留学生"辅导员"工作［J］.法制博览，2012，000（011）：277-278.

④ González Motos, Sheila. Friendship networks of the foreign students in schools of Barcelona: impact of class grouping on intercultural relationships[J]. International Journal of Intercultural Relations, 2016, 55:66-78.

⑤ 李润生.谈来华留学生班主任工作的原则与方法［J］.文教资料，2009（3）：173-174.

⑥ 郭丽，姚晓群，赵海涛.新时期来华留学生教育的现实挑战［J］.教育教学论坛，2016，000（014）：171-172.

对留学生的学业进行管理。在对我国留学生导师制度进行考察后，何正英认为，导师作为留学生培养体系中的重要组成部分，是促进留学生培养质量提高的关键因素[1]。导师不仅是其学业指导者，更是其在华期间接触最频繁、关系最密切的长者，对留学生有着"全方位影响"，并对其在心理上、文化上的融入起到了极大的推动作用。但遗憾的是，目前中外学者对此方面的研究较少。

第四节　文献评述及研究框架

一、对移民研究和来华留学生研究的文献评述

通过对于中外移民和留学生流动、认同和融入研究的理论梳理，本文共总结为两类分析视角，社会行动–资本的分析视角将留学看作一种社会行动，强调行动者的主观能动性，认为旅居者通过攫取和利用经济资本、人力资本、社会资本和文化资本实现流动，资本的主观应用意识（主动使用还是被动应用）代表了旅居者对异域社会的认同程度，拥有资本的质与量影响其社会融入的程度；社会结构–制度的分析视角可以进一步分为社会制度理论、社会网络理论和社会系统理论。社会制度理论将旅居者流动、认同和融入视为在一种社会制度引导下的决策和行动，强调政策、规范、制度、法律对于旅居者各方面影响[2]；社会网络理论通过考察移民社会网络规模、大小、紧密程度来判断其各方面的状况；社会系统理论则通过考察移民在经济、政治、文化等各个系统的嵌入程度、所处的位置、所占的资源判断其认同与融入情

---

① 何正英.趋同管理背景下来华留学生思想教育工作问题及对策［J］.学校党建与思想教育，2018，（14）：78-79.

② 部分持此观点的学者将社会融入看作一定制度影响下的社会行动，部分学者将社会融入本身看作一种社会政策和制度，因他们最终均关注制度对移民行动的影响，因此此处不做特殊区分。

况。几种理论均从各自的视角提供了一种旅居生活的可能性解释，但也均存在一定的缺陷和不足。

大部分行动−资本理论对于研究对象存在均质性假定，正如王毅杰指出，部分学者在使用关注行动者能动性的行动−资本理论时，容易预先设定移民群体的均质性，将研究对象预设为一个具有相同特质的群体，忽略他们之间类型化的差异①。越来越多的学者已意识到这一问题，并将研究对象进行更细致的区分：如王春光的研究将农民工区分成新生代群体和老一代群体，认为两个群体具有不同的特征②；张鹏对浙江村的研究将流动人口分成企业主和农民工③。对于留学生群体的研究同样存在同质性预设，事实上，不同类型的留学生群体（学历生和非学历生；学历生中的本科生和研究生；非学历生中的长期生和短期生；奖学金生和自费生）不仅存在较大的人口学特征差异（年龄、受教育程度、语言水平），在对中国社会的认同意愿和融入也存在较大差别，并不应一以概之。与此同时，目前大部分中外学者的研究主要关注留学生如何在制度的影响下被动地整合到经济、社会、文化等社会系统中，缺乏对留学生群体能动性和策略性的考察和研究。

由于中外学者对社会系统的划分莫衷一是，对移民认同和融入维度的划分同样各执一词，部分学者的划分存在随意性，缺少理论支持；部分学者的划分存在逻辑层次不一致的问题。综合学者们的研究，我们将社会系统分为经济、社会、文化等层面，本文从三个层面考察外籍学生的来华留学动机和认同程度，并对留学生在中国经济、社会、文化系统的融入情况进行研究。中外学者通常将融入看作旅居者适应异域社会的"终点"，但对于各维度融入的先后顺序和相互关系的看法各不相同，一种将融入看作不可逆的"递进

---

① 王毅杰；丁百仁.流动人口的社会融入、相对剥夺与获得感研究［J］.社会建设.2019（01）：16-29.

② 王春光.新生代农村流动人口的社会认同与城乡融合的关系［J］.社会学研究，2001，016（003）：63-76.

③ 张鹏.城市里的陌生人［M］.南京：江苏人民出版社，2014：5

式"过程，持此理论的学者将移民在经济的适应看作融入的基础，将文化的归属视为融入的完成[①]；另一种看法认为融入虽有一定的层级关系和先后序次，但并不总是线性递进的过程，而是相互依存、互为因果的立体型、"交互式"过程[②]；还有一种看法认为，流动人口在经济、社会、心理等各个层面上的融入，既非整体推进的，也非逐次递进的，而是呈现出一种多维度、"平行式"过程[③]。与经典移民理论不同，以留学生为考察对象的研究，主要集中在跨文化适应方面。这部分研究认为经济层面的融入并非留学生群体首要的和最重要的融入目标，对于他们而言，更重要的是面对文化休克，完成文化层面和社会交往层面的认同和融入。这也在一定程度上证明了"递进式"并不适用于所有移民群体，而"交互式"和"平行式"则更符合留学生融入的特征。

图1.7 递进式融入模型

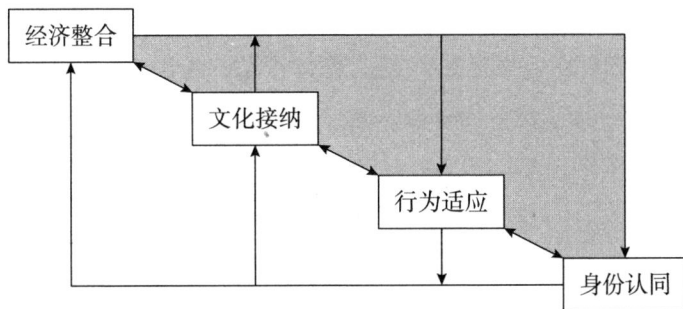

图1.8 交互式融入模型（引自杨菊华，2009）

---

① 张文宏，雷开春.城市新移民社会融合的结构、现状与影响因素分析［J］.社会学研究，2008，000（005）：117-141.

② 杨菊华.从隔离、选择融入到融合：流动人口社会融入问题的理论思考［J］.人口研究，2009（01）：19-31.

③ 李培林，田丰.中国农民工社会融入的代际比较［J］.社会，2012，32（5）：1-24.

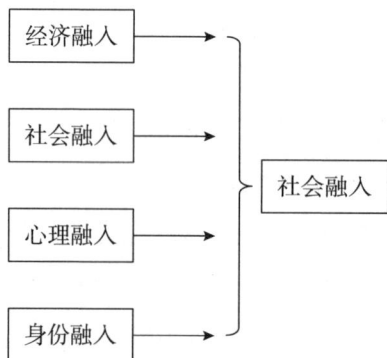

图1.9 平行式融入模型

制度分析的理论视角往往强调制度对于行动者的约束与支持。一方面，制度规范了行动[1]；另一方面，制度也塑造思维和行动方式，人们会通过积极学习制度，产生意识形态和价值上的认同，通过制度的方式思考、行动[2]。中外学者关注移民群体在制度的引导下，完成市民化、社区化以及文化层面的认同，并融入异域的经济、社会、文化中。但是，这一视角往往忽略行动对制度的影响。一方面，制度并不总能完全决定和预期行动，存在正式制度失效或制度产生意外后果。大量经验研究证明在各种组织中存在对正式制度弃之不用，以非正式制度进行互动的情况。默顿、吉登斯和塞尔兹尼克等人均讨论过"目的行动的意外后果"（unintended consequences）：默顿认为科层组织中的官员遵守为塑造其"科层人格"而设置的各种规则，反而会产生妨碍组织目标实现的行为[3]；吉登斯将意外后果定义为"如果行动者换一种方式行事，这事件或许将不会发生，但这类事件的发生却并非行动者力所能及（不管他有着怎样的意图）"[4]；塞尔兹尼克则通过对田纳西水利管理局决策分析，揭示了"行动目的对决策视野的限制和内植于组织

① 张静.政治社会学及其主要研究方向［J］.社会学研究，1998（03）：17-25.

② 玛丽·道格拉斯，张晨曲，译.制度如何思考［M］.北京：经济管理出版社，2013：43.

③ Merton R K. BUREAUCRATIC STRUCTURE AND PERSONALITY[J]. Social Forces. 1940(4):560-568.

④ 安东尼·吉登斯.社会的构成［M］.上海：三联书店，1998：10

过程中的影响基本机制的各种承诺"[1]；另一方面，由于制度会产生一种惯性（inertia）和惯习（habitus），即使在制度变迁或有更多制度选择的情况下，行动者依然会遵循某种"路径依赖"（Path-Dependence），按照特定路径的思维模式和行动模式生活。王俊芳、宗力对加拿大华人群体社会融入的研究说明加政府虽提倡多元、平等的移民政策，但在实际执行中却存在隐形歧视的情况[2]；李培林的研究证明在缺乏正式制度的支持下，流动民工通过非正式制度融入城市，并通过行动影响和改变制度化结构的安排[3]。对于来华留学生的研究以制度和政策方面的考察居多[4]，这部分研究抓住了留学生以教育为目的的流动、认同和融入特征，以及组织和制度的重要影响，重点考察了高校行政、生活和教育管理制度对来华留学生社会融入的整合和排斥。对于制度排斥的考察发现了制度对留学生社会认同和融入的阻碍力量不仅包括经典移民研究所涵盖的正向制度排斥，即移民群体无法享受主流群体所具有的权利和福利[5]，也包括"逆向制度排斥"，即过度整合制度（专设的主管部门、专配的留学生公寓、独享的校园资源、不合理的交友分配），造成了留学生享受到中国人无法享受的"超国民待遇"，这将增加中国人对留学生群体的刻板印象，加剧了中外学生之间的社会隔阂。这类特殊类型的制度排斥有助于移民认同和融入理论的进一步丰富。但是目前

① 范莉莉.试论组织民主管理中的"一致性"与"分裂性"——评《田纳西河流域管理局与草根组织——一个正式组织的社会学研究》[J].中国第三部门研究，2016，01（No.207）：153-163.

② 王俊芳，宗力.社会融合理论视野下的加拿大华裔族群认同[J].史学月刊，2019，No.467（09）：109-113.

③ 李培林.流动民工的社会网络和社会地位[J].社会学研究，1996（04）：42-52.

④ 朱虹，胡金光.近十年我国来华留学生教育研究文献梳理[J].世界教育信息，2018（17）：43-47.

⑤ 如根据《宪法》和《出入境管理法》的规定，留学生仅享有与本国居民相同的人身权和财产权方面的安全保障，其就业权、受教育权、接受医疗权、接受福利权以及出境权等经济社会性权利受到一定程度的限制，且并无选举权、被选举权等政治性权利，详见：陆晶，王莉，王慧.全球化进程中外籍流动人口社会融入管理新思考——以北京地区为例[J].政法学刊，2018，v.35；No.171（02）：120-130.

大部分中国学者对来华留学生制度和政策的研究停留在对国家政策的附议、对具体制度的描述，缺乏深入、系统的分析。

已有学者尝试将三种视角综合为行动-结构-制度的分析视角，如王春光从主体融入意愿和城市制度的接纳程度两个维度考察农民工的城市认同和融入情况，形成融入、不融入和半融入三种结构模型①；徐晓军、邵占鹏将移民主体的主动性和被动性，结构-制度的制约性和协作性放入一个分析框架中，最后形成了"运作""控制""制约"和"对抗"四种研究维度②；朱艳敏将移民融入心态作为内拉力，将制度和环境对移民的融入影响作为外推力，得出政府社会合作共治的"善治型"融入、移民冷漠而政府积极的"善政型"融入、移民积极而缺乏制度支持的"单向型"融入和移民既无融入意愿又缺乏制度支持的"断裂型"融入模型③；刘骞将非洲阿拉伯移民能否与欧洲主流社会行动体良性互动和能否与社会系统有序匹配作为考察象限的横轴和纵轴，得出"完全意愿合力式融入""客体半意愿推动式融入""主体半意愿主动式融入"和"意愿隔离式融入"四种结构状态④，但是这些尝试往往难以突破行动者与社会结构、主体与客体、行动与能动的二元对立⑤。

二、布迪厄的实践社会学理论

经济学家倾向将社会行动者看作基于功利性原则的"经济人"，而社会

---

① 王春光.对新生代农民工城市融合问题的认识[J].人口研究，2010，34（2）：31-56.

② 徐晓军，邵占鹏.失衡：主体预设对客体解释类型的依附——"社会融入研究"的路径分析[J].学习与实践，2012（04）：97-103.

③ 朱艳敏.论城市化下我国流动人口社会融入的管理与服务[J].哈尔滨市委党校学报，2014，000（004）：90-95.

④ 刘骞.对德国穆斯林移民社会融入的再思考-以宗教认同与公民身份互动为视角[J].国际政治研究，2017，038（005）：86-103.

⑤ 陈光金.结构、制度、行动的三维整合与当前中国社会和谐问题刍议[J].江苏社会科学，2008，（3）：113-123.

学家则倾向将其看作被社会规范、行动准则和行为义务决定的"社会人"①。实际上，研究者往往忽略将研究对象看作具有精神、思想、气质、情感的活生生的"现实的人"（real man）②，"宏观社会结构并不能直接决定和影响个体的行为，个体心理和行为也不是直接作用于社会这一宏观整体。这样，不论是结构主义还是个体心理主义，在研究人的行为时都存在一个断裂"③，如何既能够对社会行动和社会结构进行全面关注，又避免研究中的断裂和对立？布迪厄的实践理论就是基于这一困境建立的，伍尔夫·勒本尼兹对布尔迪的贡献做了精准易懂的总结，"所有的人类学与社会学家都关注相对稳定客观的社会结构与在此结构中个体的行动对策。有的人得出的结论是个体不过是社会结构中的被动玩偶，另一些则关注个体的相对主动性并承认显得虚幻的个体自由度。布迪厄则坚持一种悖论，他认为人的行为是由社会提供的客观条件所引导的但它又并不那么有意识地追随这些客观条件"④。布迪厄的实践理论以场域－惯习的二重性超越结构－行动的二元性，"是一种'建构的结构主义'（constructivist structuralism）或'结构的建构主义'（structuralist constructivism），所谓结构主义，与索绪尔和列维－斯特劳斯的传统意义并不相同，我指的是在社会世界本身，而不仅仅是在符号系统、语言、神话体系中，存在着独立于行动者意识和欲望之外，能够指导或约束它们实践和表象的客观结构；而所谓建构主义，指的是一种社会生成，它一方面源自我称之为'惯习'的感知、思想和行动的模式，另一方面源自我称之为'场域'、群体、阶层的社会结构"⑤。场域代替系统、制度等宏观的社会结构，惯习则

① Coleman J S. Social Capital in the Creation of Human Capital–ScienceDirect[J]. Knowledge and Social Capital, 2000(Suppl 1):17–41.

② Pierre Bourdieu. Algeria 1960[M]. Cambridge: Cambrige University Press for Editions de la Sciences de l'Homme, Paris. 1979:158

③ 田义双.诚信场域论——中国社会发展中的诚信问题研究［D］.北京：中央党校博士论文，2006.

④ 转引自：张宁.法国知识界解读布迪厄［J］.读书，2002（4）：30–30.

⑤ Bourdieu P. In Other Words, [M]. Stanford: Stanford University.1990:123.

代替动机、倾向等微观的主观意志①。

　　本文之所以选择布迪厄的理论作为主要分析框架，不仅因为他的理论既全面地考察行动者和社会结构又避免了两者的对立，同样考虑到他的理论对跨文化冲突、认同和融入问题的适配性。布迪厄在他的自述中将自己定位为"边缘人"，即使他凭借自己的努力走进法国知识分子的最高殿堂，并最终获得了国内乃至国际学术界的肯定，但出生于偏远的外省的身份永远给他带来"客观上和主观上的外在性"②，让他一生都扮演着与主流制度格格不入的"边缘人"角色③，这也促使他"放弃哲学的高贵，趋向贫民窟的苦难"④。他的理论同样是通过研究边缘群体建立起来的，他早年在阿尔及利亚的研究见证了当地人民从传统农业社会被强制卷入到现代价值⑤，最终变成"夹在两个世界中间的人"（the man between two worlds），"由于新价值观的入侵，人们经常面临着不同行为方式的选择。因此，他们不得不有意识地审视自己的传统中隐含的前提和无意识的模式，他们被抛在两个世界之间，被两个世界所排斥，过着一种双重的内心生活，饱受挫折和冲突的折磨。最终，他们或是表现出一种令人不安的、过度认同的态度，或是采取一种全盘否定的叛逆姿态"⑥。他晚年的著作《世界的苦难》则关注法国社会的边缘人，其中对于法国移民聚居区的考察，让我们看到了法国移民与过去断裂、隔离导致的社会关系紧张、被歧视、充满焦虑感和背叛感的问题，以及长期存在的认同危机和融入困难。可以看出，他的理论对社会边缘群体的分析具有较高的契合

---

① 黄红东."场域—惯习"论：农民心理文化研究的新工具［J］.经济与社会发展，2010，08（007）：87-90.

② 皮埃尔·布迪厄，华康德，布迪厄，等.实践与反思：反思社会学导引［M］.北京：中央编译出版社，1998：275

③ 朱国华.陌生人：布迪厄的生活轨迹与学术性情的发生［J］.河北学刊，2004（1）：61-66.

④ 布尔迪厄，刘晖.自我分析纲要［M］.北京：中国人民大学出版社，2012：72

⑤ 皮埃尔·布迪厄.实践感（人文与社会译丛）［M］.译林出版社，2006.2

⑥ Bourdieu, Pierre, Trans. by Alan C. M. Ross. The Algerians [M]. Boston: Beacon Press. 1962:143-144

度和独特的解释力。

不同于哈贝马斯、吉登斯等建立的宏大理论，"布迪厄没有创建一套严格的理论模式，而是通过系统地发展一种社会学的思维来达到该目的，主要是一种提出问题的方法，一套简明的概念工具，建构对象程序以及将在一个研究领域中已有的知识转换到另一领域的程序"①。正因如此，他的理论也具有更加强大的灵活性和生命力，中国学者结合布迪厄的理论考察了社会转型下的代际变迁和人口流动，其中孙立平（2002）、符平（2006/2007）、周伦府（2009）、黄红东（2011）、张慧（2014）等人的研究都是布迪厄实践理论应用于中国社会的佳作②。虽然费孝通早已提出场域理论对于异质群体文化融合的研究具有启发性③，但遗憾的是，这方面的研究依然处于初级阶段④。这些优秀的研究同时也提醒我们警惕对实践理论的滥用和误用，避免对各个概念的僵化运用，注重其相互关联性⑤，因此，以下我们首先通过考察布迪厄惯习、场域和资本三个概念，最后再尝试从整体的角度简述实践理论。

（一）场域（field）

场域理论是布迪厄为超越客观主义和主观主义二元对立提出的具体解决

---

① 闫黎.论布迪厄社会学理论的反思性［J］.学习与探索，2000（01）：94-96.

② 相关研究包括：孙立平.实践社会学与市场转型过程分析.中国社会科学，2002（5）：83-96；符平.漂泊与抗争：青年农民工的生存境遇［J］.调研世界，2006，000（009）：20-25；符平，江立华.农民工城市适应研究：局限与突破［J］.调研世界，2007，（6）：14-17；周伦府.熟悉中的陌生：一位80后返乡农民工的社区体验［J］.青年研究，2009，（5）：1-15.黄红东."场域—惯习"论：农民心理文化研究的新工具［J］.经济与社会发展，2010，08（007）：87-90.张慧，李诚.社会场域变迁背景下的失地农民城市融入问题研究——基于对昆明市Z社区的回迁调查［J］.学术探索，2014（07）：68-73.

③ 费孝通.反思·对话·文化自觉［J］.北京大学学报（哲学社会科学版），1997（03）：15-22.

④ 刘海鸥.布迪厄的场域、资本、惯习概念在跨文化交际中的运用［J］.教师教育学报，2011，009（011）：121-124.

⑤ Bourdieu, Pierre, leçon sur la leçon[M]. Paris: Editions de Minuit, 1982:141-42

方案①，他不再将现代社会的结构性理解为帕森斯理论中的宏大系统，而是遍布各处的、分化的、具有相对自主性的社会小世界或关系性网络，"一个分化了的社会并不是一个由各种系统功能、一套共享的文化、纵横交错的冲突或者一个君临四方的权威整合在一起的浑然一体的总体，而是各个相对自主的'游戏'领域的聚合，这种聚合不可能被压制在一种普遍的社会总体逻辑下，不管这种逻辑是资本主义的、现代性的还是后现代的"②。每个小世界都可以称作一个"场域"（field），"一个场域可以被定义为在各种位置之间存在的客观关系的一个网络（network），或一个构型（configuration）。正是在这些位置的存在和它们强加于占据特定位置的行动者或机构之上的决定性因素之中，这些位置得到了客观的界定，其根据是这些位置在不同类型的权力（或资本）——占有这些权力就意味着把持了在这一场域中利害攸关的分配的专门利润（specific profit）的得益权——的分配结构中实际和潜在的处境（situs），以及它们与其他位置之间的客观关系（支配关系、屈从关系、结构上的对应关系，等等）"③。

如果将场域（field）比作一场游戏（game），每个场域都有自己的游戏规则，行动者首先要为能够参与游戏交纳一笔"入场费"，即与场域最基础的禀赋契合④，"每个获准进入场域的行动者必然会受到场域逻辑的压力，也就是会认同场域的游戏规则"⑤。进入游戏的玩家（行动者）因持有游戏筹码（资本）数量和性质的不同，而占据不同的位置，但这一位置并不是固定不

① 刘海龙.媒介场理论的再发明：再思《关于电视》[J].当代传播，2020（4）.

② 皮埃尔·布迪厄，华康德，布迪厄，等.实践与反思：反思社会学导引［M］.北京：中央编译出版社，1998.17

③ 皮埃尔·布迪厄，华康德，布迪厄，等.实践与反思：反思社会学导引［M］.北京：中央编译出版社，1998.133-134

④ 皮埃尔·布迪厄，华康德，布迪厄，等.实践与反思：反思社会学导引［M］.北京：中央编译出版社，1998.147

⑤ 朱国华.习性与资本：略论布迪厄的主要概念工具（上）［J］.东南大学学报（哲学社会科学版）.2004（01）

变的。场域被视为一个争夺的空间①，每个玩家都期望获得更多"筹码"（资本），他们不断投入、生成、争抢新的和旧的"筹码"，以占据统治和支配的地位，他们彼此之间斗争方式是多样的，已在高位的支配者期望维持地位，处于下层的被支配者则意图改变地位，这也意味着游戏（场域）将始终处于此消彼长、变动不居的动态化过程②；与此同时，场域也被设想成一个运作的空间③，游戏规则一方面是引导和规范游戏（场域）中玩家（行动者）竞争行为的前置条件，保证游戏空间成为"某种被赋予了特定引力的关系构型"④；另一方面，每个参与者都会通过策略性地利用、运用或变通游戏规则⑤，"为了维持这种力量均衡，或是要去改变它，就产生了各种策略，造成各方彼此敌对"⑥，相反，完全遵守或受规则支配、以"一种'机器'（apparatus）的方式展开行动"，反而是极端或病态的情况⑦。玩家（行动者）斗争方式的多样性、利用规则的策略性和所处地位的多变性也在一定程度上影响了游戏（场域）的稳定性，场域的边界往往是模糊和伸缩的，"其界限就位于场域效果停止作用的地方"⑧，不同的场域同样处于相互影响、竞争和支配的关系，在《关于电视》中，布迪厄论证了相比其他场域，新闻场更缺乏自主性，它既受制于经济场的收视率逻辑，又受制于政治场的舆论场逻辑⑨。

---

① 皮埃尔·布迪厄，华康德，布迪厄，等.实践与反思：反思社会学导引［M］.北京：中央编译出版社，1998.18

② 白小瑜.超越与沦陷：布迪厄的实践理论［J］.社科纵横，2009，24（6）：107–110.

③ 杨善华　谢立中.西方社会学理论.下卷［M］.北京大学出版社，2006：164168

④ 皮埃尔·布迪厄，华康德，布迪厄，等.实践与反思：反思社会学导引［M］.北京：中央编译出版社，1998.17

⑤ 潘建雷.生成的结构与能动的实践——论布迪厄的《实践与反思》［J］.中国农业大学学报：社会科学版，2012.

⑥ 皮埃尔·布迪厄，华康德，布迪厄，等.实践与反思：反思社会学导引［M］.北京：中央编译出版社，1998.285

⑦ 皮埃尔·布迪厄，华康德，布迪厄，等.实践与反思：反思社会学导引［M］.北京：中央编译出版社，1998.141

⑧ 皮埃尔·布迪厄，华康德，布迪厄，等.实践与反思：反思社会学导引［M］.北京：中央编译出版社，1998.138

⑨ 布尔迪厄.关于电视［M］.南京：南京大学出版社，2011.74

（二）惯习（habitus）

"惯习"（habitus）起源于hexis，是由亚里士多德提出的希腊语概念，有习惯、经验的意思，阿奎纳把它发展成habitus的拉丁语形式，韦伯、黑格尔、莫斯等人都在不同的意义上使用过这一概念①。中文有"惯习""习性"、"生存心态"等译法，为统一使用规范，除必要引述，本文均使用"惯习"这一译法②。惯习是"条件制约与特定的一类生存条件相结合，生成习性（habitus）。习性是持久的、可转换的潜在行为倾向系统，是一些有结构的结构，倾向于作为促结构化的结构发挥作用，也就是说作为实践活动和表象的生成和组织原则起作用，由其生成和组织的实践活动和表象活动能够客观地适应自身的意图，而不用设定有意识的目的和特定掌握"③。惯习是布迪厄最具原创和争议的概念之一，贯穿其理论的始终，但也正因如此，这一概念的内涵始终处于发展阶段。华康德认为"要充分地把握这个概念的宗旨和意涵，你必须着重考虑它的各种使用方法，也就是说，着重观察布迪厄在具体经验分析的过程中是怎样引入这个概念，又产生了怎样的分析效果。随着时间的流逝，看起来布迪厄对这个概念的强调已慢慢地由偏于心智转向重在肉体"④。

布迪厄以惯习与场域的二重性代替行动与结构的二元对立。"一个场域

---

① 孙进.布迪厄习性理论的五个核心性结构特征：德国的分析视角［J］.南京社会科学，2007（6）：25-29.

② 朱波（2008）、满珂（2009）、魏望东（2016）均对habitus的已有中文译法做了梳理和总结，并分别提出了不同的见解。本文虽选择使用目前社会科学常用的"惯习"译法，但根据habitus的原意（ethos一群共同居住的人）、形意（与habit居住和habitude习惯具有相同词根）和布迪厄的定义（一种性情倾向系统，不同社会结构型塑不同的惯习，可以通过教育社会化改变），"习性"似乎更为恰当，习性中在中文语境中既有居住和教育的意向，如刘昼《新论·风俗》"人居此地，习以成性，谓之俗焉"；又有后天教化和区分的意向，如《论语·阳货》"性相近也，习相远也"、白居易《策项》"臣闻人无常心，习以成性；国无常俗，教则移风"。

③ 皮埃尔.布迪厄.实践感（人文与社会译丛）［M］.译林出版社，2006.74

④ 皮埃尔·布迪厄，华康德，布迪厄，等.实践与反思：反思社会学导引［M］.北京：中央编译出版社，1998.304

是由附着于某种权力（或资本）形式的各种位置间的一系列客观历史关系所构成，而惯习则由'积淀'于个人身体内的一系列历史的关系所构成，其形式是知觉、评判和行动的各种身心图式"[①]。场域是客观关系的系统和客观结构（structures objectives），而惯习则是主体关系的系统和认知结构（structures cognitives）[②]，它们之间"相互占有"（mutual possession），具有"本体论契合"（ontological complicity）和"结构同构性"（structural homology）[③]。场域（社会结构）相对于惯习（认知结构）更有优先性，社会结构是一代代人历史努力下的系统生成（phylogenesis），认知结构则是社会结构通过社会化对行动者进行的个体生成（ontogenesis）[④]，行动者总是倾向于接受浸入其中的社会实在，即使是加之于身的"符号暴力"，布迪厄称这一现象为"误识"（misrecognition）[⑤]，社会不平等以此基础不断完成再生产，并维持结构上的稳定[⑥]。

惯习是被型塑结构认知结构，是历史的产物[⑦]，"作为一种处于型塑过程中的结构，同时，作为一种已经被型塑了的结构，将实践的感知图式融合进了实践活动和思维活动之中"[⑧]；同时，它也是一个生成的认知结构，类似

①　皮埃尔·布迪厄，华康德，布迪厄，等.实践与反思：反思社会学导引［M］.北京：中央编译出版社，1998.17

②　皮埃尔·布迪厄，华康德，布迪厄，等.实践与反思：反思社会学导引［M］.北京：中央编译出版社，1998.171

③　杰夫瑞·G·亚历山大，著.张旅平，译.世纪末社会理论［M］.上海人民出版社，2003：187

④　皮埃尔·布迪厄，华康德，布迪厄，等.实践与反思：反思社会学导引［M］.北京：中央编译出版社，1998.184

⑤　皮埃尔·布迪厄，华康德，布迪厄，等.实践与反思：反思社会学导引［M］.北京：中央编译出版社，1998：222

⑥　王建民.场域："大社会"的终结？——对布迪厄、华康德《实践与反思》的一种解读［J］.学习与实践，2006.

⑦　朱伟珏.超越主客观二元对立――布迪厄的社会学认识论与他的"惯习"概念［J］.浙江学刊，2005.

⑧　皮埃尔·布迪厄，华康德，布迪厄，等.实践与反思：反思社会学导引［M］.北京：中央编译出版社，1998：184

于"生成语法"（generative grammar），只要掌握基本的语言原则，就能创造出无穷多样复杂的句式①。惯习同样能够帮助行动者应对各种未被预见、变动不居的情境，完成无限复杂的任务②。惯习的历史性和生成性是辩证存在的，一方面，在时间和逻辑顺序上，惯习的"生成性"受限于"历史性"，"惯习起源的逻辑本身使得惯习成为按时间组织的一系列结构，一个特定等级的某种结构规定低等级的（即在基因上发生在前的）结构，且通过结构化行动决定高等级的结构，而这个特定等级的结构又对高低等级的发生性的被结构的经验施加结构化的行动"③。在历史性原则下生成的实践具有一定的稳定性和可预期性，就像"被规导过的即兴表演"④；另一方面，布迪厄强调，"惯习（habitus）而不是习惯（habit），就是说，是深刻地存在在性情倾向系统中的、作为一种技艺（art）存在的生成性（即使不说是创造性的）能力，是完完全全从实践操持（pratical mastery）的意义上来讲的"⑤，这也意味着惯习的创造性受限但并不局限于历史，同样具有无穷的可能性。

在现实生活中，如果惯习遭遇的场域即是惯习生成的场域，两者之间就会无比契合、如鱼得水，"它所居留的那个场域里，它感到轻松自在"⑥。但当行动者进入不熟悉的场域中，则需要完成惯习和场域的彼此调适，成功的结果是完成对客观条件的认同和内化，"经由这一内化过程，行动者在其实践

---

① 孙进.布迪厄习性理论的五个核心性结构特征：德国的分析视角［J］.南京社会科学，2007（6）：25-29.

② 布尔迪厄.实践理论大纲［M］高振华，李思宇，译，北京：中国人民大学出版社，2017：95

③ 布尔迪厄.实践理论大纲［M］高振华，李思宇，译，北京：中国人民大学出版社，2017：237

④ Pierre Bourdieu. Algeria 1960[M]. Cambridge: Cambrige University Press for Editions de la Sciences de l'Homme, Paris. 1979:47.

⑤ 皮埃尔·布迪厄，华康德，布迪厄，等.实践与反思：反思社会学导引［M］.中央编译出版社，1998：165

⑥ 皮埃尔·布迪厄，华康德，布迪厄，等.实践与反思：反思社会学导引［M］.中央编译出版社，1998：173

中注入的各种超个人的、无意识的关注原则或划分原则得以建构"①，惯习与场域的积极互动，"有助于把场域构建成一个充满意义的世界，一个被赋予了感觉和价值，值得你去投入、去尽力的世界"②。但是，惯习对客观条件的所预期的调适不过是"所有可能情况中的一种特例"，由于行动者总是倾向于固守原有的惯习，"这样的一种固守、维持的倾向，既可以确保调适，也可以引发不适（maladjustment），既可以积淀与世无争的顺从心态，也可以激起奋起反抗的叛逆勇气"③。黄红东总结了两类惯习错位："一种是历时态错位，一种是共时态错位"④，阿尔及利亚农民的"前资本主义惯习"与资本主义世界的"理性惯习"格格不入，出现惯习滞后的种种困难属于前者⑤；而使用一种场域的惯习去建构、理解另一种场域惯习属于后者。惯习与场域错配也有可能促进一种新的惯习的生成，导致社会的变迁，但这方面布迪厄着墨较少，因此也被批评为结构主义色彩较重，正如Burawoy所说"如果要把布迪厄的理论要与实践相匹配，那么他首先需要更好地说明惯习的动力学、变化方式以及如何以批判的思维重塑惯习这一概念——将'同意的关系'变成'反抗的关系'"⑥。

（三）资本（capital）

资本是"资本是积累起来的劳动（以其物化形式或其具体化（incorporated）、身体化（embodied）的形式），当它被以私人的、即排他性的基础上的行动者或

---

① 布迪厄.国家精英［M］杨亚平，译.北京：商务印书馆，2004：1

② 皮埃尔·布迪厄，华康德，布迪厄，等.实践与反思：反思社会学导引［M］.中央编译出版社，1998：172

③ 皮埃尔·布迪厄，华康德，布迪厄，等.实践与反思：反思社会学导引［M］.中央编译出版社，1998：307

④ 黄红东."场域—惯习"论：农民心理文化研究的新工具［J］.经济与社会发展，2010，08（007）：87-90.

⑤ Pierre Bourdieu. Algeria 1960[M]. Cambridge: Cambrige University Press for Editions de la Sciences de l'Homme, Paris. 1979. 47

⑥ Michael Burawoy, The Poverty of Philosophy: Marx Meets Bourdieu[M]. Oxford: Oxford University Press, 2015:24.

行动者群体占用时，他们能够以具体化或活的劳动的形式占用社会资源。它是一种内在的力量，存在于客观或主观结构中，它也是一种内在法则（lex insita）——潜藏于社会世界内在规律的基础原则"[1]。布迪厄对于资本的定义同样较为模糊，我们将结合布迪厄在其他著作中的尝试给出资本理论完整的画像。

首先，布迪厄批判了传统经济学家观点，他告诫我们，并非只有经济活动才注重经济性（economy），而社会实践的其他方面都是非经济性的（non-economy）、超功利性（disinterestness）和无目的的目的性（purpose less finality）[2]，其他社会活动同样产生各种资本。在《资本的形式中》，布迪厄根主要列举了三种主要的资本形式，即经济资本（物质财产和经济财富）、社会资本（社会网络）和文化资本（教育学历）[3]，在他晚年著作中又补充了"象征资本"（symbolic capital）（声望和荣誉）这一概念，并将其定义为"任何一种资本所采取的形式，只要这种资本是通过知觉类别来感知的，这些知觉类别是各种资本（强/弱、大/小、富/贫、有文化/没文化）分布结构中划分或对立的体现的产物"[4]。布迪厄理论对于各类资本的强调，也使他经常被视为他本人所反对的"经济决定论"者[5]。

其次，资本是一种既具有生成性的、又具有结构性的资源。一方面，"各类资本的分布结构体现了特定时刻社会世界的内在结构，这里实际上也意味着一种'本体论的契合'"[6]；另一方面行动者可以通过积累和投资不断生产和再生产各种性质的资本，对于不同性质资本的拥有量决定了行动者在

① Bourdieu P. The Forms of Capital[M]// Readings in Economic Sociology. 1986:242-257.

② 陈燕谷.文化资本［J］读书，1995，（06）：134-136.

③ 参考 Bourdieu P. The Forms of Capital［M］// Readings in Economic Sociology. 1986：242-257或布迪厄，著.包亚明，译.文化资本与社会炼金术［M］.上海：上海人民出版社，1997：190-210，以上三种资本的定义和特征在前后文中多次讨论，在此不再赘述。

④ Bourdieu P. Practical Reason [M]. Cambridge: Polity Press, 1998:47.

⑤ 戴维·斯沃茨.陶东风译.文化与权力：布尔迪厄的社会学［M］.上海译文出版社，2006：109.

⑥ 洪进.论布迪厄社会学中的几个核心概念［J］.安徽广播电视大学学报，2000.

社会结构（某个场域）中的社会地位。行动者通过策略性地累积、投资、争夺各种资本最终产生"结构的异质性"①，例如，一名学生通过不断地精进努力、提升学历、发表文章，最终评上了知名高校的教授，将行动上的优势（具有较强的学术能力）转换为结构上的优势（具有较高的学术地位）。

最后，资本与惯习和场域相互关联，一方面，如果将场域比作游戏，资本就是玩家参与游戏的筹码，"每个场的特定逻辑决定了在这个市场上通行的属性，这些属性在所考察的活动中是合理的和有效的，并在与这个场的关系中，作为特定资本且由此作为实践的解释因素发挥作用"②。例如，身家不菲的商人在商场上风生水起，但在学校和文化场域下的影响力就会大打折扣，而文化资本丰富的专家学者进入商场同样难以施展才华。不同的资本可以在一定条件可以相互转化，存在一种类似于"汇率"的资本转换率（conversion rates）③，所有资本最终都转化为经济资本，经济资本是现代社会最重要的"通用货币"④。另一方面，惯习影响行动者对不同类型资本的偏好程度，"惯习的存在会影响对资本的认知与运用，并且资本的价值和力量还取决于行动者对它的认知或者误识。而作为资源的资本限制着惯习可能触及的范围，从而诱导惯习所采取的策略"⑤。一位农民难以理解摄影家的得意之作，出生书香门第的孩子可能会比出生于经商家庭的孩子更重视学习成绩和文化资本的累积。

（四）实践（pratique）

"实践"是后现代社会理论体系的重要概念，是"理解行动、制度和结

---

①　胡薇.累积的异质性——生命历程视角下的老年人分化［J］.社会，2009，24（2）：112–130.

②　皮埃尔·布尔迪厄.区分：判断力的社会批判［M］.北京：商务印书馆，2015.188–189.

③　皮埃尔·布迪厄，华康德，布迪厄，等.实践与反思：反思社会学导引［M］.北京：中央编译出版社，1998.137

④　Martin B and Szelényi I. Beyond Cultural Capital: Toward aTheory of Symbolic Domination [M]. In D. Robbins, (ed), Pierre Bourdieu, Vol.I.282–286.

⑤　白小瑜.超越与沦陷：布迪厄的实践理论［J］.社科纵横，2009，24（6）：107–110.

构等社会实体时要参考的核心现象"①。在布迪厄的理论中，实践是贯穿场域、惯习、资本等所有核心概念的桥梁，在《区隔》中，布迪厄提出如下公式：实践=（惯习*资本）+场域②，这意味着"实践不能化约为惯习、资本或场域中任何一个单一要素，而是它们联合生产的结果"③，它"是实施结果和实施方法、历史实践的客观化产物和身体化产物、结构和习性的辩证所在"④。

实践是惯习、场域和资本之间相互作用的产物⑤，旨在揭示行动者如何在惯习的指引下，在既有的场域中，使用资本展开行动。实践行动的逻辑"并非逻辑的逻辑"⑥，而是基于一种"实践感"（the sens of practice）的逻辑，"实践逻辑是自在逻辑，既无有意识的反思有无逻辑的控制。实践逻辑概念是一种逻辑项矛盾（contradiction dans les termes），它无视逻辑的逻辑。这种自相矛盾的逻辑是任何实践的逻辑，更确切地说，是任何实践感的逻辑：实践离不开所涉及的事物，它完全注重于现时，注重于它在现时中的发现的、表现为客观性的实践功能，因此它排斥反省（亦即返回过去），无视左右它的各项原则，无视它所包含的、且只有使其发挥作用，亦即使其在时间中展开才能发现的种种可能性"⑦，实践包括以下特点：

"紧迫性"（urgence）是实践重要特点，"是参与游戏和对该参与所含将来的关注的产物"⑧，实践是在时空中展开的人类活动，它不仅依赖于实践，同样"策略上利用时间，特别是速度"，由于实践是紧迫的，行动者在做出抉择的时候往往会基于自身惯习，"把'例外状况'或'陌生情境'予以

① Schatzki T R. Social Practices: A Wittgensteinian Approach to Human Activity and the Social[M]. Cambridge: Cambridge University Press, 1996:11

② 皮埃尔·布尔迪厄.区分：判断力的社会批判［M］.北京：商务印书馆，2015.169

③ 戴维·斯沃茨.陶东风译.文化与权力：布尔迪厄的社会学［M］.上海：上海译文出版社，2006：261

④ 皮埃尔.布迪厄.实践感（人文与社会译丛）［M］.南京：译林出版社，2006.88

⑤ 朱国华.权力的文化逻辑［M］.上海：上海三联书店，2004.137

⑥ Bourdieu P. Practical Reason[M]. Cambridge: Polity Press, 1998:82

⑦ 皮埃尔.布迪厄.实践感（人文与社会译丛）［M］.南京：译林出版社，2006.131

⑧ 皮埃尔.布迪厄.实践感（人文与社会译丛）［M］.南京：译林出版社，2006.117

'类型化'和'熟悉化'，以熟悉的模式与规则为引导机制继而从不熟悉的情境中生产再生产出'一致性'"①

"总体性"是实践的第二特征，马克思在《共产党宣言》中提到"社会生活在本质上是实践的"。与马克思的实践理论一脉相承，布迪厄同样强调实践的总体性，他认为人们总是按照惯习的系统策略来处理各种社会差别，而惯习正是由场域中所有行动者共同型塑。社会学的目的就是在于"揭示构成社会空间的不同社会人群的最深层的结构，以及倾向于确保社会空间的再生产或变革的'机制'"②。

"模糊性"是实践的第三大特征，由于实践是在"前对象性的、非设定性的（nonthetic reference）层面上运作"③，存在不确定的、模糊的、多变的各种可能性。实践是一种"无所用心"的状态④，它预示着行动者在不同的场域情境下，与不同的社会关系和行动的即时遭遇中，并不通过理性计算而做出深思熟虑的决定，而是在"一种习性和一种经人为改变以诱发该习性的情境之间建立关系"⑤，因此，实践常常是一种无意识选择，是一种"日用而不知"的前反思性的、潜意识的行动⑥。

"策略性"是实践的第四大特征，模糊性与策略性看似是一对矛盾的命题⑦，而实际上，策略性最能反映惯习、场域和资本之间的关联性。策略性实践就是行动者在一个确定的场域中，运用已有的各类资本和"惯习在实践中

---

①　罗朝明.实践的紧迫性［J］.社会，2017（04）：188-216.

②　布迪厄.国家精英［M］杨亚平，译.北京：商务印书馆，2004.1

③　皮埃尔·布迪厄，华康德，布迪厄，等.实践与反思：反思社会学导引［M］.北京：中央编译出版社，1998.23

④　潘建雷.生成的结构与能动的实践——论布迪厄的《实践与反思》［J］.中国农业大学学报：社会科学版，2012.

⑤　皮埃尔.布迪厄.实践感（人文与社会译丛）［M］.译林出版社，2006.143.

⑥　皮埃尔·布迪厄，华康德，布迪厄，等.实践与反思：反思社会学导引［M］.北京：中央编译出版社，1998.21.

⑦　杰夫瑞·G·亚历山大，著.张旅平，译.世纪末社会理论［M］.上海：上海人民出版社，2003：209.

的操作能力"[1]，以"获取最大物质和象征利益"[2]。"策略性"要求在把握实践"紧迫性"和"总体性"的基础上避免"模糊性"。布迪厄将卡比尔人婚姻策略的描述为"为克服由那些并非自动相容的要求系统所产生的实际矛盾，诸不同行为人根据自己在等级体系中的位置、在家庭中的地位及他们的性别，提供了从现象上看相去甚远的解决办法……而这些解决办法的根由恰恰包含在习性之中，因为习性是它要再生产的结构的产物，更确切地说，因为习性导致对既定秩序和该秩序的保护人即长辈的服从"[3]；而在对贝阿恩省波市市长的"屈尊策略"考察中，说明了这一策略"正是从在实践当中共同存在的各种语言（甚至或尤其是当法语空缺时）之间客观存在的语言权力关系中，通过象征性地排除这一权力关系（也就是语言之间的等级制度与讲这些语言的人们之间的等级制度）而获得利润"[4]。

三、本文的分析框架

本文以布迪厄实践理论为研究框架，结合移民研究和留学生跨文化研究的中层理论，研究来华留学生的流动、认同与融入问题："场域"视角考察高校留学生行政管理制度、生活管理制度和教学管理制度对该群体流动、认同和融入支持和制约；通过"惯习"视角考察吸引外籍学生来华留学的动机以及他们来华后对中国经济、社会、文化等维度的认同状况；通过"资本"视角考察留学生如何通过投资、积累、攫取、利用人力资本、经济资本、社会资本和文化资本融入校园和中国社会。

本文认为来华留学生原始惯习与"想象的"中国场域的选择性亲和力（affinité élective）是吸引其来华的主要原因，这一作用力既表现为两国不同

---

① 苑国华.从"规则"到"策略"：布迪厄的亲属与婚姻理论述评［J］.黑龙江民族丛刊，2011（01）：164-167.

② 皮埃尔.布迪厄.实践感（人文与社会译丛）［M］.南京：译林出版社，2006.24

③ 皮埃尔.布迪厄.实践感（人文与社会译丛）［M］.南京：译林出版社，2006.230

④ 布尔迪厄.言语意味着什么［M］.褚思真，刘晖译，北京：商务印书馆，2005：47.

维度的结构推力和拉力，又表现为行动者认知和行动维度上的动力，根据惯习与场域的契合程度表现为"根"（文化惯习）与"翼"（经济惯习）的连续统；在取得进入中国场域的入场许可后，全世界各国的留学生被统一安置到中国学校这一组织场域进行学习，留学生面对的不再是"选择"，而是"实践"，已有的惯习与以中国高校为主体的现实场域密切接触，激烈碰撞，大部分留学生遭遇了异国旅居者常见的文化冲击、社交断裂和经济危机，如何面对惯习与场域的冲突？是积极改变还是消极应对？是入乡随俗还是和而不同？是扮演"常客"、"过客"还是成为"新国民"？不同的策略生成不同的认同和融入模式，反映在经济、社会和文化维度上的认同和融入理想型，分别呈现出身份趋同化、社交外延化、文化交互融合的特征，不认同和不融入的理想型则表现为对身份特殊化的强调、社交内卷化和文化相互区隔的特征，现实存在的认同和融入状况则介于两种理想型之间的连续谱。本文分析框架请见图1.10

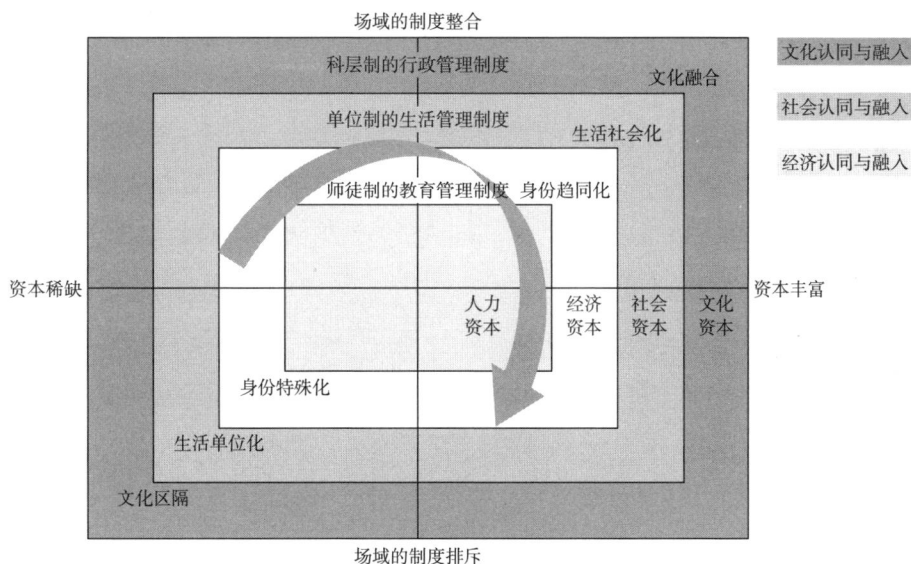

图1.10 本文分析框架

另外，对于认同和融入的层次、顺序的争论，本文认为：由于不同的资本存在转换的可能性，留学生在经济、社会和文化层次的融入是平行进行的，并不具有先后顺序，但是各层次的融入状况会对其他层次产生交互影响，因此将结合"交互式"和"平行式"两种理论范式，融入范式请见图1.11。

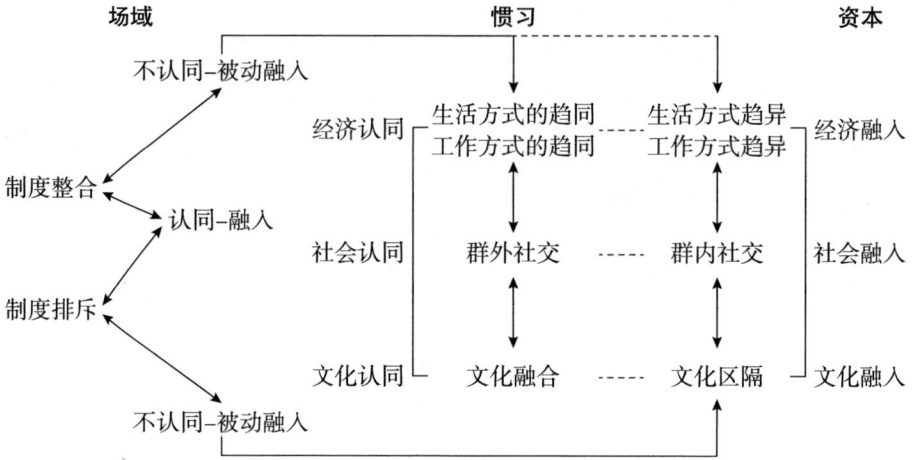

图1.11　来华留学生认同与融入模式

第二章

传承与嬗变：来华留学历史

第一节　万国衣冠拜冕旒：唐宋时代的留学生与学问僧

隋朝建立初期，崇尚佛法和中国文化的日本圣德太子摄政，推行积极、开放的外交政策，除以朝贡为名多次向中国派出外交官员（遣隋使）进行外交和贸易谈判，同时派遣大批学问僧和留学生来华学习佛法和中国文化。有关文献记载，日本在600–614年间共派出5批遣唐使节①。公元600年，日本首次派使团访华，《隋书·东夷列传》中记载"开皇二十年，倭王姓阿每，字多利思比孤，号阿辈鸡弥，遣使诣阙。上令所司访其风俗"。《日本书纪》详细记载了日本推古十五年（607年）小野妹子来华时随访学生的情况，包括留学生：倭汉直福因、奈罗译语惠明、高向汉人玄理、新汉人大国和学问僧新汉人旻、南渊汉人请安、志贺汉人惠隐、新汉人广齐等。留学生是来华学习隋朝制度、法律和文化的学者，学问僧则主要研修佛学，同时涉猎文学和哲学。这两类人群大多由新汉人或汉人——即汉人移民或移民的后裔组成，他们精通中文，了解中国历史和文化，可以快速适应中国的学习环境。同时，他们在华学习时间普遍较长，607年来华的学生和僧侣中，倭汉直福因、新汉人广齐在华留学16年，新汉人旻留学25年，志贺汉人惠隐、高向汉人玄理、南渊汉人请安留学时间超过30年，他们见证了隋唐的更迭，积累了丰富的知识和经验，他们回国后积极投身于日本政坛，为国家发展和改革作出巨大贡献②。

---

① 王心喜.日本"遣隋使"来华目的及年次探讨［J］.杭州师范学院学报（社会科学版），2002.

② 李金明.隋唐时期的中日贸易与文化交流［J］.南洋问题研究，1994（02）：7–13.

"唐代不能不说是中国文化的一个高峰。它的特色也许就是在它的开放性和开拓性。这和民族成分的大混杂和大融合是密切相关的。"① 唐朝来华留学规模更大、辐射更广、相关制度也更趋成熟。日本是官方派遣留学生较多的国家之一，据中国学者考据，唐代日本共派遣唐使19次（实际成行15次），每次随行的留学人员约10～20人，留名于史册的共计150人左右，包括学者身份的留学生和僧侣身份的学问僧②，学问僧的人数是学者的三倍半以上③。新罗是唐代另一大留学生主要派遣国，留学生规模甚至超过日本，据严耕望统计，新罗学问僧有据可考者达130人，实际远超于此。而留学生人数"最保留之估计当有两千人"④，因其人数众多，国子监专设"新罗马道"；此外，南诏、真腊、尼婆罗、高昌、吐蕃等国家均有向唐朝派遣留学生的记录，《唐会要》载："已而高丽、百济、新罗、高昌、吐蕃、诸国酋长，亦遣子弟请入国学。于是国学之内，八千余人。国学之盛，近古未有"，《新唐书》亦载"四夷若高丽，百济，新岁，高昌，吐蕃，相继遣子弟入学，遂至八千余人"。隋唐之后的两宋时期，周边国家派遣留学生的热情大为下降。日本因长期内乱，缺乏强有力的中央政府，不再以政府名义向中国派遣使节和留学生；高丽则由于"受制于辽朝，朝贡中绝"，史书所载的宋代高丽官派留学生仅11人⑤。两宋时期留学僧的数量也有所下降。

隋唐两宋时代的留学生根据身份可分为两类，即留学生和学问僧，他们来华学习目的和求学路径各不相同：留学生多出身于贵族阶层或中产家庭，受过良好的基础教育，具备异国留学的能力，并甘愿承担远渡重洋的风险，他们来华后首先需要通过官方组织的难如"登仙籍"的"宾贡科进

①　费孝通.中华民族的多元一体格局［M］//费孝通.文化与文化自觉.北京：群言出版社，2010：75.

②　胡锡年.唐代的日本留学生［J］.陕西师大学报（哲学社会科学版）（01）：35-47.

③　森克己.遣唐使［M］.东京：至文堂，1995：121.

④　严耕望.新罗留唐学生与僧徒.［M］唐史研究丛稿.香港：新亚研究所，1969：425-481.

⑤　伊森古代的外国留学生们［J］.视野，2019，000（021）：46-48

图2.1　东征传绘卷：日本遣唐使和留学生①（小松茂美，1988）

士"考试②。通过考试的留学生被安排在固定场所（国子监六学）的学习和
居住③，由专业的教师（博士或助教）培养，享受国家提供的奖学金（俸
禄），并接受统一的机构（国子监）管理，他们学习的主要内容是儒学经
典的治国安邦之道④，学成后可以选择参加唐朝的官员选拔考试，也可选择
回国投身仕途，入仕唐王朝的阿倍仲麻吕（汉名晁衡）和学成回国的日本

---

① 小松茂美，東征伝绘卷——日本绘卷大成第16卷［M］.东京：中央公论社，1988：
6-7

② 杨希义.唐代宾贡进士考［C］//中国唐史学会论文集.1993.

③ 张伯伟."宾贡"小考［J］.古典文献研究，2003.

④ 赵蓉.唐代留学生教育的特点及原因［J］.佳木斯教育学院学报，2018，000（009）：
80-81，292.

政治家吉备真备都是其中佼佼者，但无论留在中国还是回归母国都需要经过唐廷的批准[①]；学问僧是在佛学研究方面有一定造诣或有志于学习、弘扬中国佛法的各国僧侣，他们来华主要专注于学习佛法，同时致力于促成中国高僧赴日本讲学，其中最负盛名的事件是鉴真东渡。两国僧侣的跨国流动，进一步推动了文化的双向交流。学问僧的求学模式近似于"游学"，虽有统一管理机构（鸿胪寺）和国家提供的资助，但他们居无定处，学无定所，往返于中国的名山大川，求道于高僧大德，学习和生活模式更为灵活自由；大部分留学生及学问僧是通过国家派遣渠道来华学习，也有少数通过自发的、民间的途径来华学习，如从事国际贸易而长期居住在中国的外国侨民、侨胞，《资治通鉴》记载"中国人自塞外归及四夷前后降服者，男女一百二十余万口……胡客留长安久者，或四十余年，皆有妻子，买田宅，举质取利，安居不欲归"，他们同样有机会在华接受教育、参加科举甚至入朝做官。唐宋时期广州、泉州等地还专门为这类群体设立"蕃学"。《中吴纪闻》中记载宋朝时的广州"大修学校，日引诸生讲解，负笈而来者相踵，诸蕃子弟皆愿入学"。宋代官方交流停滞后，学问僧多通过民间渠道自费来华，他们求学的目的并非代表国家取经求法，而是出于个人的兴趣和需求来华朝拜胜迹，消除业障[②]。国力盛衰是影响官派留学生和学问僧来华的主要因素，唐太宗贞观年间时期，国力达到鼎盛，来华留学生规模亦达到顶峰。《旧唐书》记载"高丽及百济、新罗、高昌、吐蕃等诸国酋长，亦遣子弟入于国学之内。鼓箧而升讲筵者，八千余人，济济洋洋焉，儒学之盛，古昔未之有也"。随着安史之乱的爆发，唐朝由盛转衰、内忧外患。各国与大唐合作的意愿减弱，留学生规模急转而下，《唐会要》记载元和二年（807年）"两京诸馆学生，总六百五十员"。经济兴衰主要影响民间交流的留学生，"蕃学"之所以设立在广州、泉州，恰恰是因为这两座城市是国际贸易重镇；文化强弱主要影响民间交流的学问僧，唐武宗掀起的灭佛运动导致

---

①　郭丽.唐代留学生教育管理制度述论［J］.北京社会科学，2016，000（010）：65-72.

②　高留成.唐宋时期日本来华留学僧之比较［J］.河北学刊，2005，025（001）：156-159.

了中国佛教的衰落，中学西传则促进了日本佛教的发展壮大，此消彼长之下，两国对佛法的研究水平已经存在一定差距，这也导致入宋僧大多为了到中国的佛教圣地出家巡礼或求得明悟，出于"求法"动机来华交流的学问僧规模有所下降①。

这一时期留学生和学问僧在华交流时间长、认同程度高、融入程度深。木宫泰彦在其著作中提到日本留学生在遣唐使回国后通常在华继续居住十年至三十年，这一期间他们遵从唐朝的风俗文化，衣食住行与唐人无异，改从唐人姓名、交往唐人朋友、甚至与唐人结为夫妻的情况均屡见不鲜②。留学生在政治、经济、文化方面参与程度同样较高，阿倍仲麻吕在华官至左拾遗，并与诗人李白、王维交往密切，诗作唱和；新罗人崔致远进士及第后在朝为官多年，其著作《桂苑笔耕》文集收录在《四库全书》中；学问僧空海来华留学不仅学得佛法经典，回国创立日本密宗，同时也精研中国书法，成为日本"平安三笔"；大食人（阿拉伯人）李彦升及第的故事成为《华心说》的原型。

"我持此石归，袖中有东海"，唐宋时代来华留学生在回国后也各自对本国改革和发展产生了巨大的影响。唐代派遣来华留学生最多的国家是日本、新罗、后百济、后高句丽等国，他们对于中国社会制度和文化的积极学习，促进了"中华文化圈"的逐渐形成。其中对唐文化吸收最多、最彻底的是日本。日本历史上最重要的"大化改新"就是在来华留学生高向玄礼、僧旻等人的推动下完成的，这次改革基本上是对唐朝国家体制的全面模仿③。留学生也将唐朝文化器物和生活方式引进到本国，新罗留学生薛聪回国以后，利用汉字创造了新罗文字，史称"吏读"④；日本留学生空海回国

---

① 半田晴久.日本入宋僧研究［D］.杭州：浙江大学，2006.

② ［日］木宫泰彦，胡锡年，译，日中文化交流史［M］.北京：商务印书馆，1980：158

③ 赵蓉.唐代留学生教育的特点及原因［J］.佳木斯教育学院学报，2018，000（009）：80-81.

④ 刘春丽.新罗留学生与汉文学［D］南京：南京师范大学，2006.

后，仿汉字草书创立日本平假名[①]；中国的茶道、围棋、书法也纷纷成为周边各国一时的潮流风尚。总而言之，唐宋时期来华留学生促进了中国文化向周边国家辐射和普及，自此以后，中国的儒家文化、教育制度在亚洲各国广泛传播，产生了极大影响。在元朝时期，儒家文化已经深入到亚洲一些国家的平民家庭中。在真腊（今柬埔寨），研究儒学的知识分子群体被称作"班洁"[②]。

第二节　中学西传与西风东渐：明清时代的留学生与传教士

明清时期来华留学生仍以亚洲国家官派为主，整体规模不及唐宋时期，明代留学生主要来自日本、琉球、暹罗、高丽、占城等地，其中琉球派遣的学生最多，《明史》中共有11次派遣记录，人数共35人，日本、高丽、暹罗仅一次。清代不仅有亚洲地区的留学生，在与清朝政府签订《中俄恰克图条约》后，俄国也陆续派出留学生，从1727到1840年间，俄国共派遣40名留学生来华留学[③]。外国留学僧来华交流史不绝书，直至清末国力衰弱、佛教式微，才因此中断[④]。明清留学僧多来自日本，主要通过民间渠道来华访学，也有少数经由官方派遣[⑤]。官派留学生以王亲、大臣子弟居多，他们代表国家来华访学，具有一定外交性质。留学僧多因个人动机访华，或为"钻研禅法"，或为"求取碑铭"，或为"学习诗文"[⑥]。

---

① 高文汉，李秀英.论日僧空海对中日文化交流的贡献［J］.文史哲，1999（02）：79-85.

② 黄明光.明代亚洲外国官生在华留学及科举考试状况探议［J］.学术研究，1996（1）：55-58.

③ 米镇波，苏全有.清代俄国来华留学生问题初探［J］.清史研究，1994（01）：15-22.

④ 楼宇烈.中日近现代佛教的交流和比较研究［M］.北京：宗教文化出版社，2000：10

⑤ 陈小法.洪武七年的日本入明僧研究［J］.社会科学战线，2010，000（010）：32-36.

⑥ 韦立新，任萍.日本初期入明僧的目的考辨——以绝海中津为例［J］.广东外语外贸大学学报，2010，21（1）：15-19.

明清时期官派留学生的培养和管理已较为成熟，学生来华后，先在礼部报到后前往国子监，根据汉语水平和感兴趣的学习方向进行培养①。所有的官派留学生均享受国家资助，待遇甚至高于唐宋，《明史》记载"山南遣官生三人入国学，赐巾服靴绦、衾褥帷帐，已复频有所赐。一日，帝与群臣语及之。礼部尚书吕震曰：'昔唐太宗兴庠序，新罗、百济并遣子来学。尔时仅给廪饩，未若今日赐予之周也'。帝曰：'蛮夷子弟慕义而来，必衣食常充，然后向学。此我太祖美意，朕安得违之'"。唐代外国留学生毕业后，大多会在中国各地游历或继续从事研究，在华时间可达10–30年。明清时期对外国留学生在华学习的时间和活动管理则非常严格，大部分留学生在完成学业后即返回母国②，也有少数留学生参加明朝科举考试，金榜题名后可授予官职。《南雍志》记载"外裔子弟，始自高丽遣金涛第四人入国学读书。洪武四年，涛登进士，除授县丞，不就，与三人皆遣归国"。明景泰五年（1454年）越南人阮勤中考取进士，从此在华任职，官至工部侍郎；清光绪三十年（1904年）科举制度废除，但清廷依然为留学生组建专门机构以便选拔入仕，考取进士的外国留学生，授翰林院修撰，时称"洋翰林"。亚洲地区官派留学生对中国文化认可度较高，《明太祖宝训》记载"高丽国王王颛遣密直同知洪师范、郑梦周等奉表贺平夏，贡方物，且请遣子弟入太学。其词曰：'秉彝好德，无古今愚智之殊；用夏变夷，在礼乐诗书之习。故我东夷之人，自昔以来，皆遣子弟入太学。不惟知君臣父子之伦，亦且仰声名文物之盛。伏望皇仁察臣向化之诚，使互乡之童得齿虞庠之胄，不胜庆幸'"。

"中外文化交流也循着文化交流的规律。一般情况下文化水平高的一方会影响文化水平低的一方。文化水平低的一方则比较容易成为接受者。中国古代与周边国家的交流往往是施与者，这种情况一直持续到明代中期"③。

---

① 黄明光.明代外国官生在华留学及科考［J］.历史研究，1995（03）：182–186.
② 谢必震.明清时期中国培养琉球留学生述略［J］.教育评论，1992（02）：53–57.
③ 任继愈.建构文化交流的桥梁——"国际汉学研究书系"总序［J］.中外文化交流，2001.

16世纪新航路的开辟，西方人发现了到达中国的两条航路，明清期间大批传教士来华传教，研究中国、沟通中西虽然并非他们的初衷，但因缘际会之下却促使他们完成了这一历史使命，成为特殊的"留学生"群体。以耶稣会士为代表的传教士在中、欧两地进行文化传播，一方面他们学习中文并在中国传播西学，促进了"西学东渐"，另一方面他们学习各种中国的专业知识，并用母语在西方传播，完成了"中学西传"①。他们的工作推动了欧洲大陆学术界以中国为研究对象，形成了"汉学"和"中国学"的雏形②，为中外交流中起到重要作用。西方传教士来华学习并传播中国文化的历史可以分成两个阶段③：第一阶段从1582年利玛窦来华传教到1724年雍正皇帝禁教，历时140年，横跨明清两朝，可称作"老传教时代"。西班牙人沙勿略（Francois XAXIER）、意大利人利玛窦（Martheus RICCI）、日耳曼人汤若望（Adam Schalll van Bell）等人为这一时期的传教士代表，明末在华传教士有25人，清初则达到45人④。他们来华的主要活动包括：宣传教义让中国人皈依、为皇帝和宫廷服务、向中国人传播西方学问、研究并向欧洲介绍中国⑤；第二阶段从1811年到20世纪初叶，近百年，可称作"新传教士时代"，英国人马礼逊（Robert MORRISON）、英国人伟烈亚力（Alexander WHLIE）、英国人傅兰雅（JohnFryer）为这一时期的代表人物。这些基督教新教的传教士对于中国的研究更带有"主体"色彩，是以"他者"的眼光，对于中国文化的重新阐述。他们的研究不但在西方社会传播，同时借助商人和报刊在中国社会发声。

---

① 张西平.欧洲早期汉学史：中西文化交流与西方汉学的兴起［M］.北京：中华书局，2009：3
② 吴义雄.商人，传教士与西方"中国学"的转变［J］.中山大学学报社会科学版，2005（06）：48-55.
③ 尚智丛.传教士与西学东渐［M］.山西：山西教育出版社，2008：1
④ 尚智丛.传教士与西学东渐［M］.山西：山西教育出版社，2008：34
⑤ 许明龙.试评18世纪末以前来华的欧洲耶稣会士［J］.世界历史，1993（04）：19-27.

图2.2　西方传教士（利玛窦，左）与中国官员（徐光启，右）（基歇尔，2010）[①]

　　无论是老传教士还是新传教士，他们都没有像亚洲留学生那样进入国子监系统学习中国知识，他们的中国研究多是在皇室、权贵和财阀的庇护下进行的，这也导致了他们很难真正深入中国社会。虽然他们通常穿着中式服饰、精通中国语言、交往中国学者，在中国居住时间都长达数十年，但是他们的内心深处却依然把欧洲人视为亲人，而把中国人视为外人。另外，中国民间社会自古以来习惯对待外人以"蛮夷"（未开化或未受教化之人，或是残酷粗野之人）称之，这一观念逐渐转化成对待外国人普遍原则，通过"对公正的拒绝、商业上的限制和对个人的侮辱与剥夺"加以实施。老传教士眼中的中国是"高度理想化了的中国，一个乌托邦"[②]，他们把中国看成"世

---

　　①　阿塔纳修斯·基歇尔.中国图说［M］.郑州：河南教育出版社，2010：216

　　②　何伟亚.从东方的习俗与观念的角度看：英国首次赴华使团的计划与执行［A］.张芝联主编.中英通使二百周年学术讨论会论文集［C］.北京：中国社会科学出版社，1996：77

界上治理得最好的国家，其人民最为幸福的印象……让欧洲对它的道德、法律、人民和资源保持钦羡的眼光"①。新传教士的中国印象则恰恰相反，他们对于老传教士的作品进行激烈地批判，并把将中国描述成落后、野蛮、迷信、封建、排外的国家。无论是老传教士各种正面的、理想主义的、浪漫又富有神秘色彩的描述，还是新传教士各种负面的、激进又带有恐怖色彩的批评，都让西方社会逐渐对神秘的东方国度投以关注的目光，为此后大批真正意义上的、以研究中国为志业的西方学生来华留学埋下伏笔，西方留学生的到来也促使"传教士汉学研究"向"学术汉学研究"转型。

第三节 想象的共同体：民国时期的留学生和汉学家

晚清到民国，大批中国学生通过官派途径赴西方留学。与此相反，来华留学的外国学生寥寥无几。王晓秋通过考察《北京大学校史》，发现清末民初时北京大学的前身——京师大学曾有接收俄国和日本留学生的记录，1913年毕业校友名单中有菊川龟次郎和浅井周治两位日本学生的名字②。民国时期来华留学生数量虽然不多，但却真正意义上促成了西方汉学与中国学术界的全面接触。一方面，1844年以后，传教士在华兴办了大批教会学校和新式学校，聘请了大批西方学者来华任教，为中外的交流提供土壤，这些学校也成为民国时期外国学生来华留学的首选③；另一方面，最早的一批纯粹以汉学研究为目的的青年学生来到中国留学，他们弥补了新、老传教士没有在中国经过系统学习和本土汉学家没有亲临中国进行考察的遗憾。与此同时，众多留学海外的中国青年学成回国，他们与初入中国的外国留学生年龄相仿、志趣相投，彼此之

---

① G.J.Gordon, . Address to the People of Great Britain［M］. London：Smith, Elder & Co., 1836；转引自吴义雄.商人，传教士与西方"中国学"的转变［J］.历史教学，2006（10）：49-49.

② 王晓秋.十年心血铸一剑 评《留学生群体与民国的社会发展》［J］.神州学人，2018（6）.

③ 熊月之.西学东渐与晚清社会［M］.上海：人民出版社，1994：288

间互动频繁、交往不断①。20世纪30年代以后，德国留学生傅吾康（Wolfgang Franke）、艾锷风（Gustav ECKE）、谢礼士（Ernst SCHIERLITZ）等②，法国留学生韩百诗（Louis HAMBIS）、康德谟（Maxime KALTENMARK）、李嘉乐（Alexis RYGALOFF）等③，日本留学生吉川幸次郎、水野清一、三上次男等④、美国留学生费正清（John K.FAIRBANK）、饶大卫（David N.ROWE）、柯睿哲（Edward A.KRACKE）等陆续来到北京⑤。这一时期的北京汇集燕京华文中心、哈佛燕京学社等学校，是风光无限的汉学中心。来自不同的国家、说着不同的语言、拥有不同的研究兴趣、在中国不同的教育机构学习研究的外国留学生齐聚于此，躬逢其盛。他们虽然有着诸多不同，但共同的目标和志趣却使他们成为一个"想象的共同体"。正如安德森在同名著作中描述的那位年轻棕色皮肤的英国人一样，在中国相遇的外国留学生"在每一次受到紧缩控制的旅途中，他都会发现一群能操双语的旅伴，而到头来他会逐渐对这些旅伴产生一种共同感。在他的旅途之中，他很快就了解到他的出生之处——不管是族群的、语言的或者地理的——是无关紧要的。他的出生至多只决定他会从此一朝圣之旅，而非彼一朝圣之旅出发而已"⑥。这些留学生日后也成为各自领域的知名学者、汉学家和中国研究专家。本节以美国留学生费正清、德国留学生傅吾康、日本留学生吉川幸次郎三个典型个案，探究他们来华留学动机、留学期间对中国社会的印象和认知，以及在中国社会生活的状态。

1929年，22岁的费正清完成了哈佛大学的硕士学业，开始在牛津大学攻读博士学位，从他将博士论文选题定位《近代中国海关问题》的那天开始，他就与中国结下长久的缘分。为了获得一手资料，费正清于1932前往北京，在中国

---

① 李雪涛.误解的对话——德国汉学家的中国记忆［M］.北京：新星出版社.2014：20

② 李雪涛.民国时期的德国汉学：文献与研究［M］.北京：外语教学与研究出版社. 2013：46.

③ 许光华.法国汉学史［M］.北京：学苑出版社，2009：215–224

④ 吉川幸次郎.钱婉约译.我的留学记［M］.北京：光明日报出版社.1999：65

⑤ 顾钧.美国第一批留学生在北京［M］.郑州大象出版社.2015：3.

⑥ 安德森.想象的共同体［M］.上海：上海人民出版社，2011.111

华文学校开始了留学生涯。他来华留学的目的并不是为了获得学位，而是进修汉语，并为博士论文搜集材料。但出乎意料的是，费正清在北京期间不仅遇到多位中国的良师益友，还最终收获爱情。在他的回忆中，历史学家蒋廷黻待他如师如父，不但在学业上给予他关照，指导他查找文献，撰写论文，同时也为他在华生活上带来了很大的帮助。当得知费正清留学奖学金申请失败时，蒋先生果断伸出援助之手，帮助他渡过经济危机。梁思成是费正清在北京最亲密的朋友，他的中文名"费正清"正是出自梁思成之手，费、正、清分别对应他英文名字中的Fair、John、King的发音，语含双关、意味深长，可以解为"费姓正直而清廉的人"。通过梁思成夫妇，费正清结识了一批从英美留学回国的精英，包括胡适、金岳霖、傅斯年、陈岱孙、周培源等。在北京期间他也与不少同胞相逢，与福开森、西克曼、毕乃德、卜德、顾立雅等学生有过交往[①]

图2.3　费正清夫妇（右二、左一）与梁思成夫妇（右一、左二）（费慰梅，1997）[②]

---

① 顾钧.美国第一批留学生在北京［M］.郑州：大象出版社.2015：30-56

② 费慰梅.梁思成与林徽因：一对探索中国建筑史的伴侣［M］.北京：中国文联出版公司，1997：11

傅吾康出生于1912年，是著名德国汉学家福兰阁的儿子。因为父亲的原因他很小就接触到了中国文化，并在双重文化的氛围中长大。傅吾康在中学毕业后就把从事汉学研究作为终身的事业。1937年，刚刚完成博士论文《康有为及其学派的国家政治改革尝试》的傅吾康独自来到中国，在中德学会进一步学习深造。1941年结识了曾留学德国的胡隽吟并迅速坠入爱河，为了早日结婚，他提前结束了中德学会的研究工作，在师长萧公权的推荐下先后任教于国立四川大学和华西大学。他对中国的印象始终是正面的："我来到的中国并不是像很多欧洲人所认为的那样，是一个文化落后的国家。这是在古代有着高度独立文明的国家，并且一直保持着旺盛的生命力"[①]。并认为中国文化可以更好地帮助自己了解西方，"跟大部分其他的欧洲人士相比，我在这里的环境与中国的世界更为接近，更为密切。跟在北平的汉学家们相比，也是如此。毋庸讳言，我自己也以最强烈的方式感受着这一文化的影响，从而也拥有了从另外一个视角审视欧洲的能力。我现在能如此透彻地认识这许多事物，以至于已经不可能重新回到原先那充满成见和片面性的生活中去了"[②]。在华期间他积极融入中国的社会，买了四合院，娶了中国妻子，结交了很多中国朋友，还收藏了不少中国古书、名画。他在回忆中对妻子在他留学期间以及往后余生给予他的帮助表达了诚挚的感谢，"吴康初到中国时，人生地疏，得其引导协助，了解环境，克服困难，建立信心。其后数十年，辗转各地，更无时不赖其助"[③]。

吉川幸次郎1904年出生于日本神户，神户是中国华侨聚集的城市，这使他有机会在充满中国文化元素的环境中成长，高中时代他酷爱中国文学，1922年即将高中毕业进入京都大学的吉川幸次郎利用假期时间赴华旅

① 李雪涛.误解的对话——德国汉学家的中国记忆［M］.北京：新星出版社.2014：141.

② 傅吾康.欧阳甦译作.我为中国着迷——一位汉学家的自传［M］.北京：社会科学文献出版社.2013：38-39

③ 李雪涛.傅吾康《为中国着迷》中文版序［M］//傅吾康.为中国着迷.北京：社会科学文献出版社，2013：10.

游，短短20天他被中国江南的美景深深吸引，"中国天生就是我的恋人"①。京都大学的培养让他逐渐从对中国文学感兴趣变成将研究中国文学当作志业，为了避免受到"与日本文化完全相同的国家"认知偏误影响②，他认为应该到中国留学去"了解中国的一切"③。1928年至1931年吉川开启了在北京大学的留学生活，这段往事的回忆汇集成《我的留学记》，"我的学生时代那会儿，中国留学生的数量已大大减少，主要原因是大正时代日本人对中国的蔑视到了绝顶，或者说是处于低谷，与此相伴的是中国方面对日本的感情也非常不好的时期。所谓排日运动到了顶点，因此，来日本的中国留学生骤然减少了许多"④。与大多数民国留学生相同，吉川在北京大学并非正式攻读学位，而是以旁听生的身份学习。在学习方面他"并没有仔细地读书，也没有在学习上十分用心"，但为了实现深入了解中国，他"说中国话，穿中国衣，吃中国菜，一切尽量中国化地穿行在北京古城的街巷中……不仅在衣着谈吐、行为举止，甚至在思想情感、学术研究的价值取向、方式方法上，都热衷于与中国趋同"⑤，以"被当作中国人"为荣⑥。留学期间，吉川住在日本留学生的专设宿舍"延英舍"，与日本同学切磋心得、交流学业，同时他非常注重利用留学的机会拜访中国名师大家，他的回忆录中详细记录了与黄侃先生结识请教的细节。总体来说，幼年的生活环境、大学的专业选择、美好的中国印象促使吉川来华留学，并将从事中国研究作为终身追求。在北京三年的留学时光中，吉川尽可能通过揣摩中国人的生活、思维方式，融入中国社会，对在中国发生的一切都尽可能公正、客观的思考，避免"两国民族在观察对方时，都受到各自民族特性的

---

① 吉川幸次郎.钱婉约译.我的留学记［M］.北京：光明日报出版社.1999：33

② 胡天舒.吉川幸次郎的中国认知——以《我的留学记》为中心［J］.社会科学战线，2016，No.248（02）：265-269.

③ 吉川幸次郎.钱婉约译.我的留学记［M］.北京：光明日报出版社.1999：4.

④ 吉川幸次郎.钱婉约译.我的留学记［M］.北京：光明日报出版社.1999：12.

⑤ 钱婉约.吉川幸次郎的中国情结［J］.古典文学知识，2011，000（004）：106-112.

⑥ 吉川幸次郎.钱婉约译.我的留学记［M］.北京：光明日报出版社.1999：73.

影响"①。

通过有限的历史材料，我们选择了三个有代表性的个案，他们分别是来自美国（美洲）、德国（欧洲）和日本（亚洲）的留学生，在一定程度上反映了民国时代留学生的普遍特征：一是虽然大部分留学生仍然通过官方途径来华，但留学动机多与个人的需求和意愿相关，而不再是代表国家；二是中国的教育系统虽已逐步接轨国际，大部分留学生也进入正式的教育机构学习，但他们留学的目的并不是为了取得学位，而仅仅是提高语言水平和了解中国风俗，或为了取得本国学位和工作收集研究资料和开展田野调查；三是即便留学生对中国持正面印象，但也普遍对留学中国和从事中国研究的前途并不看好。吉川幸次郎认为"在东京大学做中国研究的人，多少总受其他学生的斜眼而视，打个比方说，似乎是被压迫民族"②。费正清在回忆录中也多次提及在华留学期间对前途渺茫的担忧③；四是来华留学并不是为了学习中国的先进知识，而是"抱着把中国人做不到的东西来替中国人研究的态度"进行研究④，这一"喧宾夺主"的"逆文化融入"现象也可以在中国学者的记述中得到佐证，著名史学家陈恒先生就曾说道"当我接到日本寄来的研究中国历史的论文时，我就感到像一颗炸弹扔到我的书桌上，激励着我一定要在历史研究上赶过他们"⑤，在1923年北京大学研究所国学门的恳谈会，他进一步指出"现在中外学者谈汉学，不是说巴黎如何，就是说西京如何，没有提中国的，我们应当把汉学中心夺回中国，夺回北京"⑥。

---

① 吉川幸次郎.钱婉约译.我的留学记［M］.北京：光明日报出版社.1999：173.

② 吉川幸次郎.钱婉约译.我的留学记［M］.北京：光明日报出版社.1999：31

③ Paul.A.Cohen & Merle Goldman, eds., Fairban Remerbered [M]. Cambridge: Harvard University Press, 1992:11

④ 吉川幸次郎.钱婉约译.我的留学记［M］.北京：光明日报出版社.1999：82.

⑤ 陈智超.励耘书屋问学记：史学家陈恒的治学.增订本［M］.上海：生活·读书·新知三联书店，2006：152

⑥ 郑天挺.回忆陈援庵先生四事——致刘乃和同志书［M］//北京师范大学.陈垣校长诞生百年纪念文集.北京：北京师范大学出版社，1980：12-13.

第四节　从国际友人到国际人才：新中国的留学生

新中国成立后的来华留学事业发展分为三个阶段[①]，即：1950–1978年的起步阶段、1979–1999年的稳步发展阶段和2000年至今的快速发展阶段。来华留学政策也相应地经历了三次方向上的调整：即从"精选少收、分别对待、统一管理、提高质量"（1962年），到"坚持标准、择优录取、创造条件、逐步增加"（1979年），再到"扩大规模、提高层次、保证质量、规范管理"（2003年）。新中国成立70年以来，中国来华留学生的数量从1950年33人增长到2018年近50万人，成为美、英之后世界第三大留学生目的地和亚洲最大留学生目的地。"一个国家的外国留学生规模和层次是体现该国政治、经济、文化、外交实力和国际化的重要指标之一，而外国留学生教育也是促进国家之间合作交流的重要途径"[②]。

一、新中国成立初期来华留学生：社会主义建设人才

新中国成立初期百废待兴，党和国家领导人将来华留学事业作为"尽国际主义义务，为中国社会主义国家的建设培养人才"的重要国家战略[③]。受当时的国际形势影响，留学生源仅限于苏联和东欧的社会主义国家，1950年12

---

① 中国学者关于新中国来华留学生事业分期的讨论，主要包括两种：将来华留学生发展历史分为三个阶段（胡志平，2000；田正平，2004；杨既福，2016）或四个阶段（程家福、黄美旭，2008；郝平，2009；彭庆红、李慧琳，2012；文铮宇，2013），两种分期方法的主要区别集中于将1978年–1999年看作一个完整阶段还是两个不同阶段，因本文研究对象为来华研究生群体，此群体在1989年前后确实存在明显的规模差异，因此采用四阶段论，将来华留学生的历史分为1950–1978的起步阶段、1978–1989改革开放以来的探索阶段、1990–2000年的发展阶段和2001至今的快速发展阶段。杨既福.我国来华留学教育制度溯源、反思与进路［J］.中国成人教育，2016，000（024）：72–75.

② 贺向民.从数据看我国来华留学生教育的发展［C］.北京：北京语言大学出版社，2008：19–34.

③ 魏礼庆，胡燕华.改革开放40年出国留学与来华留学事业回顾与展望［J］.河北师范大学学报（教育科学版），2018，v.20；No.147（03）：20–27.

月，罗马尼亚5名留学生率先来到中国，此后罗马尼亚、保加利亚、匈牙利、波兰、捷克斯洛伐克等国家共派出33名留学生陆续来到中国，开启了来华留学事业的历史。新中国首批留学生得到毛泽东、刘少奇、朱德、周恩来、陈云等党中央领导人的高度重视①。为了做好这一工作，教育部、外交部、全国学联、团中央联合清华大学共同成立"东欧来华留学生工作组"，清华大学成立"东欧交换生中国语文专修班"。留学生需要首先完成两年左右的汉语集中学习，达到一定中文水平并通过考核后，才能转入中国高等院校选修专业课程。1952至1965年，来华留学生语言培养机构从清华大学转至北京大学，后并入北京外国语大学，最后共同组建为"北京语言学院"（北京语言大学前身）②。北京语言学院统一对来华留学生进行语言、文化及预科培训，并进行集中管理。通过培训后，留学生可以选择到其他高校学习专业课程③。

图2.4　首批东欧留学生（罗明、萨安娜，2015）④

① 骆亦粟.在风起云涌的年代里1949–1989［M］//在风起云涌的年代里，1949–1989.新华出版社，2011：5

② 程裕祯.新中国对外汉语教学发展史［M］.北京大学出版社，2005：7–12.

③ 教育部国际合作与交流司、外国留学生教育管理学会.播种友谊桃李五洲——新中国来华留学教育60年纪念文集［M］内部资料，2010：51

④ 罗明，萨安娜.清华园，通向中国之门［J］.神州学人，2015（7）：20–23.

随着来华留学生规模增长，生源国也从东欧国家扩展到亚、非、拉社会主义国家，在"文革"发生前，来华留学生主要有两个来源："一部分是来自非洲、东南亚部分战后实现民族独立的第三世界国家，如老挝、柬埔寨、尼日利亚和赞比亚的学生；另一部分是来自东欧和东北亚的社会主义阵营的国家，包括来自阿尔巴尼亚、罗马尼亚、蒙古、朝鲜等国的学生"（中国陆俭明）[①]。至1966年，我国共接收60个国家的7,000多名留学生[②]，"文革"期间被迫中断，恢复招生后，1973–1978年共接受了80个国家2498名留学生，虽然留学生规模增长较为缓慢，年均增幅仅为2.09%[③]，但是留学生来源国家更为多元。部分西欧国家的留学生踏上来华学习的旅途，德国汉学家罗梅君在回忆录中提及，1974年，当她作为第一批德国留学生来到中国时，北京语言大学就已聚集着近百名可以使用英文交流的西方的留学生。

"语言学院中从西方来的学生大约有一百多人，其中从德国来的有10个人。如果一百多个人一起参加旅行，是很热闹的。我自己第一次跟那么多不同国家的留学生在一起生活，一起学习，一起谈问题，一起交换意见，这对我来说，也是一个比较重要的经验。因为开始的时候我们的汉语都不怎么好，所以我们用英语来交谈"（罗梅君Mechthild Leutner，德国）[④]。

由于缺乏培养和管理留学生的经验，以及"来华时间不统一导致教学缺乏计划性，留学生学习过程中急功近利、好高骛远，对中国政府安排的政治思想课程抵触情绪较大，中外双方对留学经历缺乏共识等"等原因[⑤]，首批留学生来华后遭遇较大的适应和融入危机。为了帮助他们尽快适应留学生活，

---

　　① 陆俭明.《燕园流云·序 [M]》//.北京大学.燕园流云.北京：北京大学出版社，2010：4.

　　② 《中国教育年鉴》编辑部.中国教育年鉴1949–1981 [M].北京：中国大百科全书出版社.1984：666.

　　③ 程家福，黄美旭.略论来华留学生教育历史分期问题 [J].中国高教研究.2008（12）.

　　④ 臧健，罗梅君.回首四十年：一个女汉学家的逐梦之旅（德国校友罗梅君教授口述）[M].北京：北京大学出版社，2018：62.

　　⑤ 李鹏.新中国来华留学教育的发端：缘起、进程与意义 [J].华东师范大学学报（教育科学版，2016（3）：107–112.

中国政府为其提供全额的奖学金以及高额的补助金，同时不定期组织学生参观中国农村、工厂，深入了解中国社会及文化。中国学生与留学生同居一间的"同住制度"①，以及中国学校为留学生配备"一位或几位中国同学作为辅导员"的"辅导员制度"是这一时期留学生管理的特色②。"中国辅导员"需要经过严格的考核，不仅需要成绩良好、普通话标准，而且要求"政治过硬"，他们主要帮助留学生补记听课笔记、解答疑惑，"除了一起上课、日常交谈，每周还会抽出一两个晚自习的时间在他们的宿舍作辅导"③。但是，经济生活的过分优待、政治教化的无所不在以及社会空间的中外隔离，也引发了一些留学生冲突事件集中爆发。

这一时期来华留学的主要特点包括：一是整体规模较小，1950–1978年共计支持9,803人；二是生源主要来自社会主义国家，占留学生总体比例的90%以上；三是大多数留学生为语言生和进修生，能获得学位的学生占极少数，且获得的最高学历为本科；四是留学生均享受中国政府的经费资助；五是招收外国留学生主要追求政治效益，为社会主义国家"培养革命火种"④，同时各个高校在管理中也会对留学生保持高度的政治警觉，避免敌对势力以"留学"为名义进行策反、渗透和间谍活动⑤；六是留学交流是两国外交的组成部分，留学生被视为外宾，受到党和国家领导人的高度重视，"那些年，每当元旦等重大节日来临，国家领导人（周总理、陈毅、彭真等）会盛情招待在华工作的外国专家和留学生。届时，人民大会堂宴会厅内，灯火辉煌，欢声笑语，一派热情友好的气氛"⑥，留学生由教育部、外交部等政府部门直

---

① "同住制度"在部分历史文献中也被称为"陪住制度"，早有学者指出"陪住"一词有喧宾夺主之嫌，因此下文均以"同住制度"指称中国学生与留学生共同在校内住宿的制度。

② 北京大学.燕园流云 [M].北京：北京大学出版社，2010：19

③ 段柄仁，禹克坤.长忆未名湖——北京大学中文系1957级同学回忆录 [M].北京：北京大学出版社，2015.81.

④ 赵宝煦，《红楼飞雪》序 [M]//林建华.红楼飞雪.北京：北京大学出版社，2008：3

⑤ 李天震.一个澳籍留学生间谍的忏悔 [J].档案春秋，2011，（3）：51-53.

⑥ 段柄仁，禹克坤.长忆未名湖——北京大学中文系1957级同学回忆录 [M].北京大学出版社，2015.82

线管理，中国大学仅作为培养单位[①]。

二、改革开放时期来华留学生：两国之间友谊使者

改革开放以来，邓小平提出"教育要面向现代化、面向世界、面向未来"，来华留学事业进入稳步发展阶段。1979年1月，教育部、外交部等部门召开外国留学生工作会议，会议认为"接受外国留学生，不仅为友好国家培养人才，而且也为我国人民同各国人民之间的了解和友谊"[②]。1990年教育部将"高层次、短学制、高效益"作为招收和培养留学生的新要求。

"改革开放一声号角，江河大地更新。在这转折性的历史关头，高校全面开放招收留学生，成为冰雪消融、冬去春来的一个信号，宣告了一个崭新时代的来临"[③]。1979年随着中美建交，第一批美国学生进入中国求学，中国高校对于留学生的国别逐渐开始全面放开。随着社会主义市场经济体制、机制的改革，政府部门不再直接负责来华留学具体工作，高等院校逐渐成为来华留学的管理主体，"由教育部归口管理、中央和地方政府有关部门配合、事业单位和学术机构协同、有关高校自主招生培养的完整的教育、管理和服务体系"最终确立[④]。与新中国成立初期相比，这一时期的民间交流更为开放，留学生可以更加深入地了解中国社会，与中国人民"打成一片"，英国伦敦大学教授、澳大利亚籍学者马太回忆他在北京大学留学经历时提到"从

---

① 1954年，高等教育部《各人民民主国家来华留学生暂行管理办法（草案）》提出"关于分配学习的学校，确定统一管理制度，以及审查教学计划与工作报告等，均由中央人民政府负责办理"；1962年《外国留学生工作试行条例（草案）》进一步指出"在国务院外事办公室外国留学生、实习生工作指导小组的指导下，由教育部归口管理"

② 《中国教育年鉴》编辑部.中国教育年鉴1949-1981.北京：中国大百科全书出版社.1984.668页。

③ 北京大学.燕园流云［M］.北京：北京大学出版社，2010：133

④ 袁贵仁.《播种友谊桃李五洲——新中国来华留学教育60年纪念文集》序［M］//教育部国际合作与交流司、外国留学生教育管理学会.播种友谊桃李五洲——新中国来华留学教育60年纪念文集［M］内部资料，2010：5

1982年我刚到北京时和人民紧张试探性的对话，到我离开北京后越来越自信的交流，中国发生了举世瞩目的变化"①。在这个过程中，留学生从被动接受书本知识、集体参加社会考察转变为主动思考文化差异、积极体验中国生活。

"我在一个价值体系迥异、理解方式不同、思考方式和办事方式各不相同的地方学习、工作和生活，这使我在北京大学的生活不断受到启发，有趣而难以捉摸。这种生活既兴奋又不舒适，这种情况一直持续到平时的日常生活消磨掉各种文化差异的锐角。慢慢地，我学着适应这个完全不同的国度——中国，学着作为一个外国人生活在这片异国的土地上，让自己充分享受这种差异与不同"（马太Michael Dutton，澳大利亚）。

新中国成立初期，留学生与中国师生的关系表现为"紧张的"政治化关系，稍有不慎就会引发严重的政治后果，北京大学1957级中文系学生杨澄由于曾辅导过德国留学生尹虹，在文革期间被扣上"里通外国"的罪名②；前中国外交部长李肇星在回忆北大留学生"同住"制度的起源时，就指出这一制度的设立并不仅仅为了帮助留学生补习功课和适应校园生活，同时也是为了避免中外异性学生产生过度亲密的关系。

"1960年，北大西语系一位中国女学生与匈牙利留学生谈恋爱，这在当时是一件令人很紧张的'敏感事件'，有关方面随后做出了安排中国学生与留学生同住的决定，在帮助留学生学习和生活的同时，也力图避免类似事件的再次发生"③（李肇星，中国）。

改革开放以来，中国老师和同学的关系逐渐从紧张的"政治化"关系转向亲密的"生活化"、"社会化"关系，同住制度得以延续，但对于中国学生来说，与留学生同住不再是政治任务，而是改善生活环境、提高外语水平、

---

① 北京大学.燕园流云［M］.北京：北京大学出版社，2010：169

② 告别未名湖段柄仁，禹克坤.长忆未名湖——北京大学中文系1957级同学回忆录［M］.北京：北京大学出版社，2015.112-120

③ 李肇星.我在北大的那些外国朋友［A/OL］.留学北大60年之亲历系列.北京大学新闻网.2010-09-23. http://pkunews.pku.edu.cn/xwzh/2010-09/23/content_184190.htm

体验异国文化的重要机遇。南京大学学生章红在访谈中回忆了与留学生同住的经历。

"章红：每年都要选一些中国学生去做外国留学生的陪住，一种是长陪，一种是短陪，根据所陪住的留学生是一年以上的长期留学还是三两个月或半年的短期培训决定……普通话好一点，自己报名，有名额限制，但一般报了名基本能安排到。

左元：自己报名？是想学外语吗？

章红：好玩啊，住宿条件也比我们自己的宿舍好多了，人少，还可以洗澡。住自己宿舍，洗澡要跑到大澡堂去。

左元：陪住有什么要求、有什么任务？

章红：有要求，去之前得开会，开好几次会，主要是要我们不能做影响国格人格的事吧……有好多条注意事项，具体的，我一条也想不起来了！

章红：我陪住时候的那一期短期培训班的学员来自美国杜克大学和史密斯女子学院，都是相当好的大学。两位同屋，葛婷婷是杜克大学的，玛多娜是史密斯女子学院的"（章红，中国）①。

北京大学夏晓虹认为旨在隔绝中外学生接触的"同住"制度反而让中外学生的关系因朝夕相伴而更加密切，与留学生的同住经历虽让她感受到了异国的"文化冲击"，但是留学生基于不同的思维提出的观点和见解也使她受益良多。"总而言之，陪住对我的意义是实在地打开了外部世界的窗口，让我切身感受到别种生活方式与思想观念的存在。因而，我很庆幸自己有此一段经历"（夏晓虹，中国）②。

校园中亲密的社交环境对于留学生对中国的认同和融入起到极大的帮助。几内亚前驻华公使卡林通不仅在留学期间收获了爱情，与同班的殷女士喜结连理，也受到了中国老师无微不至的关怀。

"老师和留学生的关系已经超越了师生关系，卡林通把老师看成自己的

---

① 中国学生陪住留学生经历［N/OL］.南方周末.2007-03-15. http://www.sina.com.cn.
② 夏晓虹.我所经历的北大留学生楼陪住［J］.同舟共进，2019，369（03）：80-85.

家长，柯老师就是他的爸爸，年轻的老师是他的大哥，大家是朋友，是同志……是我的祖国和中国一起培养了我，我热爱中国和中国人民"（卡林通Carrington Ca，几内亚）[1]。

随着留学生与中国社会的接触从浅转深，与中国学生和人民的关系由紧向松、两种文化频繁接触产生的矛盾也难以避免地爆发了。其中影响最广的是1979年华东纺织工学院（现东华大学）和1988年南京河海大学发生的两起中外学生冲突事件。

1979年中外学生冲突事件的起因在于华东纺织工学院的留学生公寓的某房间音响声影响了正在复习备考的中国学生，中国学生要求留学生关小声音，却受到对方更加强烈的音浪挑衅。忍无可忍的中国学生结伴来到留学生公寓交涉，双方从言语冲突上升到肢体冲突。在冲突之中一名中国学生被持刀的留学生砍伤，群情激愤的中国学生"扯起横幅、贴出标语，成群结队地在校园内游行示威，并将留学生宿舍楼团团围住"，留学生受困一昼夜，最终在学校、政府部门等多方介入调和下才得以转移[2]，事态平息后，大学"对肇事留学生寻衅伤人和一些中国学生不听劝导、偏执对抗的错误行为，进行了严肃的批评。中国师生帮助全体留学生补习、温课，顺利通过期终考试，相互开展了团结友爱活动"[3]。

1988年12月24日留学生在南京河海大学举行舞会，两名留学生带着两名中国女性进入校门，保安根据制度要求其登记，遭到留学生拒绝并产生摩擦，留学生带人强行冲进校门并召集9名非洲国家留学生手持凶器殴打保安和在场教师，致一人重伤、多人倒地，闻讯而来的400多名中国学生围住校门口要求严惩肇事人，公安干警的及时到达暂时平息了现场的冲突，但双方矛盾在随后几日进一步激化，数千名中国学生上街要求惩办凶手，形成全市

① 北京大学.燕园流云［M］.北京：北京大学出版社，2010：176
② 李天霞.1979，平息在校园内的中外文化冲突［J］.档案春秋，2009，（9）：22-25.
③ 上海市地方志办公室.教育交流-互派留学生［A/OL］.2004-02-24 http://www.shtong.gov.cn/Newsite/node2/node2245/node69969/node69988/node70092/node70236/userobject1ai69870.html

范围的罢课游行。与此同时，河海大学约70名留学生和南京其他高校的50余名学生陆续赶到火车站，扬言要乘车去北京。双方冲突一直持续到12月31日，最终"南京市公安部门于1988年12月31日对三名留学生依法进行了处理：对德苏刑事拘留，对洛多维克、鲁滨逊两人行政拘留，并按规定通报了其驻华使馆"[①]。

西方部分媒体将以上两起中外学生之间的冲突歪曲为种族歧视或者政治事件[②]，而实际上，从辩证的角度来看，两起冲突的本质只不过是在中国管理制度从封闭向开放转型期间，留学生与中国社会接触的频率和深度增强，而引起的两种文化之间的碰撞和冲击。随着留学生管理社会化程度的日益深化，不同文化之间激烈的冲突也将不断淡化，从而形成一种多元的、和谐的文化氛围。

总而言之，改革开放时期来华留学生的主要特点表现为五个方面：一是总体规模持续扩大，1979–1999年，20年累计接受留学生31万人，年均增长近30%；二是生源国别更趋多元，由37个国家增至164个国家；三是学生层次有所提高，改革开放前来华留学生多以本科生及语言生为主，1985年起在《外国留学生管理办法》首次增设研究生门类，1986年通过《关于外国留学生来华学习的有关规定》细化招收研究生的条件，正式招收26名外籍研究生来华学习，2000年累计引进培养的外籍研究生近2万人；四是学生来华留学目的发生转变，相对于前三十年的受到政治因素推动的来华留学事业，这一时期，"出于文化交流和自主学习动力来华的留学生明显增多"[③]。留学生类别从以政府交换生为主转向以自费留学生为主，随着《关于接受自费外国留学生收费标准问题的请示》（1979年）、《关于招收自费外国来华留学生的有关规定》（1989年）、《中国教育改革和发展纲要》（1993年）等政策的相继出台，自费留学生从无到有，并于1981年规模首次超过奖学金生，逐步成为来华留学生

---

①　王能伟.河海大学"12·24"校内治安事件［Z］.南京年鉴.1989：419.

②　李天霞.1979，平息在校园内的中外文化冲突［J］.档案春秋，2009，（9）：22–25.

③　北京大学.燕园流云［M］.北京：北京大学出版社，2010：135

的主体[①]；五是在中央政府"到社会里面去滚，不要怕出乱子"的宽松基调下，留学生得以在经济、社交、文化等全方面参与、深入中国社会；六是管理体制初步确立，这一时期，政府从早期的直接管理者转型为来华留学事业的宏观规划者，高校则成为来华留学事务的管理主体。与此同时，《外国留学生工作条例》（1979年）、《外国留学生管理办法》（1985年）、《中国汉语水平考试（HSK）办法》（1992年）、《中华人民共和国境内外国人宗教活动管理规定》（1994年）、《中华人民共和国出境入境边防检查条例》（1995年）、《高等学校接受外国学生管理规定》（2000年）、《中华人民共和国学位条例》（2005年）等文件的出台，也为我国留学管理体制和机制的初步建立提供了保障。

三、新世纪来华留学生：国际学生与国际人才

进入新世纪以来，随着教育对外开放力度的不断加大，来华留学事业以更加迅猛的势头发展。2017年出台的《学校招收和培养国际学生管理办法》不再沿用"来华留学生"这一称呼，而是使用"国际学生"的表述，并将这部分群体的规模作为高校国际化办学水平的重要指标之一[②]，标志着"中国的来华留学教育和对外开放进入提质增效的新时期"[③]。习总书记在2013年欧美同学会和2014年全国留学工作会议中分别强调要"充分开发利用国内国际人才资源，积极引进和用好海外人才"，并"统筹谋划出国留学和来华留学，综合运用国际国内两种资源"，将"国际学生"与"国际人才"关联，代表新时代对来华留学生培养的新要求。

《国家中长期教育改革和发展规则纲要》（2010-2020年）提出应"培养大批具有国际视野、通晓国际规则，能够参与国际事务和国际竞争的国际化人

---

① 刘扬，王怡伟.我国的来华留学教育政策与实践［J］.高教发展与评估，2011（06）：73-80.

② 高雪梅，孙祥山，于旭蓉，等.地方高等院校外籍研究生教育分析［J］.沈阳农业大学学报（社会科学版），2016，18（005）：580-584.

③ 魏礼庆.来华留学大有作为［J］.世界教育信息，2017，030（017）：59-60.

才"。2016年3月，中共中央印发《关于深化人才发展体制机制改革的意见》在"构建具有国际竞争力的引才用才机制"部分，提出要完善海外人才引进方式的目标，明确要实行更积极、更开放、更有效的人才引进政策，更大力度实施海外高层次人才引进计划。2016年5月6日习近平总书记就深化人才发展体制机制改革批示时强调"综合国力竞争说到底是人才竞争。要加大改革落实工作力度，把《关于深化人才发展体制机制改革的意见》落到实处，加快构建具有全球竞争力的人才制度体系，聚天下英才而用之。激励广大人才为实现'两个一百年'奋斗目标、实现中华民族伟大复兴中国梦贡献聪明才智"。

新时代来华留学事业追求更深层次改革和更高水平开放，以形成国际人才培养新格局。主要表现在三个方面：一是整体规模高速增长，《留学中国计划》（2010年）、《推进共建"一带一路"教育行动》（2016年）、《中国教育现代化2035》（2019年）等规划纲要推动了留学规模的快速增长。至2018年共有196个国家492,185名留学生在中国留学，相较1999年增长8倍；二是生源结构不断优化，2018年来华学历生258,122人，相较2000年增长18倍，研究生人数达85,062人（硕士生59,444人，博士生25,618人），增长25倍；三是区域合作稳中有变，教育部官方网站的数据显示，2018年来华留学人数以亚洲地区为最，近20年以来，各洲留学生数量均有不同增长，其中非洲留学生增幅最大，2014年超过美洲成为第三大来源地，2018年超过欧洲成为第二大来源地。随着"一带一路"合作倡议的推进，韩国、泰国、越南等国家学生数量长期位居前列，中亚国家学生人数大幅增加；四是留学目的差异显著，在对6,000名留学生进行调查分析的基础上，中国教育在线联合来华留学网共同发布了调研报告，报告进一步分析了各国留学生的学科结构和领域：欧、美等发达国家和日、韩等亚洲地区发达国家留学生来华主要目的是学习汉语，多为非学历生；亚、非地区欠发达国家留学生来华主要目的是攻读学位，多为学历生[①]；五是管理制度不断完善，《高等学校接受外国留学生

---

① 来华留学网，中国教育在线.2014年度来华留学调查报告［R/OL］. https://www.eol.cn/html/lhlx/content.html

管理规定》（2000年）、《中国政府奖学金年度评审办法》（2000年）、《关于中国政府奖学金的管理规定》（2001年）、《中华人民共和国中外合作办学条例》（2003年）、《来华留学生高等教育质量规范（试行）》（2018年）等十余项相关政策的出台，以及教育部、外交部、国家发展改革委员会、公安部、财政部、人力资源和社会保障部等部委组建的来华留学工作部际协调机制的成立（2011年），标志着我国来华留学事业走向法制化、科学化、规范化和社会化。

四、来华留学70年成就与挑战

来华留学七十载，从筚路蓝缕到硕果累累，留学生已不再是中国高校的点缀，而是带动国际经济发展、推动教育国际化、促动国际学术交流的国际人才[①]，1950-2018年，来华留学生规模以平均50%的增长率高速发展（见图2.5），成为继美、英之后世界第三大留学生目的地和亚洲最大留学生目的地，但与此同时，当前中国来华留学生事业仍面临大量现实挑战。

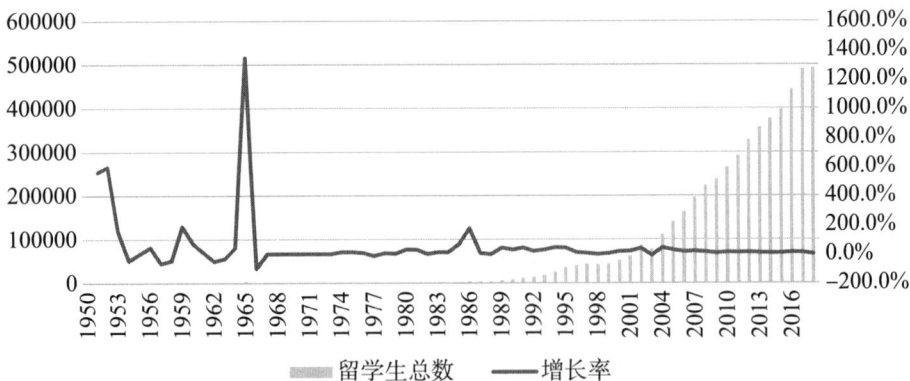

图2.5　1950-2018年来华留学生规模变化图

---

① 方宝，武毅英.高等教育来华留学生的变化趋势研究——基于近十五年统计数据的分析［J］.高等教育研究，2016（02）：19-30.

一是教育层次相对较低。留学生分为2大类7小类：2大类指的是学历留学生和非学历留学生。前者包括：博士研究生、硕士研究生、本科和专科4小类；后者包括：短期留学生、普通进修生和高级进修生3小类。国际社会通常将前4小类中的博士研究生和硕士研究生视作留学生中的高层次人才。从国际比较来看，发达国家留学生教育已达到以研究生为主、本科生、进修生为辅的阶段[①]，学历生占留学生80%以上、研究生占学历生40%以上[②]。近三十年我国来华研究生规模虽保持年均近30%的速度增长，但总体层次依然较低，相较欧美国家比例还存在一定差距（见图2.6）。

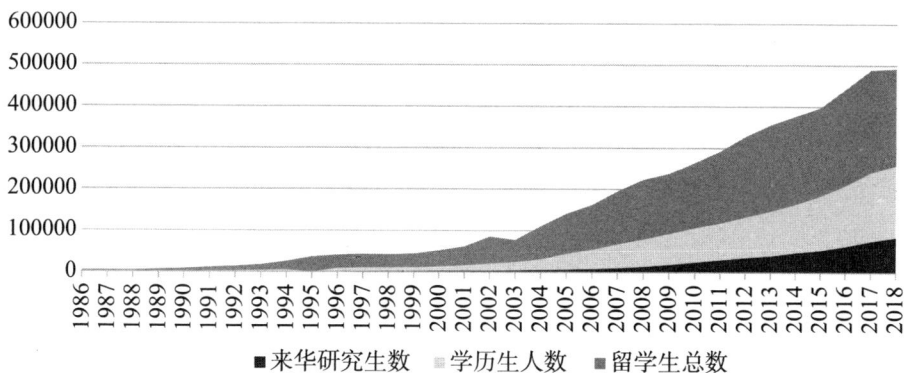

图2.6　1986-2018年来华研究生结构分布变化曲线

二是高校"整合式"管理模式制约留学事业的发展。无论到哪个国家留学，学校都是他们的归宿。学校通过规章制度和教职人员管理、协调、安置、培养留学生，帮助他们更好地适应校园和社会生活。新中国成立初期大部分留学生是以社会主义友国外宾的身份学习中国改革和发展的经验，受"外事无小事"思想的影响，中国高校习惯把他们视为特殊人群区别对待，这一传统至今仍影响着高校的管理工作。中国高校与政府机构具有相似的组织结构，有赖于规章制度的统筹规划和职能部门的分工协作，呈现出明显

---

① 王军.来华留学研究生教育现状分析［J］.中国高教研究，2006，000（006）：21-23.

② 程家福，陈松林，赵金坡.新中国来华研究生教育历史研究［J］.学位与研究生教育，2012，000（010）：64-71.

的"科层制"特征①，具体表现为以中央政府–教育部/省教育厅–高等院校–留学生管理部门为主的纵向权威治理体系和以教育部门–公安部门–外交部门–移民管理部门为主的横向分工治理体系，高等学校留学生管理部门是整个治理链条的底层基础，以学科体系划分的各个学院、外事处（国际交流合作处）、留学生办公室、招生办公室、学生处、学位办、研究生院及后勤处等部门共同协作联结纵横两个体系。由于留学生群体特殊性及资源整合重要性，大部分高校采取"整合式"管理模式，即由学校设立国际教育学院、国际合作交流处或留学生办公室作为主管部门，与留学生联系，并协调学校其他职能部门，负责留学生的招生录取、入学指导、手续办理、学籍管理、法制教育、身心健康、校园文化生活等各方面工作。这一模式强调留学生管理工作的特殊性、重要性和优先性，是一种全口径、全过程、跨部门的协同管理机制，根据其主管部门的不同，可分为外办制、留办制、学院制和书院制等四大类②。"整合式"管理模式在一定历史时期有利于高校集中优质资源，促进来华留学事业的发展③，但随着留学生规模增长和对教育质量的内涵式发展的强调，其弊端不断显露④。

三是学生社会融入程度不足。自2019年7月以来，埃及籍留学生YOUNES暴力抗法、徐州留学生聚众吸毒、江苏、山东、广西等省多所高校强迫中国学生腾让宿舍、山东大学25名中国学生陪护1名受伤留学生以及3名中国学伴配对1名留学生等事件引发全民热议，也引起了学界对这一群体社会融入问题的讨论。前人研究显示，留学生来华不仅追求知识的积累和语言的提高，更期望深入了解中国文化、融入中国社会。"整合式"管理模式

---

① 李立国.大学发展逻辑、组织形态与治理模式的变迁［J］.高等教育研究，2017（06）：28-35.

② 姜苏华，马艳妮，胡乃麟，et al. 140所高校来华留学生管理体制与留学生规模相关性的探讨［J］.长春教育学院学报，2015，000（011）：5-8.

③ 倪雯.可持续发展视角下中美高校留学生管理模式浅析［J］.现代企业教育，2014（14）：351-354.

④ 张铎、雷斌.来华留学生文化建设的系统思考［J］.四川理工学院学报（社会科学版）.2016，31（6）：66-73.

无疑减少了留学生与中国学生互动、交流的机会，使他们很难真正了解中国社会和文化，无形延长了他们跨文化适应时间[①]，欧美等发达国家普遍采用高额的奖学金激励和宽松的工作、移民政策吸引外籍人才，并使之发展为本国的"智力"。目前我国虽有较完善的奖学金激励政策，但缺乏长期留住人才的实习、工作、长期居留和永久居留等配套政策，导致以留学生为代表的国际人才能"来"而不能"留"，能"融"而不能"入"，造成了物质和教育资源的浪费。

与此同时，新中国成立以来，来华留学生的迅速发展也为中国带来了巨大的经济、文化、社会和政治效益[②]，并在国际竞争的舞台上取得举世瞩目的成就。留学生的经济效益主要包括学费收入和消费收入，美、英、德、法、澳等国家占国际留学生市场的主要贸易份额[③]，以美国为例，根据NAFSA的统计，2008-2018年以来，国际学生带来的经济规模随其规模增长，累计带来3,088亿美元的收入（年均280亿美元，年均增长率8.7%）[④]，2018年在美留学生1,095,299人，占所有美国高等教育学生的5.5%，直接或间接创造了458,290个工作岗位，共计带来447亿美元收入[⑤]，其中学费收入占55%，消费收入占45%[⑥]。来华留学生同样为中国经济发展做出一定贡献，2001年来

---

① 严宏伟，王泽阳，赵星.来华留学生跨文化自治管理研究与探索［J］.太原城市职业技术学院学报，2015，000（003）：105-107.

② 吕吉.国际留学生流动趋向及中国2020年展望［J］.高教探索，2011，000（004）：85-88.

③ 王蕾.从留学生往来看我国教育服务贸易的发展——1996年以来出国与来华留学生数据的统计分析［J］.文教资料（24）：15-19.

④ NAFSA, Trends & Reports[R/OL]https://www.nafsa.org/policy-and-advocacy/policy-resources/nafsa-international-student-economic-value-tool-v2#trends_reports

⑤ IIE, the Bureau of Educational and Cultural Affairs U.S. Department of State. Open Doors 2019: Report on International Educational Exchange [R] Washington, DC. U.S. Institute of Peace. 2019:20

⑥ NAFSA, Percentage of the united states direct jobs created as a result of spending in various industry sectors[R/OL] https://www.nafsa.org/policy-and-advocacy/policy-resources/nafsa-international-student-economic-value-tool-v2#trends_reports.

华留学生的学费收入为24亿元[①]，2011年已达49.8亿元[②]，根据教育部公布的2018来华留学生规模与结构分布及中国政府奖学金公开的学费资助标准推算，2018年留学生学费共计约112亿元人民币[③]。作为国际服务贸易的重要部分，留学生的境外消费（consumption abroad）和作为自然人存在（presence of natural persons）带来的收益也极为可观，据学者推算，来华留学生的人均支出是中国人均消费的2.7-3.7倍[④]，带来的总体经济收益是中国学生的2-3倍[⑤]

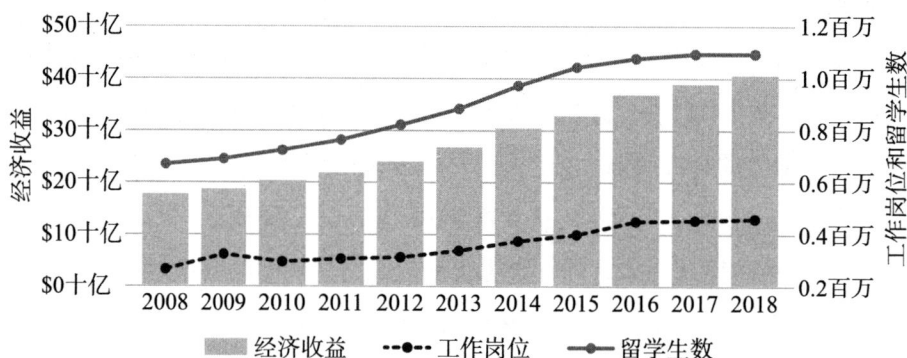

图2.7　2008-2018年美国留学生经济效益变化图（美国教育与文化事务局，2019）[⑥]

在知识经济时代，人力资本在全球资本中的估值逐渐上升，占比不断提

---

①　董泽宇.来华留学教育研究［M］.北京：国家行政学院出版社，2012：150

②　王辉耀，苗绿，郑金连.从留学"赤字"反思中国国际化人才培养［J］.中国人才，2014，000（002）：28-30.

③　财政部、教育部《中国政府奖学金资助标准》（2015年）中的学费标准，将各教育层次学费取三类的平均值（即本科2333万元/年，硕士与普通进修生29333万元/年，博士与高级进修生38666万元/年），由于标准中未给出专科学生及短期生学费标准，此两项均参考本科生一类标准即专科生20000元/年，短期生10000元/学期（短期生一般指来华留学时间不超过6个月的外籍学生）。七类留学生人数按照教育部《2018年来华留学简明统计》公布数据计算（第4页）

④　凌德祥.中国高等教育国际化及经济贡献度比较研究［C］//第十届中国跨文化交际国际学术研讨会.2013.

⑤　赵婧娜，高莹.来华留学，呈现哪些新特点［N］.人民日报，2015-04-30（018）.

⑥　转引自NAFSA, The economic benefits of international student enrollment to the United States［R/OL］. https://www.nafsa.org/policy-and-advocacy/policy-resources/nafsa-international-student-economic-value-tool-v2

高①，世界各国逐步达成共识，将留学生作为一种潜在的人力资本进行培养、吸收、发掘和利用②，这一群体的社会效益日益凸显。美国是国际人才竞争大战中的赢家，作为全球最大的人才流入国，美国吸引了全球50%以上的技术移民，在美国获得博士学位的学生中，有37%为外籍人士③。与此相反，印度、中国等发展中大国则"损失惨重"，王辉耀把在本国接受教育、学成后为外国做贡献的现成称为"奶牛现象"，"牛的嘴巴在印度，吃的是印度的草，挤奶的却是外国人"④；中国学者早在2009年就已提出"中国已经是目前世界上数量最大、损失最多的人才流失国之一"⑤，在留学人才竞争方面，中国虽然已成为世界第三及亚洲最大的留学生接受国，但与欧美发达国家相比，来华留学生中的学历生和研究生占比较小，生源质量较差（详见第二章第四节），留学生整体社会效益偏低。不仅如此，中国的留学赤字问题较为严峻⑥，自2010年以来，出国留学的学生规模超过来华留学规模，且差距不断加大（详见表2.1），

表2.1　2008-2018年中国出国留学生与来华留学生规模对比统计

年份	出国留学人数（万人）	来华留学人数（万人）	留学赤字（万人）
2008	17.89	22.35	4.46
2009	22.93	23.81	0.88
2010	28.47	26.51	−1.96

---

①　据世界银行调查，全球人力、土地和货币资本的比例是64：20：16。人力资本潜在价值达到1215万亿美元，是实物资本的2.33倍，在全球资本存量中，人力资本占到64%，货币和土地占到36%，在经济增长的贡献中，人力资本贡献率达到70%，投资及其他要素贡献率仅占30%。详见：费英秋，张杰军.如何走向引智大国［J］.中国国情国力，2007，（5）：23-25.

②　魏礼庆.来华留学大有作为［J］.世界教育信息，2017，030（017）：59-60.

③　王辉耀.全球人才争夺的新趋势与中国的对策［J］.国际人才交流，2010，000（007）：12-14.

④　王辉耀.中国需世界大国型的开放人才战略［J］.投资北京，2011（05）：12-16.

⑤　王辉耀.人才战争［J］.中国投资，2009，000（008）：117-117.

⑥　李小红，方晓田.近十年高等教育之来华留学教育：成绩与挑战［J］.国家教育行政学院学报，2018，000（004）：58-64.

年份	出国留学人数 （万人）	来华留学人数 （万人）	留学赤字 （万人）
2011	33.97	29.26	-4.71
2012	39.96	32.83	-7.13
2013	41.39	35.65	-5.74
2014	45.98	37.7	-8.28
2015	52.37	39.76	-12.61
2016	54.45	44.27	-10.18
2017	60.84	48.92	-11.92
2018	66.21	49.21	-17

相较经济效益和社会效益，留学生的政治效益与文化效益相对更为隐蔽。改革开放前中国将招收留学生作为扩大国际政治影响的重要渠道[①]。从我国学成归国的留学生中，共有40余人担任本国副部长级以上职务，少数留学生成为国家领导人[②]。如1958年毕业于华南农学院（今华南农业大学）的越南学生阮功丹（NGUYEN CONG TAN），归国后一直从事农业方面的工作，曾任越南社会主义共和国农业部长、副总理，为越南农业的发展以及中越交流和友好合作作出了杰出的贡献[③]；苏丹留学生加法尔·克拉尔·艾哈茂德（Gafar Karar Ahmed）在南京大学取得国际关系博士学位后，先后担任苏丹驻华使馆参赞、阿拉伯国家驻华使团首席联络官、苏丹驻华大使，并被中华民族团结友好协会——穆斯林国际合作委员会聘为名誉主席[④]，在2020

[①] 黄鹏.发展来华留学生教育对我国政治的积极影响［J］.安徽工业大学学报：社会科学版，2010（04）：162-163.

[②] 马春燕.中国故事的"他方"讲述与传播初探——以来华留学生为视角［J］.理论导刊，2017，000（008）：93-96

[③] 教育部国际合作与交流司、外国留学生教育管理学会.播种友谊桃李五洲——新中国来华留学教育60年纪念文集［M］内部资料，2010：337

[④] 陈强.改革开放30年来华留学生教育的回顾与前瞻［C］//中国高等教育学会外国留学生教育管理分会2009年学术研讨大会.2009.

年初中国爆发新型冠状病毒肺炎疫情之时，他在埃及《金字塔报》上发表的文章，为中国发声："在过去的25年来，我一直在关注中国的经济、政治和社会发展。我看到，由于党的政策及其优秀干部和人才，人民的勤劳奋斗，中国人民从一贫如洗到富裕殷实"①；埃塞俄比亚穆拉图·特肖梅（Mulatu Teshome）曾先后在北京语言大学、北京大学留学，2013年他以高票当选埃塞俄比亚的总统；哈萨克斯坦总理卡里姆·马西莫夫（Karim Masimov）曾先后在北京语言大学、武汉大学留学，分别在2007–2012年及2013–2016年任哈萨克斯坦总理；泰国公主诗琳通（Maha Chakri Sirindhorn）曾在北京大学短期留学一个月，为中泰官方及民间交流做出巨大的贡献；改革开放以来，中国逐渐看重留学生在文化传播和交流方面的积极影响，培养的留学生人才部分成为促进中外交流的文化使者，如北京语言大学的日本毕业生矢野浩二（YANO KOJI），常年活跃于中、日影视界，他将自己称作"两国的滤网"，"我成为了观察中国、思考中国的滤网。人们通过这层滤网，能从新的视角去看中国，而且还是从正面视角去看"②；部分则成为从事中国研究的知名学者，如美国历史学教授舒衡哲（Vera Schwarcz）、法国汉语言法学家贝罗贝（Alain Peyraube）、美国堪萨斯大学东亚系前系主任马克梦（Keith McMahon）、比利时鲁汶大学汉学教授钟鸣旦（Nicolas Standaert）、法国科学院院士巴斯蒂（Marianne Bastid）。与中国相同，法国、德国、日本、韩国等欧亚国家同样重视留学生的文化效益③，将留学生作为理解和传播本国文化的重要载体。

综上所述，国际学生为留学目的地带来了不同类别、不同程度的效益：以澳大利亚、英国为代表的英联邦国家注重留学产业带来的经济效益；以美国、新加坡为代表的国家将留学生作为本国人才的重要补充，重视其社会效

---

① 法尔·卡拉尔·艾哈迈德.王炳茜译.中国战"疫"中的人性之光［N］.北京日报. 2020–03–20（14）.

② 矢野浩二.两国的滤网［EB/OL］. 2017–02–20. https://weibo.com/shiyehaoer.

③ 杨森，张峰.高校留学生教育现状及对策［J］.黑龙江教育（高教研究与评估）, 2017，1203（03）：64–65.

益；以德国、法国、日本等国为代表的国家看重留学生的文化效益，并将其作为输出和传播本国文化的重要媒介[①]；在改革开放以前，留学生为中国带来的主要是政治效益，改革开放以后则更多是经济、文化和社会效益。

第五节　来华留学的传承与嬗变

"留学"一词源于日语（ryugaku），最初是指倾慕中国文化的日本青年跟随遣唐使来华求学。公元775年，日本在派遣使访问中国时，同时派出了"留学生"和"还学生"来华学习中国文化。遣唐使受身份所限，无法长期在华居住，"还学生"则在遣唐使回国时一起回国。"留学生"就是当遣唐使等回国后仍然留在中国学习的学生[②]。到了近代，ryugaku变成日本学生到西方求学的专称。随着时代的发展，逐渐演化为通过前往异国居留并求学，实现自身价值的过程。日本学者权藤与志夫将"留学"定义为"跨越国境到外国之教育机构学习这一与个人教育过程相关的现象，同时也指由作为'传递者'的留学生将一国文化传播至他国的文化现象。留学，是出于教育性目的进行国家人员交流的一种形态"[③]。相应地，在中文语境下"留学生"也从专指来华留学的外籍学生，延伸为直接到西方、或间接地从日本学习西方知识的中国学生[④]，最终扩展为来华留学的外籍学生和出国留学的中国学生。

"留学自始至终承担着促进各国、各地区沟通与共同进步的使命，是人

---

① 刘建丰.致力于更具国际竞争力——美国高等教育改革发展的动向与启示［J］.教育研究，2014（05）：145-151.

② 之士."留学生"一词源自中国唐代［J］.政府法制，2010，（18）：14.

③ 権藤与志夫，编.世界留学—現妆課題［M］東京：東信堂，1991：3。转引自谭皓.近代日本军方首批留华学生考略［J］.抗日战争研究，2014，000（001）：63-74.

④ 王赓武，程希.留学与移民：从学习到迁徙［J］.华侨华人历史研究，2004（04）：57-62.

类文明传播的重要依托。它通过教育帮助不同区域、不同种族的人群实现相互沟通……一部留学史蕴藏着有关对自我与他者认知、文化冲突与融合等等无尽命题，是对文化冲突、适应、吸收、涵化、嬗变及传播的研究"①，对来华留学史的研究"不仅是中外文化教育交流史的重要组成部分，也是近现代中国教育史和中外关系史的重要内容，它涉及外国留学生来华留学的背景、动机、途径，他们在华学习、生活、活动的实况，对中国的认识、态度、心态，及其在中外关系上的表现和中外文教交流中所起的作用，同时也涉及中国接受外国留学生的曲折历程、机制、规定"②。

　　留学的产生离不开空间的变化和社会的流动，社会的巨变和繁荣都会加速流动，最早的留学可以追溯到春秋战国，孔子周游列国，广收门徒。外国僧人入华始于东汉，例如天竺僧人摄摩腾、竺法兰，安息僧人安世高、安玄，大月氏僧人支谶、支曜，康居国僧人康孟详、康巨，来华主要目的是传法和译经③。通过官方途径的来华留学始自于隋，兴盛于唐，转衰于宋。至元代，由于战乱及蒙古贵族的统治政策，留学一事稀见于史。明代外国官生复至，是继隋唐之后又一次来华留学高潮④。与此同时，西方传教士进入中国，中外学术交流进入"西学东渐"的时代，西学兴起、中学衰落，来华留学的市场也每况愈下，这一情况一直延续到民国时期，随着新中国的成立，来华留学历史也进入发展的新篇章。

　　本章通过考察外籍人士来华留学史，根据模式不同将来华留学历史划分为三大历史周期，即：以周边国家广泛来华学习先进知识和经验的"儒学时代"（隋唐两宋），与亚洲国家学生、学者相互切磋、被欧美学生、学者研究考察的"汉学时代"（明清民国）和中外学生、学者共同学习、互相交流的

---

　　① 李雪涛.全球史视野下的中国留学史［J］.教师博览：文摘版，2016（11）：30-33.

　　② 王晓秋.十年心血铸一剑　评《留学生群体与民国的社会发展》［J］.神州学人，2018（6）.

　　③ 刘长庆，王桂琴.论我国早期的佛经翻译特点——从东汉到西晋［J］.湖北文理学院学报，2006，027（004）：83-88.

　　④ 黄明光.明代外国官生在华留学及科考［J］.历史研究，1995（03）：182-186.

"中国研究时代"（新中国成立至今）。

隋唐两宋来华留学的主要群体是周边国家达官显贵的子弟（留学生）和僧侣群体（学问僧）；明清时期上述群体规模大幅缩减，与此同时，欧美国家的传教士自西而来，他们出于对异质文化的好奇，自发学习和研究中国社会和文化。随着他们的研究在欧美国家产生一定影响，以研究为目的的西方学生和学者踏上了来华研究的旅程，他们逐渐取代传教士，形成了从事汉学和中国研究的学术共同体；新中国成立至今来华留学历史可以被进一步划分为三个小的历史周期：新中国成立初期对外国际教育交流逐渐恢复，留学生群体的来源国家主要是亚非拉等社会主义国家；改革开放以后，留学生群体扩展到少数欧美国家；进入新世纪，中国已面向全球招收人才。我国对于留学生的身份定位也经历了从"社会主义建设人才"、到"国际友人"再到"国际人才"的变迁。

不同时代来华留学生的来华动机、对待中国社会的态度、在中国学习、生活的模式各不相同，三大时代推动留学生来华学习动机的因素分别为：政治因素、文化因素和多元因素；留学生与中国社会对待彼此的态度可以依次总结为：从被"文化认同中心"边缘化，到双方彼此互相认同，到"多视角不排斥政治"，最后成为"非政治、非文化、非社会的行动主体"[①]。留学生融入类型可以大致划分为：同化型融入、边缘化型融入和多元型融入。

来华留学的管理制度同样经历了从官方严格管控、逐步开放交流到政府与学校多元治理的三种形态变迁。在考察制度变迁的同时，不能忽略制度的惯性和路径依赖，"一个国家、一个社会，一旦实行了一种制度、一种传统以后，要完全改变也是成本很高的……制度一旦成为传统，成为一种行为规则，就增加了'文化'和'社会规范'的，改变起来是很困难的"[②]。正如中

---

① 米歇尔·维沃尔卡，王鲲，黄君艳，等.社会学前沿九讲［M］.北京：中国大百科全书出版社.2017：135

② 李培林.重新崛起的日本［M］.北京：中信出版社，2004：109

国学者指出，早期以中央政府为主导高度集权的管理体制始终影响着当今留学生治理模式的发展[1]。本章对于来华留学生制度变迁的分析也为第四章三种制度形式的论述做出铺垫。

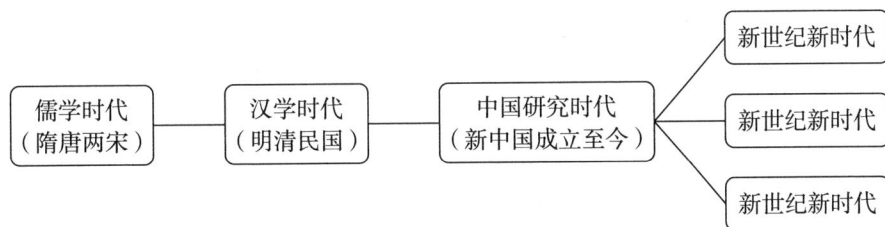

图2.8 来华留学的历史分期

---

① 江涵.我国来华留学生教育政策惯性与改变 [J].教育进展，2020，10（1）：7.

第三章

根与翼：留学生的跨国流动

第一节　全球化背景下的留学生跨国流动

　　每到新学期将至，大批说着不同语言，带着不同信仰，怀着不同期望的外国留学生从世界各地汇集到中国。在全球经济一体化、教育国际化、文化多元化的背景下，跨国流动日益成为各个国家间社会经济交流的主要形式，全球化加剧了对国际人才的需求，在新世纪掀起了一股国际留学热潮。1990-2000年，世界范围的留学生年均净增长仅7万人①。迈入新世纪以来，全球范围的留学生规模高速增长，2000-2008年年均净增长达到16.3万人，在下一个十年中，年均增长又翻了近一倍，2018年全球留学生人数已达到530万人（见图3.1）。

　　部分学者将全球化的实质看作一场全球规模的现代化和理性化过程，即以美国为中心的西方价值和制度向全球方面扩张，"以功利原则、计算精神和控制技术等为核心的社会理性化"是这一扩张的前提和基础②，沃勒斯特将全球划分为以英、美等发达国家为代表的"核心国"、中等发达国家为代表的"半边缘国"和东欧、亚、非、拉等国家为代表的"边缘国"，全球是核心侵蚀边缘最终导向"历史的终结"③。在全球化理论的视域下，留学生的跨境流动同样被归纳为类似的过程：无论是美国学者 Philip G. Altbach 提

---

① 陈松林，程家福.本世纪初来华留学教育的发展战略研究［J］.巢湖学院学报，2014，16（5）.

② 刘少杰.社会学理性选择理论研究［M］.北京：中国人民大学出版社，2012：18

③ 沃勒斯坦，伊曼纽尔，罗荣渠.现代世界体系·第一卷［M］//现代世界体系，第一卷.高等教育出版社，1998：194

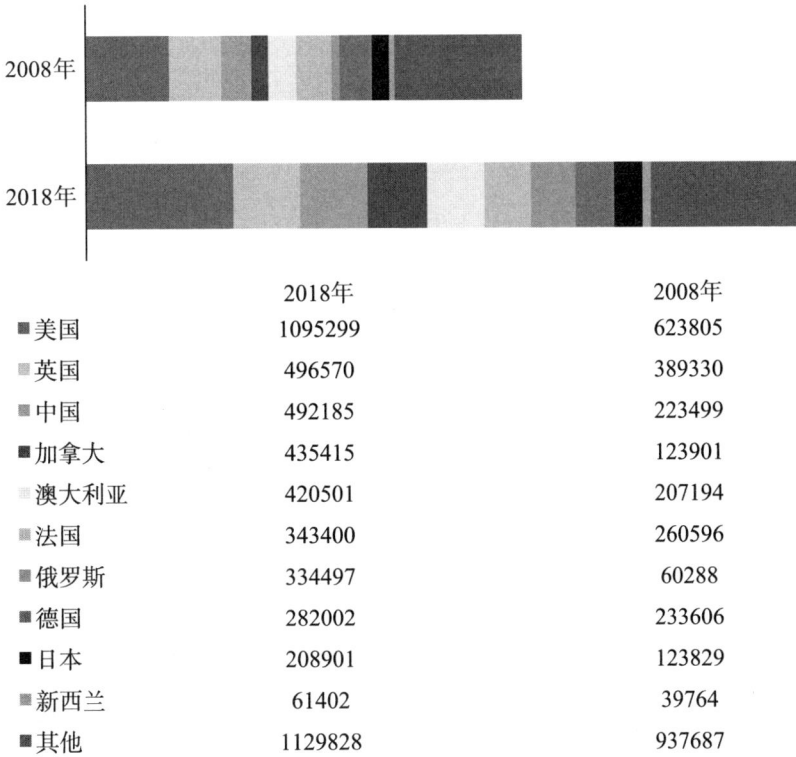

	2018年	2008年
■美国	1095299	623805
▦英国	496570	389330
▦中国	492185	223499
■加拿大	435415	123901
▢澳大利亚	420501	207194
▦法国	343400	260596
▦俄罗斯	334497	60288
■德国	282002	233606
■日本	208901	123829
▦新西兰	61402	39764
■其他	1129828	937687

图3.1　2008年与2018年全球留学生规模排名[①]

出世界范围内留学生的流动方向是由南及北、从发展中国家向发达国家[②]，还是英国学者Line Verbik提出的四类留学生接纳国理论——即，中心国（美国、英国和澳大利亚）、中间国（德国和法国）、发展国（日本、加拿大和新西兰国）、竞争国（马来西亚、新加坡和中国）[③]，它们都预示着国际学生

---

① IIE, the Bureau of Educational and Cultural Affairs U.S. Department of State. Open Doors 2019: Report on International Educational Exchange [R] Washington, DC. U.S. Institute of Peace. 2019:50

② Altbach P G. Higher education crosses borders[J]. Change the Magazine of Higher Learning, 2004, 36(2):18–24.

③ Line Verbik, Veronica Lasanowski. International Student Mobility: Patterns and Trends [EB/OL]. 2010–11–20.

的流向同样遵守"赢者通吃"的规则[①]。而事实上，正如全球化并未导致福山意义上的"历史的终结"，全球经济通过美国、欧洲、亚洲等多个中心组织起来，全球文化则以亨廷顿所谓的碎片的、断裂的、多级的世界"文明的冲突"呈现，在亨廷顿看来，"西方的衰落和其他权力中心的兴起正在促进全球本土化和非西方文化的复兴进程"[②]，世界体系中心的理论被多极化的现实证伪。与此同时，由南及北、从发展中国家向发达国家的留学生流动两极格局已逐步改变，从2001年与2018年全球留学生分布对比图可以看出，一方面，虽然北半球国家依然是绝大部分留学生学习、进修的首选目的地，但美国与欧洲各国接纳留学生的占比均有所下降，而位于南半球的澳大利亚则日益成为留学的理想国度，接纳国际学生的占比从4%增至7%，跃居全球四位；另一方面，与发达国家来华留学人数增速下降、停滞或者负增长局面相比，发展中国家留学生占比增加，全球最大的发展中国家——中国，已经超越了大部分的传统留学强国，成为继美国（占全球总数22%）和英国（10%）之后，世界第三大留学生接收国（占10%）和亚洲地区留学生人数最多国家[③]。

国际学生的流动趋势同样从两极化的理论假设转向多极化的现实事件，至少四种流动趋势已然显现：一是从亚非拉等发展中国家流向欧美等发达国家，二是从发达国家流向发达国家，如北美与西欧国家间学生流动[④]，三是区域内国家间学生流动，如欧盟、北美自由贸易区等区域组织内部的国家间学生流动[⑤]；四是欧美等发达国家流向中国等发展中国家。

---

① 帕尔默，赵勇河，陈冰洁．韩国高等教育领域的国际化策略：观点和经验（上）．世界教育信息，2013（13）：17–21.

② ［美］萨缪尔·亨廷顿．文明的冲突与世界秩序的重建（修订版）[M].北京：新华出版社，2010：71.

③ Zhu, Jiani. Chinese Overseas Students and Intercultural Learning Environments[J]. Palgrave Studies on Chinese Education in A Global Perspective, 2016, 10.1057/978–1–137–53393–7.

④ 李梅．高等教育国际市场：中国学生的全球流动 [M].上海：上海教育出版社，2008：69

⑤ 陈松林，程家福．本世纪初来华留学教育的发展战略研究 [J].巢湖学院学报，2014，000（005）：128–133.

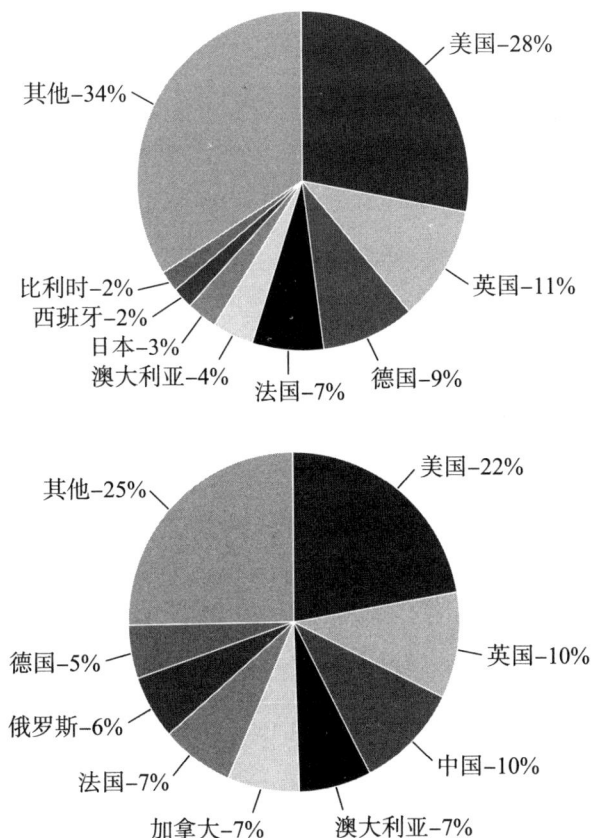

图3.2　2001年与2018年全球留学生格局变化

近年来，中国受到了越来越多国际留学生的青睐。与美英等老牌留学生流入国不同，中国在进入新世纪以后才算真正意义上踏上争夺留学生征程。以中、美留学生70年规模变迁为例，美国始终保持着留学生的快速增长，中国的留学生规模在2000年以前缓步增长，1999年仅有44,711人，2000年以后则有了巨大的飞跃。从2014年至2017年三年间，美国的增幅从10%下降到3.4%，中国则从5.8%猛增至11.4%。

过去十年中国展现出来在留学生接纳方面巨大的爆发力引来世界各国的频频侧目，同时也掺杂着各种各样质疑的声音，实际上，中国吸引全球留学生的潜力远未得到充分开发，根据OECD（经合组织）的统计，外国留学生

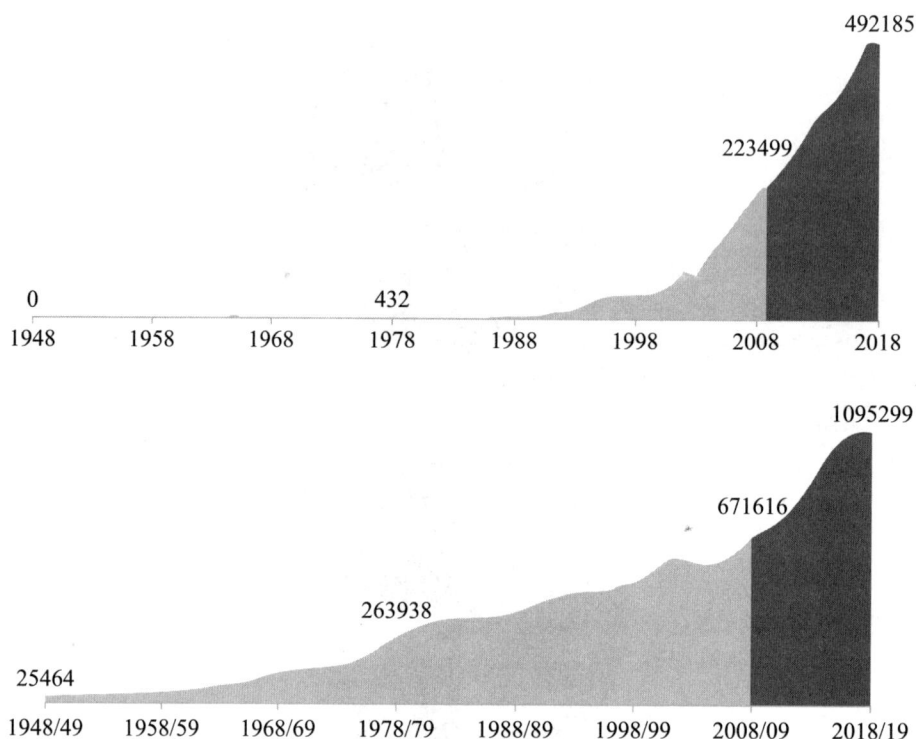

图3.3　中美两国70年来留学生发展规模变化曲线图①

一般占本国在校大学生人数3%的比例②，2018年中国留学生占高等教育学生的比例仅为1.28%③，这也说明中国留学生教育规模还有很大的增长空间。根据Institute of International Education（美国教育协会，简称IIE）统计的全球主要留学生目的地2016年及2017年留学生规模，我们测算了各国增长率情

①　数据源自中国教育部及美国国务院教育与文化事务局。中国留学生数据参考历年《中国教育年鉴》及《来华留学生简明统计》，美国留学生变化数据及图片转引自IIE, the Bureau of Educational and Cultural Affairs U.S. Department of State.Open Doors 2019［R］Washington, DC. U.S. Institute of Peace. 2019：7

②　蔡宏波，刘志颖，张湘君.北京留学生规模的影响因素分析及对策研究［J］.国际经济合作，2016，000（006）：88-95.

③　根据《2018年全国教育事业发展统计公报》"全国各类高等教育在学总规模达到3833万人"，2018年教育部公布来华留学生数量为49万人。详见教育部.2018年全国教育事业发展统计公报［EB/OL］.2019-07-24.

况（见表3.1），中国留学生增长率10.5%，排名全球第五，远高于美国和英国。布鲁金斯学会2013年的报告《忘记斯坦福，清华在招手》显示，在特朗普政府通过一系列苛刻的留学政策将外国学生赶出美国的同时，中国通过积极的留学政策、具有竞争性的奖学金支持、廉价的学费成本、对于欠发达地区政策倾斜，这也预示着越来越多的留学生选择中国而非美国[①]。

表3.1　2016–2017年留学生的全球分布（IIE，2018）[②]

序号	国家	2017年	2016年	增长率
1	美国	1,094,792	1,078,822	1.5%
2	英国	506,480	501,045	1.1%
3	中国	489,200	442,773	10.5%
4	澳大利亚	371,885	327,606	13.5%
5	加拿大	370,710	312,100	18.8%
6	法国	343,386	323,933	6.0%
7	俄罗斯	313,089	296,178	5.7%
8	德国	265,484	251,542	5.5%
9	日本	188,384	171,122	10.1%
10	西班牙	109,522	94,962	15.3%
11	荷兰	76,462	68,475	11.7%
12	新西兰	61,402	62,570	−1.9%
13	瑞典	35,862	35,100	2.2%
14	芬兰	30,807	31,120	−1.0%
15	智利	3,198	3,243	−1.4%

全球化为世界各国的学生的学习交流打开了一扇门，科技的发展进一步地为留学生跨境流动带来了保障，在这种情况下，对于留学目的地的选择却面临着双重矛盾：一方面在"时空的双重压缩"下，"空间似乎缩减成一个电子沟通的'地球村'的时代……去寻根——我们是谁？我们属于什么空间

---

① Cheng Li. Charolette Yang. Forget Stanford, Tsinghua Beckons–America is losing African and Asian students to China[N/OL]. Brookings Institution, Foreign Policy.com,2018–10–03.

② IIE, A Quick Look at Global Mobility Trends[R]. Project Atlas, 2018.

/场所？我是这个世界的公民，这个国家的公民，还是本地的公民？……时间和空间的界限越不重要，流动资本、移民、旅游者和寻求庇护者对场所的变异就会越敏感，而各个场所标新立异的动力也就越强"①，时空的限制逐渐减弱，无论在哪个国家，都可以过着喝着巴西产的咖啡，使用着中国制造的电器，并且穿着欧洲设计的服装的生活。留学的选择脱离时空的局限，一日万里不再是梦想，"有些人足不出户就可旅游观光：我们可以通过网络急驰、奔走或迁移，在电脑屏幕上捕获和编辑来自地球另一边的信息。即使我们待在原地不动，我们多数人也在移动着。譬如，我们一天到晚坐在椅子上，快速地变换有线和卫星电视频道，在陌生的地方穿梭跳跃，其移动速度远非超音速飞机和宇宙火箭所能及……在我们生活的这个世界上，距离好像并没有太大的意义"②。全球本地化（glocalisation）促进现代经验在全球维度和地方维度的整合③；另一方面，互联网将互动的"即时性"和"有效性"塑造得淋漓尽致，对于遥远异国的早期印象已不再拘泥于传说和想象，在互联网的时代，只需动动手指，就能关注到万里之外的实时动态，作为无数可能性选择中的其中之一，中国为何成为留学生的目的地？选择中国的留学生主要来自哪些地区和国家？近年来，这些国家的来华留学生规模是否有所变化？他们来华的主要目的是什么？是学习语言、知识还是攻读学位？

第二节 "流变"：来华留学生结构分布及变化

如图3.4所示，进入新世纪以来，来华留学生规模变化在第一个十年（1999–2008年）起伏较大，第二个十年（2009–2018年）则趋于平稳。本文

---

① 布赖恩·特纳，特纳，Turner，等. Blackwell社会理论指南［M］.上海：上海人民出版社，2003：525

② 齐格蒙·特鲍曼.全球化：人类的后果［M］.北京：商务印书馆，2001：73

③ Mike Featherstone, Scott Lash & Roland Roberston, Global Modernities[M]. London: Sage Publication, 1995:33

此部分将考察近十年来（2009–2018年）留学生群体在来源地区、国家以及接受的教育类型和专业趋势及结构的变化①。

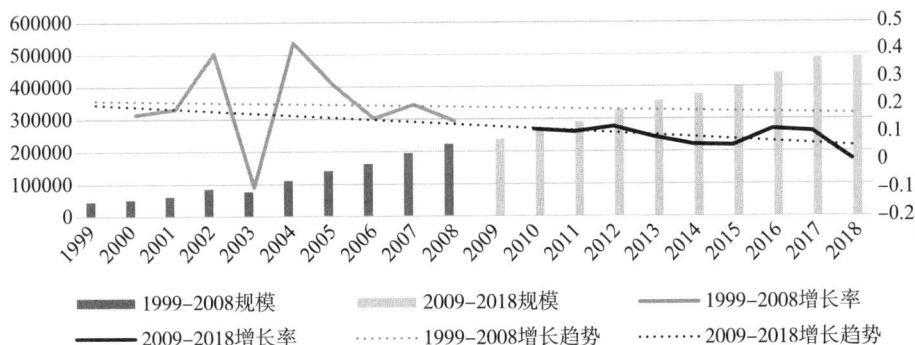

图3.4　1999–2018年来华留学生规模变化图

十年以来，亚洲（2009年占68%，2018占60%）一直是来华留学生最大的生源地，大洋洲（2009年占1%，2018年占1%）留学生规模则始终居于最末。欧洲、非洲、美洲三大地区来华留学生规模变化较大。其中，欧洲（2009年占15%，2018年占15%）规模长期排名第二，2018年跌至第三；美洲（2009年占11%，2018年占7%）在前五年排名第三，后五年位居第四；非洲（2009年占5%，2018年占17%）留学生增长最大（2018年人数相较2009年翻三番），增幅最快（年均增长率23%），从2009年的第四大来源地区变为2018年的第二大生源地区。

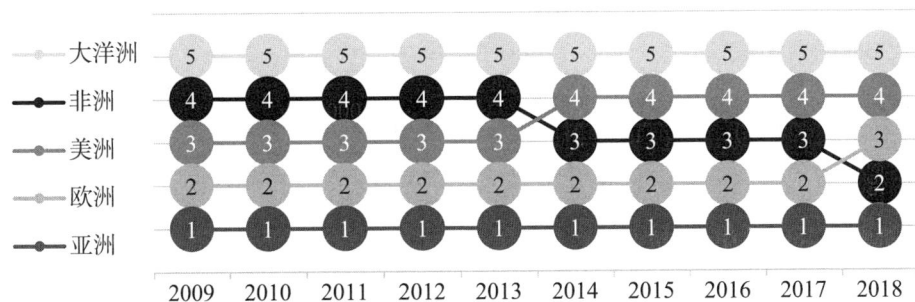

图3.5　2009–2018年各洲留学生排名变化图

---

① 本节数据参考教育部国际司1999–2018年《来华留学生简明统计》。

2009-2018年留学生生源规模较大的国家多在亚洲地区，排名前十的包括韩国、美国、日本、泰国、俄罗斯、印度、印度尼西亚、哈萨克斯坦、巴基斯坦、越南、法国、老挝①。受益于一带一路政策，近年来，巴基斯坦、泰国、印度等国留学生来华增长最为显著，美国、日本、越南排名有所下降，韩国留学生规模居历年各国之首。

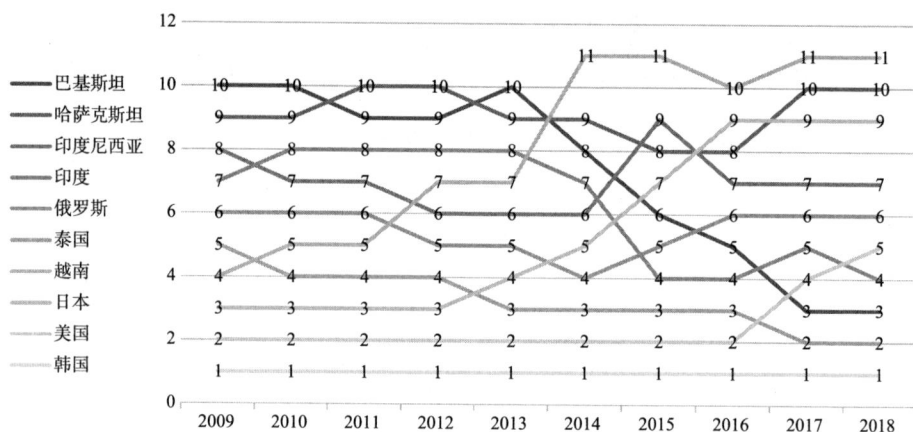

图3.6　2009-2018年来华留学生国别排名变化图

来华接受学历教育的留学生占比逐年增加，2018年占比首次超过非学历生，反映了外国学生来华接受学历教育的需求越来越强烈。

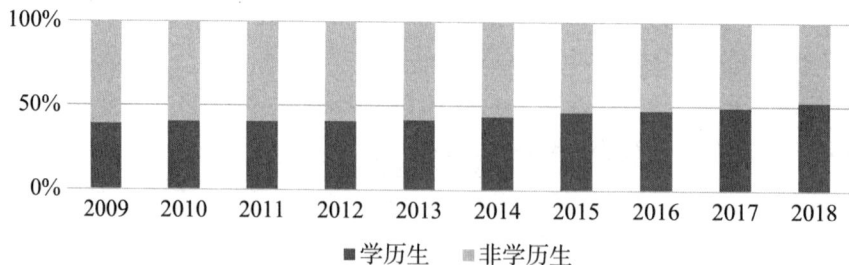

图3.7　2009-2018年来华留学生教育类别变化图

① 10年以来，韩国、美国、日本、泰国、俄罗斯、印度、印度尼西亚、哈萨克斯坦、巴基斯坦始终位居前十；越南在2014年、2015年、2017年及2018年均跌出前十；法国在2014年及2015年位列第十；老挝于2017年及2018年进入前十，位居第八

从学历生的教育层次变化来看，10年来，本科留学生规模平稳扩大，硕士留学生增长趋势相对放缓、博士留学生人数高速增长。

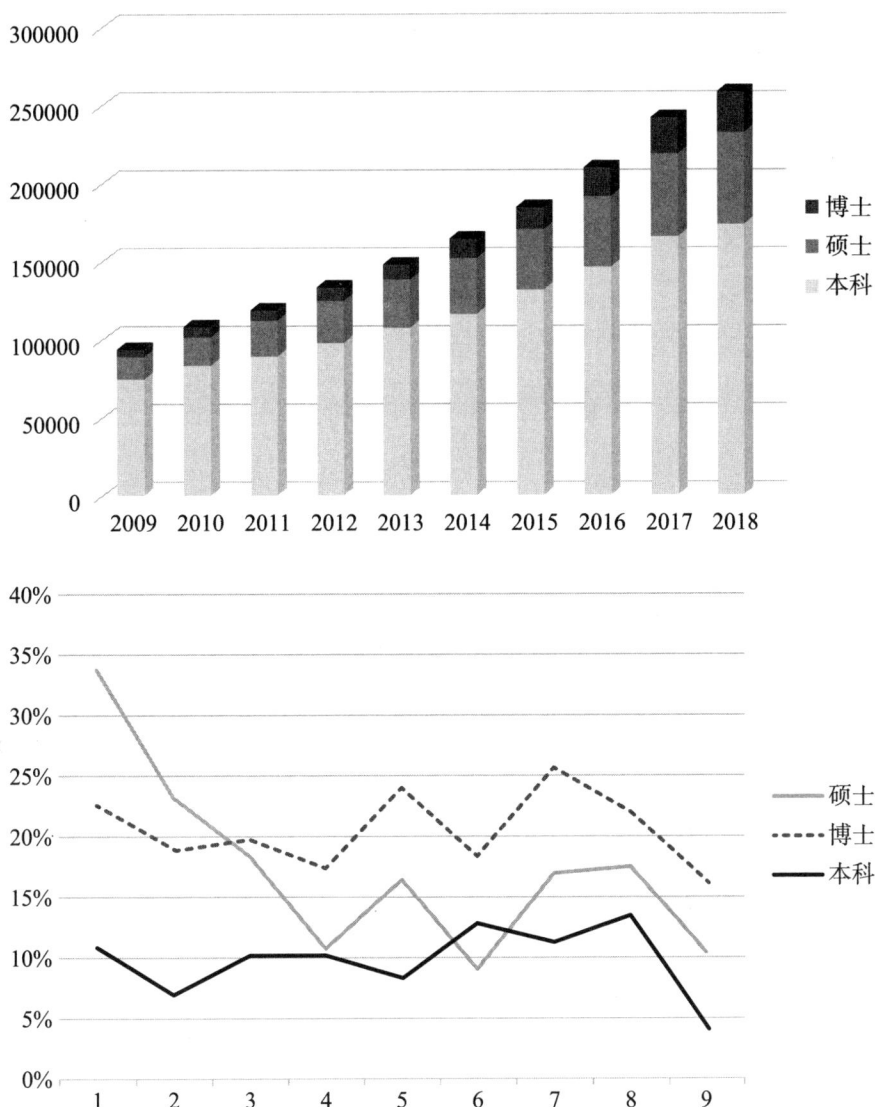

图3.8　2009-2018年学历留学生规模变化图（左图为规模变化，右图为增长率变化）

10年来留学生选择的学科有所变化，选择汉语言专业学生比例下降最多（2009年55%，2018年38%），工科、管理、经济、西医等专业比例增长较大，艺术专业从无到有。

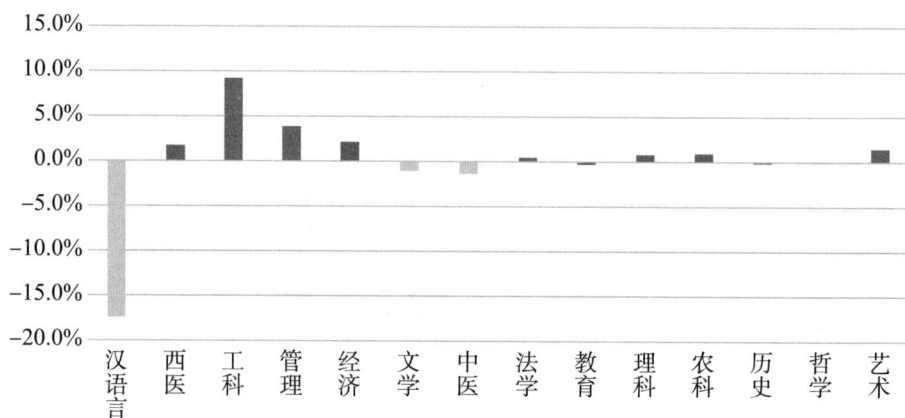

图3.9　2009年与2018年来华留学生专业占比变化图

留学生的学科选择倾向变化不大，其中汉语言始终为留学生报考最热门的专业，排名前五的热门学科还包括西医、工科、管理、经济，此四门学科多以英文授课有关，且学费相对较低；理科、农科、历史、哲学、艺术为相对冷门专业。

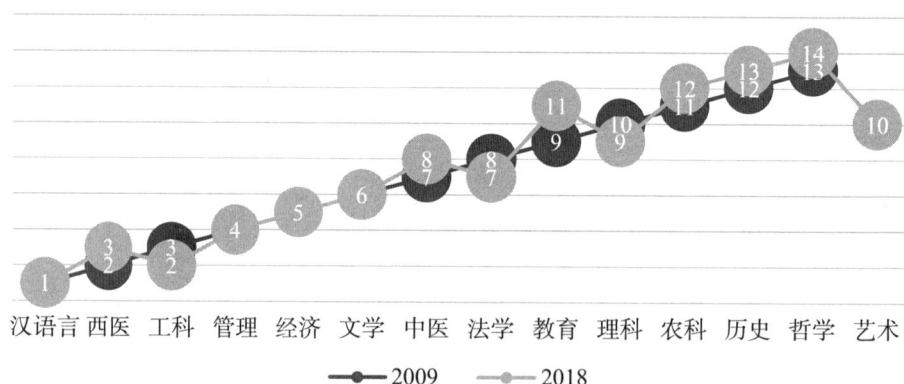

图3.10　2009与2018年来华留学生专业排名变化图

综上所述，10年来，来华留学生的生源地区、类型、教育层次及学习专业均有一定变化。引发这些改变的原因是什么？留学生为什么最终选择了中国？中国的哪些方面吸引了他们？他们来华留学的动机和目的是什么？下文我们将研究重点从全球范围留学生的流动方向和中国近年留学生的结构变化转向对留学生来华流动动机的考察。以往学者关于外籍学生来华留学动机的研究大多以问卷调查和量化研究为主（见第一章第三节），本研究采取深入访谈的方式进行研究，除此之外还将参考某来华留学项目301名外籍学生的申请动机信（motivation letter）的部分内容。

第三节 推拉作用下的结构性流动

"推拉"理论主要关注影响留学生流动的结构性因素，外国学生为何选择留学而非在本国学习？为何选择A国而不是B国？都可以归因为国家之间结构的比较和差别。Ravenstein最新提出的推拉模型，认为左右移民的流动的是两只看不见的手，一只代表移民流出地不利的生存、发展环境，对移民的流出提供推力；另一只则象征移民迁入地所具备的优势资源、机会和环境，为移民的迁出提供拉力，两者共同导致了全球的迁移、流动[1]。推拉理论从宏观结构维度分析了移民的产生，流出地和流入地之间经济、政治、社会、文化、自然环境因素对比形成。虽然李在其模型中提及个人选择的重要性，但这一模型中的个体更多表现为衡量各种结构因素影响力的计算者，而非具有主观能动性的行动者[2]。Mc Mahon将"推拉模型"引入国际人才流动和外国留学生的研究中[3]。"推力"包括留学生所在国不利的教育、就业、发展因素，"拉力"则代表留学国所具有的相对优势的要素。Altbach进一步细化了推拉模型，将所在国推力因素归纳为："获得留学生奖学金的可能性、较差的教育设施、缺乏研究设备、缺乏适当的教育设备和（或）未能进入当

---

① E. G. Ravenstein. The Laws of Migration[J]. Journal of the Royal Statistical Society, Vol. 52, No. 2 (Jun., 1889), pp.199.

② Everett S. Lee. A Theory of Migration[J]. Demography, Vol. 3, No. 1. (1966), pp. 47–57.

③ Mary E. Mc Mahon.Higher Education in a world market[J]. Higher Education, 1992, (24):465–482.

地大学、不适宜的政治气候、国外学位（在市场上）的增值、歧视少数民族、认识到现存的各种传统教育的不足，拉力因素包括留学国：提供给国际学生奖学金的可能性、优质教育、可获得先进的研究设备、有适当的教育设施，并可能被录取、适宜的政治气候、适宜的社会经济和政治环境、有机会获得国际生活经验"①。中外专家的实证研究不断完善了产生推拉作用的影响因素，包括经济发展因素（国民教育与留学教育成本、两国人均GDP差距、就业的机会、成熟的双方贸易市场）、教育资源的因素（成熟的教育体系、国际排名靠前的教育实力、优异的教育服务质量、国际认可的高等教育学历）、政策支持的因素（宽松的入学条件、奖学金政策、引智政策、宽松的移民政策等）、国际关系的因素（两国良好的国际关系、自由贸易协定和国际合作政策）②。近年来，部分经验研究也将文化因素、人口状况、语言环境、政治环境、生活环境、地理位置等纳入其中③。这一理论试图全面地将各种影响因素纳入模型探讨，推拉理论不仅仅将促进流动的结构性因素归结为本国经济环境的不利（推）和外国经济环境的有利（拉），还将政治、社会、文化、地理、人口等因素均纳入考量的范围。

一、经济结构的影响

直接的经济差异是影响留学的重要因素，大多数选择经济比较发达、经济联系紧密的国家作为留学目的地④。全球各国留学生的分布情况与各国GDP

---

① 菲利普·G·阿特巴赫.比较高等教育：知识、大学与发展［M］.北京：人民教育出版社，2001.233

② Mazzarol T. Critical success factors for international education marketing[J]. International Journal of Educational Management, 1998, 12(4).

③ 杨洲，刘志民.世界七大留学目的地留学生招收策略对比及启示［J］.现代大学教育，2017，06（No.168）：66-75.

④ Li M, Bray M. Cross-border flows of students for higher education: Push-pull factors and motivations of mainland Chinese students in Hong Kong and Macau[J]. Higher Education, 2007, 53(6):791-818.

分布具有一定的相似性，经济发达的国家留学生的相对规模较高，而经济欠发达地区的留学生规模相对较低。

中国经济的高速发展吸引了全世界的目光，不少留学生希望通过来华留学学习中国的发展理念，并希望将中国的经验在国外推广。迪巴是斯里兰卡的高级官员，促使他暂停工作而选择来华留学正是这一原因。

"我非常惊讶于中国的发展，尤其是政府作出的贡献，我希望通过来华学习，将中国的经验在斯里兰卡推广"（190107BJ064，斯里兰卡）。

除了经济实力，中国的发展潜力以及与本国的未来合作空间同样为外国学生选择来华留学勾勒出美好的前景。韩国学生金元晟来中国留学遇到了很多困难，他还不会说汉语，对于来华留学，他既没有憧憬，也未做准备，之所以选择中国完全是受了家人的影响，而家人的判断则基于对中国经济发展的潜力。

"其实我的妈妈从我很小的时候开始想让我出国留学，直到我高中毕业，她帮我找了去中国留学的机会，我很惊讶为什么不去美国，我妈妈说美国已经很发达了，没有很大了的发展空间，中国有前途，去了中国会有更多机会，如果以后我想在中国工作，就留在中国；如果外国人在中国找不到工作，我就回韩国，现在韩国和中国合作很多，想做什么就能做什么"（190926BJ017，韩国）。

尼泊尔学生马安沙选择中国则是对中国经济未来的发展充满信心，"我刚高中毕业的时候，因为当时尼泊尔有内战，情况非常不好。大家都想出国学习，很多同学都说要选择美国或者去澳大利亚，然后稍微有经济条件好的，就去英国什么的。然后我爸就说要不你去中国？那离我们很近，现在中国的经济这么发达，条件也好，你还可以申请奖学金。后来我就成功申请到了北语学习，我对我当年的选择非常满意"（190923SH052，尼泊尔）。

二、社会网络的影响

影响流动的社会因素越来越引起学界的重视，社会网络理论认为移民的血缘、地缘、业缘网络带来了更广泛的迁移。社会网络同样是影响国际学生选择目的地的最重要因素之一。留学生倾向于选择到有亲属的地方学习，《泰晤士高等教育》对澳大利亚的国际留学市场的调查显示1/5留学生的兄弟姐妹（sibling）也曾在澳留学，其中77%的学生选择了其亲属所在或曾在的城市，38%与其亲属在同一所学校就读。对2160名澳大利亚留学生的调查显示，近半数的博士留学生会与其亲属共同留学①。通过联合国移民署国际移民组织（IMO）2018年世界移民报告与2018年全球留学生的分布情况对比发现，两者具有一定的相似性，但中国确实是一个例外，那么外国学生选择来华留学与社会网络是否存在一定关系？

以往学生对来华留学的动机分析中，通常忽略了对社会因素的考量。实际上，在来华留学选择上，社会网络的"弱连带"（weak ties）和"强连带"（strong ties）同样发挥出巨大的作用，格拉诺维特认为社会网络的"弱连带"在信息传播方面可以穿透更大的社会距离②，对于16所中国高校2564名留学生的问卷调查显示，52%的学生通过学校、朋友、老师等相识的人（acquaintance）获知来华留学的消息③。"强连带"则通过社会网络中嵌入的社会资源影响选择④。中国虽然并不是移民国家，但却有着庞大基数的外籍人员在中国工作、学习、生活，第六次全国人口普查（2010年）显示，居住在我国境内并接受普查登记的外籍人员共593,832人，其中就业、学习和定居的长期生活人口约35万⑤，这些长期在华的外籍人士也为他们的子女、家人、

---

① Julie Hare. International students like to be where someone knows their name［EB/OL］Times higher education. 2012-10-18.转引澳大利亚前景调查与市场公司主管Rob Lawrence的调查

② Granovetter, M.S. Strength of weak ties[J]. American Journal of Sociology. 1973. Vol. 78 No. 6, pp. 1360-1380

③ 教育部下属机构内部调查

④ Yanjie B. A Social Network Model of the Job search Process: Testing a Relational Effect Hypothesis[J]. 2012.

⑤ 国家统计局. 2010年第六次全国人口普查接受普查登记的港澳台居民和外籍人员主要数据［R/OL］国家统计局. 2011-04-29. http://www.stats.gov.cn/tjsj/zxfb/201104/t20110429_12708.html

朋友带来了来华留学的机会和便利。

韩国学生金慧贤就是其中典型的案例，因为父母工作的原因，她从小就在中国上学。

"在我还不能做选择的时候，爸妈就已经替我选择了中国，而等我高中毕业后可以自由选择自己未来方向的时候，我发现已经习惯上了中国的一切，现在即使我父母已经退休回国（韩国），我还是选择继续在中国读研究生。"（190107BJ004，韩国）

与此同时，中国作为"拥有最多生活在国外移民的国家"[①]，世界各地流动或定居的中国移民与外国留学生交织出复杂的社会网络，同样为外国学生提供了可能的有利于来华留学的"社会资源"。巴基斯坦学生大力的故事就是其中的典型：

"其实2005年的时候我们BY的陈老师去了巴基斯坦，因为当时我爸爸也在学校工作，他们关系很好。那时候陈老师在巴基斯坦的一家派出机构担任院长，他问我爸爸，你的儿子想不想学中文？如果想学我可以帮你安排，学好还能帮他申请去中国留学。"（190102BJ040，巴基斯坦）

社会网络的"门槛效应"（threshold model）值得关注，它指的是"一个人会看到多少人或多大比例的人采取的一个决定时，才会采取相同的决定"[②]。别人选择带来的示范效应（demonstration effects）往往会激发自己的动机，亲朋好友的影响力还会加倍[③]。

韩国学生金志英之所以选择来华就是受到了身边朋友的影响：

"我最好的朋友前年申请了来中国留学，她来了一年之后回到韩国很高兴地告诉我，在中国的学习经历非常好，她希望我也申请，这样她在中国

---

①　Marie MCAuliffe 等. 迁徙和移民：全球综述［R］//世界移民报告 2018. 联合国移民署. 2019：52.

②　Granovetter M. Threshold Models of Collective Behaviour[J]. American Journal of Sociology, 1978, 83(6):1420–1443.

③　Granovetter M. Threshold Models of Collective Behaviour[J]. American Journal of Sociology, 1978, 83(6):1420–1443.

也不会孤单。虽然我不会说中文，对中国也一点也不了解，但是好朋友的建议我还是很重视的。了解之后我发现中国的教育已经很发达了，而且申请很多学校不需要会中文，他们可以安排英文的授课，所以我就申请了。"（190121BJ065，韩国）

三、文化实力的影响

如果说经济反映了一个国家的"硬实力"，文化则往往被看作一个国家"软实力"的象征。Joseph Nye 在 1990 年最先提出这一概念，并将其定义为"通过吸引别人而不是强制他们来达到你想要的目的的能力"[①]。由美国 Portland 咨询公司、南加利福尼亚大学公共外交中心和 Facebook 公司联合开展的 2018 年全球软实力（Soft Power）调查显示，欧美大部分国家、以中国、日本、韩国、新加坡为代表的东亚国家和加拿大、澳大利亚为代表的英联邦国家文化软实力相对较高，同样与留学生的全球分布具有一定结构上的相似性。

影响来华留学的文化结构动力表现在两方面，一方面是对比形成的"异质性动力"，两国文化差距越大，了解越少，就越需要文化结构上的"结构洞"和"连接桥"，来华留学也越会获得"与众不同"的竞争优势[②]。李雅（Le ea Tius anen）是一个 27 岁的芬兰人，读书前是一家大型零售公司的管理人员。她利用休假的机会来中国攻读一年期的商务学位，希望获得更好的发展机会。在她看来，中国发生的事情比整个欧洲还要多，因此，这里是令人向往的地方；另一方面是对比产生的"同质性动力"，中国文化软实力在全球竞争优势越明显，越会引起了世界各国对其方方面面的关注，同时也催生出对其全面、系统的研究，推动越多的学生选择中国这片"蓝海"留学。根

---

① 约瑟夫·奈.软力量——世界政坛成功之道［M］.北京：北京东方出版社，2005：2

② 董立均，杨兆山，洪成文.论我国来华留学生教育的成就，挑战及对策——兼论"纲要目标"实现的可能性［J］.大学教育科学，2014（4期）：76-80.

据PORTLAND的调查报告，2018年中国文化软实力在全球排名第27[①]，具有较强的国际竞争力。

曹永鑫是韩国名校法律专业毕业的高才生，现为中国的B大学法学专业博士生。选择留学之前他有过犹豫，中韩法律体系差异非常大，来华攻读博士极具挑战，但是，最终让他下定决心来华留学的恰恰是因为中韩的差别和不同。

"法学本身也是很难，我想研究的方向是宪法，中国和韩国（的国情）不一样，韩国法律的后面是资本精神或者制度，而中国是社会主义文化，来到中国我要重新从社会主义基本理论开始学习……我在韩国读书的时候，就发现所有的老师都去过日本或者德国留学，对于日本、德国的法律他们都很熟悉。但是他们对中国的完全不了解。所以我想了解一下中国这方面的法律。中国一直在成长，而且我对中国这方面有感兴趣的。"（190111BJ009，韩国）

第四节　理性选择还是感性选择?

沿着全球化即理性化的理论假设，经济理性被看作引导跨国流动的主要逻辑，留学研究同样无法摆脱这一窠臼，从个体行动出发的"理性选择理论"或将留学生视作强调消费价值和性价比的消费者[②]、或将其视为强调成本与回报的投资者[③]，在这样的逻辑下，留学是一种基于衡量成本和收益的理性决策和长期规划。对于成本的考量，主要包括留学所需的经济投入、消费价

[①]　Portland, Soft Power 30: A global ranking of soft power[R]2019:45

[②]　Rizvi F. Student mobility and the spatial production of cosmopolitan identities[J]. Spatial Theories of Education Policy & Geography Matters, 2007.

[③]　Rosenzweig, Mark R. Global Wage Differences and International Student Flows. [J]. Brookings Trade Forum, 2006.

值和机会成本[①]；对于收益的考量，则包括留学带来的国际声誉（如学校的国际排名和教育质量）[②]、收获的人力资本（如知识的提高、学历的提升、外语的习得）、享受的环境（如校园环境、教学设施、社交环境和文化氛围）与服务（如奖学金、医疗保险、就业指导、兼职工作等）[③]，以及获得的人力资本如何在未来创造工作机会、改善生活质量、获得移民可能。与此相对，感性选择理论则让我们关注影响来华留学的感性因素，我们将根据行动者对于中国情感卷入的程度归纳为兴趣爱好、情感卷入、文化寻根。根据韦伯的行动理论，我们可以将基于这些动机的来华行动分别对应为"目的合理性行动"（经济成本最低、教育收益最高）、"价值合理性行动"（兴趣爱好）、"情感行动"（情感卷入）和"传统行动"（文化寻根）[④]。

一、经济成本

经济成本是影响外国学生来华留学选择的重要因素[⑤]，中国高等教育留学市场留学费用较低、生活成本不高、奖学金力度较大，是与欧美留学教育市场竞争的优势[⑥]。

"相对于欧美国家而言，来中国留学费用会低很多，即使没有资助，我自己也可以承受。对于我们国家来说，会说中文有很大的优势，这些年来我们国家工作的中国人越来越多，但是他们不会说我们那边的语言，如果通过

---

① Roy, Megha, Lu. Loo. Improving International Student Experience: Implication for Recruitment and Support [J]. WES Research & Advisory Services. 2016, (4):23–35.

② Abbott, A. M. Silles. Determinants of International Student Migration [J]. The World Economy,2015, (5):621–635.

③ 岳芸.来华留学生影响因素的实证分析 [J].国家教育行政学院学报，2013（8）：71–77.

④ 马克斯·韦伯.经济与社会.下卷 [M].北京：商务印书馆，1997：56

⑤ 李海生，龚小娟.来华留学研究生教育中的生源问题及对策分析 [J].学位与研究生教育，2017，（8）：32–37

⑥ 刘宝存，胡瑞.东南亚国家来华留学教育：进展、问题与对策 [J].华南师范大学学报：社会科学版，2018，000（005）：19–25.

留学我学好中文，我可以用自己所学帮助他们。"（190926BJ066，坦桑尼亚）

根据财政部、教育部2015年最新公布的文件，来华留学生的本科生、硕士生和博士生学费标准分别为2963美元/年、3703美元/年和4888美元/年。与其他国家相比（表3.2），来华留学交纳的学费虽高于部分以"福利社会"闻名的欧洲国家，却远远低于美国、澳大利亚、加拿大等国家，相较亚洲地区国家如韩国、日本，也具有较强的竞争力。

表3.2 2017–2018年高等教育机构向国内外学生收取的年平均学费（美元）[①]

国家	国际学生占比	本国学生			留学生		
		本科	硕士	博士	本科	硕士	博士
法国	11%	237	330	504	237	330	504
西班牙	3%	1747	2873	/	1747	2873	/
奥地利	20%	921	921	921	1841	1841	1841
意大利	5%	1926	2149	464	1926	2149	464
中国	1%	735	1176	1470	2963	3703	4888
以色列	3%	3130	/	/	3130	/	/
韩国	3%	4886	6414	7167	4886	6414	7167
日本	4%	5234	5231	5231	5234	5231	5231
爱沙尼亚	8%	6764	7536	/	6764	7536	/
拉脱维亚	9%	4291	4505	5836	7301	8096	10543
智利	0%	7524	10446	9067	7524	10446	9067
瑞典	7%	/	/	/	14679	14679	/
澳大利亚	22%	5034	8929	260	19029	18318	16187
加拿大	13%	5286	5527	/	20406	13040	/
美国	7%	8804	11617	/	24854	/	/

[①] 表格来源为OECD., Annual average（or most common）tuition fees charged by tertiary institutions to national and foreign students（2017/2018）[R]. Education at a Glance 2019. 2019。其中中国数据来源为中国财政部、教育部2015年公布的中国政府奖学金学费参考标准，取各教育层次三类平均值作为学费标准，按照2017年美元–人民币平均汇率折算

奖学金是吸引留学生的另一个重要经济因素，中国政府鼓励社会各界通过各种渠道设立留学奖学金，根据官方统计，高校、企业和社会组织设立种类多样的奖学金，尤其是对于亚非地区的学生，包括"一带一路奖学金""南亚师资奖学金"等各类专项奖学金。

"我的家里一共四个孩子，爸爸妈妈工作很辛苦，如果没有奖学金，我就要开始工作帮助家里，不会继续念书了，更不可能出国留学"（190926BJ067，苏丹）

"如果当时没有奖学金的话，我可能没有这个能力。在我们国家，一上大学很多家长就不会再给我们付钱，所以我们会考虑很多的经济压力。法国的假期很长，这个假期我们可以打工赚钱，但是我听说在中国留学不允许打工。如果这样我感觉外国学生来这边的经济压力很大。"（190927BJ068，法国）

除此之外，中国较低的物价水平、学校完备的设施安排（学生食堂、宿舍等）也降低了留学生的生活成本，提高留学积极性。

"我是被BG大学招生网站的图片和介绍吸引到了才申请的留学，图片上的学校那么大、实验室特别新，比我们国家学校的设备看着好很多，你知道我是学医学的，只有好的设备才能做出更多实验和创新，这些对我们来说太重要了。"（200227BJ069，伊朗）

在以往的研究中，时间成本是一个很容易被忽视但却重要的影响因素，分析这个因素时，应考虑留学生群体本身的复杂性：对使用中文攻读学位的外国学生来说，来华留学除了实际的时间投入外（本科4年，硕士3年，博士3-5年），为了获得来华留学"门票"，潜在的时间成本也很大。通过访谈我们了解到，大部分学生认为至少需要通过3-4年的中文学习，才能勉强通过汉语水平考试（HSK）5级测试（大部分高校要求留学生取得5级以上成绩才能攻读学位）。但即使是国外大学中文专业毕业的本科生，也很难直接听懂中国大学的硕士专业课程。而对于以学习中文、访学研修为目的的非学历生和使用英文攻读学位的学历生，则不需考虑这方面的隐藏成本。

"我的本科是中文专业，学了一年汉语才能跟上，很沮丧。"（190108BJ070，

西班牙）

二、教育收益

来华留学的主要收益源于人力资本的提升，亚当·斯密最先提出人力资本的主张，认为"经济效益要在人们为了自身利益的服务当中显示出来"[①]。贝克进一步完善了人力资本理论，认为人的知识、技能、经验、体力与物质资本相似，可以通过积累形成财富，通过投资实现增值[②]。因此，通过教育可以获取知识、提高能力都会积累人力资本。在全球化的今天，人们会通过跨国留学以获得更丰富、更优质、更稀缺教育资源，从而提高人力资本[③]。对于来华留学生来说，人力资本的预期收益可以包括教育质量的改善、专业知识的增加、教育层次的上升、语言能力的提高。以往研究认为，追求教育质量改善是影响教育流动的主要动因，学生在本国教育资源不能满足预期而其他国家教育质量更有竞争力的条件下会选择流动到国外接受教育，并倾向于选择到具有良好国际声誉，并在世界排名靠前的一流大学中进修[④]。中国在国际教育市场竞争中并不占据优势。2018年QS公布的全球前500名高校排名中，中国列榜高校仅14所，排名最靠前的为清华大学（25名）[⑤]。泰晤士高等教育2018年公布的全球前500名高校中，中国列榜高校仅7所，其中排名最

---

① （美）舒尔茨.论人力资本投资［M］.北京：北京经济学院出版社，北京.1990.203

② Becker G S. Human Capital: A Theoretical and Empirical Analysis with Special Reference to Education, Third Edition[J]. NBER Books, 1994, 18(1):556.

③ Beine M A R, Noel R, Ragot L. The Determinants of International Mobility of Students[J]. Social Science Electronic Publishing.

④ S. Wilkins. Who benefits from foreign universities in the Arab Gulf States? [J]Australian Universities Review, 2011 (53) 73–83.

⑤ QS2018年的排名中，进入前500名的中国高校分别为清华大学（25）、北京大学（38）、复旦大学（40）、上海交通大学（62）、浙江大学（87）、中国科学技术大学（97）、南京大学（114）、北京师范大学（256）、武汉大学（282）、同济大学（316）、中山大学（319）、哈尔滨工业大学（325）、南开大学（344）、西安交通大学（344）

靠前的学校是北京大学（29名）[1]。从两大机构的排名看出，中国高校的国际化程度和全球知名度相较欧美高校还有较大差异。2017-2018年OECD在每个目的地国注册的国际或外国学生占经合组织和伙伴国家所有流动学生的份额（图3.15）显示[2]，中国在高等教育整体份额排名第九，但具体到学历教育份额的本科、硕士、博士阶段，中国的排名则大为靠后。

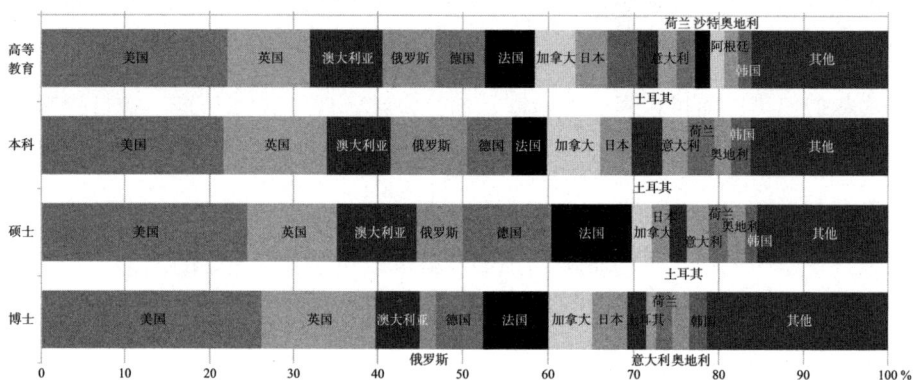

图3.11　2017-2018OECD在每个目的地国注册的国际学生占经合组织和伙伴国家所有流动学生份额

学历教育是反映一个国家文凭质量和竞争力的重要指标，这一排名也侧面地说明了中国在国际教育市场的主要竞争优势体现在非学历教育。

"在缅甸我们一般觉得欧美的教育质量最好，最有钱的家庭会去欧美留学，一般的小康家庭会去新加坡那边，然后是日本……对于家庭不是很富裕但又想留学的学生，中国是一个很好的选择，因为中国政府现在不是提供了很多奖学金吗？奖学金是一个很大的吸引力。如果拿奖学金的机会比较多，中国会是缅甸学生留学的第四、五选择，但是自费的情况下还是比较靠后，如果没有什么奖学金，去新加坡或者日本留学，回来更容易找到工

---

①　泰晤士高等教育（Times Higher Education）2018年的排名中，进入前500名的中国高校分别为北京大学（29）、清华大学（35）、中国科学技术大学（153）、复旦大学（155）、南京大学、浙江大学、上海交通大学（201-250）

②　OECD.International education market shares: International or foreign students enrolled in each destination country as a share of all mobile students in OECD and partner countries 2017-2018[R]Education at a Glance 2019. 2019.

作，晋升或者升职的时候有很多帮助。来中国留学还有一个最大的优势，就是语言，我在缅甸就是中文专业，如果你学中文，最好的选择当然是中国。"（190606BJ030，缅甸）

"相比起来，去中国留学语言的优势会多一些，而不是说教育优势多一些。"（190107BJ007，亚美尼亚）

与柳田鑫的看法相同，亚美尼亚学生陆明明选择来华留学同样是因为语言，她从2008开始在母国的语言大学学习中文，是整个亚美尼亚国家第一批接受正规汉语专业高等教育的学生。虽然中文是她的第三外语（英文是第一外语、西班牙语是第二外语），但在她会把中文看得比其他两种外语更重要，对她而言，在本国选择学习中文是为了获得了有竞争力的稀缺资源，而来华留学可以进一步提高稀缺资源的权威性。

"那个时候会讲中文的老师和愿意学中文的学生都很少，我感觉在大学学习环境不够好，未来我们跟中国会有很多合作，学会中文意味着有更多的机会。因为当时我感觉在大学学中文是没有（语言）环境的，然后当时刚好在我们那里新开了孔子学院（教授中文的中国民间教育机构），我就去学了一年，为了能提高汉语水平，说更地道的汉语。"（190107BJ007，亚美尼亚）

埃及学生海明美来华留学的目的与之类似，"因为我已经获得了硕士，然后我就是在埃及大学工作，因为在这边（埃及）工作，我应该继续读博士，然后那个时候我的研究方向是翻译，而且无论是翻译还是语言，参考书都是非常重要的，做某一篇论文的时候，应该都很多的参考文献，但是埃及这方面资料很少，所以那个时候我想来到这里（中国）学习。除此之外，还有语言环境。来到这里我能够提高自己的汉语水平，而且更接近中国人的生活，然后能了解一下真是的中国生活。比如说因为我在埃及没有语言环境，（虽然）我有很多中国朋友，而且常常去跟他们（在埃及的中国人）住，但是还是跟中国生活中完全的不一样，来中国收获会更大、更多的，所以我想去中国学习，可以更了解中国的不同方面，回国以后就会当老师。"（190925TJ037，埃及）

语言无疑是影响来华留学的重要因素，它在一定程度上解释了为何在教育质量竞争力不占优势的情况下，外国学生会选择来华留学？在时间成本相同的情况下，来华学习汉语（非学历教育）可以享受全身心沉浸在中文的语言环境，同时也能接受更专业的经验指导。而对于来华接受学历教育的留学生而言，为了能获得来华留学资格而投入专业学习的间接时间成本非常高昂，这也一定程度造成了经济学中"资产专有性"问题。威廉姆斯将"交易成本理论"中的资产专有性解释为"改弦更张"造成的损失。由于生产者在他们所服务的市场上已经投入了大量的设备和人力，如果更改他们与供应商、消费者的交易，就会损失大量的成本。这种依赖性在交易成本理论中被称为资产专用性①。诺斯的"路径依赖"理论同样可以解释这一现象，"路径依赖性就是说，历史是重要的。如果不跟踪体制的不断增强的进化，我们就无法理解今天的选择行为……路径依赖性是一种方法，用来从方向上限定选择可能性的数量并在时间的进程中作出选择"②。由于来华学历生已经在某一专业上进行了大量投入，即使变更战略不需过多的投入，并可以得到可观的回报（如转而学习二外英语，到哈佛大学留学），也会导致之前的投资失败。在这种情况，更好的选择是继续沿着这一路径累积资本，并尽可能将专有性的优势和权威扩大，变成不可替代的资源。来华留学尽管在一定程度上是基于投入成本和预期收益的理性选择，但实际上，外籍留学生并非追求绝对的低成本和高收益，而是根据自己的实际情况，在可接受的成本投入范围内，追求相对合理的收益。正如西蒙所说，人们追求的并非绝对理性，而是相对理性，即有限理性，"当前面临的任务是将'经济人'的全局理性替换为另一种理性行为，这种理性行为和组织在其所存在的环境类型中与实际所用的对信息的掌握和计算能力相容"③

---

①　Williamson, Oliver E. Transaction-Cost Economics: The Governance of Contractual Relations[J]. Journal of Law & Economics, 1979, 22(2):233-261.

②　转引自：王春光.移民的行动抉择与网络依赖——对温州侨乡现象的社会学透视［J］. 华侨华人历史研究，2002（3）：43-52.

③　西蒙,H.A.西蒙选集［M］北京：首都经济贸易大学出版社，2002：206

三、兴趣爱好

"国际教育并不意味着为未来职业所做的战略准备，而是获得兴奋、乐趣的机会，对生活规划和就业带来的责任的一种积极回避"[①]。与"国际学生"的普遍形象相反，英国学生并非出于"战略"关注的动机在海外学习。相反，他们寻求"兴奋"和"冒险"，并经常利用这一机会来推迟职业生涯并延长相对无忧无虑的学生生活方式。

出于兴趣爱好来华留学生的动机千奇百怪，有的出于"自我挑战"，2009年，葡萄牙留学生刘俊杰高中毕业，喜欢学习外语并选修过拉丁语和德语的他原本打算在这两个外语中选择一门作为大学本科的专业，就在此时，葡萄牙雷力亚理工学院的中文专业的招生宣传打动了他。"这个专业的培养方式是1+1+1+1，就是第一年在葡萄牙学中文，第二年去北京语言大学，第三年在澳门理工，最后一年回本校。这一模式与航海民族的探索精神非常契合，于是，我最终选择中文作为我的本科专业。"（190103BJ044，葡萄牙）

有的则出于对于异国文化的好奇。"作为欧洲人或英国人，我们对自己宗教已经没有什么信任的感觉，因为经过了这么长的时间，到处都是很多不好的现象，我们很难再觉得我们的宗教是值得的，没有什么人去信任它。如果很长的时间里我对自己的东西不怎么感冒，我就很喜欢国外的。中国的情况同样是这样的，现在中国人年轻小孩，你跟他们讲阴阳五行，他们会觉得你怎么还会学这些，这种反应，但他可能会很向往学外国哲学或者什么的，因为他不带有那么多的文化的痕迹，不带有那么多文化基因。所以大家都有同样的需求，都希望接触一些更高尚的东西。现在越来越多的人从别的文化中找到这种东西，其实也是一种好奇，可能是对异文化的好奇。"（190522BJ059，英国）

---

① Johanna Waters & Rachel Brooks.Accidental achievers? International higher education, class reproduction and privilege in the experiences of UK students overseas[J]. British Journal of Sociology of Education, 2010. 31:2, 217–228.

有的则是对于异国制度的好奇。"我第一次来中国是高中的时候，2010年高中。对。还是学习，我觉得中国这种国家特别有意思，它和一些欧洲的国家特别不一样。后来我在俄罗斯上大学，做国际教育比较的研究，我就想看看中国是怎么国际化的？我发现比如说中国国际学校虽然用国外的模式，但是他们把这个模式改变，然后让他适合本地的要求，所以这种过程很有意思。"（190926BJ023，俄罗斯）

通过以上三个案例我们可以看出，许多欧美国家的留学生选择来华留学是出于一种兴趣爱好动机，动机的产生大多源自对于异质文化的好奇，他们选择来华留学可能经过深思熟虑（如宋珍妮），也可能只是一时的头脑发热（如刘俊杰）；可能是为了解决一个小问题（如尤利娅），也可能出于对人生"大问题"的追问，总而言之，"差异是宝贵的"，他们来华留学根本的原因是对于差异的好奇。

四、情感卷入

推拉理论对社会因素的考量，呈现了社会网络中"嵌入"（embeddedness）的信息和资源如何影响外国留学生选择中国，却往往忽略社会网络中"卷入"（involvement）的情感因素对于留学生的影响。情感卷入的影响一方面以"代际继承"的形式展开，新中国来华留学的历史可以追溯到1950年（详见第二章第四节），第一代留学生见证了新中国建设时期的筚路蓝缕，也投身于社会运动时代洪流，第二代留学生则乘着改革开放的东风而来，感受到中国经济的迅速崛起，社会生活的日新月异，他们的留学生涯与中国的社会变迁交织在一起，变成一种特别的生命感受，这一生命感受也常常会在家庭生活中传递下去，对他们的后代产生极大影响。哈萨克斯坦留学生莉娜之所以选择来华留学，正是受他父亲的影响。

"我的父亲1968年毕业于北京师范大学，毕业后他开始从事汉语和哈萨克斯坦语的翻译工作。儿时记忆最深的莫过于书房里父亲伏案疾书的背影，那时他总是很忙碌，晚饭后就会回到书桌上不停写作，随着我渐渐长大，看着书架上署有父亲名字的书越来越多，我也逐渐明白父亲的工作。父亲参与编辑和翻译的作品一直陪伴我成长至今，父亲对北京的热爱，对汉语的热爱也深深影响着我。就这样，在2012年，我怀揣着对北京的向往来到了北京攻读汉语国际教育硕士。"（190925TJ035，哈萨克斯坦）

韩国留学生徐慧云同样是"留学生二代"，他的父亲曾在北京大学留学生，毕业后在北大工作多年，他读博士的时候，她随父亲来中国读小学，当他去北大工作时，她随父亲来中国读高中，大二那年，他的父亲不幸去世。对于她来说，来华留学不仅是一种传承，也是她缅怀去世的父亲、找回共同回忆的一种方式。

"我非常喜欢在中国生活，尤其是在北大学习，这里有很多小时候的回忆，我还记得有一次在未名湖上滑冰，那时冰不够厚，我还摔倒了，现在想起来印象还是深刻。北大很多的老师都是我父亲的同学，我现在的中国导师还留着我父亲跟他一起读书时候的照片呢。"（190111BJ014，韩国）

这种薪火相传的中国情缘在来华留学史上屡见不鲜，作为首批来华留学生的罗明（后为罗马尼亚驻华大使）和萨利娜夫妇，他们的女婿和女儿也选择来华留学，后来分别成为驻华大使和文化参赞①。除了"传递的"情感因素，"生成的"的情感因素同样是解释来华留学动机的重要机制，这一类型的故事通常以"因为遇到他/她，我才……"开头，以"如果没有他/她，我不会选择来华留学"结尾，亲情、友情、爱情都可能是联结中国缘分的重要催化剂：波兰学生图安曾在美国留学八年，获得了西方哲学的硕士和博士学位，他在美国读书的时候认识一个中国朋友，正是这位朋友改变了他的人生轨迹，让他对中国产生了兴趣，并开始学习中文。

"他是研究生，我记得他是来自四川的，好像是重庆的，是攻读博士，是物理系的老师，他对很多东西非常感兴趣，非常想了解西方文化，而且他本来也非常喜欢中国古老的一些知识，同时也想多了解一些古代的欧洲思想，然后为了了解这些东西，他开始学拉丁语。然后那个时候正好我是拉丁

---

① 北京大学.燕园流云［M］.北京：北京大学出版社，2010：5-17

语老师，我的工作范围基本上是给（美国的）本科生上课，所以那个时候正好给本科生上拉丁文课，他来了。他说他不想报名，但是很感兴趣，希望旁听，然后我们这样说来说去就发现有一些共同语言，然后他开始教我汉语和文言文，我教他拉丁文和古希腊语。我们去咖啡店，就是校区的一个咖啡店，每周一至两次见个面，互相学习是这样开始。后来我的中文越来越好，我发现我也越来越喜欢中文，所以就选择去中国继续学业。"（190927BJ060，波兰）

西班牙留学生路易的中国情缘则始于友情，成于爱情。若干年前，正在西班牙读本科的路易邂逅了他现在的妻子，那时她以交换生的身份前往西班牙学习一年，在这一年的他们互相帮助对方学习自己母国的语言，随着交换生涯的结束，他的妻子回到了中国，为了能长远地生活在一起，路易更加努力地学习中文，并一直寻求来华留学的机会。最终路易成功申请到了心仪的学校和奖学金，并和她的爱人在中国结婚。

五、文化寻根

中国是一个拥有漫长移民史的人口大国，新中国成立之初，当时的海外侨胞就已达到1300-1500万人，其中85%的侨胞生活在东南亚国家[①]，庄国土在2006年的研究中认为"近30年来，中国向海外移民的数量可达到450万人以上"[②]，李明欢通过与各个学者联合研究，并基于各国官方统计数据测算得出"自20世纪70年代末中国改革开放到21世纪第一个十年止，源自中国本土的合法新移民数量总计约550万"[③]。这一庞大的华人华侨群体因各种原因离开中国扎根海外，但他们中的绝大部分并未放弃中国文化的传承，"虽然许多移民事实上在中国以外的地方安了家，但这并没有减少原先

---

① 庄国土. 华侨华人与中国的关系 [M]. 广州. 广东高教出版社，2001：282

② 庄国土. 近30年来的中国海外移民：以福州移民为例 [J]. 世界民族，2006，（3）：38-46.

③ 李明欢. 国际移民政策研究 [M]. 厦门. 厦门大学出版社，2011：288

语境的重要性：大多数人与其说是确定性地'离开中国'，还不如说是他们正在扩展劳动者和家庭之纽带的空间维度"①。随着中国国力的日渐强盛和对外政策的日益开放，很多华人华裔家庭的子女决定来华开启"文化寻根"之路。

印尼学生苏珊是第四代华裔，她从小就开始接受华文教育，先是方言（闽南话），之后又开始学习普通话，语言产生了一种身份认同，让她也对这种语言生根之国产生美好的想象和期待，在高中毕业后，她就申请来中国读大学。

"这也是我家人的愿望，他们希望我能'回家'看看，来到中国后我到祖先生活过的城市好多次，我能感受到身上流淌着的中国血液，我虽然是国籍上的印尼人，却是文化上的中国人。"（190531BJ047，印度尼西亚）

印尼学生苏琴同样是第四代华裔，她的祖籍是在广西。在她生活的印尼村落，邻里基本上都通过客家话交流，很多中国文化的传统得以保留和延续，在她看来，来华留学不只是为了学好中文，更重要的是一份深沉的文化情愫。

"我其实有一种梦想（哭），我对中国很有感情，其实像咱们现在学里面有不少都是有华人背景，但是像他们这样的留学生（包括华人）完全不会去想我是有中国人的血统。我跟他们不一样，来中国学习有一点寻根的感觉。"（190923SH051，印度尼西亚）

与代际上远离中国的三、四代华裔不同，一代和二代移民通常都十分清晰的中国文化记忆，他们选择来华往往是因为难以融入移入国。美国学生杨晓天很小就随父母移民美国，但是异国的环境并没有让他快速地入乡随俗，反而激起了他对中国文化强烈的热情。虽然一直生活、成长、求学于美国，但他对中国传统文化的热爱程度甚至高于普通中国人，他的来华求学申请书骈四俪六，让评审老师将这位不到三十的美国青年误以为成了生活在"文化飞地"的耄耋老者。

---

① 孔飞力.他者中的华人［M］.南京.江苏人民出版社，2016：5

"我家祖籍江苏宜兴，前清咸丰同治年间，洪杨倡乱，生民涂炭。当时我的六世祖年纪还小，幸免于难，从打长工做起，勤俭持家，经过几代人的不懈努力，在我高祖父这辈时，家境已十分兴旺了。祖父是学校老师，后来虽屡遭挫折，未遂其志，却保留了知识分子的本质。我幼秉庭训，在书香中长大，手不释卷，高二时偶购司马君实《通鉴》一部，爱不释手，通读多遍，以至于荒废学业，此后逐步读诸正史及上百种专史、杂史，尤好理学。美国大学图书馆藏有大量汉语资料，我最爱读古籍，我校没有的就从别校图书馆转借。"（引自美国留学生杨晓天的申请表）

斐济学生吴晶晶的父母1997年来到斐济创办成衣厂，厂子的生意日渐兴隆，他们也决定留学在斐济生活，出生于斐济的中国家庭让她饱尝成长的烦恼。她的父辈为了改善生活流动到斐济工作，当资本积累到一定程度，产生了移民的想法，最终在异国扎根。作为在斐济出生的第二代移民，她既受家庭带来的中国文化影响，又受教育产生的斐济文化影响，两种文化相互冲击，两个代际隔阂渐生，随着异国和祖国生活环境的变化，她产生了落叶归根和寻根的愿望，最终决定通过来华留学的方式，回到父母年轻时代生活的地方，帮助自己找寻归属感。

"我觉得好跟坏两面都有，好的一方面相对说可能我会我觉得我的思想会更开阔一些，是因为在不同的地方都生活过，我觉得我比较能够理解各个文化的人，想事情的方式包容性会更强一些；但是不好的一方面我会觉得我比较欠缺归属感，我会觉得我既不是斐济人，然后也不是中国人，就有时候会感觉挺找不准自己的定位的。"（190923SH053，斐济）

韦伯将人的行动归结为四种理想类型，即"如同任何社会行动一样，社会行动也可以由下列情况来决定：目的合乎理性的，即通过对外界事物的情况和其他人的举止的期待，并利用这种期待作为'条件'或者作为'手段'，以期实现自己合乎理性所争取和考虑的作为成果的目的；价值合乎理性的，即通过有意识地对一个特定的举止的——伦理的、美学的、宗教的或做任何其他阐释——无条件的固有价值的纯粹信仰，不管是否取得成就；情绪的，尤其是感情的，即由现时的情绪或情感状况；传统的，由约定俗成的习惯"①，以往对来华留学动机的研究大多从目的合乎理性的角度出发，忽视了价值的、情感的、传统的影响因素。对于这些因素的考量，将研究带入一个历史的维度，拓宽了理论的解释路径。

第五节　机缘巧合？实践理论的一种解释

流动到底是个体主动的自由选择，还是要在结构压力下不得不做出选择？这种选择是基于理性的决策还是情感的驱动？大部分学生更喜欢用"机缘巧合"来回答选择留学中国的原因，"机会"代表留学生通过来华留学而对未来生活的规划与憧憬，"缘分"则代表留学生既往生命历程与中国的邂逅和重叠。无论是个体理性选择抑或感性选择的理论，还是结构推拉理论，都在一定程度上为来华留学提供一种合理解释机制，那么如何弥合结构和行动之间的二元对立？布迪厄的实践理论为我们提供了一个综合的视角。

在布迪厄看来，场域（field）是一个客观的社会结构，惯习（habitus）则是一个主观的认知结构。两种结构在契合的情况下，行动者会自然而然地遵循一种"实践感"来行动（le sens pratique），按照时间"实践感"行动并不是完全按照规矩一板一眼地行动，而是建立在"历史经历"和"未来憧憬"下的当下抉择，是一种在"紧迫性（urgency）和经济必需条件（economic necessity）的约束、模糊性以及总体性"的选择②，是"在各种外在约束（它们往往为选择留下了可塑性非常大的余地）和各种性情倾向（它们是各种经济和社会进程的产物）之间的关系之中来寻找，即要到结构和惯习的交织作用中来理解实践"③。

来华留学作为一种跨国流动，受两个国家在文化、社会和经济场域相互

---

① 马克斯·韦伯.经济与社会.下卷［M］.北京：商务印书馆，1997：56
② 杨善华　谢立中.西方社会学理论.下卷［M］.北京：北京大学出版社，2006：164
③ 杨善华　谢立中.西方社会学理论.下卷［M］.北京：北京大学出版社，2006：162

作用的影响，即传统移民理论中的推力和拉力模型，中国与留学生母国在不同场域推拉角逐中的相对优势，将对该国/该群体/该个人形成一种吸引的势力，而相对劣势则变成一种推力。推拉结合的最终结果与留学生对中国场域的惯习倾向相契合，即共同促成了流动的产生。反之则留学生将选择留在母国或前往其他场域与惯习匹配的国家。

各国之间文化软实力相对大小可以视为彼此之间推拉博弈的结果，与此同时，不同国家留学生的文化惯习对于中国文化场域具有不同的"选择性亲和力"（affinité élective）①。如果用中国本土的词汇描述这一亲和力，可以视为"缘分"。"缘分"往往存在于选择之前，而在选择之后才被人们感知。几乎没有留学生是在完全缺乏"中国印象"的情况下选择来华留学，这种"印象"既可能是童年时期偶然听过并产生好感的中国歌曲、也可能是传承百年的中国血缘的认同；既可能由真实在华生活经历带来的体验和感受，也可能仅仅是对古老文明的憧憬和想象。它们或多或少、或深或浅地嵌入在每个留学生的生命历程中，形成一种"'积淀'于个人身体内的一系列历史的关系"的"惯习"②，当在面临各种可能性的时候，这种寄居在身体内部的倾向被重新激发③。如果将不同国家粗糙划分为四个文化圈层，不同文化圈层与中国文化场域的文化距离影响两种文化"结缘"的可能性，由强及弱分别为华人圈（想象的文化共同体）、亚洲圈、非洲圈、欧美圈。留学生文化惯习（主观结构）与中国文化场域（客观结构）最契合的状态表现在行动（实践）动机上，即对中国文化的"寻根"。

留学生所处经济场域与中国经济场域的推拉结构和经济惯习对中国经济场域的契合程度构成了行动的另一极。在经济全球化的今天，人们对另一

---

① D.罗宾斯，李中泽.布迪厄"文化资本"观念的本源、早期发展与现状［J］.国外社会科学，2006，（3）：36-42.

② 皮埃尔·布迪厄，华康德，布迪厄，等.实践与反思：反思社会学导引［M］.北京：中央编译出版社，1998：17

③ 皮埃尔·布迪厄，华康德，布迪厄，等.实践与反思：反思社会学导引［M］.北京：中央编译出版社，1998：23

个国家的经济认知与其在世界舞台中展现的"硬实力"是高度契合的。也即是说中国与留学生母国的经济实力对比即形成了结构上的推拉结果（客观结构），这一结果与学生经济惯习对异国经济场域的认同情况（主观结构）也高度同构。因此，从经济实力的国际对比来看，中国经济场域对于经济实力相对落后的亚非国家留学生的吸引力远高于欧美国家。对亚非国家的留学生来说，迅速崛起的中国市场意味着丰富的"机遇"和"机会"，而相对低廉的经济成本和相对高的教育回报，共同驱动着大批对中国知之甚少、落后地区的留学生怀揣梦想，远渡重洋，期待在中国"展翅高飞"。我们把这一极留学生的行动（实践）动机特点概括为"振翼"。

"当今的现代化并不意味着代表理性和权利的个人主义绝对战胜了集体身份及其可以承载的激情和被再创造的传统。反而言之，现代化也不是传统或者群体的回归。它更多的是两个领域之间产生的张力，一边是代表着理性和权力的个人的严苛要求，另一边是代表着激情、信念和传统的团体诉求"[①]。来华留学动机同样也表现出"激情"与"理性""传统"与"权力""根"与"翼"之间的张力，而在两极之间——一边是"寻根"的期盼，即依存于身体之中的感性意识和性情倾向行动，另一边则是"振翼"的渴望，即追求目的实现的机遇以实现个体社会位置的上升——外国学生来华留学的动机往往是好奇与热爱、成本与收益、主动与被动的综合体：中国与各国社会场域的推拉交织分解为或近或远的中国的社会关系和或强或弱的中国的社会网络对留学生个体的影响，亲密的关系（如重要他者（significant others）曾经的旅华、留学、工作、生活经历）倾向于将自己对中国的热爱与情感传递给对方，让他们对中国满怀陌生又熟悉的故土怀恋（情感卷入）；疏远的关系（如来自遥远东方的神秘邻居）则将神秘传递给对方，为他们型塑憧憬又好奇的东方想象（兴趣爱好）。

亚洲地区的学生在"寻根"和"振翼"的双重引导下，来华留学的需求

---

① 米歇尔·维沃尔卡，王鲲，黄君艳，等.社会学前沿九讲［M］.北京：中国大百科全书出版社.2017：154.

最高，从本章第二节中可以看出，亚洲地区来华留学生规模始终占据各洲首位，且占比一直高达60%以上；非洲地区虽与中国文化距离较远，但随着中国经济近年以来的高速发展，这一地区的学生来华寻找发展机会的需求越来越强烈，2009–2018短短十年间，非洲地区留学生增长最多（2018年人数相较2009年翻三番），增幅最快（年均增长率23%），从2009年的第四大来源地区跃居为2018年的第二大生源地区；欧美地区与中国文化距离和经济实力差距相对适中，这两大地区留学生规模也处于各洲中位，发展相对平稳。来自这些地区大部分留学生来华的目的既非出于"寻根"的希冀（华裔除外），亦非来自"振翼"的盼望，他们留学的主要动机是介于两者中间的"好奇""兴趣"和"情感"。

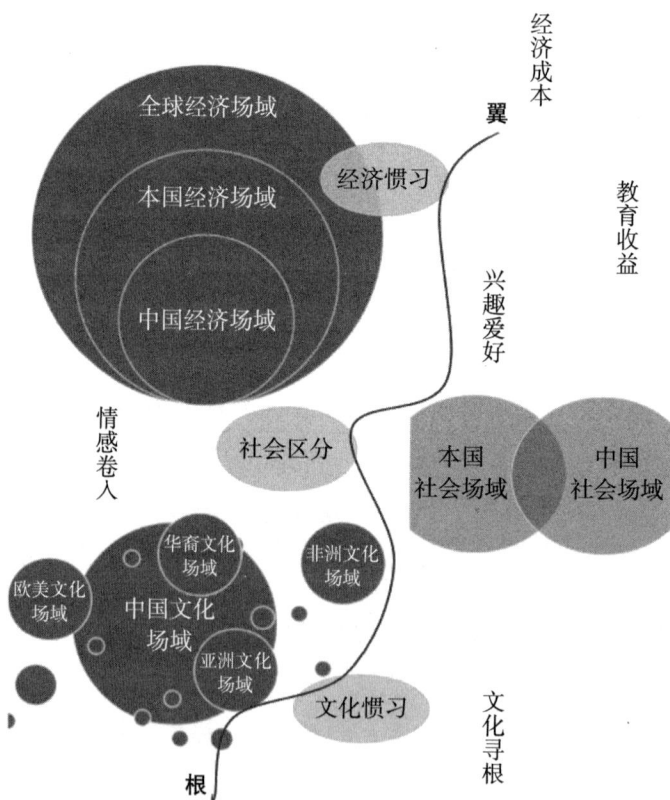

图3.12 外国学生来华留学动机

第四章

中国留学组织场域三种制度形态

第一节 科层制的留学生行政管理系统

韦伯将分工明确、依规行事、等级森严、去人格化的制度"理想型"归纳为科层制，并将其作为基于法理权威的现代理性组织的特点[1]。绝大部分中国公立高等学校与行政机关具有隶属关系[2]，具有与政府机关相似的组织机构，依赖规章制度统筹规划和职能部门的分工协作，侧重于对留学生的规制性管理职能[3]，呈现出明显的科层制特征[4]。"教育部负责来华留学工作的宏观管理。省级教育行政部门按照属地化原则负责本地区来华留学管理工作。来华留学教育机构依据法律法规和规章制度，负责本机构内来华留学人员的日常管理和服务……各地教育行政部门是本地区来华留学的主管部门，协调同级外事、公安、财政、人力资源和社会保障、卫生等部门，相互配合、各司其职，形成政府各部门和来华留学教育机构之间权责明确、分工合理、决策科学、执行顺畅、保障有力的管理工作机制"[5]。它们共同组成以中央政府–教育部/省教育厅–高等院校–留学生管理部门为主的纵向威权治理体系和以

---

① 马克斯·韦伯，康乐，简惠美.经济行动与社会团体［M］.桂林：广西师范大学出版社，2004：76

② 徐东，王永和.高校多重隶属与政府分立管理［J］.现代教育管理，1999，000（003）：10–11.

③ 黄大卫.来华留学生教育管理新举措［J］.江苏大学学报（高教研究版），2005（03）：79–81.

④ 李立国.为"科层制"正名：如何看待科层制在高等教育管理中的作用［J］.探索与争鸣，2018，No.345（07）：89–95.

⑤ 教育部.留学中国计划［EB/OL］.2010–09–21. http://www.moe.gov.cn/srcsite/A20/moe_850/201009/t20100921_108815.html

教育部门、公安部门、外交部门、移民管理部门为主的横向分工治理体系[①]，高等学校留学生管理部门无疑是整个治理链条的基础，以学科体系划分的各个学院、外事处（国际交流合作处）、留学生办公室、招生办公室、学生处、学位办、研究生院及后勤部门等共同协作连接纵横两个体系，并通过规制性制度（法律法规、校规校纪、学籍档案、签证居留、奖学金制度等）将留学生规范于校园中并进一步整合进中国社会[②]。

　　中国高校的主要的留学生管理系统可以进一步分为强调留学生群体特殊性及资源整合重要性的"整合式"管理模式和强调中外学生权利相同、义务相同、责任相同的"趋同化"管理模式（详见第一章第三节），概而言之，"整合式"管理模式是中国高校早期管理留学生的通行模式，由专设的管理或教学机构（留学生办公室或国际教育学院）统筹协调全校留学生招生、管理、培养等事务；20世纪90年代末，"趋同化"管理模式作为一种创新管理思路被提出，并在部分高校践行[③]，这一模式旨在转变管理思路，中外学生被纳入相同的管理体系中，由各个学院承担留学生管理和培养的主体责任，其他行政部门依照功能分工协同参与管理。近年来，这一模式作为改革思路不断出现在正式文件中，如：2010年教育部《留学中国计划》提出"积极推动来华人员与我国学生的管理和服务趋同化"；2018年教育部《来华留学生高等教育质量规范（试行）》再次强调"要推进中外学生教学、管理和服务的趋同化"。在制度环境"合法性"机制（legitimacy）驱动下，大部分学校也逐渐推进留学生趋同化改革，通过"制度趋同"（本校中外学生管理制度趋同改革），完成"组织趋同"（各个学校实行相同的留学生管理模式）[④]。

　　①　教育部留学基金委官方网站"留学中国"关于"在学须知"部分明确规定"国际学生在华行为将受到中国人民共和国有关外籍人士的法律、当地法规、以及校纪校规的三层约束；当地出入境管理局、公安派出所和在学院校共同承担对学生的管理责任"详见：https://www.campuschina.org/zh/content/details10025_122392.html

　　②　教育部留学基金委.在学须知［EB/OL］.留学中国.

　　③　高英学.关于来华留学生教育管理对策的思考［J］.中国高教研究，1998（06）：64-65.

　　④　周雪光.组织社会学十讲［M］.北京：社会科学文献出版社，2003：97

在韦伯的理想型中，科层制拥有理性、高效等多重光环，但是经验的研究告诉我们，科层制并非静态的功能模型而是动态的博弈模型，在这个模型中，携带着不同权利、资源的行动者影响了科层制纵向体系上下互动和横向体系彼此协调，可能引发制度的意外后果，导致旨在整合的制度设计反而产生了区隔，此部分拟通过留学生整合式管理模式和趋同化管理模式两个案例探索规制性的整合制度对留学生的影响，并探索一种新的管理模式的可能性。

第二节 单位制的留学生后勤管理系统

与欧美国家围绕大学建城的模式不同，中国的高校呈现出高度组织化和功能一体化组织／制度特征。中国高校的留学生后勤管理系统，由留学生公寓、餐厅、图书馆、校医院、留学生社团等多样化组织构成，为留学生提供了功能一体化的生活空间和公共空间，确保留学生生活、学习、社交等种种需求可在学校内完成，并受学校相关部门的管理和监控。在这一制度设计中，学校不仅仅是为留学生提供知识和技能提升的学习／工作平台，而且是其生活方方面面的资源依附平台。这些特征非常类似于单位制的治理模式，一方面它通过各种规范性制度"给予他们社会行为的权利、身份和合法性……代表和维护他们的利益，控制他们的行为"[①]，另一方面，它通过食堂、宿舍、校医院、教室和图书馆、文体设施、自组织社团等机构和制度安排满足留学生饮食、住宿、医疗、学习、娱乐、社交等"各种需求"。

"中国的大学和德国的大学很不一样，德国大学没有那么大的校园，而且没有这么多人。北大的校园却像一个小型城市一样，有食堂、有超市、有

---

① 李路路，李汉林.中国的单位组织：资源，权力与交换［M］.杭州：浙江人民出版社，2000.3

咖啡厅，还有饭馆儿，真是应有尽有。"（冯力，德国）①

"学校既像扩大版的家，又像缩小版的社会……在这里生活非常方便，早上从宿舍出门就能看到食堂，有课的话出门左转就到了教室，没课的话我会右转到咖啡店看会书，偶尔我也会去图书馆。学校有好几个超市，还有书店、体育馆、游泳馆。学校到处都是中国学生，还有很多各个国家来的留学生，有很多社团和组织，我在入学的时候就能选择，社团经常组织文化活动，能体验中国文化，还能找到好朋友，我想我可以不用出门就能在这里生活一辈子。"（190103BJ044，葡萄牙）

随着留学生数量的增多，高校留学生公寓的供不应求，越来越多的留学生出于隐私保护、住宿价格、文化习惯、融入社区、深入体验中国文化等需求的考虑，选择在校外住宿②：在北京望京、广州小北等地区都出现了一定程度的留学生聚居情况。面对这一情况，部分学者认为留学生在校外住宿难以及时了解校内信息，并存在住宿安全、非法租赁、聚居违法等风险，导致留学生管理难度的提高；部分学者通过对美国、英国、法国、德国、日本、埃及等国家情况进行了全面的考察，认为校外住宿是国际通行做法③，通过这种"社会化"的管理模式，可以降低了学校的管理成本，有利于打破过去留学生一切活动都在校内进行的封闭式管理模式④，促使他们更好地了解中国社会和中国人的生活方式，有利于其更加全面地理解中国文化、融入中国社会⑤。

除了居住时空的区隔，我们的调查发现，留学生与中国学生就餐的时空也存在区隔。在中国乃至整个东亚文化中，饮食不仅是维持人体能量的一项

---

① 北京大学对外汉语教育学院.我眼中的中国：2018北京大学留学生演讲文集［M］北京：外语教学与研究出版社.2019：22

② 吴斌.外国留学生校外住宿的管理问题研究［J］.才智，2018，（21）：50.

③ 胡乃麟.来华留学生校外住宿问题分析［J］.中国校外教育：下旬，2013.

④ 李盛伍.浅析外国留学生校外住宿的管理［J］.中国人民公安大学学报：社会科学版，1995（4）：37-39.

⑤ 侯桂英，陈丽华.浅析外国留学生校外住宿现象和对策［J］.武汉纺织大学学报，2007，020（011）：80-83.

活动，同时也是加深社会交往的一种方式①，认同这一文化的留学生也常常将此作为与中国学生加深交往的策略手段。

"食物是可以促进人与人之间的沟通。如果你想跟一个人交朋友，邀请他一起吃饭是个很好的办法。吃饭的时候，我们可以放松地谈话，从而增进对对方的了解。在中国吃饭的时候，基本上都是大家团团围坐，共享一席，有一种团圆，美满的气氛。"（酒井智成，日本）②

中外学生对于学习空间不同的功能需求导致了场所选择的区隔：大部分留学生都存在学习的语言障碍和教育体系适应困难，他们更期待与中国学生通过交流、请教、补习的方式进行课下学习，因此需要选择可以交流的、"开放的"空间；与此相反，中国学生的课下学习一般通过自我练习和强化的方式完成，因此更需要选择安静的、"封闭的"空间。戈夫曼将互通达性（mutual accessibility）促进两个群体相互团结的重要元素，而互通达性存在的重要基础在于开放区（open regions），即"紧邻的地方，如酒吧、鸡尾酒会或餐车"③。咖啡店可以看作社会交往相对开放的区域，而与此相反，图书馆和自习室是拒绝社交的封闭空间。

中外学生在学习时间分配上同样存在差别。几乎所有参加访谈的留学生，尤其是学历生，都认为中国学生在学业投入的精力和时间是他们无法想象的，也给他们造成巨大的压力，避免这一压力的最好方式就是"去一个没有中国学生的地方学习"。

"我觉得最大的一个差异，或者说是来中国不是特别适应的地方就是中国学生的学习太努力了。他们学习能力和学习速度，我们拉丁美洲人觉得没必要。拉丁美洲是个很喜欢享受生活的一个民族，我们会特别考虑休闲的，因为如果不休息的话，明天就更不能学习了，感觉中国人的这种娱乐（活

---

① 马瑾.中西方饮食差异的文化内涵及社会外延.沈阳工业大学学报：社会科学版，2011，4（4）：377–380.

② 南京大学海外教育学院.汉韵悠扬、中国印象：南京大学外国留学生征文作品集［M］内部文件.2012：29

③ 戈夫曼，公共场所的行为：聚会的社会组织［M］北京：北京大学出版社，2017：132

动）少一点。在古巴，晚上9点上课是不可能的，就像工作上我们也很少加班，说是5点结束就到5点，该走就走，不管什么样工作，也不管有没有做完，或者学习有没有完成，就该走就走。但是到这边就有不一样的，我妈妈经常说'你周六晚上9点在图书馆干嘛？'，我说'要学习没办法，这边你如果不努力的话那就落后'，现在慢慢也习惯了。"（190927BJ062，古巴）

社会团体（student society）是学生社交的重要平台，以往学者通过对留学生社团组织的考察，认为留学生自组织社团实现社会化管理的重要组成部分，同样有利于降低学校管理成本[①]，加强中外学生的交流和互动[②]。实际上，由于需求的不同，中外学生组织和参与的社团往往功能差异很大，通过调查研究，我们将留学生组织、参与的社团大致可以分为四类，分别是：由中国学生发起组织的具有准行政性的管理机构（如班委、团委）、由留学生发起组织的具有地区性的联谊组织（如越南留学生老乡会、韩国研究生协会）、由留学生和中国学生共同发起组织的具有志愿服务性的机构（如国际交流协会）以及由中国学生或留学生发起具有娱乐性的社团（如篮球社、足球社），四种类型的组织因制度和结构的正式化程度不同，分别可以视为正式的等级化组织、半正式的自治性组、织志愿性组织以及非正式的俱乐部组织。

第三节　师徒制的留学生教学管理系统

根据留学生来华目的可分为非学历生和学历生，非学历生以学习汉语为目的，一般纳入各校的国际教育学院或中文学院，根据其汉语水平的高低分为不同班级进行培养和管理，每个班级设立辅导员[③]，既负责留学生行政管理

---

① 张莉莉，邵伟，黎氏秋罗.高校留学生参与社团活动的现状及对策［J］.高校辅导员学刊，2012（02）：55-59.

② 黄佳静，李育球.大学社团对来华留学生跨文化适应的意义——以浙江师范大学中非学生交流协会为例［J］.世界教育信息，2015（22）：57-61.

③ 李勇.也谈来华留学生"辅导员"工作［J］.法制博览，2012，000（011）：277-278.

和日常生活管理，也进行授课和专业指导，这一模式有助于留学生汉语水平的提高，但由于与中国学生接触机会过少，不利于其融入①。学历生以来华攻读学位为目的，根据学位种类和级别的不同，可分为专科生、本科生、硕士研究生和博士研究生，其中专科和本科级别的留学生通常与同专业的中国学生编入同一班级上课，由班级的班主任负责管理工作②。班主任仅负责行政工作，不负责教学。研究生因其研究方向多样且人数较少，学校通过实施一对一导师制和团队导师制③，并辅以院系管理制，对其学业进行管理④。何正英对于留学生导师制度的考察认为，导师是留学生培养系统中的重要主体，是推动其培养质量提升的关键要素⑤。导师不仅是留学生学业的指导者，更是其在华期间接触最频繁、关系最密切的师长，对留学生有着"全方位影响"，并对其心理上、文化上对中国社会的融入起到了极大的推动作用。

西方高校导师制由15世纪初的威廉·威克姆首创⑥，20世纪70年代末中国将这一制度初步引入，在20世纪90年代开始小范围尝试，并于2006年作为高校研究生培养的主导模式在全国范围的高校内进行推广⑦。但是引入并在中国广泛推行的导师制并非西方模式的完整复刻，而是演变成具有中国特色的师徒制。中国教育体制中的师徒制源远流长，在儒家构建的"天地君亲师"的伦理体系中，师徒关系是一对重要的、拟亲式的伦理关系（fictive

---

① González Motos, Sheila. Friendship networks of the foreign students in schools of Barcelona: impact of class grouping on intercultural relationships [J]. International Journal of Intercultural Relations, 2016, 55:66–78.

② 李润生.谈来华留学生班主任工作的原则与方法 [J].文教资料, 2009（3）：173–174.

③ 代红伟.亚洲来华留学生"文化休克"现象的根源及其对策研究——以南昌航空大学为例 [J].江西青年职业学院学报, 2015（1）：81–83.

④ 姚晓群，郭丽，赵海涛.高校来华留学生导师制的构建模式与制度保障 [J].教育教学论坛, 2016（5）：13–14.

⑤ 何正英.趋同管理背景下来华留学生思想教育工作问题及对策 [J].学校党建与思想教育, 2018,（14）：78–79

⑥ 周宏林.牛津大学与它的导师制 [J].复旦教育论坛, 2005,（04）：2

⑦ 康小珊，宫照军.论以科研为主导的导师负责制的内涵及其完善 [J].学位与研究生教育, 2011,（3）：18–21

kinship relations），所谓"一日为师终身为父"。Zhou 和 Lapointe 通过对比中西制度，认为中国师徒制与西方导师制最大的区别在于师徒制能带来一段长期的、稳定的互动关系[①]；傅春晖、渠敬东认为师徒制带来一种"非正式、情境化、微观的"互动机制[②]；周雪光则将其视为一种资源与权威生产和再生产的机制[③]。总而言之，中国高校的师徒制不仅是一套知识和技能的继承和传递制度，更是卷入情感、权威、利益的互动制度，目前对于教育领域的师徒制研究相对较少[④]，对于留学生的相关研究更处于空白阶段。

一、师生关系：部落型师门和家庭型师门

与学校或使馆创建或由学生自发成立的正式组织不同，师门是私密的、人员流动性低的非正式组织。师门很少有明文规定，师生之间的互动通常参考沿袭而来的惯例和习俗等非正式制度，这些非正式制度同时"规范、调节组织成员的个体行为，使得个体在行为、态度、价值观等方面保持高度的一致性"[⑤]。导师作为师门的领袖，他的个人风格往往决定师门内部的交际模式、交往频率及程度[⑥]：性情温和、凝聚力强的老师，学生之间相对容易形成松散的学术共同体；相反，严肃认真、凝聚力弱的老师，同门更容易成为学术合作者，而非朋友。在良性的师门互动中，学生会不自觉以导师为榜样，模仿导师的学术风格和为人处世的方式，形成特有的组织风格和文化——"门风"。林杰、晁亚群通过对北京高校的研究生调查研究，归纳了四种师门的

---

① Zhou A J, Lapointe M, Zhou S S. Understanding mentoring relationships in China: Towards a Confucian model[J]. Asia Pacific Journal of Management, 2018, 36(2):415–444.

② 傅春晖，渠敬东.单位制与师徒制——总体体制下企业组织的微观治理机制［J］.社会发展研究，2015，000（002）：P.1–21，242.

③ 周雪光.组织社会学十讲［M］.北京：社会科学文献出版社，2003：279–282

④ 郑瑾瑜.中国师徒关系的变迁过程及其社会建构［J］.现代交际，2017（18）：175–176

⑤ 林杰，晁亚群.师门对研究生发展的影响——基于非正式组织理论的质性研究［J］.研究生教育研究，2019，000（005）：1–8.

⑥ 毛忞歆.领导风格对组织创新的影响机制研究［D］.武汉：华中科技大学，2008.

组织文化风格，分别是：部落式、家庭式、散养式和科层式，四种文化风格的特征如图4.9[①]。

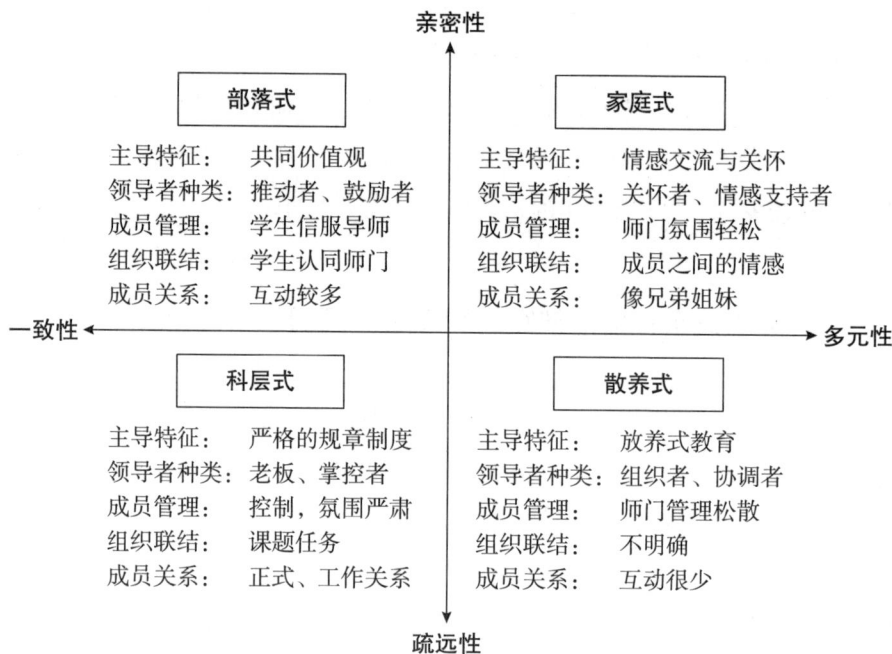

图4.1　四种师门类型（林杰、晁亚群，2019）

在我们的调研中发现，留学生眼中的师门同样存在不同的类型，"散养式"和"科层式"是少见的两种类型。由于留学生群体的特殊性，大部分导师对于他们的学习能力存疑。李海生、龚小娟对34所中国高校2372名导师的调查问卷显示，过半导师认为留学生生源质量不佳，54%的导师对其指导的留学生总体水平不满，49.2%的导师认为留学生的专业基础欠佳，71.3%的导师认为学生的汉语能力不足以完成学业[②]。因此，一方面，为了确保留学生能顺利毕业，导师即使对中国学生实施"散养"政策，也要对留学生予以

① 林杰，晁亚群.研究生师门组织文化类型与特征的混合研究［J］.高校教育管理，2019，013（006）：35-44.

② 李海生，龚小娟.来华留学研究生教育中的生源问题及对策分析［J］.学位与研究生教育，2017（8）：32-37.

"特殊照顾"；另一方面，导师极少将分配给留学生学术任务，既不会给他们太多压力，也不会对他们有太多期望。

大多数留学生眼中的师门与"部落式"和"家庭式"类型相仿。"部落式"是留学生接触较多的师门形式，这类师门互动多以学术研究为导向，读书会是交流的主要形式。韩国学生的硕士和博士在同一个导师的指导下开展，在他看来，师门读书会对他留学这几年的学业和社会交往都起到了极大的帮助。读书会虽仍以"读书"冠名，但实际上活动内容不限于研读某篇著作，它是导师与学生们见面、互动、交流的主要方式，是师门组织显化的"微型场域"[①]。

"我的师门一直有读书会的传统，每月举办一次，由导师主持，所有他的硕士和博士，甚至已毕业的学生如果有时间都会赶来参加，一般有20人左右。每次读书会之前导师会提前指定每次读书会的主讲人，主讲人确定要分享的题目后会提前一个月告知大家，主讲人分享后，大家一起参与讨论。我前一段时间刚刚完成一次主讲，分享作品是钱钟书的《围城》，一共有三个部分，每个部分结束后，导师会点评，然后同学们也参与讨论，那场读书会持续了近5个小时。我在留学的4年以来一共参加过38场这样的活动，读书会对他帮助很大，我的硕士论文就是在读书会上找到的灵感，在大家的帮助下形成完整思路的。"（190107BJ002，韩国）

读书会是以导师为核心非正式的等级化组织，对等级化组织权力的集体赞同是权力合法化的关键[②]，"一个群体通过招募已经在社会中建立起声望的行动者的方式，来提高集体的团结和名声。群体通过赋予特定行动者以认可，期望着这些行动者能够认同群体，并准备在今后与群体的其他成员进行交换"[③]，这在师门活动中表现为对于导师和同门前辈的尊敬以及自我展示的

---

① 王杨.个体化背景下社会公共性培育的微场域——基于利群读书会的观察研究［J］.人民论坛，2015（21）：158-160.

② 彼得·M.布劳，布劳，李国武.社会生活中的交换与权力［M］.北京：商务印书馆，2008：300.

③ 林南.社会资本：关于社会结构与行动的理论［M］.上海：上海人民出版社，2005：156.

谦卑。但是，不熟悉场域规则的外来者有时会不经意间破坏这一规则。美国学生戴安德在师门的表现，让同为留学生的萧艾嘉惊叹不已。

"我印象里戴安德就参加过一次读书会，给我印象比较深刻，我觉得他很犀利。他做报告的时候，可能因为他刚过来他也不了解这里的情况，他就会不断地问'你们听得懂吗？'，可能他是想表达类似是英文的'you know, you know'的一个口头禅，但是翻译到中文语境就比较有点冒犯的感觉，就让我感觉他是真的想问我们听得懂吗？他可能是有一些现代文学的专业的东西或者论文他不确定我们了不了解之类。反正整场活动大家都感觉不舒服，后来他也再没有参加（师门活动）了。"（190111BJ013，马来西亚）

家庭式师门不仅是留学生获取资源重要的重要渠道，更加特别的是，他们在师门中"获得情感关怀"。在印尼学生苏星和越南学生林翠琼眼中，师门活动分别给他们带来了这样的体验。

"我的老师不仅会关心我的学业，每次见面他也会关心我的生活情况。老师每年会组织两次家庭聚会，邀请他所有的学生到家里吃饭。我们国家不会这样，我在硕士的时候也有导师，可能更多的是在学习方面主导，就不会那么去关心你生活方面，而且也没有一个就像师门的东西。这个好像也是挺有意思，比如说（师门的同学）不仅仅是你的同学，可能有一些是上一届的，或者是还有一些已经工作了，甚至都会聚在一这样的一个师门里，我不知道是不是在别的国家也有这样？……怎么说呢，有家的感觉。对我们来中国在这里一个人，我觉得对自己的情感方面也是一种支持，如果没有这个可能就会觉得就很孤独或者是什么。"（190926BJ020，印度尼西亚）

"老师像父母一样，同学们就既是朋友，又是兄弟姐妹。"（190102BJ082，越南）

导师作为这个"家庭"最重要的角色，扮演家长的角色。在巴基斯坦学生大力眼里，他的导师对他"如师如父"，2017年他的导师在国外因意外不幸去世，对他造成了沉重的打击。"导师去世后我有半年时间几乎没办法继续研究了"，原来向巴基斯坦的大学承诺3年拿到博士学位的计划也不得不延迟了一年，导师不仅在学业上关心他，在生活上也经常照顾他。

"他一周两次请我们到他家，然后他做饭给我们……他走（出国）之前，19号，他21号去世的，19号要去澳大利亚，那一天我接到他的电话，他以前从来不给我打电话，都给我发短信，他只有那个时候给我打电话，然后跟我说'大力你在干嘛？'，我说'我在睡觉'，他说'你快点过来，我给你认识师母和我儿子'，我问他在哪？他说就在学校后面，我说老师我要洗澡，他说不用不用，都是家人。结果到了他家见了他的家人，我出来的时候，导师跟我说：大力，我不在的时候也要好好学习，好好看书。两天以后就听到了这个消息……现在我还会经常去师母那里，帮她做饭。我还是不相信他走了，真希望还能在他经常走的那条路上遇到他……"（190102BJ040，巴基斯坦）

部落型师门和家庭型师门是两种抽象组织的理想型，部落型师门是一种"强耦合结构"，即"过分紧密的网络或权利高度集中的网络"，家庭型师门则类似于"强脱耦结构"，是"一片散沙或分裂出多个圈子的结构"，前者缺乏了多元、创新和演化的能力，后者则缺乏动员、集体行动的能力[①]。现实之中的师门组织往往不是非此即彼，部落型师门并不意味着导师完全不关心留学生，而只是相对而言更加注重提高留学生的科研能力；家庭型师门也不意味着"读书会"等学术活动的缺乏，而是指导老师注重与学生情感互动，希望给予背井离乡的异国学子家庭的温暖。

在中国，师生之情常常超越了简单的职业角色关系，既包含由于等级不平等而产生的距离感（"敬"），又包括由于拟亲属化而产生的亲切感（"爱"）。师生文化源远流长，可以追溯到先秦时期孔子"仁"的思想。在孔子看来，对不同人的情感是有等差之别，等差的距离在于"推己及人"中的"人"与"己"的"社会距离"，亲疏远近、长幼辈分都是判断"等差"的依据。家庭关系是建立在血缘基础上的，家庭成员间的关系位于"等差"最近的距离，使之具有最亲密的情感，"孝"是家庭关系的基本互动原则。将

---

① 马克·格兰诺维特.镶嵌：社会网与经济行动［M］.北京：社会科学文献出版社，2015：180

"孝"的原则推而广之，衍生出对乡中长辈的"弟"、对于朋友的"信"、对于上级的"忠"[①]、对形形色色社会个体的"仁"[②]。外在社会关系的内在化、差序化、情感化就形成了中国社会基本的互动原则和社会结构特征，费孝通、梁漱溟和周飞舟分别将其概括为"差序格局""伦理本位"和"家庭本位"。费孝通认为"中国乡土社会以宗法群体为本位，人与人之间的关系，是以亲属关系为主轴的网络关系，是一种差序格局。在差序格局下，每个人都以自己为中心结成网络。这就像把一块石头扔到湖水里，以这个石头（个人）为中心点，在四周形成一圈一圈的波纹，波纹的远近可以标示社会关系的亲疏"[③]；梁漱溟提出"就家庭关系推广发挥，以伦理组织社会"[④]；周飞舟则认为"一个人的伦理责任、道德义务及至生命价值都以他与家庭的关系为基础建立起来的"[⑤]。对于缺乏这一文化背景的留学生而言，似乎很难理解师门组织中这种兼具家庭组织亲密感和职业组织距离感的复杂情感。

即使形成了这种情感认同，留学生对于"师"与"父"的角色认同同样存在差异，我们调查发现，由于文化背景的不同，部分欧美留学生与导师和师门的互动中追求是一种"合作式"而非"家庭式"的关系，同时也希望彰显自己能力的"独立性"而非对导师的"依赖性"。在这种情况下，留学生的导师也常常出于对异国文化的包容或对留学生特殊语言和教育优势的认可（如对某种语言精通，可以帮助导师完成翻译工作；或对某种前沿的理论文献比较熟悉，可以参与到导师的研究项目中），愿意接受相对平等的互动模式。

"我和导师的关系是一种研究者之间的合作关系，是一种平等的关系，

---

① "子曰'君子之事亲孝，故忠可移于君；事兄悌，故顺可移于长；居家理，故治可移于官'"《孝经·广扬名》。

② "弟子入则孝，出则弟，谨而信，泛爱众而亲仁。行有余力，则以学文"《论语·学而》

③ 费孝通.乡土中国　生育制度［M］.北京：北京大学出版社，1998：24

④ 梁漱溟.乡村建设理论.第2版［M］.上海：上海人民出版社，2011：56

⑤ 周飞舟.行动伦理与"关系社会"——社会学中国化的路径［J］.社会学研究，2018（01）41-62.

我参加他的团队的项目，他们负责数据的分析和论文主要部分的撰写，我则把这部分美国前沿的理论增加进去，并且负责论文的翻译和联系美国期刊发表。"（190108BJ028，美国）

"他（导师）给我一个任务是我们把这个学科国际化，所以他说我先把一些他的论文，就他的理论框架翻译到英文，我现在已经开始翻译了；我们还会一起发文章，我们先找一个国际学刊，然后确定（发表文章研究的）方向，就是我的研究方向，但是利用他的材料，然后一起互相都有帮助，我感觉科学交流是非常好的，我们基本上一个星期在一起开会一次，然后每一次给我下个星期的任务。"（190924BJ032，瑞士）

但也有很多欧美学生能够感知并理解两者之间的差异，愿意入乡随俗，以师门为契机，模仿中国人的交往模式，体验中国文化。

"我感觉外国老师可能比较像一个朋友，可以直接称呼名字，不用说姓氏，比如prof XX，就会直接说话，也会一起喝酒，一起出去喝咖啡，所以你感觉交流起来可能距离感没有那么强；但是中国的老师会很威严，你日常交流会也不能直接叫他的名字，我认识的中国老师，会把学生批得很厉害，尤其中国哲学方面的Y老师，他经常把学生们骂哭。"（190522BJ059，英国）

"我觉得在国外不一样，特别是硕士的时候，我们会开始写论文以后才选我们的导师，所以我们的研究生和导师没有像这里的亲密的关系，我觉得挺有意思，因为这样我觉得进步会更大更快，真的。"（190926BJ016，意大利）

美国学者苯尼迪克他的经典著作《菊与刀》比较了日本人与西方人对家庭和父亲依赖性的不同，可以作为这一现象的脚注。"在日本，儿子完全长大之后，还会依赖父亲，这种依赖关系会延续很长时间，比美国的时间长得多。但是，由于他们深深意识到家族的延续性，他们不会预感到羞耻，而在西方国家，儿子如果这样依赖父亲，一般都会感到羞耻"[1]。

---

① 露丝·本尼迪克特.菊与刀［M］.哈尔滨：北方文艺出版社，2015：206-207.

二、生生关系：拟亲化互动和例行化互动

师门除了是导师培养学生的非正式组织，还是留学生与中国学生建立联系的重要途径，留学生与中国学生在课堂交流机会很少，随着年级的增长，仅有的课堂交流机会也会随着固定的课程安排而减少，相反，师门带来一种长期、稳定的交流机制。

"组织这么一个集体可能大家互相之间就有那种学习的自觉。大家互相交流，可能本身就能帮助大家解决这个问题，一定要通过交流才会有新的发现和想法，当你自己说的时候，就是一些中国的学生们也会比较认真去听你的分享，对，因为老师也会去问他们的意见，或者让他们帮我看这些材料什么的，他们大家都是很认真，因为我们都是在互相帮助，比如说他们写作一些东西，我们可能要互相看，我们也要参加跟他们一起讨论他们的选题什么的。"（190531BJ047，印度尼西亚）

"我们师门一周一次午餐会，然后两周一次读书会。老师不会每次都参与，但是对于我来说是跟同门交流很好的机会。你在这里面提一个问题，可能大家会帮助你解答，或者是别人提问题的，我也会帮他想，然后一块讨论的会有这样。如果遇到资格考、（论文）开题什么的，我会当众提出自己的想法，老师给完意见后，我还会问一下大家有没有其他意见什么的。"（190606BJ029，美国）

师门组织风格的差异同样会导致师门同学间相处模式的不尽相同。马来西亚留学生曾静参与过硕士和博士两任导师的师门会，两个师门风格迥异：硕士的师门聚会往往是比较轻松的活动，互相之间交流的话题多与生活有关，比较利于建立私密关系；博士的师门聚会主要讨论学术问题，加之导师也会参加，更多会形成一种有压力的工作氛围。

"硕士的导师对学生的凝聚性比较强，经常一起吃饭，还会出去玩。新的师门的氛围比较不一样，大家各自有各自的生活，比较少会一起出去玩，只是每个礼拜有读书会。只是读书会见面，一般没有私下的互动……读书会一般是读一些古代小说，比如最近一次是《聊斋志异》的第一卷，所有的人

都要提前读，老师也会读。读书会的时候老师会先提问一些问题，引发大家讨论，大家自由发言，一般两个小时。读书会每两周举行一次，固定在周四晚上6点半到8点半，除了目前在读的学生，有的已经毕业的学长也会来参加，人数大概在10-12人，读书会整体并不轻松，结束之后大家都很累，就各自回去了。"（190107BJ001，马来西亚）

在工具取向的部落型师门中，师生之间交流的主题主要围绕学术问题的开展，缺少个人色彩的话题互动，"为了确保稳定地获取社会资本和显示互惠性，互动被例行化了"[①]，留学生很难直接与同门形成平等、私密的情感性关系，而更易形成以互惠互利为原则的工具性关系。与此同时，在非正式的等级化师门组织中，工具性关系还表现为一种不平等的权威结构。布劳提出可以通过类别参数与等级参数确定个体在社会结构中的位置[②]，两类参数通过导致社会结构的异质性和不平等，异质性导致水平分化，指的是人口按照类别参数在各群体间分布；不平等导致垂直分化，指的是等级参数所表示的地位分布[③]。在师门组织中，成员资质（硕士还是博士，已经毕业还是在读）可以视为类别参数，而入门先后顺序和成员所持有的各种资本（经济资本、社会资本和文化资本）质量则可作为等级参数。

相反，在情感取向的家庭型师门中，学生之间更有可能追求一种长久而稳定的情感性关系，以"满足个人在关爱、温情、安全感、归属感的情感方面的需要"[④]。同一导师指导下的学生根据入学时间不同通常使用师兄（弟）、师姐（妹）这样拟亲式称呼，是一种"泛家族化"的文化传统[⑤]。名义带来的责任让中国学生在与留学生交往过程中扮演相关角色，"当一个人在扮演一

[①]　林南.社会资本：关于社会结构与行动的理论［M］.上海人民出版社，2005：138.

[②]　类别参数包括：性别、种族、宗教、种族联盟、氏族、职业、工作地、住地、工业、婚姻状况、政治联盟、国籍、语言；等级参数包括：教育、收入、财富、声望、权力、社会经济背景、年龄、行政权威、智力。

[③]　布劳.不平等和异质性［M］.北京：中国社会科学出版社，1991：116

[④]　黄光国.面子：中国人的权力游戏［M］.台北：巨流图书公司，1988：7-8

[⑤]　储小平.中国"家文化"泛化的机制与文化资本［J］.学术研究，2003，000（011）：15-19.

种角色时，他必定期待着他的观众们认真对待自己在他们面前所建立起来的表演印象，他想要他们相信，他们眼前的这个角色确实具有他要扮演的那个角色本身具有的品性，他的表演不言而喻也是圆满的"①。

"我在师门的年纪是最大的，也有工作经验，可是我还是会按照传统称老师的学生为师兄。他不会叫我师弟，会直接叫我的中文名字，他真的会很关照我，帮我解释文言文，帮我改论文，真的像哥哥对弟弟的那种照顾。"（190111BJ012，日本）

在传统儒家文化中，这种社会期待进一步转化为社会义务和伦理规范。《礼记》梳理了十种规范化的社会角色和社会关系，分别为鬼神、君臣、父子、贵贱、亲疏、爵赏、夫妇、政事、长幼、上下②；孟子提出"五伦"，"使契为司徒，教以人伦：父子有亲、君臣有义、夫妇有别、长幼有序、朋友有信"（《孟子·滕文公上》）。五伦也成为"儒家认定人生总离不开的五条大道"③；荀子认为人之所以可以建立社会（群），在于区分类别（分），设定角色，并按照角色要求（义）进行互动，"人，力不若牛，走不若马，而牛马为用，何也？曰：人能群，彼不能群也。人何以能群？曰：分。分何以能行？曰：义"（《荀子·王制》）。瞿同祖也认为"伦"的划分就是为了制定差别性的行为规范，以达到"名位不同，礼亦异数"④。

"其实我就是分不清要不要跟师姐师兄说'您'什么的。小时候上小学的时候跟学长、学姐都直接叫名字，现在我觉得学长他们经验都比我多很多，然后就会犹豫要不要用'您'来称呼。我感觉称呼'您'的话就可能会有一点距离感，但是朋友之间就应该以'你'来称呼。……然后在中国遇到

---

① 欧文·戈夫曼.日常生活中自我呈现［M］.北京大学出版社，2008：15

② "夫祭有十伦焉：见事鬼神之道焉，见君臣之义焉，见父子之伦焉，见贵贱之等焉，见亲疏之杀焉，见爵赏之施焉，见夫妇之别焉，见政事之均焉，见长幼之序焉，见上下之际焉。此之谓十伦"《礼记·祭统》。

③ 敏文杰.儒家"五伦"思想和刘智"五典"思想之比较［J］.回族研究，2007，000（001）：32-36.

④ 瞿同祖.中国法律与中国社会［M］.北京：中华书局出版社，1981：285-286.

同学的时候来不及问他的年龄，但是我觉得他们懂得很多，为了表达我的尊敬，我还是会称呼他们'学长'或者'学姐'。韩国也是这样，不过只是一开始会叫，在关系亲近就会换掉，我会比较快地适应这种文化，有些欧洲同学可能会觉得有点奇怪"（190926BJ018，韩国）。

年资较长的同门通常具有较大话语权，如果他是"积极的行动者"，会在常规的师门互动之外创造更多的互动机会，也会给严肃的学术交流之外创造相对娱乐、放松的沟通环境。

"硕士的时候有个师兄也比较积极，经常拉大家一起出去玩。所以目前我的中国好朋友基本上都是硕士的同门。"（190107BJ001，马来西亚）

师门中学生的研究方向同样也影响互动模式：高度一致的研究方向，会使留学生和中国同学的交流话题聚焦在严肃的学术探讨，形成相互较量的竞争关系；相似但不同的研究方向和共同的学习经历，留学生与中国学生更容易发展为彼此交心的伙伴，形成互帮互助的共生关系；而如果研究课题完全不同且并无交集，留学生与中国学生的互动则偏向相对轻松的话题或娱乐性强的活动，双方的关系也易演化为"藕断丝连"的松散关系，这种关系结构也意味着更多元互动的可能性[①]。

"我的师门一共有10位同学，其中跟我一届的两个女生都是我硕士的同学，我跟他们都是做中外比较文学，平时我跟她们关系也最好，有什么学习上的困难也会找她们帮忙。"（190111BJ013，马来西亚）

"这种休闲活动反而是容易促进大家的感情，所以可能上课或者师门会也会认识很多中国同学，但可能交情会比较浅，就是没那么深入，你跟他们（中国学生们）接触的时间就是在工作的时间，所以这个时间之内你们也只能是谈一些学习的事，一旦到了这种非工作的时间，大家就都分开了，所以就不太会再聚在一块。"（190926BJ020，印度尼西亚）

---

① Weick K E. Educational organizational as loosely coupled systems [J]. Administrative Science Quarterly, 1976, 21(1):1–19.

第四节　留学组织场域的结构特征和制度特征

校园是一个自成一体社会世界（social world），在布迪厄看来，现代社会可以划分为相对自主的小世界，并称之为"场域"（field），从全球民族国家格局划分的角度来看，每一个民族国家都可以看成一个独立的大"场域"，跨国流动可以看作从一个大的"国家场域"到另一个"国家场域"的过程①；从国家社会系统功能划分的角度来看，每一所高等学校也可以看成一个独立的、小的组织"场域"②。无论到哪个国家留学，学校都是留学生的最终目的地，外籍学生从本国高校到中国高校留学可以视为从一个小的"教育组织场域"到另一个"教育组织场域"的过程。以往研究认为，学校通过规章制度和教职人员对留学生进行管理、协调、安置、培养，是帮助留学生更好地融入当地的校园生活和社会生活最重要的文化调节者③。中国招收外国留学生的历史最早可以追溯到20世纪50年代，早期的来华留学生多作为社会主义友国的外宾来华学习中国改革和发展的经验，高校几乎承担了留学生生活、教育、社交等一切社会功能，这一传统至今仍对留学生的管理具有深刻影响。中国高校的留学生的管理组织按照职能不同分为行政管理系统、后勤管理系统、教学管理系统三类④，分别由学校行政机构（行政人员）、多样化社会组织和学生团体以及教师学术团队（教职人员及学生）⑤，为留学生提供入学申

---

① 姜磊，苏长枫，戴烽.从场域—惯习理论看移民研究［J］.中外企业家，2009（16）：21-23.

② 张家军.论学校场域的本质、特点与功能［J］.重庆工商大学学报（社会科学版），2013，30（2）：151-155.

③ Sani, Serena. The Role of Intercultural Pedagogy in the Integration of Immigrant Students in Europe [J]. Procedia-Social and Behavioral Sciences, 2014, 122(2):484-490.

④ 杨立强；彭春；；浅析高校留学生管理工作中的问题及建议［J］；才智；2013年35期

⑤ 付科峰，FU, Ke-feng，等.文化差异下的来华留学生跨文化管理研究［J］.技术与创新管理，2014，04（v.35；No.156）：78-80.

请、学业咨询、签证指导、住宿安排、心理辅导、医疗保险、社团组织、学业规划、学术指导和培养等方面的支持和帮助。

"一个场域可以被定义为在各种位置之间存在的客观关系的一个网络（network），或一个构型（configuration）。正是在这些位置的存在和它们强加于占据特定位置的行动者或机构之上的决定性因素之中，这些位置得到了客观的界定，其根据是这些位置在不同类型的权力（或资本）——占有这些权力就意味着把持了在这一场域中利害攸关的分配的专门利润（specific profit）的得益权——的分配结构中实际和潜在的处境（situs），以及它们与其他位置之间的客观关系（支配关系、屈从关系、结构上的对应关系，等等）[1]。"本章主要考察以留学生为主的各类行动者在组织场域中扮演的角色和关系，以及他们在各个场域结构中占据位置，并重点关注留学生与各组织系统场域的主要行动者——学校的行政人员、教职人员以及学生间存在怎样的"客观关系"。

"一个分化了的社会并不是一个由各种系统功能、一套共享的文化、纵横交错的冲突或者一个君临四方的权威整合在一起的浑然一体的总体，而是各个相对自主的'游戏'领域的聚合，这种聚合不可能被压制在一种普遍的社会总体逻辑下，不管这种逻辑是资本主义的、现代性的还是后现代的。"[2]对场域考察，首先要了解其运作的逻辑和机制是什么？但是，为了打破涂尔干以降的社会学家对于制度和规则的强调，布迪厄的理论常常选择性地忽视对场域制度逻辑的考察，代之以玄之又玄的"实践感"（sens pratique）或"游戏感"（sens du jeu）[3]，Di Maggio 和 Powell 将布迪厄的场域理论引入到了组织分析之中[4]，认为组织场域是一群组织组成的社群，从事相类似的活动，

---

① 皮埃尔·布迪厄，华康德，布迪厄，等.实践与反思：反思社会学导引［M］.北京：中央编译出版社，1998.133-134

② 皮埃尔·布迪厄，华康德，布迪厄，等.实践与反思：反思社会学导引［M］.北京：中央编译出版社，1998.17

③ Pierre Bourdieu. Stratégies de reproduction et modes de domination[J]. Actes de la recherche en sciences sociales, 1994, volume 105, N° 1, p.3–12.

④ Wang, Yingyao. Homology and Isomorphism: Bourdieu in Conversation with New Institutionalism [J]. The British Journal of Sociology 67, no. 2 (June 1, 2016):348–70.

并屈从于相类似的声誉与规则压力之下，组织场域的结构化（structuration）导致组织的同质化，"高度结构化的组织场域提供了一个环境，在这个环境中理性处理不确定性和相关约束的个体努力，会在集合意义上导致组织在结构、文化以及产出上的同质性"[1]。他们的研究丰富了对场域中制度运作逻辑的解释，本文将迪玛奇奥和鲍威尔的研究进一步延伸到制度对个体行动的整合层面，将三种制度机制——即提供法律奖惩的强迫性机制（coercive）、提供共享观念的规范性机制（normative）和提供趋同激励的模仿性机制（mimetic），分别与行政管理的科层制、生活服务的单位制和学术培养的师徒制的运作逻辑机制一一对应，并结合斯科特对于三种机制的补充[2]，考察高校组织场域的制度逻辑如何影响留学生（见表4.1）。

表4.1　教育场域的三大系统以及对应的制度机制（斯科特，2010）

	规制性机制	规范性机制	文化–认知性机制
遵守基础	权宜性应对	社会责任	视若当然、共同理解
秩序基础	规制性规则	约束性期待	建构性图式
扩散机制	强制	规范	模仿
逻辑类型	工具性	适当性	正统性
系列指标	规则、法律、奖惩	合格证明、资格承认	共同信念、行动逻辑
情感反应	内疚/清白	羞耻/荣誉	确定/惶惑
文化符号	规则、法律	价值观、期待	范畴、典型、图式
合法性基础	法律制裁	道德支配	可理解、可认知的文化支持
组织类型对应	行政管理系统（科层组织）	后勤管理系统（单位组织）	教学管理系统（师门组织）

总体而言，行政管理系统是以"强制性机制"控制（regulate）留学生的

---

① Powell D M W. The Iron Cage Revisited: Institutional Isomorphism and Collective Rationality in Organizational Fields [J]. American Sociological Review, 1983, 48(2):147–160.

② W.理查德·斯科特.制度与组织：思想观念与物质利益 [M].中国人民大学出版社，2010. 2010：59–88

科层组织和"被动场域"。对于行政系统的各项要求，留学生必须遵从，没有讨价还价的权利。在这种情况下，如果这一场域的游戏规则并不考虑中外学生的异质性，以为中国学生"量身定制"的规定对留学生"一视同仁"，无论是否有助于留学生融入中国都极易造成其因惯习迟滞而产生各种不适；后勤管理系统是以"规范性机制"安置（localize）留学生的单位组织和"互动场域"。后勤系统为中外学生的互动增加了物理和制度的时空分割，这种分割既是避免中外学生冲突的"保护网"，也是阻碍中外学生的交流的"隔离罩"，不同于行政系统的"硬约束"，后勤系统的制度安排是一种"软约束"，在这种情况下，留学生既可以选择在"保护网"的庇佑下，拒绝深入中国社会，保持惯习的相对稳定；也可以寻求突破"隔离罩"，尝试融入中国社会，实现从制度到策略"（de la règle aux stratégies）的转变[1]；教学管理系统是以"模仿性机制"涵化（acculture）留学生的师门组织和"主动场域"。教学系统为中外学生的互动增加了制度性保障，推动留学生与中国导师和同门形成相对稳定的工具性关系或情感性关系，并促进留学生模仿中国人的行动和交往模式，体验中国文化。但是教学系统对留学生融入的促进同样没有强制性，而是一种与后勤系统方向相反的"软约束"，留学生可以选择参加师门组织的各种活动，也可以选择不参加或有所保留的参加。

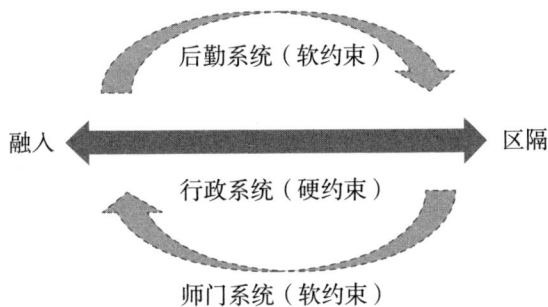

图4.6　教育场域对留学生融入的影响

---

[1]　皮埃尔·布迪厄，华康德，布迪厄，等.实践与反思：反思社会学导引［M］.中央编译出版社，1998.139

在布迪厄看来，场域既具有相对的稳定性和自主性，也具有灵活性和伸缩性①。因此，场域的边界并非固定不变的，中国高校对于留学生独特的制度设置，将学校与社会的"同构性"发展到了极致，"学校"和"社会"就像两个交叠的同心圆，留学生对于校园生活的印象和适应策略，同时会推及他们对中国经济、社会和文化的认同和融入，中国学校不同系统呈现的制度特点也在不同层面上影响留学生对中国各维度的认同与融入。我们将通过以下三章（第五章、第六章、第七章）分别考察留学生对于中国文化、社会和经济的认同情况，以及在三个维度的融入情况。

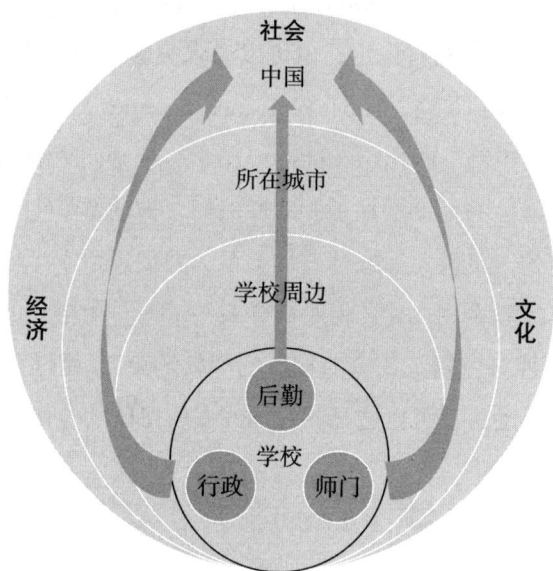

图4.7　留学生教育与生活场域的同构

---

① 杨善华.当代西方社会学理论［M］.北京大学出版社，1999.280–281

第五章

留学生的文化认同与融入

第一节　文化场域

布迪厄虽然关注种族文化差异和文化冲突问题，但是他的主要文化研究沿着阶级的视角展开。费孝通先生从跨文化交流的视角提出文化场域理论，在他看来，文化场域指的是"由中心向四周扩大一层层逐渐淡化的波浪，层层之间只有差别而没有界限，而且不同中心所扩散的文化场可在同一空间互相重叠。那就是在人的感受上有不同的生活方式，不同规范，可以自主地选择"[①]。对于来华留学生而言，学校是一个多元而包容的文化场域。在这个场域中，不仅有国际交流经验丰富的行政人员、学贯中西的专家教授、年龄相仿的中国学生，还有怀揣着相似留学梦想不远万里、负笈远渡而来的本国同胞和各国青年。与此同时，留学生公寓、餐厅和咖啡店都为留学生创造了一个缓解文化冲突的空间。但是，走出校园，留学生将面对一个更加复杂而广阔的文化场域，在这个场域中，他们将体验到地道的中国传统、习俗和风物，交往的对象往往是操着各地方言、缺乏国际交流经验、不同职业、不同年龄的中国人，一方面，文化场域的不同塑造了不同的文化惯习，两种文化惯习的差异大小将引发不同程度的文化冲击；另一方面，中国文化场域的"多元复合性"也极大程度上减缓了不同文化相互的碰撞，促进了彼此的交流和融合[②]。

---

① 费孝通.反思·对话·文化自觉［J］.北京大学学报（哲学社会科学版），1997（03）：15-22.

② 郗正.跨文化传播中的多元复合性［J］.社会科学战线，2015（7）：16-20.

一、文化圈层

英国学者Edward Taylor将文化定义为："包含全部的知识、信仰、艺术、道德、法律、风俗以及作为社会成员的人所掌握和接受的任何其他才能和习惯的复合体"[①]。不同民族的文化模式是由其全体成员对自身社会价值取向的普遍选择，以及这一普遍选择经长期演化形成的规矩、风俗、礼仪的模式，正是这种不同的选择形成不同文化的迥然相异[②]。德国学者格雷布和奥地利学者施密特创立文化圈（kulturkreislehre）理论可以看作根据文化的相关性和相似性对全球范围内的不同区域进行文化意义上的空间划分的最初尝试[③]，以此为基础的"文化传播理论"将文化圈的形成看作一种核心文化（文化发源地）向多种边缘文化（文化模仿地）长期传播及相互作用下形成的文化特质相对独特的五大文化圈，即东地中海文化圈、西亚北非闪族文化圈、南亚文化圈、东亚文化圈和中南美文化圈[④]。

不同文化圈层形塑了其成员的文化惯习，来自相同文化圈层的留学生感受到的差异相对较小，而来自不同文化圈层的留学生则会感受到更加明显的文化差异。

"韩国和中国很多风俗、习惯都是一脉相承的，我没有感觉到特别明显的文化差别，如果有的话，那也是很小的差别，比如说饮食习惯不同、与陌生人相处的态度不同。"（190111BJ010，韩国）

"中国人非常重视集体主义，但英国人却更加重视个人主义。这个差别可能在两国国民的日常生活习惯中最容易察觉到。在中国的酒店，进门一望，明亮的大厅里是一望无际的圆桌、跑来跑去的服务员以及人山人海的顾

---

① ［英］泰勒.原始文化［M］.连树声译（重译本），桂林：广西师范大学出版社，2005：1
② 苏国勋.全球化背景下的文化冲突与共生（上）［J］.国外社会科学，2003（3）：2-13.
③ 本尼迪克特.文化模式［M］.北京：华夏出版社，1987：3-4.
④ 史继忠.世界五大文化圈的互动［J］.贵州民族研究，2002，022（004）：21-28.

客。桌上的菜是大家一起分享的，酒是在高声的'干杯、干杯'之声中一杯一杯一起喝的。对于主人而言，一顿饭是否成功的关键之一就是他所请来的客人有没有吃得开心。然而，英国的饭店却相差甚远。一张桌子仅坐着几个人，在暗淡的烛光下各人吃各人点的菜，最后甚至AA买单。与中国人'以客为本'的思想相对比，此种习惯使得个人主义更加突出。英国人一般是这样想的：自己满意就好，干吗非叫对方客人多喝一点，多吃一点。我们都是大人啦，自己有什么需要可以自己去获得，不需要别人去给你倒酒夹菜……"（方佐俊，英国）①

即使同处中国，不同国家的留学生也更愿意与相同文化圈层的留学生交流，存在"文化抱团"现象。

"欧美的留学生更喜欢在一起交流，这种情况还是很普遍的，比如德国人或者比利时人他们都会讲德语，他们有时候可能还会用外语在一块读书。德国人几乎很少会用中文跟越南学生沟通……有些韩国人他们挺热情的，他们也是刚到这里读汉语的，除了你好谢谢之外什么都不会说，我也不会韩国语，很难沟通，但是见个面他们就会很热情地跟我打个招呼。"（200109SH036，越南）

不同的文化圈层之间存在相异的文化距离，若以中国为衡量区域文化距离的原点，与中国共处同一文化圈的东亚地区文化距离最近，与中国具有长期历史文化交流和互动的南亚地区和欧洲北美地区次之，非洲地区因与中国官方和民间文化交流和互动在1949年后逐渐频繁，因此文化距离相对最远。不同于"地理性的文化空间"划分，随着中国移民在历史和现代"自下而上的草根全球化"进程中②，逐步构建了规模庞大的"社会性（或族群性）的文化空间"，我们将这一空间称之为"华人华裔文化圈"。以往学

---

① 南京大学海外教育学院.汉韵悠扬、中国印象：南京大学外国留学生征文作品集［M］内部文件.2012：282

② ［美］阿尔君·阿帕杜莱.草根全球化与研究的想象力［M］//全球化.江苏：江苏人民出版社，2016：3.

者研究显示，受文化传承的影响，这一文化圈大部分群体保留了对于中国文化较强的认同①。

　　全球化推动了不同文化之间的交流和互鉴②，"全球相对分离的各个地域在共同想象上的'空间'中相互进行交流"③，也促进了各大文化圈之间相互接触、碰撞、渗透、交叉、调适、融合，彼此产生交叠的空间，组成新的文化模式④。根据区域和族群的文化圈层和文化距离，可以将不同地区的留学生划分为文化距离从近及远、文化差异由小到大的四类群体，分别为华裔留学生群体、亚洲留学生群体、欧美留学生群体及非洲留学生群体。在留学期间，四类群体的留学生同时处于母国和中国的文化场域中。其中，华人华裔留学生群体对中国的文化、国家、民族、阶级等多个维度均有不同程度的认同⑤，他们所处的两个文化场域交叠程度最高、文化惯习相差较小；通过第二章来华留学的历史钩沉可以看出，亚洲（唐宋以来）和欧美（明清以来）分别在由远及近的历史长河中通过互派留学生拉近了彼此的文化距离，促进了双方文化场域的彼此交融，亚洲地区留学生不仅与中国人具有相似的文化习俗，文化场域交叠程度较高，在语言文字上差别也明显低于"非汉语文化圈"的留学生⑥；欧美留学生所处的两个文化场域有所交叠，但异大于同；非洲地区则因与中国文化交流较晚，文化差异较大，文化场域交叠较少，来自这些地区的留学生也将面对更加严重的文化差异。

---

①　王赓武，林金枝.东南亚华人认同问题的研究［J］.南洋资料译丛，1986（04）：94-110.

②　邴正.全球化与文化发展［J］.哲学研究，1998（12）：12-16.

③　Hall.s，"New Cultures for Old"，D.Masy and P.jess,eds.，A Place in the world, oxford University Press, 1995, p.190.

④　左建宏，佘雅，李赛星.基于多元文化融合的来华留学生培养策略研究［J］.当代教育理论与实践，2015，000（007）：127-129.

⑤　王赓武，林金枝.东南亚华人认同问题的研究［J］.南洋资料译丛，1986（04）：94-110.

⑥　蔡燕.外国人中国传统节日认知与参与情况研究——以山东大学来华留学生为例［J］.民俗研究，2015（4）：148-160

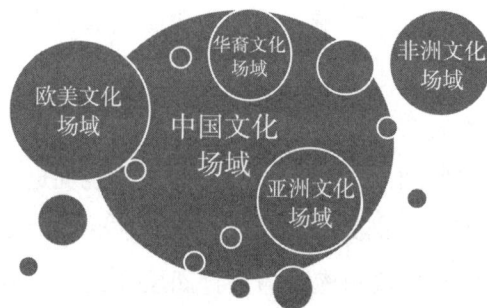

图5.1 中国文化场域与其他地区文化场域

二、多元一体

"当遇到新的文化时，特定的心理、社会和文化动态会发生，而这些行为动态在很大程度上是由文化的相似性和差异性造成的"[1]。一方面，正如前文所述，不同文化场域的结构性差异影响着场域中群体的文化互动；另一方面，不同文化场域的制度性特征同样对旅居者的认同和融入产生影响。

斯特劳斯在《忧郁的热带》中罗列了原始部落对待异族的两种政策倾向，分别是吞噬（anthropophagy）和禁绝（anthropoemy）[2]，前者认为"非我族类，其心必异"，只有通过消灭对方才能保证本族的安全，后者则通过掳掠，让对方成为自己的奴隶[3]。鲍曼认为这两种倾向同样适用于现代社会[4]，随着现代社会流动性的日益加强，"他者"无处不在，吞噬通过"容纳、吸收和吞没以终结或消灭他者的差异性"，禁绝则通过"监禁、流放或屠杀制造

---

① Adler P S. The transition experience: An alternative view of culture shock [J]. Journal of Humanistic Psychology, 1975, 15(4):13–23.

② Claude Lévi-Strauss. Tristes Tropiques[M]. Translation by John and Doreen Weightman. New York: Penguin, 1992, pp. 387–388.

③ 乐黛云，李经雄.跨文化对话（一）[M].上海文化出版社，1998：45

④ BAUMAN, ZYGMUNT. Life in Fragments: Essays in Postmodern Morality [M]. 1993. Oxford: Blackwell:163

空间上的隔离"，严格地区分"我们"和"他们"①。两种倾向在现代社会分别演化对不同民族文化的"同化政策"和"多元文化政策"。虽然"多元文化政策"是20世纪70年代后先后被欧美各国奉为主要的移民政策（详见第一章第二节），但随着欧洲政策的实践纷纷以失败告终，其政策内涵逐渐过渡为温和的同化主义，"任何多元文化政策都是有限度的，在某种意义上，多元文化政策只不过是温和的同化主义路径"②。同化政策与西方国家长期以来的"西方文化中心论""西方文化优越论""世界体系"和"文化霸权"的思想理念一脉相承。与西方文化政策和主张不同，"中华文化的包容性是一以贯之的"③，中国在漫长的历史长河中秉持对多元文化包容的政策，将不同的民族文化"经过接触、混杂、联结"整合为多元一体的文化场域④。

"中和位育"代表传统中国文化整合理念，"中和"指的是"文化宽容和文化共享"⑤。"位"代表秩序，"育"代表进步，"位者，安其所也；育者，遂其生也"⑥，"中和位育"指的是通过文化包容和共享创造文化秩序、促进文化进步。早在春秋战国时期，孔子就提出"和而不同""周而不比"和"有教无类"的文化辩证思想⑦；韩愈进一步发展了孔子的观点，认为"华"与"夷"的界限不是绝对的，他提出"华夷互变"，"夷狄而华夏者，则华夏之；华夏而夷狄者，则夷狄之……诸侯用夷礼则夷之，夷而进于中国则中国之"（韩愈，《原道》），华夷之辨体现了传统中国文化的包容性，韩愈所处时代宽容的留学生政策正是这种包容性最好的注脚（详见第二章第一节）。张博泉

---

① 齐格蒙特·鲍曼，鲍曼，Bauman, et al.流动的现代性［M］.上海三联书店，2002：302

② 刘力达.多元文化主义面临终结？（下）［N］.中国民族报，2011-09-02（8）.

③ 费孝通.中华文化在新世纪面临的挑战［J］.炎黄春秋，1999（03）：2-4.

④ 费孝通.中华民族的多元一体格局［J］.北京大学学报（哲学社会科学版），1989（04）：3-21.

⑤ 费孝通.创建一个和而不同的全球社会——在国际人类学与民族学联合会中期会议上的主旨发言［J］.思想战线，2001，27（6）：1-5，16.

⑥ 费孝通.想起潘光旦老师的位育论［J］.西北民族研究，2000（01）：1-2.

⑦ 子曰："君子和而不同，小人同而不和"《论语·子路》；子曰："君子周而不比"《论语·为政》；子曰："有教无类"《论语·卫灵公》。

指出在漫长的中国历史中，居于中原的华夏民族并没有消灭、吞噬、禁绝周边蛮夷戎狄的文化，而是采用包容、吸收、互鉴的方式最终逐渐形成一体的中华文化[①]。

"多元一体"代表现代中国文化整合的政策方向，面对全球化时代各种民族文化越来越频繁的接触，费孝通指出首先应该通过"文化自觉"形成中国文化的自我选择和认同。其次，要秉持"和而不同"的理念理解所接触的各种文化[②]，最后要对其他文化的精华和糟粕有所选择，即"各美其美、美人之美、美美与共、天下大同"[③]。对于不同国家和文化的外国留学生，习近平总书记在《给北京科技大学全体巴基斯坦留学生回信》指出"中国欢迎各国优秀青年来华学习深造，也希望大家多了解中国、多向世界讲讲你们所看到的中国，多同中国青年交流，同世界各国青年一道，携手为促进民心相通、推动构建人类命运共同体贡献力量"。中国文化的包容与开放也对留学生适应和融入中国社会起到了极大的促进作用。

"中国近年来在文化方面逐渐开放了，保持本国文化传统的同时也着重吸收国外的优秀文化，接受其他文化的渠道拓宽了，文化与娱乐生活也比以前更丰富，从而形成了新的文化特色。"（范秋妆，越南）[④]

第二节 文化认同

"个体从经验中学到，每一种文化及其伴随的价值观、态度、信仰和规范都是一个相互交织的结构，具有某种程度的内部凝聚力。因此，没有一种

[①] 张博泉."中华一体"论［J］.吉林大学社会科学学报，1986（5）：1-1.

[②] 费孝通.创建一个和而不同的全球社会——在国际人类学与民族学联合会中期会议上的主旨发言［J］.思想战线，2001，27（6）：1-5.

[③] 费孝通."美美与共"和人类文明［J］.科技文萃，2005，000（007）：58-65.

[④] 南京大学海外教育学院.汉韵悠扬、中国印象：南京大学外国留学生征文作品集［M］内部文件.2012：56

文化天生就比另一种文化好或坏，因为每一种文化都有自己独特的系统来处理存在的问题。没有一个单一的尺度来评定一个成功或不成功、好或坏的文化。因此，我们应该知道，所有的人，在某种程度上，都是受文化限制的；他们是他们所生活的文化的产物。每一种文化都给个人提供了某种认同感、某种行为规范以及某种在事物体系中的位置感"①。现代社会借助民族观念，形成了民族国家的文化认同，"国家成员超越了对于村落和家庭、地域和王朝的天生忠诚，建立起了一个新兴的集体认同。一个'民族'可以从他们共同的出身、语言和历史当中找到其自身的特征，这就是'民族精神'"②。在进入后现代社会，国家、民族、认同等概念"顺理成章地被放在全球化文化相关的关系上来处置……未来的趋向是，随着经济和文化风貌的跨国化的发展，它们可能日益侵蚀这些认同，不管是更好还是更坏"③。

作为游走于两种文化场域之间的流动群体，来华留学生感受着不同的文化差异，遭遇到不同程度的文化冲击。如果说文化冲击是察觉到两种文化的独特性及其差异的过程，文化认同反映了留学生在认知结构上对异文化的反馈。Berry将文化认同（Cultural identification）定义为"旅居者对异国文化的认同程度，即个体的情感、认知和行动与异国文化中多数成员相关方面相一致的程度"④，在实践理论的视域下，惯习与场域的契合程度决定留学生对中国文化的认同程度。

文化冲击并不一定给留学生带来失去文化认同的遗憾，而是既有可能被纳入大众文化产业的均质文化，也有可能"伴随着文化或宗教形式的再生产，还有流动、迁徙、去本地化、社会流动相关的新的文化形式的产生"⑤。

---

① Adler P S. The transition experience：An alternative view of culture shock［J］. Journal of Humanistic Psychology, 1975, 15（4）：13–23.

② 尤尔根·哈贝马斯.后民族结构［M］.上海：上海人民出版社，2002：81

③ 麦克盖根.文化民粹主义［M］.南京：南京大学出版社，2001：228

④ Berry J W, Annis R C, Acculturative stress: The role of ecology, culture, and differentiation, Journal of Cross–Cultural Psychology, 1974, 5, P382–P406.

⑤ 米歇尔·维沃尔卡，王鲲，黄君艳，等.社会学前沿九讲［M］.北京：中国大百科全书出版社.2017：58

面对中国的文化，来华留学生是追求入乡随俗还是特立独行？是选择求同存异还是和而不同？不同的选择也构成了不同的文化认同类型。

一、文化冲击

"社会行动者与世界之间的关系，并不是一个主体（或意识）与一个客体之间的关系，而是社会建构的知觉与评判原则（即惯习）与决定惯习的世界之间的'本体论契合'（ontological complicity）……一旦我们的惯习适应了我们所涉入的场域，这种内聚力就将引导我们驾轻就熟地应付这个世界"[①]。在布迪厄看来，异国的旅居者在进入陌生的文化场域中，如果其惯习与所涉入的场域不相匹配，就会出现"惯习迟滞"（habitus hysteresis），从而引发种种问题。布迪厄早期对于阿尔及利亚的田野调查就说明了阿尔及利亚当地居民文化传统与法国的统治政策不适所引发的各类社会矛盾[②]。跨文化研究学者将这一现象称之为"文化冲击"（culture shock），Oberg将其定义为"由于失去所有熟悉社交信号和符号而产生的焦虑感"[③]。

文化圈层和文化距离影响留学生遭受文化冲击的强度[④]。华裔留学生因其掌握中国文化及两国文化的差异的知识更为丰富，相对易于应对文化冲击的影响

"踏上中国的土地，我感到一切都是那样陌生，又是那样新鲜。中国有些习俗跟我生长的韩国还有我曾生活过的美国比较相似。"（安阿罗，韩国）[⑤]

首次来华留学的学生会经历明显的文化冲击，有过留学经历的学生，更

---

① 皮埃尔.布迪厄.实践感（人文与社会译丛）[M].南京：译林出版社，2006：22

② Bourdieu, Pierre, Trans. by Alan C. M. Ross. The Algerians [M]. Boston: Beacon Press. 1962:143-144

③ Kalervo, Oberg. Cultural Shock: Adjustment to New Cultural Environments[J]. Practical Anthropology, 1960, os-7(4):177-182.

④ 杨军红.来华留学生跨文化适应问题研究 [M].上海：上海社会科学院出版社，2009：39

⑤ 南京大学海外教育学院.汉韵悠扬、中国印象：南京大学外国留学生征文作品集 [M] 内部文件.2012：130

加驾轻就熟，与首次来中国的学生相比，具有来华旅游、探亲、留学、工作的学生，其经历的文化冲击的频率和强度往往相对较小、适应周期相对较短。

"第一次来中国留学非常痛苦。因为第一就是语言水平不够，我的汉语水平是非常低，别人说的什么我都听不懂，然后这边朋友们也不多，前三个月就特别痛苦。然后就是慢慢开始适应，找了一些中国朋友和他们一起交流，我也意识到很喜欢中文，一定要把中文学会，这也成了我当时留学的动力。第一年快结束的时候，我们整个班里有好几个留学生，我们大家都参加一个是HSK5级考试（汉语水平考试，5级相当于欧美语言标准C1程度，属于中文水平的中高级），然后他们都没通过，只有我通过了，我感到特别有成就感。那一年我汉语的水平提高非常大的，可以说是突飞猛进。"（190111BJ008，罗马尼亚）

文化冲击不仅由客观差异引起，同样因主观比较产生[1]，既有可能因为"差异"没有想象中那么大而窃喜，美国学生戴蒙凯对于中国的想象还停留在"破旧的村落、泥泞的道路、满街的自行车"，而当他来华后才发现中国科技如此方便、生活如此便利，之前的担忧完全是"杞人忧天"，对异国生活的畏惧感也随之烟消云散；松田美代留学之前对中国的印象完全来自日本媒体的塑造，来华留学则拓宽了她的视野，改变了偏见和刻板印象。

"日本电视新闻节目报道中国情况的时候常常强调不好的方面，比如说，中国游客不遵守规矩、说话声音太大太吵了、中国有钱人花太多钱什么的……电视节目几乎不报道一般中国人的生活和风俗习惯，只强调他们是'不能了解的外国人'，所以很多人受到这些报道的影响，对中国有偏见。"（松田美代，日本）[2]

文化冲击也有可能源于期待的落空，对于从小接受传统中国文化的教育的印尼学生李渔来说，来华留学是一场"取经"之旅，她抱着接受正宗文化

---

① 赵敬，隆莉.高校留学生在华生活的心理适应问题及其对策［J］.中华医学教育探索杂志，2008（02）：83-84.

② 北京大学对外汉语教育学院.我眼中的中国：2018北京大学留学生演讲文集［M］外语教学与研究出版社.2019：32-33

洗礼的目的而来，但当她发现有些中国学生对于传统经典的理解程度不及自己的时候，就陷入深深的迷茫和困惑中。

文化冲击总是伴随具体的事件出现，进入异国社会深度越浅，接触事务复杂程度越淡薄，出现文化冲击的可能性越小，从这一方面来看，中国"单位制"的制度安排就尽可能将学生"保护"在校园，避免学生与复杂的社会事务联系，继而减少文化冲击。

"学校里面的环境比外边好得多，平时一直在学校里面，所以是不太感觉到一种文化上的差异。"（181227BJ055，韩国）

西班牙学生南特来华留学已有半年，他的生活基本局限在公寓-食堂-教室"三点一线"间，对于他而言，中国和西班牙的生活并没有什么不同，他白天睡觉，晚上跟亲人聊天，即使时差对他的影响都可以忽略不计，完全生活在"欧洲"的"时空"中。

与此相反，越是深入探索，"发现"和"遭遇"文化冲击的可能性越大，韩国学生郑诣润是因为在中国旅游的美好经历才选择来华留学，但来华以后才发现求学和旅游全然不同。

"上个月对我来说是最辛苦的一个月，因为我那时觉得很崩溃。来中国留学太冲动了，这跟我所期待的留学生活完全不一样，我不知道我为什么在北京大学读预科，还有学历对我真的这么重要吗？我只是寻找合适的专业并认真学习专业知识就行，为什么还要学习中文呢？我这样每天苦熬着，最后我得到一个结论：原因就在于现在的我没有好好地、仔细地计划过自己的未来，才让我有这么多的烦恼。"[1]（郑诣润，韩国）

越深入中国社会，越可能遭遇文化习俗和禁忌，以色列留学生康年回忆起在中国的田野调查经历，多年在中国留学的经验让他明白喝酒也是一门文化。

"喝酒是拉近距离的一个方式，喝酒的方式同样存在各种'门道'。我在

---

[1]　北京大学对外汉语教育学院.我眼中的中国：2018北京大学留学生演讲文集［M］外语教学与研究出版社.2019：57

外国喝酒，一般都是第一杯大家碰杯，之后各自随意喝了。来了中国后我才知道，在宴席上喝酒，除非给别人敬酒或者被敬酒，是不能随便喝酒的。那次我们第一次碰杯后，我自己拿起酒杯喝了好几次，我感觉他们好像不太开心，可能是觉得我不尊重他们。"（181227BJ056，以色列）

长期的留学经历会改变留学生的文化惯习，造成"逆文化冲击"（reverse culture shock）。葡萄牙刘俊杰在中国完成本科最后一年的学业，并留在中国继续攻读硕士、博士，今年是他在中国留学的第八年，八年的生活已经让他"不知何处是他乡"。

"八年的（留学）生活对我来说，是一个不断调适平衡的过程，刚开始是一个很兴奋的阶段，后来可能慢慢也会有一些需要适应的方面，第二学期我很想家，后来就没觉得很难，现在我觉得有一种自相矛盾，到哪里都会有这种感觉，在这儿会想家，在葡萄牙会想中国，在中国又会想葡萄牙。"（190103BJ044，葡萄牙）

二、入乡随俗与求同存异

"文化同化"和"多元文化"是旅居者对于异国文化的两种不同认同策略。"文化同化理论"最早由美国社会学家Robert Park提出，他认为移民在经历文化冲击后，最终会选择放弃母文化而与当地文化融为一体[①]。"同化论"将移民的融入看作一个原生文化消解，与移入国主流文化趋同的过程。如果用布迪厄的实践理论来解释，同化意味着原生惯习随着场域的变化而完全改变，入乡随俗是文化同化的第一步。

"每个文化都有自己的生活方式，都有自己的规定。离开我的家乡喀麦隆，去别人的家乡，我在来的时候就已经做好入乡随俗的准备。如果你在中国大学遇到一个很随便的喀麦隆人，也就是说他在喀麦隆也很随便。"

---

① Park, Robert E. Human Migration and The Marginal Man [J]. American Journal of Sociology, 1927(06):881–893.

（190923BJ049，喀麦隆）

问卷结果显示，大部分（78%）留学生愿意接受中国的风俗习惯，但还远远无法达到"同化"的标准。一方面，由于未来选择的不确定性，留学生缺乏同化的动机。

"可以去适应，但是目前我自己还没有完全定下来的时候，我就觉得我还可以是这样子的（不深入适应中国的模式），如果你自己是想以后在中国发展，可能会更愿意去适应一下它的这种生活模式或者思维模式。如果你现在其实还没想好的话，可能就是更多地保持自己的一种方式，就先把生活方面给安顿下来，然后才能好好地去做其他事情，而且像我有这么多国家（生活）的经验，本身也会更倾向于就不要变来变去。"（190926BJ019，马来西亚）

另一方面，即使希望长期在华发展，也难以完全改变在母国形成的文化惯习。

"我在中国生活了10多年了，不会说是同化成一个中国人，但考虑问题的时候有一方面也有中国人的那种思维方式，怎么说呢？更多的可能是融合在一块。"（190107BJ006，韩国）

基于以上两点，完全被中国文化同化的留学生少之又少，笔者在随同留学生前往陕西文化考察期间，遇到当地的一名土耳其留学生，他穿着一身军绿色大衣，头戴雷锋帽，肩挎"为人民服务"布包，操着一口流利却微带陕西口音的普通话。在向我敬酒的时候，他故意压低了杯沿，说了一套非常经典的中式祝酒词。据当地人介绍，他出身于土耳其的高官家庭，因一些原因无法回国，他从本科开始在中国留学近十年，现在已是X大学中国文学专业的博士生。他在中国建立了自己的微博，拥有8000多名粉丝，他的微博简介是"一位流浪者"。

"从我入学开始，同学和老师就很友好，非常照顾我，这对一个初入陌生国家的'外国人'来说无疑是幸运的。我曾在大唐西市博物馆看到一尊人物雕像，文字介绍说这位波斯人曾在西安做过官。我想，古时就有外国人来中国，甚至还当了官，这说明西安的友好、包容与开放由来已久。现在的西安，也张开怀抱迎接着外籍留学生……我常说'西安就是我家'。西安老乡这么多年关心我、支持我，让我没有一点'外国人'的感觉。现在我已和这个城市融为一体了。"（190103BJ083，土耳其）

犹太裔美国学者Horace Kallen最先提出"族群多元文化主义"（cultural pluralism）的概念，他认为移民的融入应呈现出一种多样化、差异化特征，美国须在政策和制度层面上承认不同族群间"差别"，这才符合独立宣言和宪法平等的思想，这一观点成为多元主义的雏形①。多元文化主义认为移民群体会长期保留各自族群的文化认同，政府和公共机构也应在政策制度中尊重各群体的特殊性，确保不同族群的权利平等②。多元文化理论认为旅居者在异国文化场域中依然会保持原生的惯习。

我们的调查发现，完全坚守本国文化认同的留学生同样不多见。本研究的第三章考察了外国学生选择来华留学的行动动机，留学生选择中国或是出于降低经济成本、提高教育收益的理性考虑，或是源自兴趣爱好、个人情感和文化寻根的感性选择。他们或将体验中国文化看成重要的机会，或将其视为亲近中国文化看成一次奇妙的机缘。但是，也存在部分外籍学生把留学中国仅仅看成一种必要的辅助手段。

"从我角度来看，我拿奖学金的钱来中国留学不是为了体验中国文化，也不是为了认识新的朋友，去做工作、做研究才是我的责任。做研究是最重要的事情，因为这个我不想浪费这个时间了，要不然你在这里浪费了这一年的时间。如果我是做社会学、人类学，我研究现代中国的情况，可能我的答案是不同的，我会更深入地参与到社会中，但是我是研究宋代历史的，我的需求不一样，资料就是我的朋友。"（190926BJ021，美国）

更多留学生寻求两种文化的"求同存异"。人类文化的共性和个性体现

---

① Whitfield S J. America's melting pot ideal and Horace Kallen [J]. Society, 1999, 36(6):53–55.

② Han E, Renske B.Benchmarking in immigrant integration [A]// In Rita Süssmuth, Werner W.Managing integration: the European Union's responsibilities towards immigrants[C]. Gutersloh: Verlag Bertelsmann Stiftung, 2004:123–136.

为文化的世界性与民族性[①]。从文化的世界性角度来看，最小范围的"求同"可以理解为追求"追求世界各种文化共性"，与之相对，追求最大范围的"存异"即仅认同本国文化的特殊性的民族中心主义倾向（ethnocentrism）。在这一策略的影响下，留学生实际追求的是两个文化场域交叠部分的文化认同，换句话说，不同文化场域与中国文化场域之间的距离影响文化认同中"求同"与"存异"的策略选择。

"我觉得有差别是好事，因为两个文化之间如果有差别的话，一定有它的原因对吧？如果有一些不同的地方，肯定有相同的地方，不可能没有相同的，从来不会出现什么样的情况。两个文化是百分百不一样的是不可能的。既然如此，我们可以通过它不同的地方去看它相同的地方？通过了解不同的，你可以更了解相同的，而且你可以给相同的找到一些比较合理的解释。另一方面如果你了解相同的，对于不同的就会有更深刻的了解，就能知道他出现、存在的原因。"（190927BJ060，波兰）

文化距离影响文化认同，问卷调查结果也在一定程度上验证了这一结论，不同文化圈层对于接受中国风俗文化的态度存在一定差异。

三、双重缺席与双重在场

布迪厄认为，同化论和多元论将客观世界简化为"心智的现实主义（le réalisme de l'intelligible）和感性的现实主义（le réalisme du sensible）的对立，前者把文化或语言接触看作服从普遍法则和特殊法则的文化或语言接触，而后者强调在场的社会或人群之间的接触，或在最好的情况下，强调对立的社会之间的关系的结构"，布迪厄通过两种理论的互补性寻求超越的原则，他认为"并不存在两个特定行为者的特殊对立，这一对立，无论互动关系的局势结构如何，其实并不在由对立集团间关系的客观结构（structure objective）定义互动中直面普遍惯习（habitus génériques）就是例如一种语言能力与一

---

① 李宗桂.简论文化的民族性、时代性和世界性［J］.哲学动态，1992（8）：21–24.

种文化能力的倾向性系统，也不通过这些惯习直面所有产生惯习的客观结构。在场的音位学系统结构只有在融入（incorporées）在一种特殊历史中获取能力时才是活跃的，而特殊历史导致一种选择性耳聋或系统性重构"①。

简而言之，每一个民族国家场域都会生成一种普遍惯习，携带不同普遍惯习旅居者进入一个异国，面对异国场域的客观结构并与这一场域位育的普遍惯习的行动者互动，他们既难以做到完全遵照异国的客观结构行动并完全认同其普遍惯习，也难以做到完全的特立独行。在实践的世界中，旅居者通常在保留本国文化普遍惯习的基础上，选择性地认同他国文化，最终生成一种新的惯习。"连续性和可比性、同化和异化——事实上，在这些表象之下存在着唯一的主题是允许无限的变化，正如我们必须注意不要将多样化（diversification）（即有意识地创造差异）与多样性（diversity）混淆"②。

布迪厄虽然提及多元惯习的可能性，但他的理论更加强调惯习的相对稳定性。在他看来，旅居者更有可能因原生惯习与陌生场域难以匹配成为"'夹在两个世界之间的人'……由于新价值观的侵入，人们经常面临着不同的行为方式，因此，人们不得不有意识地审视自己传统中隐含的前提或无意识的模式，这个人，被抛在两个世界之间，被两种世界所排斥，过着一种双重的内心生活"③，他的好友、阿裔法国人类学家Sayad Abdelmalek将这一状态称之为"双重缺席"（double absence），表现为既失去了对母国文化的认同，又难以达成对新文化的认同④。华人华裔留学生往往存在这样的认同障碍。

"其实我并不是完全属于哪一边的，我是站在两个世界之间的。在这个边界线上摇晃，想完全偏向一边肯定是会不舒服的。但要是能习惯这个角度，那么就可以同时看到两个世界。让每个问题都有多种解决方式，让所有的看法变得又宽容又丰富。我当然应该接受两边的优点，完全接受自己的特

---

① 布尔迪厄.实践理论大纲［M］高振华，李思宇，译，中国人民大学出版社，2017：229

② P.Bourdieu. The Algerians[M]. Kansas: Beacon Press, 1962:93

③ P.Bourdieu. The Algerians[M]. Kansas: Beacon Press, 1962:143–144

④ Saverese Éric. Sayad Abdelmalek, La double absence. Des illusions de l'émigré aux souffrances de l'immigré[M]. Paris, Le Seuil, coll. "Liber"，1999:163–169.

殊情况。"（徐亦捷，美国华裔）[1]

"来到这个城市以后，我突然发现，虽然我看起来像中国人，但其他人会觉得我在'里面'是个'外人'。这件事情让我感到困惑。在美国，我怕泰国中国化，而在中国，我怕泰国美国化。要是我对这两种文化都不完全适应，那我到底是谁？"（郭颖琦，美国华裔）[2]

与"双重缺席"的认同相反，我们的调查发现，大部分留学生希望通过两种文化的视角看世界，寻求"双重在场"（double présence）的认同[3]。

"我以前没有发现可以在这么遥远的国家，接受不同的文化，这样可以培养我们从一个完全不同的角度看问题，因为那个时候我们算是敌人对不对（笑）？所以开玩笑，我觉得从不同的角度看问题，是非常有价值的。"（190926BJ021，美国）

"先认可一下我这是在中国生活的外国人，然后如果这样的话好像更容易发挥自己的擅长，就是我比较明白、比较了解中国的生活方式、中国的语言。然后我自己也了解韩国的生活或者语言、韩国的文化，两个方面的东西聚在一起的话，好像在北京我发展更容易一些。"（190107BJ002，韩国）

韩国留学生金慧贤从小随父母来华生活，在中国经历和韩国经历各占其生命历程的半壁江山，尽管未来更有可能在中国发展，她依然希望可以"保持两种文化的优势"。

我在小学四年级的时候就跟随父母从韩国来到中国，从只会几句中文到能够基本沟通我用了6个月的时间。之后我就跟着中国同学一起上课，从小

---

[1]　北京大学对外汉语教育学院.我眼中的中国：2018北京大学留学生演讲文集［M］北京：外语教学与研究出版社.2019：51.

[2]　北京大学对外汉语教育学院.我眼中的中国：2018北京大学留学生演讲文集［M］北京：外语教学与研究出版社.2019：76.

[3]　House, J (2017) Double présence: Migrations, liens ville-campagne et luttes pour l'indépendance à Alger, Casablanca, Hanoi et Saigon[A] / Connecting city and countryside: Migrations, city-countryside connections, and struggles for independence in Algiers, Casablanca, Hanoi, and Saigon. Monde(s). Histoire, Espaces, Relations[C]. 2017. 12 (2). pp. 95–120.

学到现在一共18年，我都是在中国接受的教育，大家不会把我当成外国人看待，我们之间可以像中国朋友间一样无话不谈……我在中国的朋友很多，在韩国的朋友反而很少，因为父母很长时间都和我一起在中国生活工作，他们只在寒假的时候回国看望叔叔和奶奶。我韩国的朋友只有小学的同学，还有就是在中国认识的韩国留学生朋友。我父母今年退休后回到韩国，我回去的频率也慢慢增加，但是每次回去的时间也仅仅几天。有的时候我也会很迷茫，感觉自己既不是韩国人，也不是中国人，是与两个文化都保持一定距离的异乡人。但慢慢我也发现，这也是我的一个优势，比如我现在的研究题目是"90年代中韩网络文学的对比研究"，我就可以从两边文化的视角做研究。我很感谢我的父母，他们觉得如果我在这里只学中文和中国文化，变得和中国人一模一样的话，那么就没有自己的优势，所以他们不喜欢我完全同化成中国人，希望我保持两种文化的优势。所以我很小的时候，他们就注意培养我韩国人的思维，会把韩国的一些课本和必读书拿过来让我看，会在家里会教我韩国语，平时交流也说韩语，我的韩国朋友都很惊讶于我在中国生活这么多年韩语说得还是那么好……在这两种文化下我也形成了两种不同的思维模式，我会想韩国（社会）问题时，会把中国思维带上，因为很熟悉。想中国问题时，也有用韩国的思维。我觉得中国人更多会从集体的方面出发，韩国人会更注重个人自己的想法。"（190107BJ004，韩国）

四、文化认同的策略和类型

不同程度的文化冲击催生出不同的认同反馈策略，"入乡随俗"和"求同存异"分别代表积极和消极的文化认同取向。极端的"入乡随俗"会让留学生在文化上同化成中国人，视他乡为故乡；而过分地"求同存异"实际上是追求人类文化之"共同"，而存民族文化之"差异"。

虽然文化同化论和文化多元论是移民研究者普遍认可的文化互动的两种策略和结局，但在来华留学的实践中，争做地地道道的"中国人"和只当特立独行的"外国人"都是极其少见的现象。与其他类型的移民不同，教育移民的主要目的就是学习和模仿异国文化，他们通常既不会为了融入当地文化而放弃母国认同，也不会固执己见、拒绝接受他国的文化传统。两种认同取向都可能导致文化的"相互理解"，即，认可"相同"也认可"不同"，理解为何相同，也理解为何不同，这样的认同状态可以称之为"双重在场"；与此相反，原生惯习与陌生场域难以匹配也可能导致留学生既失去了对母国文化的认同，又难以达成对新文化的认同，成为"夹在两个世界之间的人"，被抛在两个世界之间，这一认同状态可以称之为"双重缺席"。

总而言之，积极和消极的认同取向将导致四种认同类型，即 Berry 所谓的双向文化认同的融入类型（integration）、客居文化认同的同化模型（assimilation）、原有文化认同的分离模型（separation）和混乱文化认同的边缘化模型（marginalization）[①]。

表5.1　留学生文化认同的类型

获得新的文化 认同的策略	保持原有文化认同的动机和意愿	
	求同存异	
入乡随俗	融入（integration）——双重在场	分离（separation）——特立独行
	同化（assimilation）——做中国人	边缘化（marginalization）——双重缺席

第三节　文化资本

文化资本理论最早由布迪厄系统地提出，为了保证概念的开放性，布迪厄并未给文化资本赋予明确的定义，而是泛指为与文化活动有关的有形或无形资本[②]。文化资本源于对非经济性行为的非功利性（un acte désintéressé）

---

①　Berry J W. Immigration, Acculturation, and Adaptation[J]. Applied Psychology, 1996(01):5–34.

②　朱伟珏. "资本"的一种非经济学解读——布迪厄"文化资本"概念［J］.社会科学，2005（06）：117–123.

批判，布迪厄认为，拥有较高文化资本更容易成为统治阶级、进入主流社会。而在跨国流动的视域下，较高的文化资本可以帮助移民融入当地。布迪厄将文化资本分为三种形式：以肉体或精神持久性情的身体性形式（l'état incorporé）；以文化产品或这些产品的理论的实现、批判、客体化的客观性形式（l'état objectivé）；以官方认可的、拥有合法性的体制性形式（l'état institutionnalisé）[①]。文化资本的获得包括两种方式：一种是通过先天的文化继承及幼年时期的家庭培养塑造，主要指身体性的文化资本；另一种则是在较晚时期通过系统的学习获得，主要指客观性和体制性的文化资本[②]。

一、全球化视域下的文化资本

布迪厄对于文化资本理论的应用仅限于法国的阶级社会，并没有形成跨国的比较研究，那么在全球化、多文化的视域下如何衡量文化资本？[③]对于留学生文化资本的考察，同样面临这一问题，土耳其安卡拉大学和哈佛大学硕士毕业的留学生是否有相同的体制性文化资本？在CCSCI和CSCI期刊上发表文章的留学生在客观性文化资本的持有上有何差异？除了家庭的传承，国家身份是否影响留学生的身体性文化资本？布迪厄将语言看作一种身体性文化资本，那么，以英语为母语和以斯瓦西里语为母语的留学生谁掌握的文化资本更具竞争力？

亨廷顿、奈和哈里森等学者认为文化资本和经济资本相同，都具有国际通行的衡量标准，并受资本主义经济全球化支配。文化全球化意味着"占优势的权力结构必须不断面对居支配地位的集团的抵制与冲突，对居支配地位

---

①　Bourdieu P. Les trois états du capital culturel[J]. Actes de la recherche en sciences sociales, 1979, 30(1):3–6.

②　包亚明.文化资本与社会炼金术［M］.上海人民出版社，1997：189–211.

③　约瑟夫·多尔蒂，用于全球冒险的文化资本［M］//薛晓源、曹荣湘.全球化与文化资本.北京：社会科学出版社，2005：127–145.

的集团的利益进行重新耦合"①。亨廷顿认为"21世纪的竞争将不再是经济的竞争、军事的竞争，而是文化的竞争"②；奈提出"吸引别人而不是强制他们来达到你想要的目的的能力"的"文化软实力"概念，他将政治价值观、文化和外交政策视为软实力的三大支柱③，美国咨询公司Portland与南加利福尼亚大学公共政策研究中心在这一概念的基础上将不同国家的文化资本量化④；格隆多纳将文化是否有利于经济的发展作为区分高低文化资本的条件，他的同事哈里森进一步将其发展为涉及世界观、价值观、经济行为和社会行为的25个文化资本综合计算指标。在他看来，"文化同化政策"是高文化资本国家促进低文化资本移民群体发展的必要手段⑤；与这一理论观点针锋相对的是强调文化的民族性，"只有民族的，才是世界的"，任何民族都应该基于自身的文化特征以确定发展路径，而不是遵循所谓科学标准或固定路径⑥。两种理论的激烈交锋催生出折中的"全球本土化"（glocalization）和"本土全球化"（lobalization）概念，将"全球化"和"本土化"视为双向的互动，既强调全球文化的普遍价值，又强调本土文化的特殊价值⑦。

对于留学生文化资本的考察，同样可持此辩证性视角。一方面，对于不同国家留学生的文化资本的考量是相对于中国文化场域而言，并不代表文化资本的绝对价值。另一方面，中国文化场域中同样存在文化资本的本土性和

---

① 翟文靖.约翰·斯道雷对文化霸权的新发展 [J].安徽文学（下半月），2011，（7）：69-70.

② 华侯.作为资本的文化 [J].中国高校科技与产业化，2004，000（009）：74-75.

③ 约瑟夫·奈.软力量——世界政坛成功之道 [M].北京：东方出版社，2005：2.

④ 美国的战略传播咨询公司Portland，与南加利福尼亚大学公共外交中心和Facebook公司合作，使用了六项客观数据子类别和七类新的国际民意调查数据中的75多个指标建立文化软实力的量化模型，并自2015年发布全球文化软实力前30名榜单（The Soft Power 30），他们的工作被约瑟夫·奈（Joseph Nye）描述为"迄今为止最清晰的图景"。

⑤ [美]劳伦斯·哈里森，多元文化主义的终结 [M]北京：新华出版社，2017：5-7

⑥ Stenou K. L'UNESCO et la question de la diversité culturelle: Bilan et stratégies, 1946–2007[J]. 2008.

⑦ 金元浦.全球本土化，本土全球化与文化间性 [J].国际文化管理，2013，000（001）：P.11-16.

全球性的张力，毕业于北京大学的文凭相比天津大学更有竞争优势，却不及美国的哈佛大学。以下将重点考察来华留学生都具有哪些文化资本？以及留学生积累文化资本的手段和策略？由于对文化资本的相对性，除了引述留学生本人的看法，以下研究还将结合对留学生导师的专家访谈。

二、文化资本的策略与类型

（一）客观性文化资本

对于留学生而言，在科学研究的"场域"有所创新、在学术前沿问题上有所突破或贡献、在大型学术会议或知名学术期刊有所著述，都可视为客观性文化资本。囿于中国高校制度安排，老师在招收外国留学生之初就非常关注他们所具备的客观性文化资本。

"我招留学生唯一的标准就是看他有没有学术成果，这不仅代表他/她个人的学术能力，也代表他/她在留学期间能有科研成果产出的可能性。这也是没有办法的，现在中国对留学生的毕业要求与中国学生一视同仁，他们也要发表文章。"（Z教授）

由于中国学术界存在对客观性文化资本评价的国际通用体系，在欧美科学界发表的研究成果相比在本国更具竞争优势，来华留学的欧美学生因其具备在有影响力的国际期刊上发表的语言和学术能力方面的优势而更受中国学校和老师的重视。

"此类政治、经济、哲学、法律、国关等西方高校主流学科的优秀学生，最值得注意，却是目前留学生招收的短板。此类学生由于学科范式与话语权积累，恰有可能在未来成长为影响力更广、话语权更大、当代叙事能力更强的主流学者。目前问题在于，这部分人反而对中国了解最少，例如白宫高级顾问纳瓦罗，以研究中国著称，其实根本不懂，而缺乏了解又进一步增进了隔阂与猜忌，带来更大问题。应努力吸引这部分学生前来申请奖学金。"（S教授）

美国学生张柏嘉在师门团队的核心地位不仅由于她本人已经具有傲人的

"学术资本"，同样因为她在语言和学术能力的优势可以帮助团队创造更多的"学术资本"。

"我和导师合作的一篇文章去年已经在美国的著名期刊上发表了，今年我和他的学生也有一篇合写的中美教育制度对比研究的文章，他负责写中国的部分，我负责美国的部分，我们都用英文写，最后我来统一修改。"（190108BJ028，美国）

除了公开发表的学术文章，客观性文化资本具有多种表现形式，如著作、译作和各类艺术性作品。积累客观性文化资本的主要策略在于将利用经济资本、社会资本等其他形式的资本将制度性、身体性文化资本转化为物质形式。俄罗斯留学生安娜在他导师的引荐下（社会资本）翻译了中国知名作家的作品（身体性文化资本），由她本人自费（经济资本）在俄罗斯出版，这本译作（客观性文化资本）也成为她进入俄罗斯翻译界的"敲门砖"。

（二）制度性文化资本

布迪厄认为体制性文化资本背后是权力和合法性，不同导师具有的行政权力、市场权力和学术权力影响了留学生对导师的选择，而在某种程度上导师对留学生的选择也促进体制性文化资本的再生产[①]。获得知名高校的文凭和得到知名导师的指导，是提升体制性文化资本的主要策略。

文凭的价值、就读学校的名誉和导师的影响力是衡量不同留学生制度性文化资本的主要手段，同住一间公寓的哈萨克斯坦留学生嘉妮和埃及学生Y因生活习惯不同产生激烈的争执和矛盾，嘉妮认为无论在汉语水平、学习努力、科研成果还是社会荣誉方面，她都具有"碾压性的优势"，令她不甘的是，因为Y是中国名校B大学毕业的硕士生，学校老师在处理纠纷时也对对方多有偏袒。

"她来中国根本没有好好学习，她每天晚上都出去跟朋友聚餐，很晚才回来，然后白天睡觉不去上课，她的生活习惯非常影响我休息。我很真诚

---

① 周雪光.组织社会学十讲［M］.北京：社会科学文献出版社，2003.279–282

地劝过她，我说'你来中国留学的机会不容易，应该好好珍惜'，她还不高兴了，她说'我硕士是B大学毕业的，你是凭什么指导我'？就她的水平还是B大学毕业的？我都不知道B大学怎么会教出这样的学生……更可气的是，明明是她不对，老师和同学都还都偏袒她，觉得是我无理取闹。"（190923BJ050，哈萨克斯坦）

制度性的文化资本不仅对外国学生在中国留学有所帮助，同样促进留学生在回国后实现阶层的上升，年仅31岁的杜迪在留学回国不久便被提拔为喀麦隆中等教育部汉语总督学（Inspecteur Pédagogique National de Chinois），在他看来，这与在中国最具权威的北京语言大学的留学经历和跟随这一领域最有影响力的导师学习经历具有不可分割的影响，一篇关于他的中国报道这样写道：

"他是第一批被喀麦隆中等教育部分配到中学教授汉语的本土教师之一，第一位被中国国家汉办录取成为孔子学院海外志愿者的非洲籍汉语教师，第一位被喀麦隆高等教育部录取为马鲁阿大学正式汉语教师的非洲籍汉语教师，第一位获得新汉学计划博士生奖学金的喀麦隆学生，第一位主编汉语教材的喀麦隆教师；拥有历史、汉语两个学士学位，法律、汉语国际教育、汉英笔译三个硕士学位……目前正在北京语言大学攻读博士学位的喀麦隆人杜迪身上，已经聚集了太多的荣光。2018年12月20日，31岁的杜迪被喀麦隆总理任命为喀麦隆中教部汉语总督学，新的身份再次为他的人生加冕。"[1]

（三）身体性文化资本

在布迪厄看来，身体性文化资本是以内在化（intériorisé）为前提[2]，常常是阶级/结构形塑和决定的，需要家庭教育的积累和行动者长期的身体力行和融会贯通，无法通过赠与、买卖和交换的形式在短时间内获得[3]。布迪厄

---

[1]　咸俞灵.为推广汉语不懈努力　记喀麦隆中教部汉语总督学、我校博士生杜迪［N/OL］.北京语言大学新闻网.2019-01-14. http://news.blcu.edu.cn/info/1031/16212.htm.

[2]　李全生.布迪厄场域理论简析［J］.烟台大学学报（哲学社会科学版）（2）：146-150.

[3]　Paul, DiMaggio. Cultural Capital and School Success: The Impact of Status Culture Participation on the Grades of U.S. High School Students [J]. American Sociological Review, 1982.

基于阶级－国家视角认为社会出身不同导致人们继承和接受文化资本的不均等①，那么在全球化和跨文化流动的背景下，国家出身的不同是否影响留学生的身体性的文化资本？

我们的调查发现，不同国家出身的身体性文化资本不平等确实存在，仅以语言为例，一句中文都不会说的欧美学生往往比中文为母语水平的亚洲学生"更受欢迎"。

"语言是文化整体的一部分，但是它并不是一个工具的体系，而是一套发音的风俗及精神文化的一部分"②，提升身体性文化资本的主要策略是"学好中国话"。中国文化对于异国文化具有很强的包容性，外国留学生使用中文进行日常的交流就能获得对方的好感。

"除了在北大学习之外，当我对普通中国人用汉语说话的时候，他们总是非常惊诧……我想跟大家分享一件最难忘的事情：我朋友打算在过生日的时候，邀请我们在中餐馆一起吃饭，所以他提前一天去餐厅预订座位。他对服务员说：'明天晚上，十位，可以吗？'这些词都好简单，没想到震惊了服务员，于是他们送了我们免费的水果和面条。"（蒲珞伦，英国）③

如果留学生能将中文作为思维方式，也更有利于其融入中国社会。

"（问）你刚才提到的就是说你会把中文作为一种思维，有时候你会用中文来去思维一下？（答）有的时候会，在这里生活也比较长时间了，稍微有一段时间肯定会用到。要看环境，如果平时自然的状态，比如和家人或者朋友说印尼语的时候就不会用。但是来到这里的时候，在中国我就会说想用中国人的方式去理解，回到本国的时候就不一样。"（190531BJ047，印度尼西亚）

---

① 包亚明.文化资本与社会炼金术［M］.上海：上海人民出版社，1997：193

② 费孝通，文化的物质面与精神面［M］//费孝通.文化与文化自觉.北京：群言出版社，2010：21-22.

③ 北京大学对外汉语教育学院.我眼中的中国：2018北京大学留学生演讲文集［M］北京：外语教学与研究出版社.2019：70

第四节 文化融入

以往学者对文化冲击的研究认为旅居者在异国会经历相似的从兴奋到不适再到适应的U型或W型过程。这一理论往往将旅居者看作跨国交流中的被动适应者，忽略其作为行动者的能动性。我们的研究假设，留学生文化资本的强弱及对中国文化认同的高低决定了其文化融入的策略和状态。

一、文化融入的策略与曲线

移民研究认为，移民进入新的环境会经历一个从相遇、竞争、磨合、最终完成融入的漫长变迁过程[1]。对外籍人士在异国旅居经验（sojourner experience）的研究同样得出这一结论：Lysgaard对在挪威"富布莱特"项目学者在美国访学的研究最先提出，外国学者在进入异国的前6个月生活非常轻松惬意，在6-18个月各种困难逐渐显现，而超过18个月这些困难则被慢慢克服，这个过程呈现出从兴奋到不适应再到适应的"一种普遍的，而非特殊的"U型曲线（U shaped curve）[2]；Oberg将应对文化冲击的调节和恢复被进一步分为四个阶段：即对异国新鲜事物充满好奇的蜜月期（honeymoon）、新鲜感丧失和两个文化差异所产生的不便逐渐显露的危机期（frustrations）、克服苦难、走出低潮的恢复期（recovery）和逐渐调试、转向正轨的适应期（adjustment）[3]。Adler则将这一理论延展为五个阶段，即：

---

① Park, Robert E. Human Migration and The Marginal Man [J]. American Journal of Sociology, 1927(06):881–893.

② Lysgaard,S. Adjustment in foreign society: Norwegian Fullbright grantees visiting the United States[J]. International Social Science Bulletin, 1955.45–51.

③ Kalervo, Oberg. Cultural Shock: Adjustment to New Cultural Environments [J]. Practical Anthropology, 1960, os–7(4):177–182.

接触期（contact）、迷茫期（disintegration）、重新融入期（reintegration）、过渡的自治阶段（autonomy）和独立期（independence）[①]；Bennett将其视为六个阶段，分别包括：否定、防御、最小化、接受、适应、融入[②]。John和Gullahorn在U型模型的基础上提出了一个W型模型（W-shaped model），用来描述外籍旅居者在返回母国后所经历的"逆向文化冲击"（the reverse culture shock），"逆向文化冲击"在调试阶段上类似于U型曲线，但不同的是，一个人返回家乡后遇到的适应困难是难以预期的，"适应过程可以解释在新的不同程度的促进和干扰条件下的学习环境中发生的一种成人社会化的循环"[③]。

作为文化冲击的经典理论U模式和W模型具有较强的解释力，许多留学生也反映了相似的经历。

"很多人到了新的国家，觉得什么都新鲜、有趣，感觉很开心。但一两个月以后这个'蜜月期'结束后，你就会开始感觉不高兴。之前觉得新鲜或者可爱的事情已经开始让你暴躁、厌烦。我刚到南宁那会儿，不管去哪儿都会有人跟我说'hello'，我也会很友好地回答'hello'。一个多月之后，我开始觉得陌生人随便跟我说'hello'是很麻烦的事情。还有很多时候，有人一看到我就跟旁边的朋友说'美国人、美国人'！我就更烦了，我毕竟不是美国人！（作者是澳大利亚籍留学生）'蜜月期'一过，我的心情就开始不稳定了，很小的事情也容易让我难过……现在的我，已经适应了这里的生活，不会因为小事而有过激的情绪了，每每看到刚来的外国朋友因为一些小事生气或者难过，我都想对他'I've been there. I feel your pain！'。"[④]（史凯特，澳大利亚）

① Adler P S. The transition experience: An alternative view of culture shock [J]. Journal of Humanistic Psychology, 1975, 15(4):13–23.

② Bennett M J. A developmental approach to training for intercultural sensitivity [J]. International Journal of Intercultural Relations, 1986, 10(2):179–196..

③ John T. Gullahorn, Jeanne E. Gullahorn, An Extension of the U–Curve Hypothesis[M]// International Human Resource Management, New York: Routledge, 2017:5–18.

④ ［韩］凌波微步，［澳］史凯特，泡菜薯条遇见炸酱面：洋博士中国留学记［M］.北京：中国纺织出版社，2016：256-257

值得注意的是，U模型关注"横向的时间维度"，即将外籍人士仅仅放在旅居的时空背景下去理解，而忽略了"纵向的时间维度"——即留学生的生命历程，留学经历对于外国学生的重要性往往影响其文化融入策略。对于不同学生，来华留学可能只是"一场冒险""一段回忆"，也可能是其生命历程重要的"转折点"，更可能是与未来的选择具有极强关联、却又充满未知的"关键事件"。而对留学经历重要性的判断往往是建立在留学生对中国文化的认同状态的基础上，"融入"和"同化"状态的留学生更倾向于积极主动的融入策略，与此相反，"区隔"和"边缘化"的认同状态则更倾向于消极的融入策略。积极的融入策略也常常伴随更加丰富的文化体验，遭遇更为复杂的文化冲击，而成功应对每一个文化冲击又反过来推动留学生进一步融入中国文化中。

亚美尼亚留学生马丽从本科就开始学习中文，在决定来华留学之前，她已经在亚美尼亚某大学担任教师多年。在她看来，来华留学的决定是人生中重要的选择和重大转折，这一决定也促使她选择放弃了国内的工作，在中国工作、生活。以下是学生本人撰写的回忆文字（顺序有调整）。

"那是五月中旬的一天，一封来自W大学的面试邀请信中断了我在亚美尼亚作为一名当地汉语教师的忙碌生活。我曾提交了申请书，想去中国攻读一个为期三年博士学位。**出于对前途的憧憬，我准备放弃眼前的安逸去迎接未知的挑战。**我想给自己这次机会，因为我认为"风景那边独好"。当时，我正在亚美尼亚埃里温国立语言大学教书，已经达到我教育生涯的中、高级阶段。我曾任教学部的负责人，并教过俄语、英语和汉语。然而，我并没有将自己的前程就此定下来。我认为自己可以到外面的世界看一看，改变一下自己的人生观，提高一下自己的职业素养，进而丰富自己的精神世界。然而，当真正成功地申请到一个可以赴国外攻读三年博士学位的机会时，**我内心却充满了孤独和惶恐，时常踌躇不定，不知要不要离开自己的安乐窝。最终，我还是决定去探索这个未知的世界。**

当我抵达北京时，当地人民的价值观和自己对未来的憧憬，让我对自己作出的这个选择感到无比兴奋。然而，**在一个陌生的国度生活是需要勇气的。刚到北京时，所有可能的恐慌感和畏惧感都曾不时地涌上心头。**北京是一个古老而又年轻的东方国度，而它给我的第一印象却是它的西方化、多元化和高消费。**中国并不像包括我在内的许多亚美尼亚人所想象的那样：嘈杂的人群拥挤在一条条狭窄、肮脏的街道里。恰恰相反，这里到处都是宽敞而整洁的街道和马路，就连地铁站也像刚刚清洗过似的。**此外，北京人普遍长得比亚美尼亚人还要高！这里的一切都很迷人。高耸云霄的摩天大厦、现代化的建筑以及繁华的商店。众多国际品牌，琳琅满目、比比皆是。然而，让我疑惑的是，在这个全新的大都市里，古老的中国藏到哪里去了？这儿的星巴克竟然比欧洲任何一个城市的都要多，大概每隔500米就能遇到当地人咀嚼着三明治、喝着热饮。法式蛋糕店、德国面包店、阿拉伯大饼店、印度小餐馆，应有尽有，甚至在雅宝路俄罗斯大使馆附近还有个亚美尼亚餐馆。硕大的樱桃奶油蛋糕和各式各样的中国美味，都是我的最爱。没错，北京简直就是吃货的天堂！**在与西方文化的交融中，我很难找到古老的中国和地道的中国人，即便是去长城也是同样的感受。**难道是游客太多、吃汉堡的人太多的缘故吗？不行，我得再找时间好好欣赏欣赏长城，也许错开国家法定节假日会稍好一些。在故宫我仍然没有找到地道的中国传统文化。**后来，我发现中国的传统文化藏在和雍和宫毗邻的胡同里，就是在那里我意识到了中国文化的博大与精深。在天坛，我再一次体会到了中国文化的魅力。**

在导师的帮助下，我开始了自己的研究，并决定编写第一部《汉语—亚美尼亚语辞典》。此外，我还被委托成为W大学第一位亚美尼亚语教师。目前，亚美尼亚语是面向大二、大三学生开设的第三外语。亚美尼亚语是门选修课，学生们的选择在很大程度上鼓励了我。令我惊奇的是，这些中国学生认为亚美尼亚语并不是那么难，因为他们认为一些亚美尼亚语字母就像汉字一样。此外，一些难读的音，如ծ [dz] ձ [t's], ղ [ts]，他们也能读得非常流利。在学习语言的同时，学生们还有机会了解亚美尼亚文化和历史，这让学习变得更加有趣。此外，我们还时常观看亚美尼亚电影，欣赏亚美尼亚音乐。**两年后的今天，我认为自己已经逐渐成为一名北京人。从应对文化冲击到主动了解当地娱乐文化，我已经度过了适应这个陌生国家文化的恐慌期。**我已经习惯了在高峰期挤地铁，骑自行车穿梭于这里的大街小巷，在街边市场讨价还价，每天查看天气污染指数，还可以在手机上使用微信。**我想告诉大家的是，我真的非常喜欢这里**。我喜欢这里的人民，因为在欧洲很少有当地人会对外国人如此尊重，且愿意主动提供帮助。我对北京人的印象就是他们总会在你需要帮助的地方出现，十分友好。不同于西方妇女，中国妇女跟我们亚美尼亚妇女很相似，温柔、贤惠、内敛。两年来，我在中国最大收获是什么呢？首先，接触了全新的不同于西方文化的中国文化；其次，结交了许多国际友人；更重要的是，**独自生活的体验在我的人生道路上留下了不可磨灭的轨迹。博士毕业后，我有幸留在W大学担任亚美尼亚语外教。可以说，留学改变了我的人生轨迹**，然而，**无论这个这里的繁华多么让我陶醉，学业多么让我充实，工作多么让我满意，也无法抵挡我浓浓的思乡情绪，因为我深深思念着我在亚美尼亚的亲人**。"

马丽的经历反映出来华留学生活的复杂性、文化冲击造成的影响并不总是呈现为线性的U型曲线，而是伴随重要的时间节点，呈现出螺旋上升或下降的趋势[①]：提出留学申请（憧憬期待）——被中国高校录取（踌躇不定）——决定来华留学（充满未知）——抵达中国（无比兴奋）——刚开始在中国生活（恐慌畏惧）——刻板印象与现实的反差（感到惊喜）——期待与现实的反差（稍有失望）——重新认识（更加客观）——熟悉喜爱（更加热爱）——安顿习惯（对故乡亲人的思念）。从这一案例可以看出，文化冲击对留学生的影响在其来华之前就已经产生，表现为对于原有生活厌倦和依赖以及对未知生活的期待和畏惧的矛盾冲突。这一矛盾在来华之后依然始终伴随、反复交替，在陌生与熟悉、想象与现实之间形成动态平衡，在留学几年期间不断遇到的挑战和成就感正如Pedersen提出，"文化冲击更好地概念化为一种个人内部的过程，在这个过程中，各个阶段并不按顺序相互跟随，而是可以单独或同时作为多维体验的元素发生"[②]。

---

① Kim Y Y. Becoming intercultural: an integrative theory of communication and cross-cultural adaptation [M]. CA: Sage Publications, 2001:180–190

② Pedersen, P. The five stages of culture shock: Critical incidents around the world [M]. Westport, CT: Greenwood Press, 1959:263

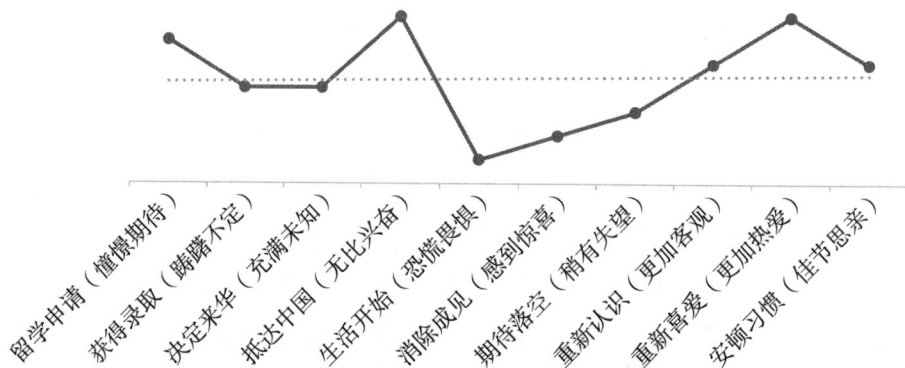

图5.2　马丽的文化融入曲线

（留学申请（憧憬期待）　获得录取（踌躇不定）　决定来华（充满未知）　抵达中国（无比兴奋）　生活开始（恐慌畏惧）　消除成见（感到惊喜）　期待落空（稍有失望）　重新认识（更加客观）　重新喜爱（更加热爱）　安顿习惯（佳节思亲））

U型曲线理论将应对文化冲击看作随着时间自然而然的消解过程，这无疑忽略了留学生作为行动者的主动性和选择性。实际上，对留学生而言，时间并非应对这一冲击的灵药，即使对于在华生活将近7年的马丽来说，"文化冲击"依然存在，吕玉兰对欧美留学生的研究发现，欧美学生来华后会有较长一段时间处于以"局外人"的身份审视中国文化的观光心理阶段，随着在华时间的拉长，当他们不得不深入到中国的文化生活中的时候，就会进入到严重的文化休克阶段，最终达到基本适应阶段[1]。陈晔等的研究结果显示留学生在华时间越长，经历的文化冲击会越大[2]。文化冲击常常被作为消极的影响看待，总是与不幸、苦难关联[3]。事实上，文化冲击也是发现"不同"、寻找"差异"的过程。Pedersen通过对美国学生"海上学期"的参与观察和深入访谈发现，文化冲击是促进学习和反思两国文化的重要契机[4]。正因如此，对于文化冲击的考察，不能忽略冲击与融入的辩证关系，

---

[1]　吕玉兰.来华欧美留学生的文化适应问题调查与研究［J］.首都师范大学学报（社会科学版），2000（S3）：158–170.

[2]　陈晔，黄在委，钱俊文.来华长期留学生跨文化交流模式探讨［J］.西北医学教育，2013（4）：710–712.

[3]　Goldstein S B, Keller S R. U.S. college students' lay theories of culture shock [J]. International Journal of Intercultural Relations, 2015, 47:187–194.

[4]　Adler P S. The transition experience: An alternative view of culture shock [J]. Journal of Humanistic Psychology, 1975, 15(4):13–23.

融入——作为文化冲击的最终状态，其丰富性被消解和简化，而在访谈中，我们发现不同留学生对这一状态的定义并不相同，既有可能是"凑合着过""尽量避免"的消极状态，也有可能是"争取成为""不断克服"的积极状态，并不应形成文化冲击是造成负面情绪的"刻板印象"，正如Hoopes和Althen所指出的，文化冲击很可能是个体在面对新的文化重新反思和确认自己身份的一种方式[①]。

"到中国的第一天我哭了很长时间，因为我既不知道要做什么，也没有家人或者朋友跟我一起，第一个月我唯一想做的就是回家。但是似乎并没有人和我一样挣扎，这让我感到很惭愧。我的父母花了很多钱，我才可以来中国留学，所以我不想告诉他们我盼望回家，我不想扫他们的兴。当我渐渐适应并爱上中国的时候，我告诉妈妈我真实的感受，她说她为我感到骄傲，因为我敢于直面一种陌生的生活。"（王小萱，美国）[②]

文化认同决定了文化融入的方向，文化资本则决定文化融入的位置。不断提高文化资本有助于在文化场域中占据优势地位。

"我预计语言障碍首先将是一个问题。然而，我已经在学习中文方面做了很大的努力，成为一个能说一口流利的中文是一个终生的过程。我学习了中国的道德品质和美德，花了很多时间阅读中国学校和大学的教育行为，我知道如何在中国表现出尊重。我知道如何在一个不是自己的国家行事，我会把自己作为一个规则的追随者，并能够融入另一个社会。我生活在另一个国家的目标不是分开生活，而被视为只是一个'外国人'，我想把自己融入社会和文化，融入这个社会的规则，这样我就会被视为社会的一部分。"（190923NJ085，德国）

---

① HOOPES, D., & ALTEN, G. Culture and communication in intercultural relations [M]// D. Hoopes (Ed.), Readings in intercultural communication. Vol.2 Pittsburgh RCIE. 1971.

② 北京大学对外汉语教育学院.我眼中的中国：2018北京大学留学生演讲文集［M］北京：外语教学与研究出版社.2019：112–113

二、文化融入的类型

根据布迪厄提出实践理论的公式，实践=（惯习＊资本）+场域[①]，留学生惯习与中国文化场域的契合情况（文化认同）与资本（文化资本）共同决定了实践（文化融入）的类型。

表5.2　留学生文化融入的类型

文化资本	文化认同	
	积极	消极
高	新公民	常客
低	常客	过客

积极的文化认同（融入或同化）和丰厚的文化资本相结合有利于帮助留学生在文化场域中占据优势地位，成为兼具两种文化优势的"新公民"。

西班牙路易就是"新公民"的典型代表，因与中国妻子在西班牙高校相识而结缘，2016年他申请来华攻读博士，在留学期间，他不仅利用自己多语言的优势成为导师倚重的对象，而且凭借着外国人的身份和对中国文化独特的视角迅速成为中国自媒体平台"抖音"上的知名"网红"。他在抖音上的介绍如此概括了自己。

"一只在中国读博的板鸭（西班牙人），喜欢唱歌，热爱中国文化，时而学霸，时而小皮。"

2018年注册，111条短视频，3245万人点赞，390万粉丝，在粉丝文化当道的互联网时代，网络红人这一身份所带来的荣耀并不亚于博士生。抖音的视频长度大多都是几十秒，非常顺应现代年轻人对于快餐文化的追求，路易能在短期内取得这样的成就并非一帆风顺，他的早期作品大多是西班牙语教学、歌曲和文化介绍，反响平平，并没有获得很多关注。直到他开

① 布尔迪厄.区分：判断力的社会批判［M］北京：商务印书馆，2015：169

始尝试着把很有中国特色又很受年轻人喜欢两种中国食物——臭豆腐、老干妈与自己原创的歌曲结合起来，并配上自己略显夸张的表情，才造就了一条点赞数超过了206万的"大火"视频。随后推出的改编歌曲《失恋者联盟》和《可能否》都是将中国人熟悉的歌曲配上对中国生活经历的吐槽歌词，分别取得222万和223万人点赞的佳绩。目前最火的一个作品要属2018年7月31日发布的《隔壁辣条》，这首以辣条为主题的搞怪音乐非常洗脑，共收到229万个赞，直到最近还有其他网络红人在模仿或转发这条视频。他对中国文化的了解，尤其是对当下中国社会年轻人亚文化的了解都超过其他外国留学生，他自己也认为，能够在抖音上大火是因为作为外国人"比较理解中国文化"。他与妻子语言沟通的零障碍确保了两种文化既可以在同语境又可在异语境进行对话交流，有利于两种文化在深层次的交流。两种文化同与异的交互融合，也是路易在抖音上备受欢迎的原因之一，当中国青年人看到一个来自外国的同龄人用一种异文化的叙事方式讲述着充满中国元素和特色的故事，他们会感到格外有趣。换句话说，对于路易而言，他不仅懂得中国文化和西班牙文化，他也懂得"中国人喜爱什么样的外国文化和中国人希望什么样的中国文化被外国人所喜爱，如果你能很好地理解一个文化，再加入一些自己国家文化的东西，这样就会很吸引人"（181228BJ033，西班牙）。

路易的前辈大山（Mark Rowswell）——中国家喻户晓的"洋笑星"同样是这一类型的代表。1988年—1991年大山在北京大学的留学经历让他结识了姜昆、丁广泉、牛群等中国最知名的相声演员，并在1989年登上中央电视台的元旦晚会，让全国人民都认识了这位"眼睛带色儿，头发带圈。说中国话，把大褂穿，学说相声，笑话连篇"（姜昆评语）的加拿大青年[①]，双重的文化认同和丰富的文化资本也让他成为中加两国的文化名片，2004年他被评为"北京十大杰出青年"，被称作"改革开放以来中国最有影响力的外国人之一"，两年后，他又荣获了加拿大国家级的最高终身成就奖"加拿大勋

---

① 曹玲娟.大山：不是外人的外国人［N］，人民日报海外版，2006年.

章"，"'是外国人但不是外人'的大山就这样以他特有的身份和优势在中西之间架起一座真正的文化桥梁"①。

留学生文化认同与文化资本的双重缺失意味着来华留学只能成为他们人生中短暂的一个经历和体验，最终成为中国的"过客"；较高的文化认同或丰富的文化资本都易促成留学生成为中国的"常客"，在结束留学生活后，无论是继续留在中国深造或工作，还是回国继续人生旅程，他们的未来都极有可能与中国保持千丝万缕的联系。韩国留学生金星月无疑已经成为中国的"常客"，每一段中国经历都在一定程度上加深其对中国文化认同，并提高了她的文化资本，推动到不断融入中国。

金星月本科在韩国学习中国学，硕士毕业于梨花女子大学及北京大学（双学位项目），2018年9月开始在北京大学攻读博士学位，目前她共有三段留学经历，分别为2010年本科时期在深圳大学以语言生身份交换一年，2016年硕士期间在北京大学以学位生身份交换一年，以及2018年至今的读博经历。三段经历，体验各不相同。

语言生阶段主要目标是提高汉语。"除了每天上午有课，其他时间都可以自由安排，我会主动利用各种机会与中国同学多交流，业余的时间也会争取跟中国学生一起出去玩，体验中国文化，希望更好地进入中文社交的语言环境中。这一年的学业压力并不大，主要的困难在于初来中国对于气候、饮食、生活方式的适应，经过这一年，我的语言水平提高了很多，也更喜欢中国了。"（190107BJ005，韩国）

硕士交换发生在研究生阶段的第二年，梨花女子大学与北京大学签订了合作培养协议，如果通过一年在北京大学对外汉语学院学习，毕业后可以在金星月交换期间获得两所大学的毕业证书。在交换的一年中，金星月为了避免延误毕业，她非常用功地学习，主动去找中国学生交流的情况减少了。

"我需要选修7门课程，并且要通过最终的考试，一年完成这些任务的压力很大，难度特别高，我们一起来北大交换的有5个同学，其中有2人延期

---

① 北京大学.燕园流云［M］.北京：北京大学出版社，2010：200–205

了。"（190107BJ005，韩国）

硕士的一年虽然艰难，但是相比博士期间的压力相比，可谓相形见绌。她认为博士期间的压力主要来自三个方面：

"一是专业知识方面的挑战，博士对于理论水平的要求更高，我的硕士主修教育学专业，博士则是有语言学专业，因此需要补充大量的汉语教学领域的理论知识；二是语言方面的挑战，博士课程模式以互动为主，很多专业课都是由学生主讲，老师点评，我本来觉得我的汉语口语还不错，但是一上台就很紧张，说不出话，说出来的也不是标准的；三是来自学习节奏，我交换的时候，虽然课比较多，但是我可以安排自己的时间，但是博士没有自己的时间，北京大学的博士生在入学的时候就会收到自己的培养计划，整个四年的学业被很好地规划分割成每一年的任务，每个学期都有很难的事情：第一年主要的目标是修满学分，留学生需要修满24学分，有2门公共课和7门专业课；第二年的目标是通过资格考试，资格考试的难度特别高，以前留学生都不用参加，听说从明年开始，我们也要参加，我们有笔试、口试和综合考试，笔试一定要读完20本专业相关的书籍；第三年需通过开题报告，只有通过开题报告，才能真正开始准备论文；如果进展顺利，第四年就可以参加论文的预答辩和答辩了"。这样紧凑的目标安排完美地管理了学生的时间，但是也让人感到每一年都很难，根本没有喘气的机会（190107BJ005，韩国）。

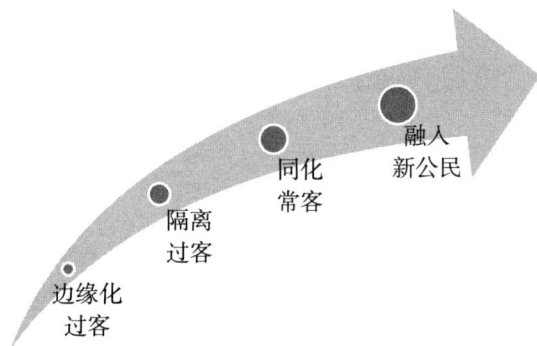

图5.3 文化融入类型

第六章

留学生的社会认同与融入

第一节　社会场域

在布迪厄看来，社会场域是"由资本总量、资本结构和（由社会空间的过去的和潜在的轨迹表现的）这两个属性在时间中的变化来确定"的社会空间①，在这个空间中，物以类聚、人以群分，"社交生活之所以可能，是因为我们会基于阶级的假设（不仅在社会意义上）下进行分类，也就是说我们只与被我们分为同类的人打交道。正如我们常说，'你必须知道正在与谁打交道'"②。在对跨域流动的研究中，中外学者习惯使用"异乡人""陌生人""局外人"称呼在外漂泊的旅居者，他们从家乡走入异乡，在举目无亲、孤苦伶仃的情况下进入一个全新的世界，有的人始终无法脱离自己熟悉的文化符号和社交圈子，他们"报团取暖"在异国他乡建立起"族裔飞地"，从美国的"唐人街"到北京的"浙江村"，都是这一现象的典型代表；有的人则不问"乡关何处"，追求"落地生根"，他们积极融入社区，与当地人"打成一片"，很快建立起新的社会关系和社交网络。这些由多种关系叠加形成的社会网络就是旅居者建立的社会场域，场域的结构和制度决定了其中资源的分配，并帮助人们动用嵌入其中的社会资源③。塔玛将移民的社会网络包括由近亲、远亲、亲密朋友、一般朋友、熟人、认识的人六个关系由亲密到疏

---

① 布尔迪厄. 区分：判断力的社会批判［M］北京：商务印书馆，2015：190

② Pierre Bourdieu. Actes de la recherche en sciences sociales. Vol. 50, novembre 1983. Qu'est-ce que classer?[J]. Actes De La Recherche En Sciences Sociales, 1983:50.

③ Nan L, Ensel W M, Vaughn J C. Social Resources and Strength of Ties: Structural Factors in Occupational Status Attainment[J]. American Sociological Review, 1981

远的圈层，不同圈层可以提供的资源各不相同①。

相较其他移民群体，教育移民的社交网络有其特殊性：首先，虽然部分留学生决定来华留学是受家人或朋友等社会网络因素影响，但对于大部分学生来说，来华留学并不意味着社会网络的迁移。问卷（第10题）调查结果显示仅18.4%的学生是与家人或朋友共同前往中国留学。因此，对于大部分外国学生来说，来华留学意味着原始社会网络的断裂和对新建社会网络的依赖。

"我意识到了一直以来自己是多么的软弱，甚至不敢主动与人沟通。的确以前有家人的宠爱，朋友的照顾，不过身在异国他乡，我必须学会坚强。以前的自己终究是笼中的鸟，我要敞开心扉，飞翔新的生活，积极地与人交流。"（川口治花，日本）②

其次，与其他移民相比，留学生具有更加显著"制度性流动"的特征，外籍学生的流动轨迹和生活路径受到严格的规划，正如第四章所描述的，大部分留学生在来到中国的第一时间被安置到学校的公寓中，即使校外住宿已经逐渐成为可能性的选择之一，但是学生公寓还是以其"安全温馨、便利舒适、物美价廉"成为大部分留学生的首选。因此校园的物理空间也可视为大部分留学生主要的社交场域。在这个各国留学生与中国学生聚集又分隔的环境中，留学生如何开展社会交往？如何选择自己的朋友？如何建立社会网络？本节讨论重点讨论留学生社会场域的结构性特征和制度性特征。

一、社交圈层

Bochner对夏威夷大学留学生朋友圈的调查显示，留学生生活在与留学目的的本地学生、留学来源地的本国学生和其他国家建立的三类社交圈层

---

① 塔玛·戴安娜·威尔森，赵延东.弱关系、强关系：墨西哥移民中的网络原则［J］.思想战线，2005：31

② 南京大学海外教育学院.汉韵悠扬、中国印象：南京大学外国留学生征文作品集［M］内部文件.2012：26

中①，Fumham对伦敦大学留学生的实证研究结果验证了这一理论②。研究我们的调查结果发现，来华留学生的社交网络同样是主要围绕这三类人群建立的。

"2014年9月，我从马来西亚大学中文系本科毕业来到中国留学，从硕士到博士，我在中国已经度过7个寒暑，7年间陪伴我的朋友主要有三类：

第一类是马来西亚的'老乡'，他们一部分是来华之前就认识的老朋友，是我在马来西亚大学毕业来（华）读书的校友，因为大家都有（留学）需求，所以在申请（来华留学）的时候互相支持，（申请成功）之后（在中国）互相帮助，慢慢成了一个校友圈子；另一部分是我来华后逐渐认识的新朋友，大家都生活在同一所中国学校，虽然专业不同、年级不同，但可以聊一些马来西亚的东西和轻松舒适的话题，彼此之间的关系也很亲密。

第二类是中国的朋友，有一些是在课堂和师门认识的同学，也有参加社团认识的好友，我们平时互动可能是因为学业或者爱好。虽然与中国朋友也常常聚会，但可以谈论的话题并不多，而且经常会受到局限，在聚会时就更明显。相对而言，跟中国同学的时候，他们的话题不一定会都聚拢到你这边，或者可能就共同话题不会那么多吧，就比较陌生一点。他们的（中国人之间的）共同话题可能会多一些。然后跟马来西亚的同学可能就是本身的共同话题会多一些吧。

第三类是不同国家的留学生，可能上英语课，或者是出外旅行认识的，也有各种交流机会认识的，这样的朋友不多，大家来自各个国家，彼此用中文交流，感觉会比较好玩，可以了解不同的新鲜事物。"（190111BJ013，马来西亚）

（一）国际友人圈

对于大部分留学生来说，共同住在留学生公寓的邻居和舍友构成了他们

---

① Bochner S, Mcleod B M, Lin A. Friendship patterns of overseas students: A functional model [J]. International Journal of Psychology, 1977, 12(4):277–294.

② Furnham A, Alibhai N. Cross-cultural differences in the perception of female body shapes [J]. Psychological Medicine, 1983, 13:829–830.

最初的社会网络，与他们的关系决定了最初的在华体验。这些体验大多是积极的、美好的，埃及学生海明美刚来中国的时候非常不适应，多亏了室友的帮助才让她及时走出阴霾。

"真的很难过，因为遇到很多困难，有很多不顺的地方，我都不想继续下去。但是住宿的时候开始觉得自己好一点，在我住的地方旁边是意大利人，还有来自苏丹的同学，他也是我（同专业）的同学，然后很多的（其他国家的朋友），比如说还有博茨瓦纳一位女人，还有一些埃及同胞，现在朋友多了，感觉也好多了。"（190925TJ037，埃及）

留学生公寓文化杂糅（cultural hybridity）的环境有利于留学生彼此的适应。

"就像参加boy scouts & girl scouts那样的野营生活，你可能会有一种集体的感受。"（190522BJ059，英国）

"没想到在中国跟那么多的外国留学生交流。每个同学带着自己国家的文化背景来到中国，对中国由不同的印象。通过和这些同学交流，我有一种身在中国，周游全球的感觉。"（兰妮，美国）①

与不同国家留学生相处，彼此适应对方的文化习俗和生活习惯非常重要，跨文化交际同样也为彼此的留学生活带来负担和风险。对于埃及学生阿琪莎来说，每一次更换室友都是一场"冒险"。

"双人间就是'双刃剑'，好的方面是它很便宜，如果你运气好，遇到善良的室友，大家彼此尊重对方的生活习惯，这样的留学生活既不孤单，还能学到其他国家的文化。但是不好的地方在于如果你遇到不好交流的室友，这种情况下就只能忍气吞声，或者你也可以选择向学校提出更换室友，但是操作起来非常困难，多半只能换到更贵的单人间去。还有每次假期的时候都会有更换室友的风险，这个时间点如果你的室友回国度假，又有新的学生过来参加暑期班，学校会为了经济（效益最大化）给我们重新安排室友，你只能

---

① 南京大学海外教育学院.汉韵悠扬、中国印象：南京大学外国留学生征文作品集［M］内部文件.2012：41

服从安排，或者就要多交一份钱买一个假期的安静！"（190531BJ046，埃及）

越南学生陈氏香用"铁打的中国宿舍，流水的外国室友"形容她的处境，在留学的10年期间，她已经换了无数个室友，留学生高频的流动性同样意味着他们之间友谊的短暂性。

"永远不能说适应，因为不知道未来会面对的哪个国家的学生……本科和硕士期间认识的外国朋友基本上都没有联系了，那时候大家（留学生朋友）都用（中国）手机联系，后来改成社交软件，先是QQ，再后来是微信，可是他们回国后不再用中国的号码，QQ和微信一开始还能联系，后来慢慢也不用了，就断了（联系）。"（190102BJ039，越南）

留学生之间友谊的维持不仅需要彼此让步，还很考验耐心，但它往往只在彼此短暂的留学生涯内有效，随着一方留学经历的结束，以及未来各自生活轨迹的分歧，余生很难相聚。大部分留学生都会随着在华时间的增长逐渐对于跨国友谊失去兴趣，转而追求"独立的个人空间"——独立的居住空间带来了更多个人选择的可能性。

"我知道合租会有很好的朋友，但也可能会有很头疼的事，我还是希望有自己的空间。"（190522BJ059，英国）

"自己一个人住可以把更多时间放在自己的学业上，而不是适应各种文化差异上。"（190927BJ063，越南）

（二）老乡圈

与本国学生建立友谊是快速适应留学生活的最优选择。对于身处异乡的留学生来说，与同胞交往可能是一种"抱团取暖"的主动策略，用以满足"安全感"的需求。

"第一年我在厦门的时候还是都找同胞，我觉得可能我跟他们在一起的话会互相保护，比较安全这样，但是后来的话没有了。"（190923SH052，尼泊尔）

也可能是出于应对孤独的无奈之举，尤其是对于语言能力不足的留学生，金冬心第一次来中国的时候，既不会说中文，英语水平也不好，有困难的时候只能向韩国"老乡"求助。

"我听到中国学生跟我说话，他们嘴巴动得很快，但我的大脑一片空白，我想用中文表达我的想法，但是怎么也组织不出来，刚来的前几天每天晚上我都会躲在被子里流泪，后来在韩国朋友的帮助下，我度过了最艰难的一个月，之后也慢慢习惯了。"（190926BJ018，韩国）

同胞的经验同样可以极大地减少留学生的"试错成本"，韩国学生朴再浩带着一家老小来华留学生，为了方便安置年幼的孩子和不会说中文的妻子，他选择居住在北京知名的韩国人聚集地——望京。

"在这里有很多韩国的基础设施，比如餐厅、商店，我的妻子不会中文也能正常生活，我的孩子可以找到用韩语教学的国际学校，即使回国也不会有不适应。这里的韩国同胞也帮助我们很多，跟我分享了好多在中国生活的秘诀，比如怎么用微信支付，怎么办公交卡。有了他们的帮助，我感觉很快就适应了在华的生活。"（190102BJ042，韩国）

在族裔聚居地生活一切似乎变得更加便利，但随着时间的增长，便利的代价逐渐显现，意识到这一问题的留学生大多会选择走出"舒适圈"，尽可能与中国学生交朋友，体验真实的中国生活。

"我感觉好像跟生活在韩国没有区别，自己成了局外人……这个学期我只有周一和周二在家照顾家人，周三、周四我来学校上课，周五和周末我就在学校附近的咖啡厅看书，我不能总是待在家里，孩子太吵了，而且也没有氛围。"（190102BJ042，韩国）

（三）中国朋友圈

为了更贴近中国人的生活，"看到中国人日常的面貌"，韩国学生崔彬作出与朴再浩完全相反的选择，初到中国，他非常希望能住进中国家庭。在他看来，既然已经来到中国，就要尽可能地多跟中国人交朋友。

"我想要享受和中国住在一起的环境，早上去煎饼摊跟阿姨聊天，晚上下课可以走在热闹的小胡同中，我觉得这样更接地气。我也希望能跟我的邻居和房东成为朋友，才能真正了解到中国的百姓平时都是怎样生活的。在学

校里面我们跟中国人不住在一起，而且我觉得中国学生的日常生活跟校园生活也是不一样的。"（190107BJ002，韩国）

文化差异增加了中外学生的社交距离，同样是影响中外学生社会适应的重要因素，陈文婷、丁洁的研究发现来华留学生普遍有与中国学生交友的意愿，但是在事实上建立和维持友谊往往取决于文化距离的远近①。

"目前最大的困难是在与中国人的相处与交流上。可能因为文化差异中国人接受儒家思想，所以比较客套，很多事情不会直接表达，所以我常常搞不懂他们真正想要的是什么？再者很多中国人还是比较传统，对外国人的接受度还是比较低！"（190923NJ086，缅甸）

二、制度区隔

社会场域的制度性因素极大影响了留学生与场域中其他群体的社会交往，校园社会场域的主要制度性特征请见第四章第二节和第三节，在此仅稍做总结，不予赘述。

社交场域的"游戏规则"往往推动留学生与同文化群体和除中国以外的其他文化群体成为朋友，留学生公寓可以视为推动建立国际友人圈和老乡圈，阻碍建立中国朋友圈的重要制度性安排。除此之外，鼓励各国文化混杂的制度安排也随处可见，不管是针对留学生的必修课，语言课程还是集体活动。同乡会促进留学生与本国同胞交流的制度性，即使一句中文也不会说，在组织和网络的帮助下也能应对异国生活的种种困难，这也解释了为什么很多留学生即使在中国生活多年依然难以掌握中文。

留学生与留学目的地的本土学生交往通常被视作"理所应当"和"自然而然"，而实际上，学校场域的制度安排并不利于中外学生的交流。除了课堂和师门，留学生们虽然出于提高语言水平、完成课业要求、体验中国生

---

① 陈文婷，丁洁.亲密感、同理心、情理性：来华留学生友谊观评析［J］.复旦教育论坛（4期）：55—61.

活、理解中国文化等种种需求，强烈希望与中国学生交往，但却鲜有互动机制和机会。除此之外，很多中国学生认为自己受到留学生宽松的入学和优厚的奖学金制度的"相对剥削"，从而对这一群体鲜有好感。

第二节　社会认同

社会认同指个人对其社会类属和群体的归属[①]，Hogg认为关于"认同"问题的探讨，可以根据关注"我的"还是"我们的"，分为强调"角色"的认同理论和强调"分类"的社会认同理论[②]。前者"着眼于标定（labeling）或命名（naming）一个人为某种社会类别以及承诺的过程"，相对注重社会结构和规范对认同的型塑；后者则"侧重社会自居作用（social identification）和自我分类的过程"，强调个人选择对认同建构的重要性。周晓虹认为，在两种情况下，可以对两种路径进行整合使用，一是同时激活两种理论的认同"突显"（salience），认同理论的重点在社会的结构性安排以及个人之间的联系上———角色事实上反映的就是人们之间的相互关系；而社会认同理论的重点则在认同被激活的群体情境特征"[③]；二是以个人认同为中介激活对角色和群体的认同，"理解群体、角色和个人认同是怎样发生相互联系的"[④]。对留学生的社会认同考察符合这两个条件，来华留学可以同时激活了外国学生对于"学生"的角色身份和"外国人"的群体身份的双重认同。本节主要考察来华留学生社会认同的策略和状态。

---

① Michael A. Hogg, Dominic Abrams, Social Identification: A Social Psychology of Intergroup Relations and Group Process[M]. London: Routledge, 1988:1

② Hogg M A, White T K M. A Tale of Two Theories: A Critical Comparison of Identity Theory with Social Identity Theory [J]. Social Psychology Quarterly, 1995, 58(4):255–269.

③ 周晓虹.认同理论：社会学与心理学的分析路径［J］.社会科学，2008（04）：48–55+189.

④ Stets J E, Burke P J. Identity Theory and Social Identity Theory[J]. Social Psychology Quarterly, 2000, 63(3):224.

一、人以群分

"属于同一个阶级的许多人的惯习具有结构上的亲和（structural affinity），无须借助任何集体性的'意图'或是自觉意识，更不用说（相互勾结的）'图谋'了，便能产生客观上步调一致、方向统一的实践活动来。"①布迪厄将社会惯习视为身体化的社会结构②，通过这一惯习，人们可以对社会场域中不同群体进行区分（distinction）。在《区分》中，布迪厄将这一惯习等同于"审美趣味"，并将结构的不平等表现为区分行为，"社会主体通过他们对美与丑、优雅与粗俗所做的区分而区分开来，他们在客观分类中的位置便表达或体现在这些区分之中"③，David进一步将布迪厄的区分理论阐释为三个方面，即歧视（discrimination）、差异（difference）和分隔（distinction）④。

社会支配理论（social dominiant theory）认为社会群体等级地位高低是由支配-被支配的权力关系造成的⑤。在布迪厄看来，群体的社会认同同样以其在社会结构上支配位置为界，边界内部形成"我们感"或者"内群体"（ingroup）感受，而边界之外的就是"他们"或者"外群体"（outgroup），内群体和外群体之间就形成了群际关系。"不存在集体抵制任何后果的现实机会，这种加强的后果要么是为了扶持那些打上了占支配地位的分类学印记的特征，要么就是创新的、有积极评价的特征。于是，被统治群体只有两个选择：忠于群体与自我（尽管总是易于产生羞耻感），抑或是承认占支配地位的理念和思想，这个理念恰好就是在集体意义上重新获得对社会认同的

---

① 皮埃尔·布迪厄，华康德，布迪厄，等.实践与反思：反思社会学导引［M］.北京：中央编译出版社，1998：169

② 谢方."场域-惯习"论下的个体行动与社会结构［J］.理论观察，2009（1）：48-49.

③ 布尔迪厄.区分：判断力的社会批判［M］北京：商务印书馆，2015：9

④ Spurr D, Bourdieu P. La Distinction: Critique sociale du jugement[J]. SubStance, 1983, 12(2):103.

⑤ Sidanius, J. (1993). The psychology of group conflict and the dynamics of oppression: A social dominance perspective [M]// S. Iyengar & W. J. McGuire (Eds.), Duke Studies in political psychology. Explorations in political psychology. NC: Duke University Press. 1993:183–219.

反面"①。

上文我们重点考察了来华留学生的社会场域的结构和制度特征。对于大部分留学生而言，来华后建立的国际好友圈、本国好友圈和中国好友圈构成其主要的社会网络。那么，他们是如何看待自己与其他群体尤其是中国好友的关系呢？正如杨宜音指出，"异文化之间的接触并非发生在真空中，而是发生在社会比较（social comparison）及社会优势（social dominance）的社会历史背景下"②。在留学生对自己所建立的社会关系进行比较后，通常都会发现，自己与同属留学生的本国同胞或他国学生处于社会结构相同或相近的位置，而中国学生则因为各种资本的优势处于较高的位置。这种位置的不平等往往导致"人以群分"的认同策略，即留学生更倾向与留学生群体建立积极认同，而对中国学生群体产生消极的认同。

人们总是"不愿意承认现实生活中存在着等级差别，但是却愿意承认，喜欢和自己背景相似的人待在一起"③。在华留学多年的苏珊发现无论是进行利益相关的工具性交换，还是维系彼此关怀的情感性交流，留学生与同胞和国际学生在社会场域中相近的位置都有助于互动在相对平等的关系下进行。

"留学生很少会跟中国学生一起玩（娱乐），虽然说我们上课的时候也会跟中国同学在一起上课，但是交流的话基本上还是找本国的朋友。不管中文说得再好，在中国待得再久，和中国人交流还是会有一点点压力，因为他们毕竟在语言上有很大的优势，很难成为可以平等交流的朋友，所以有的时候可能跟本国的同学或者跟国际的同学反而至少是一种平等的或者是对比较同样的交流。"（190531BJ047，印度尼西亚）

社会认同的强弱与社会结构的位置高度相关，留学生更喜欢与本国同胞互动。对国际学生社会认同的强弱与彼此间的文化、语言差异相关，双方文

①　皮埃尔.布迪厄.实践感（人文与社会译丛）[M].南京：译林出版社，2006：179.

②　杨宜音.新生代农民工过渡性身份认同及其特征分析[J].云南师范大学学报：哲学社会科学版，2013（05）：82-91.

③　福塞尔，保罗，梁丽真.格调：社会等级与生活品味[M].北京：中国社会科学出版社，1998：136

化和语言差异越小，调试成本越低，越易从陌生关系过渡为亲密关系。

"我发现，亚洲国家学生倾向于中文交流，欧美国家喜欢用英语交流，拉美国家学生习惯西班牙语交流，非洲国家学生会说英语、法语和阿拉伯语。"（190111BJ013，马来西亚）

留学生对本国学生社会认同的强弱也因与对方年龄和学历不同而有所区分。

"尽管B大学每年都会招收至少100个韩国留学生，但是大家并不总是都聚在一起，相似年龄的留学生会在一起玩，年龄太大的学生通常很少参加集体活动，本科找本科的，研究生跟研究生一起。"（190104BJ027，韩国）

"个体在互动中寻找积极的强化与成员身份的认可。这些互动仪式链最终为重复互动形成和提供文化资源与能量资源，重复互动最后发展成为正式组织和非正式组织"[1]，前文提及的B大学韩国留学生研究生会和R大学越南舞蹈团正是在密切的群体互动下建立起来的。由于缺乏社会认同，中外学生共同自发成立正式或非正式社会组织的情况非常罕见。即使大部分高年级留学生会加入师门组织，也往往出于"被动"。正如第四章第四节所述，师门组织的权力关系无处不在，具体表现为留学生在与同门师友合作的过程中彼此协商、讨价还价、谈判、妥协互让，并在一定的条件下相互达成的相对的共识（误识）（misrecognition）[2]，"'他以为自己是谁？''这不是给我们这种人准备的'等等诸如此类的'诉诸秩序'来表达自我"[3]。当与师门组织同门在社会结构差距太大时，非互惠行动的风险和损失掉原层级的其他占据者的认同的风险，也会导致一种疏离感[4]，这种疏离感会进一步加强"人以群分"的认同策略。

---

① Collins, Randall. On the Microfoundations of Macrosociology [J]. American Journal of Sociology, 1981, 86(5):984–1014.

② 皮埃尔·布迪厄，华康德，布迪厄，等.实践与反思：反思社会学导引［M］.北京：中央编译出版社，1998：222

③ 布尔迪厄.区分：判断力的社会批判［M］.北京：商务印书馆，2015：416

④ 林南.社会资本：关于社会结构与行动的理论［M］.上海：上海人民出版社，2005：183

　　"如果学习上有困难，我会找中国同学帮忙或咨询，毕竟他们更擅长，知道的可能更多一些，资源可能会更广泛一些，提供给我的帮助可能会更加有用。如果是生活或者情感上的困难，我会找泰国同学帮助。跟中国同学交朋友跟和跟泰国同学交朋友来比，会有一些不同的地方，怎么讲呢？比如说我觉得跟泰国同学交流，可能因为是语言或者是生活各方面大家都差不多，聊起来可能氛围会更加轻松，觉得更加亲切，可能会有这种感觉，或者就好像什么话题都可以聊。但是跟中国同学的情况就不太一样，会有一些禁忌和局促，因为（泰国）与中国的背景不一样，比如说政治方面，社会文化方面都不一样，所以有时候跟中国同学聊一些话题就不太适合，有时候我觉得这个话题聊起来如果会让别人不舒服，就尽量避免不要聊了。"（190111BJ011，泰国）

二、生产认同

　　尽管布迪厄自诩为"建构的结构主义者和结构的建构主义者"[①]，他的理论依然被批评为色彩浓厚的结构主义理论[②]。布迪厄的区分理论同样存在结构主义的倾向，在结构主义理论视域下，留学生只能囿于"新进入者的身份而必须应对长期的不平等"[③]，那么留学生是否可能建立与中国学生积极的社会认同？此部分我们将尝试利用社会认同的建构主义理论进行研究。

　　Thoits 和 Virshup 强调认同的获得具有社会建构性，他们将社会身份认同界定为"被个体接受，用来描述自己或自己所属群体的，被社会建构的和被

---

　　①　Bourdieu P. In Other Words [M] .Stanford: Stanford University. 1990:123.

　　②　皮埃尔·布迪厄，华康德，布迪厄，等.实践与反思：反思社会学导引［M］.中央编译出版社：193.

　　③　布迪厄.经济人类学原理［M］//斯梅尔瑟，斯威德伯格.经济社会学手册.华夏出版社，2009：90.

社会赋予意义的类别"①，与结构主义歧视（discrimination）、差异（difference）和分隔（distinction）的消极认同方式不同，建构主义强调分类（categorization）、比较（comparison）以及积极区分（posivtive distinctiveness）②，以群体类别身份区分"我们"和"他们"③。Deaux对美国的西印度人的考察旨在说明移民不仅是一个离散事件，而且是一个终身过程，在人们迁移之后，个体所处的社会情境（person in situation in context）会持续对其身份认同产生影响④；Dubis对非裔美国人的研究指出种族主义造成的黑人与美国人"两个灵魂、两种理念、两种不能和解的对抗、两种冲突的理想"的撕裂发起抗争，希望非裔美国人能早日实现双重身份的社会认同⑤；威利斯的研究指出传统教学范式对"坏学生"的惩罚，非但没有促进他们好好学习，反而把其推向了反面——他们以"反学校"文化为旗帜建立了同盟，并与那些"书呆子"区分开来⑥；布洛维的研究形象地刻画出车间里的工人如何通过参与资方的"计件生产游戏"，而与这一传统的敌人产生某种心照不宣的默契，反将矛头指向工友，将传统的"等级的支配转变为横向的对抗"⑦。在建构主义视角下，留学生对中国学生积极的社会认同策略不是强调"外国人"与"中国人"身份的不同，而是强调同样作为"学生"的相同身份，借以"生产认同"。

在流动的现代社会，"共同体不再基于前定，而是基于认同"⑧，"生产认

---

① Thoits, P. A., & Virshup, L. K. Me's and we's: Forms and functions of social identities[M]// R. D. Ashmore & L. J. Jussim (Eds.), Rutgers series on self and social identity, Vol. 1. Self and identity: Fundamental issues. New York: Oxford University Press. 1997:106–133.

② Tajfel H. Social Psychology of Intergroup Relations[J]. Annual Review of Psychology, 2003, 33(1):1–39.

③ 周晓虹.认同理论：社会学与心理学的分析路径［J］.社会科学，2008（04）：48-55+189.

④ Deaux, Kay. To Be an Immigrant [M]. New York: Russell Sage Foundation, 2006:91–128.

⑤ Dubois W E B. The Souls of Black Folk [M]. New York: BANTAM BOOKS, 1989:92

⑥ 保罗·威利斯.学做工［M］.南京：译林出版社，2013：13-28

⑦ 迈克尔·布若威，李荣荣.制造同意［M］.北京：商务印书馆，2008：80

⑧ 齐格蒙特·鲍曼，鲍曼，Bauman, et al.流动的现代性［M］.上海：上海三联书店，2002：283

同"的策略是通过强调共性，以形成共情。越南学生黎氏璎一直采取主动的交友策略，但往往难以得到中国学生积极的回应，究其原因在于她们之间的互动内容并没有引起彼此相同身份的共鸣和涉入（involvement），无法"维持某种认知性和情感性专注，以及某种心理资源的调动"①。

尽管师门这样一个等级不平等的组织中，积极的社会认同策略依然有效。埃及学生高明是师门团队的骨干、留学生群体的"班长"。高明的博士生导师也是他的硕士导师，在生活上，他们的私交并不多，但是在工作上，他的导师给了他充分的信任。他没有过分关注自己外国人的身份，而是认为自己应该扮演好学生和学长的角色，在华留学的几年来，他收获了中国同学的友谊和尊重。

"我入门之后，是我的师哥带我做实验，写报告，到了我这一届，我也会像他教我一样教师弟师妹……我在Y大学看到很多师门，都是外国学生带下一届外国学生，中国学生带下一届中国学生，但是我的老师对我和中国学生没有分别，这样我也会觉得不应该和中国学生有什么分别，中国学生怎么做，我也怎么做，不管能不能做到。没有必要把外国学生当成什么都不懂的人，他可能语言有限，但是研究能力不一定比中国学生差。我的导师不会因为我是外国人，就不让我参加他的研究，导师有什么项目，他都会在师门微信群里发通知，谁愿意做谁就可以在群里说，我觉得我可以试试，他也非常相信我，她鼓励我说'你很执着，总有一天，在你不断地努力下，你会实现你的科研目标，成为一个优秀的中国研究学者'。"（190102BJ041，埃及）

相对于中国学生，留学生与其他国家的留学生面对相似的问题，拥有相似的经历，这些共性淡化了文化上的差异，促成一种超越民族的共同体。

"我跟她们什么都可以说，可以随意表示自己的意见。我在教育学院注册，有些方面我跟中国学生一样，比如都要填相同的表格。但是生活中很多细节的东西我们需要做的和中国学生不一样，所以中国学生的规则或是规定跟我们不同，比如说上网，这对中国学生来说只需要在手机上付款就

---

① 戈夫曼，公共场所的行为：聚会的社会组织［M］北京：北京大学出版社，2017：39

可以，但对我们来说不是这么容易的事，我需要去留学生办公室申请，这些问题只有我们留学生会遇到，也只能靠我们之间互相帮助才能解决。"（190606BJ029，美国）

不仅在生活上，在学业方面，留学生也会更倾向把其他留学生作为参照群体（reference group）[①]，而不是中国学生。这样做一方面缓解了他们学业上的压力，另一方面也会导致社会认同的内卷化，拉长与客居国学生的社会距离，影响对中国学生的积极社会认同。

"我在北京的时候，我的身份就是留学生，所以作为一个留学生，在北京学习和生活我觉得比较放松，因为在韩国的话，虽然也有偏好的部分，但是生活节奏也是比较快，还有一些我也不知道是从哪里来的压力。"（190927BJ026，韩国）

"怎么说呢？会觉得大家有一些地方会有距离感，会有这种东西？但是大家不用太刻意去想这个问题，我觉得反正我跟他们是两个身份，所以他想消除掉距离感也没办法，就是说身份本身可能会带来距离感。"（190927BJ063，越南）

因此，在某些情况下，为了保持与本土学生积极的社会认同，需要与本国学生以及其他国家保持一定的社会距离，采取相对消极的社会认同，避免"飞地"产生。

三、社会认同的策略和类型

综合以上，留学生与留学生之间，因为资源与社会结构地位的相似（结构主义视角）和经历与处境的相同（建构主义视角）更容易产生积极的社会认同，形成紧密的社会关系。与此同时，与留学生群体过度紧密的社会关系

---

① 默顿（Robert Merton）提出"参照群体理论"（reference group theory），认为人们对于自己生活、学业或工作评价，并不一定根据客观标准，而是与"身边的人"进行对比，这一人群构成了参照群体。

或过度冗余的社会网络都会造成社会认同的内卷化，既不利于其与中国学生交往，也不利于其融入中国社会。

留学生与中国学生之间，由于资源和社会结构地位的迥异（结构主义视角）更易产生消极的社会认同，除非以学生身份并引起对方共鸣，否则无论留学生如何主动"示好"，都难以获得热情的反馈，只能得到礼貌的、客套的回应；改变这一局势的策略是，以"学生"而非"外国人"的身份与中国学生互动（建构主义视角），释放"我们是一样的"信号。为了保证这一身份信号的一致性，必要的时候还需要与其他留学生群体保留一定的社会距离。不同的认同策略形成不同的认同类型，详见下表。

表6.1　留学生社会认同的类型

互动群体	认同策略	认同类型
中国学生	生产认同	积极
	人以群分	消极
外国学生	生产认同	积极
	人以群分	积极

第三节　社会资本

社会资本概念由布尔迪厄首次正式提出[①]，并将其定义为"与个人所拥有的持久的社会网络相关的实际或潜在资源的总和，这些网络或多或少存在相互认识和认可的制度化关系，它为每个成员提供集体拥有资本的支持，一种'凭证'，并赋予他们信贷的权利。这些关系可能只存在于实际状态，存在于有助于维持它们的物质和/或象征性交换中。它们也可以通过使用一个共同的名字（一个家庭、一个阶级、一个部落或一所学校、一个政党等的名

---

① Bourdieu P . Le capital social: Notes provisoires[J]. Actes de la recherche en sciences sociales, 1980, 3(1):3–6.

字）和一整套同时旨在形成和通知使用这些名字的人的行为来建立和保证；在这种情况下，社会资本它们或多或少在交流中被真正实施，并得以维持和加强"①。在布迪厄看来，"行动者所拥有的社会资本的数量取决于他能够有效调动的联系网络的规模，以及网络中他所联络的每一个人所拥有的资本（经济、文化或象征性）的数量"②。布迪厄所谓的社会资本是一个连接性质的资本，通过这一资本可以调动、使用甚至转换行动者网络中他人的经济、文化和象征资本。社会学家在布迪厄的基础上纷纷提出各自的理论：一种是将社会资本理解为个人在社会网络或通过社会网络获取的一种资源，如科尔曼认为社会资本是个人拥有的、表现为社会结构资源的资本③；林南将其称为个人通过直接或间接关系从而获得的资源④；博特认为两人间的非重复关系构成结构洞，为个人攫取资源带来了关系上的优势，这一种观点认为个人可利用社会网络实现工具性目的，他沿用布迪厄场域理论的比喻，将社会资本看作是玩家（积极的行动者）带入竞技场（场域）里的社会网络维度的资金⑤；另一种是将其理解为社会存在的一种公共资源，格拉诺维特提出"嵌入性"理论，认为社会关系嵌入在经济行为中，为物质资源交换的可能提供规范和信任的支持⑥；普特南将其定义为促进社会内外达成共同利益的规范、信任和网络，并区分了保持内部和谐的聚合型（Bonding）资本与加强外部联络的桥接型（Bridging）资本⑦；福山认为社会或群体中的信任关系是一种社会资

① Bourdieu P. The Forms of Capital[M]// Readings in Economic Sociology. 1986. 242–257.

② Bourdieu P. The Forms of Capital[M]// Readings in Economic Sociology. 1986. 242–257.

③ Coleman, J.S. Social capital in the creation of human capital[J]. American Journal of Sociology, 1988, 94, S95–S120.

④ Marsden P V, Lin N.SocialStructure and Network Analysis[C]. Beverly Hills, CA:Sage, 1982:103–130.

⑤ 罗纳德·伯特,Ronald Burt.结构洞［M］.上海：上海人民出版社，2008：9.

⑥ Granovetter, Mark. Economic Action and Social Structure: The Problem of Embeddedness [J]. American Journal of Sociology, 1985, 91(3):481–510.

⑦ Putnam, D.Robert. Bowling Alone: American's Decling Social Capital [J]. Journal of Democracy, 1995:65–78.

本[①]。虽然不同学者对于社会资本的解释和应用多有出入，但都将社会资本看作一个嵌入在个人社会关系网络中，可以为个体的社会行动提供超越个体本身所固有的资源、信息和情感支持的资本。

一、聚合与桥接资本

对于来华留学生而言，社会资本是在留学期间通过社会网络争取更多资源的重要手段。移民研究发现社会资本不仅有助于移民在资金、居住方面得到更多支持[②]，而且便于快速"获取工作机会、廉价劳动力以及低息贷款等各种资源"[③]。前文对留学生社交圈层和社会认同的考察可知，即使身在中国，大部分留学生的社交圈层依然以本国学生、其他国家留学生为主，而以中国学生为辅。"人们倾向于与那些喜欢他们的人交往"[④]，同质假设（homophily hypothesis）认为拥有相似的生活方式和价值的个体更容易在社会互动中产生"友谊"[⑤]。社会身份相似和来华目的相同，导致留学生与留学生之间拥有更多共同语言和利益，更容易产生社会认同、建立社会关系，积累社会资本；相较而言，与中国学生建立友谊是困难的，但却也是必要的，留学生需要超越舒适和同质的社会圈层，寻求在"社会结构处于彼此接近位置的"异质性社会资本[⑥]，Ensel 的研

①　弗郎西斯·福山，FrancisFukuyama，福山，等.信任：社会美德与创造经济繁荣［M］.广西：广西师范大学出版社，2016：30

②　Massey D S, Espinosa K E. What's Driving Mexico–U.S. Migration? A Theoretical, Empirical, and Policy Analysis [J]. American Journal of Sociology, 1997, 102(4):939–999.

③　Portes A, Rubén G. Rumbaut. Immigrant America [J]. International Migration Review, 1990, 25(25):323.

④　Marsden P V,Lin N.SocialStructure and Network Analysis[C]. Beverly Hills, CA: Sage, 1982:103–130

⑤　Lazarsfeld P F, Merton R K. Friendship as a Social Process: A Substantive and Methodological Analysis [M]// Freedom and Control in Modern Society. 1954:38

⑥　Homans G C. The Human Group [J]. The American Journal of Psychology, 1951, 64(3):463.

究说明女性加入男性的圈子以获取资源[①]，Stanton Salazar 和 Dornbusch 的研究表明墨西哥裔的学生通过寻找非墨西哥血统的关系，或者与老师、辅导员等制度性的代理人建立关系，以使自己变得"与众不同"[②]。

参考以往学者的研究，我们将留学生与留学生建立的社会资本称为"聚合型社会资本"（bonding social capital），将留学生与中国学生建立的社会资本称为"桥接型社会资本"（bridging social capital）[③]。两种社会资本的积累和应用策略并不相同，"聚合型社会资本"有利于通过"表达性行动"（expressive action）获得期待的同情和回报，以及有价值的理解和建议，维系已有的资源；"桥接型社会资本"则有利于通过"工具性行动"（instrumental action）以"实现达成某些具体目标"，获取更多的资源[④]。

表6.2　留学生社会资本的类型（林南，2005）

行动动机	互动参与者的资源		累积社会资本类型
	相似性（同质互动）	非相似性（异质互动）	
表达性行动（维持资源）	低努力/高回报	高努力/低回报	聚合型社会资本
工具性行动（获取资源）	低努力/低回报	高努力/高回报	桥接型社会资本

老乡会和学校社团是留学生开展表达性行动，积累聚合性资本的主要平台。

① Lin N R S, Simeone R S, Ensel W M, et al. Social Support, Stressful Life Events, and Illness: A Model and an Empirical Test[J]. Journal of Health and Social Behavior, 1979, 20(2):108–119.

② Stanton-Salazar R D, Spina S U. The Network Orientations of Highly Resilient Urban Minority Youth: A Network-Analytic Account of Minority Socialization and Its Educational Implications [J]. Urban Review, 2000, 32(3):227–261.

③ 刘芳.桥接型社会资本与新移民社会融入——兼论社会组织与基层社区对新移民融入的推动作用［J］.学习坛，2015（11）：67–72.

④ 林南.社会资本：关于社会结构与行动的理论［M］.上海：上海人民出版社，2005：47

"研究生会的微信群分为两个，一个是大群，里面有所有来北大留学生的韩国研究生，一共292人。一个是小群，也叫新生群，只有2018年来北大的韩国研究生，一共48人。两个群有不同的社交功能：大群提供了各种信息渠道，如果有生活上的问题，比如怎么开银行账户，怎么用保险，我会发到大群，肯定有人知道，大群平时一般不组织集体活动，除了开学聚餐和结业聚餐；小群就是好朋友们之间倾诉、互助的平台，里面都是新生，大家都有一样的经历所以更亲切，会一起约饭，交流也更轻松。"（190107BJ005，韩国）

参加师门会和语伴项目有助于留学生开展工具性行动，积累桥接性资本。印尼学生李渔和西班牙学生路易分别这样向我们描述了师门对他们的帮助：

"我有机会忝列导师Z教授的门下，融入师门这个学术生活共同体，继续自己热爱的研究。老师对我的影响非常深，如果没有遇到他，我想我可能就会因为找不到自己的定位而迷失堕落。尤其是像这学期疫情状态下，离开了熟悉的学术环境和生活，进入一个我既熟悉又无所适从的家庭生活，我经历了一段低迷时期，这段日子支撑我的意志的就是老师以及师门共同体，想着不能让他们失望，想着要把事情做好，也就有了坚持的动力。非常庆幸自己能有这么一群良师益友，在学术生活的道路上能够互相理解扶持。知己难觅，恰恰是有这样一个学术生活共同体，让我觉得自己并不孤单，自己想做的东西还是有人理解的，而且是有意义的，不知不觉中便不再去纠结怎么和别人辩论，而是安心地进入自己的研究领域。此外，也因为有这样的一群我愿意倾心交往的人，我的心胸比以往更为开阔了，更能反思自己。"（190121BJ015，马来西亚）

"认识了很多优秀的同学和老师，M教授的团队就像一个小家庭，为我们营造了非常好的学习环境。让我从师兄、师姐身上学到很多。他们会跟我分享自己研究成果、研究方法、读过的书或文章。跟他们在一起，我感觉不到孤独，我们在一起共同努力。"（181228BJ033，西班牙）

各种类型的社会资本除了为留学生带来更多物质性资源和激励外，同样提供信息和信任等非物质性资源①。格兰诺维特认为不同类型的社会资本带来不同类型的信息资源：关系密切的"强连带"往往囿于交往对象身份的相似性，只能产生同质性信息；而关系疏远的"弱连带"反而能够带来新鲜的异质性信息②。大部分留学生并不缺乏在中国居住、餐饮、看病、娱乐等生活方面的信息，这些信息可以轻易在带来"聚合型社会资本"的留学生间的社交圈子中找到。相反，关于学术研究和在华求职的信息却知之甚少，究其原因，是由于留学生与带来"桥接型社会资本"的中国老师和学生互动较少。

"在学习方面得到的信息很少，选什么课比较好？考试涉及的重点范围是什么？这些资料好像是他们（中国学生）内部的信息，这很重要的，但是我没有什么信息，所以我可能这个方面有点吃力，然后需要我自己努力找我的班长，向他多多去请教。"（190927BJ024，韩国）

与某个集体相关的重要信息，虽然获知途径难易有别，但基本都可以在中国校园网络中找到最终结果；但与个体相关的重要信息，则要求留学生具有拓展社会资本信息利益的能力，博特认为社会资本的信息利益（information benefits）存在三种主要形式，分别为通路（acces）、时机（timing）和举荐（referrals）；通路关注如何获得有价值的信息；时机解释如何相对更快获得有价值的信息；举荐则考察在获得有价值信息的同时如何能参与决策③。

俄罗斯学生王安义是国际关系专业的留学生，为了研究中俄商贸外交政策的双边实践，他需要与多个中国公司的员工访谈，留学生身份的"敏感性"让他很难得到正式采访的机会，于是他采用了"非正式的方法"进行沟通。

"我们是在中国，不能跑一个公司说'你好，我想跟你沟通'，这个有点奇怪，基本上都是通过朋友，你认识一个朋友就可能认识其他人，然后再把

---

① 马克·格兰诺维特.镶嵌：社会网与经济行动［M］.北京：社会科学文献出版社，2015：189

② Granovetter M S. The Strength of Weak Ties [J]. American Journal of Sociology, 1973, 78(6):1360–1380

③ 罗纳德·伯特，Ronald Burt.结构洞［M］.上海：上海人民出版社，2008：15–16

他约出来，跟他'非正式'的沟通，看看他们是什么样的想法。我喜欢交朋友，我觉得无论他什么样的位置，什么样的社会的层次，最重要的是他有什么样的想法，我想看看不同的老百姓（对中俄贸易外交政策）有什么想法，企业高管有什么想法？官员他们有什么样的想法？"（190103BJ043，俄罗斯）

信任是社会资本重要的表现形式[①]，是社会得以存在的基础，一旦人们之间丧失一般性信任，社会将变成一盘散沙[②]。信任是社会网络中互动双方的保障感和可靠性预期，可以降低生存环境的不确定性，给予本体安全感[③]。不同类型的社会资本带来不同的信任关系，聚合型社会资本（老乡、熟人）带来特殊信任，桥接型社会资本带来普遍信任。

二、新型与原始资本

移民研究认为流动带来的社会网络变化，导致旅居者原有的——基于血缘、亲缘、地缘、业缘、友缘产生的社会资本难以继续发挥作用，只能依赖于在异乡新获得的社会资本[④]。参考以往研究，我们将移民流动前积累的社会资本定义为"原始社会资本"，将流动后积累的社会资本定义为"新型社会资本"[⑤]。在对留学生考察中我们发现，原始社会资本在留学期间是否发挥作用，关键在于其是否与中国社会相关联，以及能否实现本土化（localisation），来华留学之前基于学业、工作等机缘认识的中国朋友，在留学期间依然可以发挥极大帮助。埃及学生高明来华留学前与B大学阿语系系主任已是旧识，系主任曾任驻埃及教育参赞，而高明作为高级翻译参与过几次使馆的活动。在

---

① 弗郎西斯·福山，FrancisFukuyama，福山，等.信任：社会美德与创造经济繁荣[M].广西：广西师范大学出版社，2016：30

② Georg. The philosophy of money[M]. China Social Sciences Pu, 1999:469

③ 郭庆，高平安，余运江.社会信任视角下的农民工城市融合——基于上海的实证分析[J].人口与社会，2014（4）：55-60.

④ 刘传江，周玲.社会资本与农民工的城市融合[J].人口研究，2004（5）：12-18.

⑤ 赵延东，王奋宇.城乡流动人口的经济地位获得及决定因素[J].中国人口科学，2002，000（004）：8-15.

Y大学留学期间，高明主动联系了系主任，并自荐去B大学担任阿语助教工作，系主任对高明之前的良好印象让他获得了实习机会。这次实习的经历不仅让他认识了很多中国的学生和老师，也让他再次得到系主任的赏识，这也促使他在取得Y大学博士学位后，成功申请上了B大学的博士后资格。

俄罗斯学生兰斯的案例有助于对比不同类型社会资本的效益和影响，她在留学期间突发耳疾，严重时两耳几乎失聪。在难以独自应对的情况下，她通过四个渠道发起求助，求助对象分别是：她在中国的硕士生导师（新型社会资本）、留学后认识的中国同学（新型社会资本）、远在俄罗斯的父母（原始社会资本）以及她在俄罗斯旅游委工作时认识的中国朋友。她的导师对这一情况非常关心，但由于在国外访学，无法提供太多及时、有效的帮助；中国朋友陪她一起去公立医院挂号就诊，并与保险公司联系。

"我打电话给我的朋友，他很快帮我联系了协和医院的国际部，还让他的司机送我过去，陪我看病，在他们的关照之下，医院的服务也分外周到，让我的病情得到积极有效的治疗。"（181228BJ034，俄罗斯）

这一案例中，我们通过兰斯俄罗斯的亲戚与中国导师、学生和中国官员社会支持的效益对比可知，原始社会资本和新型社会资本发挥效益的优劣并不在于其建立时间的先后，关键在于哪个社会资本可以更好地在学生所处的场域实现转换。

"在现代社会，时空延伸的水平比任何一个前现代时期都要高得多，发生在此地和异地的社会事件之间的关系都相应地延伸开来，不同的社会情境或地域之间的连接方式，成了跨越作为整体的地表的全球性网络，全球化本质上是指这个延伸过程"[①]。随着全球化进程的持续推进，社会资本逐渐打破疆域的界限，Erickson区别了全球性社会资本（global social capital）和地方性社会资本（local social capital），作为新型社会资本和原始社会资本的补充：地方性社会资本与地理区域和族群领域相关，嵌入在当地生活、就业与

---

① 刘少杰，王建民．现代社会的建构与反思——西方社会建设理论的来龙去脉［J］．学习与探索，2006，000（003）：48-55.

贸易体系中，随着个体的跨域流动分化为原始和新型社会资本；全球性社会资本则不局限于本土的限制，它的影响主要取决于全球政治和经济体系[①]，大使馆、跨国公司和非政府组织（NGO）都为留学生提供了这一类型的社会资本，"向大使馆求助"是留学生与学校行政系统博弈时最常使用的、也是最有"效果"的沟通策略。

第四节　社会融入

一、社会融入的策略与曲线

从布迪厄的实践理论视角来看，来华留学生的社会融入指的是留学生在中国社会场域的实践。由于中国留学生特色的制度安排，校园成为集经济消费、社会生活和文化学习"三位一体"组织，这一组织与中国计划经济时期集生产、交换、分配和人民生活福利为一体的单位组织具有一定的形态和功能相似性（详见第四章第二节）。因此我们把校园看成留学生开展社会交往和社会活动的主要场域。

来华留学生的社会交往活动主要可以分为：日常生活的情境性交往和组织场域的组织性交往。来到陌生的土地，留学生有大量的机会在公共场所（如教室、图书馆、咖啡店、运动场、银行等）因各种事由"邂逅"（encounter）各色各样的陌生人，产生专注性交往[②]，这些交往形成了进一步构建网络、发展认同和积累资本的契机，是来华留学生人数相对稀少和通信不发达的年代，留学生社会交往的主要途径。但是，随着中国留学生规模的快速增长和信息技术的日渐发达，这种效率较低、稳定性差的社交模式逐渐

---

① Erickson B H. Social Capital and Its Profits, Local and Global[C]// Sunbelt XVIII & European International Conference on Social Networks. 1998.

② 戈夫曼.日常接触［M］.北京：华夏出版社，1990：95

被时代所淘汰。

"2003年我第一次来华留学生的时候是在天津N大学，那时候留学生特别少、特别少，在天津的更少。那时候中国学生（对留学生）比现在热情很多，主动很多，人和人之间的交流也会更充分一些。N大学学习俄语的学生会主动找我，我们互相帮助，他们帮我们学汉语，我们帮他们学俄语，学的时候一起吃个饭，弹吉他什么的，经常会有聚会啊。而且原来就是我们住一个宿舍，基本上楼里谁住哪个房间都会知道的，现在我都不知道我隔壁两边都是谁……可能因为当时（中国人）会觉得外国朋友很少，然后看到一个就会觉得很稀奇，所以他很热情……现在网络太发达了，社交方式改变了，要是当时给我们一人一部手机，给我们微信支付什么的，我觉得也会跟现在一样，那个时候我们什么也没有，除了一台电视就是书，除了书之外就是人。"（190923BJ048，白俄罗斯）

"我小学二年级时候来的中国，以前外国人不多，我们全校就我跟我姐姐是外国人，然后他们对我很好。现在（外国人）肯定很多了，我来B大学最大的感受外国人真的很多，然后（留学生）没有什么特殊的。像以前他们知道我是韩国人，都会围着我问我很多问题，现在真的没有了。"（190926BJ018，韩国）

更为高效的方式是通过构建或参加社会组织，形成有效率的、稳定的社会交往模式，第四章尽可能全面地考察了留学生参加的各种组织，主要包括与留学生一起上课的语言班或必修课班级、与中国学生一起上的专业课或选修课的班级、与中国学生共处按照专业和年级整合的教学管理组织（班集体）、与中国学生共处按照专业和导师整合的教学管理组织（师门）、与本国留学生一起参加的具有区域团结性质的组织（老乡会）、与外国留学生一起参加的具有志愿服务性质的组织（留学生协会）、与中外学生一起参加的具有共同兴趣爱好的组织（社团）等。组织性交往通常建立在一定共识的基础上[1]，

---

① 杨宜音."自己人"：一项有关中国人关系分类的个案研究[J].中国社会心理学评论，2005（1）.181-205

具有稳定的互动频率，为其成员提供信息性、工具性和情感性支持①，不同的组织呈现不同的交往特征。正如格兰诺维特等学者提出的，社会交往基于互动和频率以及情感卷入程度和亲密程度，可分为强关系（strong tie）和弱关系（weak tie）②：具有异质性群体间更易产生弱关系，弱关系有利于信息的传递和资源的获取，是留学生积累社会资本、实现策略性行动的主要手段③；具有同质性群体间更易产生强关系，强关系有利于情感的支持和资源的共享，是留学生构建社会网络、实现沟通性行动的主要手段④。

通过以上研究，我们发现外国学生在来华留学初期面对的主要社交困难在于原有的社交网络断裂。受社交场域制度性安排所限，与中国学生接触的机会较少，与本国和其他各国留学生接触较多，留学生倾向与本国学生或文化距离较近的外国学生交往⑤，这种交往既包括建立以信息获取、物质支持为目的弱关系（如同乡会的互动），也包括以情感交往、陪伴支持为目的的强关系（如小圈子互动），这种交往在来华初期降低了适应成本，增强了社会支持，对社会融入产生了正向的影响。

随着留学时间增长，外国学生逐渐习惯、适应了中国的生活，转而将精力投入到学习和研究中。留学生通过与中国学生建立工具性取向的弱关系，获得语言提高、学术辅导、信息资源和社会支持，积累了社会资本，这一策略对社会融入同样产生正向的影响。但是由于这种关系大多建立在权利不平等的情况下，难以形成积极的社会认同，无法将工具性取向的弱关系转化为情感性取向的强关系，这就导致中外学生社会交往逐渐内卷化，表现为"交

---

① Walker M E, Wasserman S, Wellman B. Statistical Models for Social Support Networks [J]. Sociological Methods & Research, 1993, 22(1):71–98.

② Granovetter M. The Strenght of Weak Ties [J]. American Journal of Sociology, 1973, 78.

③ Lin, Nan, A Social Capital: Contending Paradigms and Empirical Evidence [J]. Hong Kong Journal of Sociology, 2001, no. 2 pp. 1–38

④ Marsden P V. Homogeneity in confiding relations [J]. Social Networks, 1988, 10(1):57–76.

⑤ Balakrishnan, T., & Gyimah, S. Spatial residential patterns of selected ethnic groups: significance and policy implications [J]. Canadian Ethnic Studies, 2003, 35(1), 111–125.

往行为的礼貌性、朋友身份的宽泛性和社区参与的有限性"①，无法继续对社会融入产生正向影响。

在这一时期，留学生面临两种认同策略选择，一种策略是走回"舒适圈"，保持对中国学生消极的社会认同，转而继续依赖与外国学生建立的社交网络和资本。但对这一网络的长期依赖，会导致留学生之间社交的内卷化，具体表现为弱关系网络情感卷入程度降低，关系日益利益化，强关系网络情感卷入程度增高，逐渐变成一个脱离本土社交网络的小圈子（飞地），对社会融入产生负面影响；另一种策略则是走出"舒适圈"，以"学生"的身份寻求与中国学生的积极认同，推动与中国学生的网络由弱关系向强关系转变。与此同时，逐渐拉开与留学生群体的社会距离，避免留学生之间社会交往的内卷化，进一步推动社会融入。总而言之，这一策略是通过积累桥接型社会资本，并增强与中国学生加强的交流性的、强关系的社交互动，与中国学生形成积极的社会认同，减少对于本国学生和其他留学生交流性的、强关系的社会网络依赖。

"我刚来的时候，很孤独、很害怕，特别希望跟自己本国的同学在一起。后来的时候就不会了，（总跟同胞在一起）不能够真的去用到中文，因为你需要发展，然后去了解其他文化。慢慢适应了这个环境，就想脱离原来比较安全的群体，我当时在厦门（华侨大学）的时候，他们给我们安排的住宿是6个人一个房间，都是印尼人，后来我在半年以后，就跟他说我要换房间跟中国人在一起，除了3个印尼人然后其他的都是中国人，有内蒙古的、有青海的、天津的也有。反正那时候我就可以直接去了解他们的文化，他们生活习惯，然后可以跟他们交流。所以那时候也是有一段时间是这样做。可能刚来的时候会觉得太陌生了，希望有一种小的圈子，慢慢适应了之后可能就会想离开这个地方，去融入更大的圈子中。"（190531BJ047，印度尼西亚）

---

① 叶鹏飞.农民工城市生活主观幸福感的一个实证分析［J］.青年研究，2011，000（003）：39-47.

"你觉得你走出了你的舒适区吗？或许大部分会认为他们是没有的。可是，我们大家离开了熟悉的家乡，来到北大学习，经历不同的文化和环境。从这一方面来说，我们成功了。可是另一方面，我们又失败了。在这里，我们最近的朋友是和我们有着相同背景的人。大部分时候，我们说的是自己国家的语言，接触的是自己国家的文化。很少了解，也很少有机会去了解一个地道的中国。或许，我们最缺少的，是一种敢于尝试的人生态度。我知道完全走出舒适区这件事，是说起来容易做起来难。在不断尝试、不断成功和失败的同时，我们也会闹出很多乌龙。"（朱安琪，美国）[①]

来华留学生的社会融入呈现为一条与文化融入相反的曲线，如果对大部分留学生而言，文化融入曲线表现为：从"深入中国文化场域"到"脱离中国文化场域"再到"深入中国文化场域"的U型曲线；社交融入呈现倒U型的规律，具体表现为：从"脱离中国社会网络"到"深入中国社会网络"再到"脱离中国社会网络"。

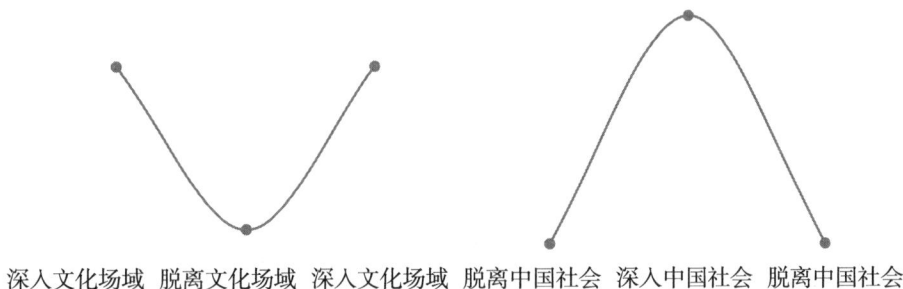

深入文化场域 脱离文化场域 深入文化场域 脱离中国社会 深入中国社会 脱离中国社会

图6.1 文化融入（左）与社会融入（右）曲线

需要指出的是，倒U型曲线同样是留学生社会融入各种可能性中比较有代表性的一种。不同的留学类型和目的产生了不同的社交需求和网络结构。以学习汉语为目的非学历留学生，易于与中国学生建立"互惠互利"（互相辅导语言）的合作关系，因为其来华时间较短，并不需要面临"回到舒适

① 北京大学对外汉语教育学院.我眼中的中国：2018北京大学留学生演讲文集［M］.北京：外语教学与研究出版社.2019：116–117.

圈"或"走出舒适圈"的抉择；而以获得学位为目的的学历生，则不得不面对这一抉择，如果无法建立积极的社会认同，形成以情感性互动为主的强关系，留学生很难维持与中国学生长期的工具性互动（以辅导功课为例，一方面，除了教授外语，留学生并无与中国学生对等交换的资本；另一方面，在无法获得对等回馈的情况下，中国学生需要"白白"浪费时间和精力对留学生进行辅导）；随着教育的层次的提高，学业压力更大，留学生与中国学生社交需求更高，但中国学生与留学生可以维持的工具性互动时间也将更短。高美珍有三段留学经历，第一段是本科最后一年来华学习汉语，第二段是正式来华攻读硕士学位，第三段是继续在华攻读博士学位（未毕业），她的三段经历较能反映以上复杂的社交特征。

"第一次来中国没有课业的压力，只是为了单纯提高语言，那个时候除了上语言课，我有很多空余的时间，几乎每天都和我的语伴练习，我们互相纠正对方的发音，我们的语言水平都有了进步，那次有美好的留学回忆。但是到了正式来中国读书，情况完全变了，需要上课、考试，压力更大了，时间更少了，只能把更多时间放在专业上，我的语伴帮不了我，我的（同一专业）同学不想帮我，他们压力也很大，没时间，没有以前（本科交流期间的中国学生）那么关心留学生……我发现念到博士之后，见到同学的机会越来越少，以前的话很容易就能交到中国朋友，现在只有上中文系的专业课才有机会接触到……虽然有努力地去过一些社团，但是发现忙起来就去不了。"（190107BJ003，韩国）

二、社会融入的类型

根据布迪厄提出实践理论的公式，留学生社会惯习与中国社会场域的契合情况（社会认同）与资本（社会资本）共同决定了实践（社会融入）的类型与状况。

表6.3　留学生社会融入的类型

社会资本	社会认同	
	积极	消极
高	学生	外国人
低	留学生	外国人

　　留学生同时具有"外国人"和"学生"两种身份，消极的社会认同指的是留学生在中国社会场域中，强调"外国人"的身份认同，倾向于"人与群分"的认同策略，难以走出留学生朋友"舒适圈"，逐渐导致社会认同的分化，即分裂为留学生社交场域（"飞地"）与中国学生的社交场域。与此同时，不断强调"外国人"的身份认同，也会造成社会认同的内卷化，即对在华留学生小群体的过度融入，而无法融入中国学生的大群体中。社会资本的数量对于此类留学生群体融入中国社会的影响不大，由于消极的社会认同导致社会资本的单一性（主要表现为留学生之间的社会资本），其社会资本的大小强弱只会影响其对留学生社会场域融入的深度，以及所处的位置。

　　积极的社会认同指的是留学生在中国的社会场域中，强调"学生"的身份认同，倾向于"生产认同"的认同策略，尝试走出留学生朋友的"舒适圈"，融入中国社会的大场域中。社会资本对此类留学生影响较大，社会资本的数量（与中国学生建立的资本数量和与留学生建立的资本数量）和质量（桥接型资本还是聚合型资本、新型社会资本还是原始社会资本）都将对其社会融入产生一定影响。社会资本数量少、种类稀少的留学生相对难以融入中国的社会场域，只能作为"舞台"上的"配角"或"观众"[①]。与此相反，社会资本数量多、种类丰富的留学生更易融入中国社会场域，与中国人形成"我们感"，与中国人占据相同甚至更具优势的场域位置；意大利学生云彩是社会融入的成功案例，通过这一案例，我们可以了解到她如何利用信息和资源在不同的社会场域（意大利和中国）建立认同，并通过汲取、累积并转化

---

　　① 欧文·戈夫曼.日常生活中自我呈现［M］.北京大学出版社，2008：47

社会资本，完成对两个场域的深度融入。

图6.2　留学生社会融入的类型

2014年，威尼斯大学东亚研究专业的一年级硕士生云彩正在为她的毕业论文题目犯愁，她的研究方向是中国文学，当时意大利最火的中国作家还是余华等主流作家，可是在大学图书馆翻遍这些大家的作品依然无法找到写作思路。一个偶然的机会，她在图书馆角落的《人民文学》杂志的边角找到一篇由"颜屋"撰写的、介绍中国科幻小说的文章，这篇文章为她提供了论文灵感，同时也帮她打开了通往中国科幻的大门。那个时候她对中国科幻一无所知，只知道韩松是个很著名的中国科幻作家，就决定把他作为我硕士的研究题目，后来她获得了一个三个月到中国的奖学金，就想抓住这次机会见到韩松。云彩在网上找到了他的联系方式，试着给他发送了email，没想到真的收到了他的回复，一个月后他们在北京大学的咖啡店见了面。访谈过程中，韩松惊异于意大利的学生竟然会对他的作品感兴趣，云彩告诉了他其中缘由，没想到韩松和颜屋是多年的好友，颜屋又恰好在北京的S大学任教，就这样，韩松约了颜屋和云彩共进晚餐。与颜屋的第一次见面成了云彩人生又一次转折点。这一年，刘慈欣、郝景芳等科幻作家还没在中国大火，距离科幻元年——《流浪地球》的上映还有5年，科幻文学在中国同样是冷门专业，S大学自2003年在"中国现当代文学"的"儿童文学"专业开设"科幻文学"方向，是全国唯一的科幻专业，颜教授也是这一专业唯一的授课老师，11年来科幻文学专业招收学生不足20人，其中大部分已经转学，是当之无愧的"冷门专业"。云彩对中国科幻的兴趣让颜屋既惊讶又感动，他鼓励云彩来中国读他的博士，没想到吉言成真，两年后云彩成了她第一个外国博士生。为了做好中国科幻的研究，云彩需要认识更多中国作家，通过韩松和颜屋，她迅速建立了自己的社会网络。正如林南所述"一个外来人要使自己合法地进入一个群体，必须与该群体中一个有声望的人建立强关系，并围绕他在该群体中的地位建立一个关系人网络"[1]，通过"有声望的"关键人，云彩迅速进入了中国科幻小说圈。

"我自己的直接联系的只有韩松，通过韩松联系了别的（作家），当然我也有颜老师的帮助，通过颜老师联系的夏茄，夏茄让我联系陈秋芳，还有吕坤，他在美国是最了不起的作家，他翻译了刘慈欣的作品，算是一个美国的作家，刘慈欣是颜老师带去开会时认识的。"（190108BJ105，意大利）

她的同门也给予她很多帮助，师兄李凡帮助她和重庆大学建立了学术联系，另一位师兄孙宇帮她介绍了科幻新锐——飞刀。除了请教这些知名作家，跟他们成为朋友。云彩也经常"反客为主"，利用自己在意大利的资源与他们合作，把他们的作品介绍到意大利，云彩与威尼斯大学、意大利的出版社和孔子学院都有很好的关系。在意大利，云彩成为博特眼中的"初级关系人（primary contact），一个群体和另一群体建立联系的关键人……与他人的关系中玩家这端没有结构洞而关系的另一端拥有丰富的结构洞"[2]。她利用这些资源已经陆续邀请了夏茄和陈秋芳赴意大利访学，未来她还打算把韩松的短篇小说集翻译成意大利语并在当地出版。

几乎所有中国朋友都是通过社交网络发展的，这一网络围绕着研究方向（科幻小说）和专有资源（意大利文学领域的关系）建立，她并不盲目地希望认识更多的人，而是以自己的需求扩展的社交渠道，丰富自己的社会资本，跟科幻作家的交流有助于完成自己的研究，同时帮助科幻作家开拓海外市场。通过社交网络，她连接了中国和意大利的资源，这又促使她已有的社会资本再次增值。

---

① 罗纳德·伯特, Ronald Burt. 结构洞［M］. 上海：上海人民出版社，2008：77
② 罗纳德·伯特, Ronald Burt. 结构洞［M］. 上海：上海人民出版社，2008：22

　　总而言之，云彩之所以能在中国快速地积累社会资本，关键在于与中国科幻文学圈子中有声望的"关键的人"——韩松建立了强关系，并通过这个强关系认识圈子中的其他作家，而维持、累积、转换这些社会资本的关键又在于她成为所有圈子里的中国作家进入意大利文学市场的"关键的人"。用博特的理论来说，韩松和云彩连接中国和意大利科幻文学界的"结构洞"。

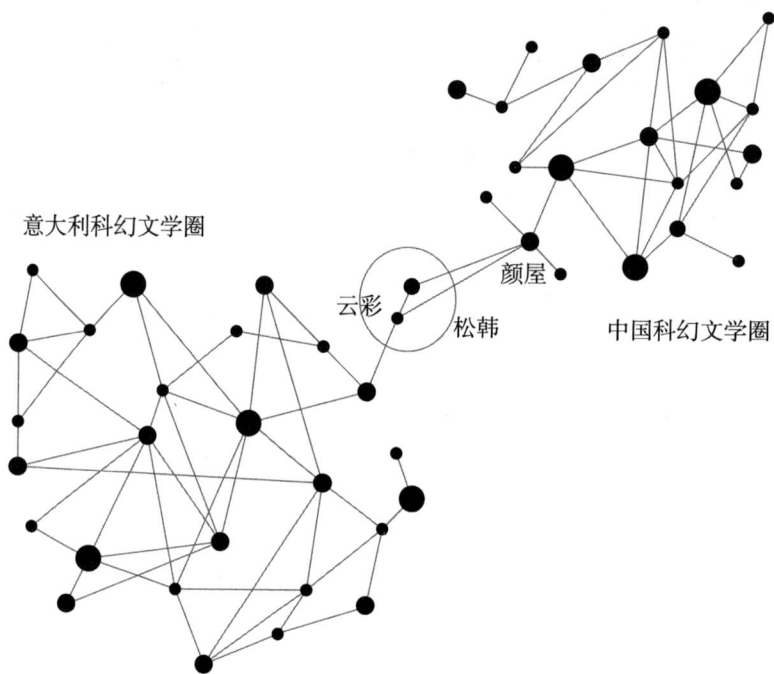

图6.3　云彩的社会融入

第七章

留学生的经济认同与融入

第一节　经济场域

李明欢将国际移民类型分为：工作性迁移、团聚性迁移、学习性迁移、投资性迁移、休闲性迁移和托庇性迁移六类群体[①]。相较而言，教育移民跨国流动的直接经济目标（如投资、赚钱、消费）并不明显，而其潜在经济目标则因人而异。由于中国施行严格的签证管理制度，持有留学签证的学生将被限制参加任何可获得报酬的经济活动。因此，对于大部分来华留学生而言，他们来华主要的经济行为可以简单表述为通过消费获得在华生活、研究所必需的资料，以及除经济资本之外的其他资本提升。

布迪厄将经济场域看作是"一个在历史分化过程中产生的具有特定规律场域，其主要规律是对现实物质利益的追求。与机械的观点相反，经济行动者通过对其环境施加不同程度的扭曲影响，将经济场域维持为一个力场，类似于爱因斯坦物理学。经济行动的原则和行动者各自的行动自由是在各种资本的分配中，以及在不被简化为相互作用或机械适应的相关力量中进行探索，是受特定制度约束的"[②]。经济场域的主要行动者是企业，"至于消费者，如果他们与场域没有一定的互动，他们对场域几乎没有什么影响"[③]。不难看出，布迪厄概念中的经济场域指的是宏观的市场。如果完全沿用布迪厄的经济场域概念，考察留学生在中国宏观市场的融入情况，颇有小题大做之嫌。因此在进入考察之前，

[①]　李明欢.国际移民政策研究［M］.厦门：厦门大学出版社，2011：7–13

[②]　Bourdieu P. Le champ économique[J]. Actes de la recherche en ences sociales, 1997, 119(1):48–66.

[③]　布迪厄.经济人类学原理［M］//斯梅尔瑟，斯威德伯格.经济社会学手册.华夏出版社，2009：89–105

我们将留学生经济场域的概念进行略微地调整。一方面，我们延续了布迪厄的概念主旨，将场域理解为权利关系在结构和制度上的表征[1]；另一方面，基于场域的同构性和边界可伸缩性，我们将有针对性地考察与留学生相关的经济市场，即留学生的教育消费市场和劳动力市场的结构和制度特征，以及留学生对两个市场的认同与融入程度。本节主要考察两个市场的结构和制度特征。

一、经济来源

章晓颖等人的研究认为留学生经济来源主要的渠道为家庭支持、奖助学金和兼职工作，其中最主要的来源是奖助金支持，但该研究并未提供具体的数据支持[2]；陈夏瑾对浙江5所高校586名留学生的调研显示，57%的外籍学生认为来华留学主要经济支持源自父母，21%学生认为源自奖学金，14%学生选择亲友资助[3]；周少余对温州医科大学600名留学生的问卷调查显示62%留学生生活费来自父母亲戚，25%来自银行贷款，13%自己积蓄[4]；丁笑炯的研究更具广泛性地考察了留学生的经济来源，他以"我在上海学习和生活所需的钱来自（多选）"向上海4所高校457名留学生提问，结果显示：来自父母及亲友占66.7%、奖学金占31.5%、自己积蓄占25.5%、打工占11.3%、其他占1.1%[5]。本研究结合了两种提问方式，分别设计了两个题器，即："您在中国留学的经济来源包括（多选）？"和"您认为在中国留学最主要的经济来源是（单选）？"。前者的结果显示：外籍学生来华留学所需的学习和生活经费主要来自家庭支持、奖学

---

① 布迪厄.经济人类学原理［M］//斯梅尔瑟，斯威德伯格.经济社会学手册.华夏出版社，2009：89-105

② 章晓颖，黄妍霄，周宇宁，等.海外来华留学生适应因素和需求分析［J］.文化创新比较研究，2019，000（006）：P.171-172.

③ 陈夏瑾.浙江留学生消费状况调研［J］.市场论坛，2017，（3）：68-72.

④ 周少余，谷志阳.跨文化背景下来华留学生消费行为研究［J］.商场现代化，2015，（31）：16-17.

⑤ 丁笑炯.来华留学生需要什么样的教育——基于上海市四所高校的数据［J］.高等教育研究，2010，000（006）：38-43.

金、个人积蓄和打工兼职，其中以家庭支持（62.7%）和奖学金（56.8%）为主。

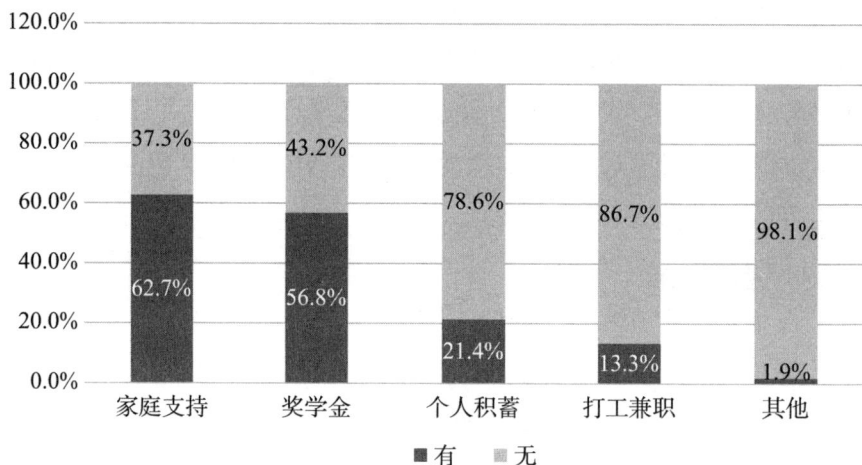

图7.1 您在中国留学的经济来源包括？

学生主观角度的选择显示，家庭支持（45%）和奖学金（47%）是两大最主要的留学经济来源，我们进一步区分了奖学金生（占调查样本的57%）和自费生（占调查样本的43%），结果显示82%的奖学金生将奖学金视为留学主要经济来源；84%的自费生将家庭支持视为留学的主要经济来源，两个群体（有奖学金的留学生和无奖学金的留学生）对主要经济来源的判断具有显著差异（p＜0.005，通过卡方检验）。

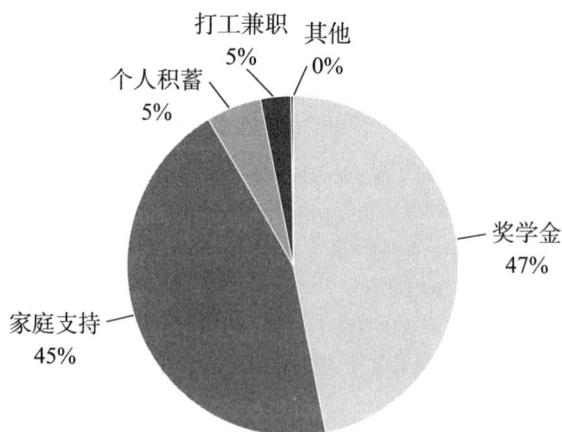

图7.2 您认为在中国留学最主要的经济来源是？

奖学金和家庭支持是留学生的两大经济来源。奖学金对留学生经济生活具有较大影响，是奖学金生来华留学的主要经济来源，自费生主要来源则是家庭，我们在深入访谈中获得的材料也在一定程度上佐证了这一结果。

"因为学校名额的问题，我没有申请上奖学金，我留学的支出全靠家人负担，他们第一年给了我大概6万人民币。中国的物价比我想象得高，这些钱在中国生活很困难，后来我慢慢自己做一些翻译和教学的兼职，生活有了改善。"（190103BJ107，吉尔吉斯斯坦）

"我是交换生，不用交学费，在中国就是生活费，都是爸爸妈妈给我的。"（210215GZ100，俄罗斯）

"我要感谢中国给了我全额奖学金，让我获得在国内被剥夺的教育机会，能够提高我的人力资本，以便带回技能丰富自己的国家。"（210215BJ106，肯尼亚）

"我在中国留学期间有幸获得'孔子学院奖学金'，所以省吃俭用，经济情况还算过得去。"（200227SH090，泰国）

"我的收入来源大部分都来自奖学金。偶尔会接到一些翻译工作，但不是很经常。所以一年也就是奖学金10万块钱，加上几千块的翻译费。"（200703SH096，印度尼西亚）

"我来到中国之后基本上一直跟我丈夫（当时的男朋友）一起居住了，所以没遇到过太大的经济方面的问题，因为我们是一起承担所有的负担，但是当初我们的生活确实不容易。我读硕士的时候我们收入（我的奖学金和他工资）都不高，所以生活只好节约点，我们头一年住的是厨房改造的房间，条件很差，没空调没暖气，小卫生间得跟另两位同屋共同。后来我先生的生意越来越好了，我也开始做家教和翻译，条件就慢慢地好起来了，租的房子也越来越舒服了。我读博士的时候奖学金相当高，我先生挣的钱也不少，所以我现在就不用工作了。"（190925BJ038，波兰）

奖学金不仅是减少留学生家庭负担和经济成本的主要途径，也是吸引来华留学的重要手段。在调查样本中，有过半的学生（57%）属于奖学金生，且其中大部分学生（82%）以奖学金为主要经济来源。那么，跳出调查样本，到底有多少留学生享受了中国奖学金的资助？

根据教育部公布的统计数据，从2003年至2018年，来华留学生以自费生为主，占比近90%。奖学金生的占比逐年提高，从2003年近8%增至2018年近12%，2018年来华留学生共计492,185人，其中63,041人为奖学金生，占12.8%

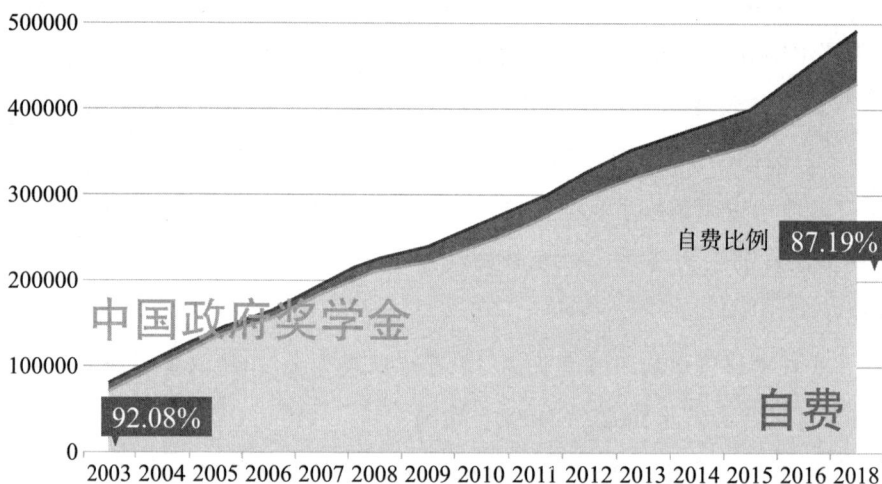

图7.3　2003-2018年来华留学生人数及经费类型（澎湃新闻，2019）[①]

但是，通过部分高校每年录取的学生档案，我们发现获得奖学金的留学生比例高于官方统计数据。董淼等人对电子科技大学留学生的研究同样说明这一问题，根据他们的测算，该校32%的留学生获得中国政府奖学金，1.7%的学生获得外国政府奖学金、3.5%学生获得地方政府奖学金、18.3%的学生获得学校全额奖学金、41.3%的学生获得学校半额奖学金，奖学金总体覆盖率高达96.8%[②]。

Y大学的王老师认为官方统计数据之所以与实际情况不匹配的主要原因

[①]　赵鹿鸣.来华留学生群像：从哪来，学什么，花谁的钱？［N/OL］.澎湃新闻，2019-08-06.

[②]　董淼，李滚，刘洋，等.基层学校留学生奖学金制度分析研究——以电子科技大学为例［J］.教育现代化，2017，000（023）：P.110-113.

在于，官方数据仅将获得中国政府奖学金的学生视为"奖学金"生，获得其他类型的奖学金的留学生并未纳入统计之中。

　　学校会给录取的留学生发两种签证申请表，分别为JW201和JW202表。201表是专门发给获得中国政府奖学金的留学生，由国家留学基金委给我们授权，我们才能发给留学生；其他所有留学生，不管有没有奖学金支持，我们都统一给他们办202表，我觉得教育部可能是根据学生持有的签证类型来统计的，真正拿奖学金的留学生不应该这么少（王老师，BY大学）。

　　2018年教育部公布的"部门预算"显示，来华留学教育（2050602）一项预算数为332,000.00万元，实际支出342,801.03万元，并明确指出此项预算是用于"教育部资助来华留学生（中国政府奖学金生）的支出"[①]，按照政府奖学金本科一类标准（最低标准）59,200元/学年计算，此部分预算可支持留学生人数约58,000人，与教育部公布人数63,041人相近，也就是教育部公布的获得奖学金支持的12.8%留学生指的是获得中国政府奖学金的留学生，剩余87.19%的学生虽未获得中国政府奖学金，但可能获得其他奖学金的资助。通过教育部"留学中国"官网列出六大类奖学金，中国政府奖学金包括7类项目，除中国政府奖学金之外，还包括地方政府奖学金、孔子学院奖学金（已改名为"国际中文教师奖学金"）、高校奖学金、企业奖学金和其他奖学金。

表7.1　中国政府奖学金项目

奖学金项目名称	项目受理部门	申请类别	奖学金内容
国别双边项目	本国留学生派遣部门	本科生、硕士研究生、博士研究生、普通进修生、高级进修生	全额奖学金
中国高校自主招生项目	部分中国高校	硕士研究生和博士研究生	全额奖学金
长城奖学金项目	所在国联合国教科文全国委员会	普通进修生和高级进修生	全额奖学金

---

① 教育部. 2018年教育部部门预算［A/OL］. 2018-04-13.

续表

奖学金项目名称	项目受理部门	申请类别	奖学金内容
中国–欧盟学生交流项目	中国驻欧盟使团教育文化处	研究生、本科生和进修生	全额奖学金
中国–AUN项目	AUN秘书处	硕士研究生和博士研究生	全额奖学金
太平洋岛国论坛项目	太平洋岛国论坛秘书处	本科生、研究生和进修生	全额奖学金
世界气象组织项目	世界气象组织秘书处	本科生和硕士研究生，专业限定为气象学、水文学及水资源	部分奖学金

　　教育部官方并未给出所有奖学金的统计情况，我们根据2018年教育统计年鉴（教育部发展规划司）统计年鉴推算，2018年自费生占60.7%，享受中国各类奖学金的留学生占38%[①]。

表7.2　2018年来华留学生经费来源统计（教育部规划司，2019）[②]

按经费来源统计	毕结业生	授予学位	招生		在校生					
			合计	春季招生	合计	第一年	第二年	第三年	第四年	第五年及以上
国际组织	591	391	472	126	1214	466	222	220	197	109
中国政府	31666	10031	44633	5707	92002	43232	23811	14174	7413	3372
本国政府	2222	333	1734	338	2820	1449	555	272	290	254
学校交换	18183	451	19526	6968	22784	19238	2823	423	185	115
自费	77877	17548	97470	28381	188681	94510	36203	23428	17017	17523

----

　　① 《2018年教育统计年鉴》和《2018年来华留学生简明统计》对于2018年来华留学生总数统计略有出入，根据教育部以及《2018年来华留学生简明统计》公布的2018年来华留学生总数为492，185人；《2018年教育统计年鉴》招生数和在校生数的总计为471，336。因此本文使用百分比测算。

　　② 教育部发展规划司.2018年外国留学生情况［R］.刘昌亚，李建聪，中国教育统计年鉴，北京：中国统计出版社，2019：46-47.

调查结果显示，自费留学生大部分来自中产家庭，家庭年收入在20万–30万的家庭占37%，年收入在30万–40万的家庭占26%，年收入在40万–50万的家庭占19%。收入较低（小于20万）和较高（大于50万）的家庭分别占8%和10%

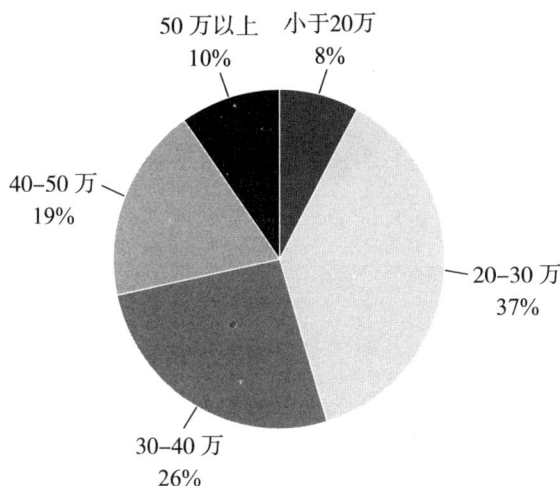

图7.4　自费生家庭年收入情况统计

二、消费类型

"在商品的世界里，日常行为、怀旧与想象都来自消费"①，此部分主要讨论外国留学生在华消费类型。问卷结果显示，40%的学生月均消费为3000–5000元人民币，32%学生月均消费为5000–8000元，18%学生月均消费低于3000元人民币，10%的学生月均消费高于8000元人民币。大部分留学生（73%）月均消费在3000–8000元人民币。

马斯洛在《人类动机理论》中提出人的需求从低到高可分为生理、安全、爱与尊重和自我实现的需求②。恩格斯在《雇佣劳动与资本》导言中将

---

①　Appadurai A. Après le colonialisme: les conséquences culturelles de la globalisation[M]. Éditions Payot & Rivages, 2001:125

②　Maslow A H. A Theory of Human Motivation[J]. Psychological Review, 1943, 50:370.

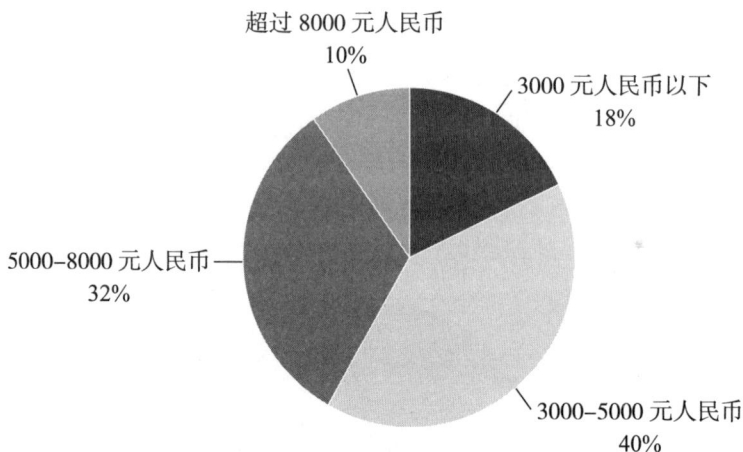

图7.5　来华留学生月均消费情况

消费资料划分为"生活资料、享受资料和发展和表现一切体力和智力所需的资料"①。根据以往学者研究，我们可以将留学生消费分为：生存性消费、发展性消费和享受性消费。生存性消费指的是留学生为维持在华学习、生活所必需产生的基本消费，包括学费、保险费、住宿费、餐饮费、交通费、衣物费、通信费和其他生活基本用品的消费；发展性消费指的是留学生为提高在华学习质量、追求未来发展机会产生的消费，包括购买学习资料和器材、参加培训、研讨、文化活动等以提高人力资本为目的的消费；享受性消费指的是留学生为追求更高的生活质量、追求物质上的享受产生的消费，包括娱乐、休闲、旅游、恋爱等活动的支出。

　　调查结果显示②，留学生主要的消费支出是生存性资料③，房租（86%）、饮食（76%）和学费（51%）是占比较高的支出内容。36%的学生将发展性

---

① 马克思.雇佣劳动与资本·第1版［M］.北京：人民出版社，1964：4

② 请选择在华生活期间每月生活开销最大的前三项

③ 参与调查的学生包括奖学金生和自费生，因部分奖学金生的学费和住宿费为"暗补"（即由奖学金机构直接拨付中方学校），为尽可能保障调查的客观性，本研究根据教育部公布的奖学金及学费标准，在相关题器上给出了学费（本科及语言生1900元/月、研究生和普通进修生2400元/月、博士生和高级进修生3200元/月）及住宿费（博士生以下为700元/月，博士生和高进生1000元/月）的参考价格，并请学生纳入到每月消费中。

资料消费（学习资料及培训支出）列为主要的消费支出，35%的学生将享受性资料消费（旅游、休闲、娱乐）视作主要消费支出。

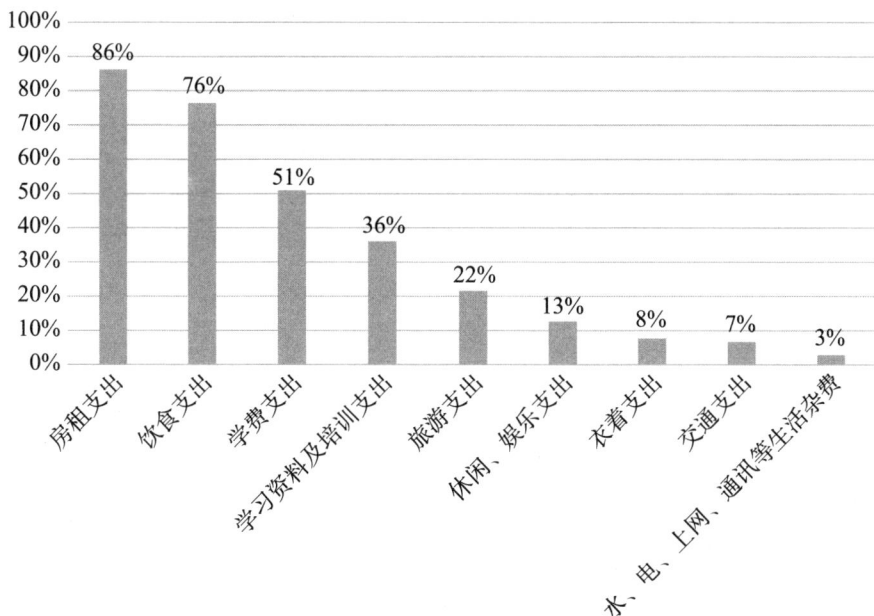

图7.6　来华留学生消费支出最高的前三项（问卷31题）

一家外国留学中介这样向申请者描述生存性消费的差异："中国大学的基本费用因学习专业的层次和类型而异。来华学习的外国学生的学费视您所学习的课程和层次而定。食品价格便宜，可满足多种口味。在中国以及不同国家的主题餐厅也提供西式食品。大多数大学通常在校园内提供住宿，但也可以提供校外住宿"[1]。我们的调查同样发现：生存性消费占留学生在华消费的主体，不同学生的开支配比有所差异。

　　参加问卷调查的留学生自我阶层认同多为中层，占49%，中下及下层认同占29%，（中下18%，下层11%），中上及上层认同占仅22%（中上20%，上层2%）。留学生整体自我身份认同（中等偏下）与其消费倾向（生存型消

_____

① China Schooling, Cost of Living to Study in China [EB/OL]. Expenses in China. https://chinaschooling.com.

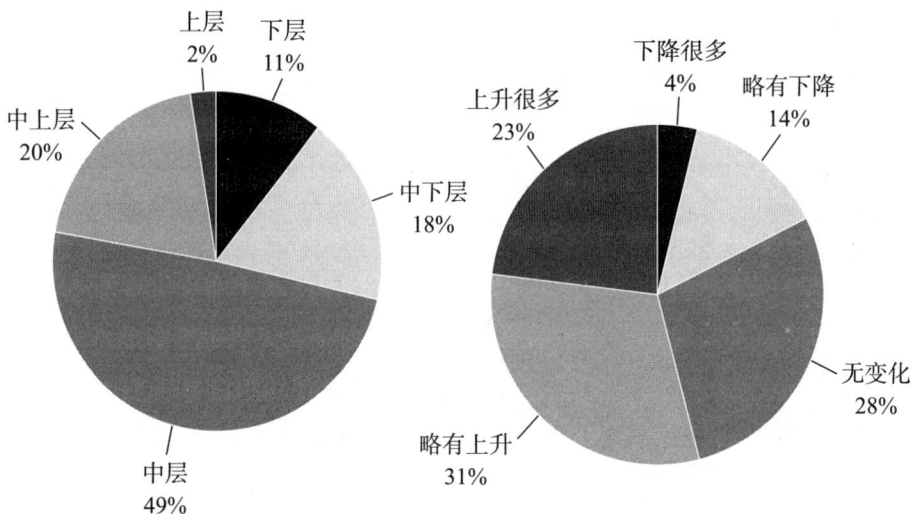

图7.7　来华留学生（主观感受调查）在本国所属阶层（左）及来华后阶层变化（右）

费为主）基本匹配。由于外国学生在留学期间禁止从事有酬工作，且获得勤工俭学机会较少，其阶层变化主要与经济来源（奖学金和家庭支持）和消费有关。调查结果显示，留学生在中国主观阶层认同与在本国相比，略有上升占比最高（31%），无变化其次（28%），下降很多（4%）最少。社会流动的整体方向为正迁移。

"我的主要消费：住宿20%、餐饮30%、生活用品20%、国内交通10%（因为疫情没有出国，所以交通费用目前只占10%）、调研经费20%（购买书籍、全国参观博物馆、出外地参加活动等等）。"（190923NJ086，缅甸）

"我2019年8月25日到北京语言大学入学，来了第一天什么都不熟悉，一个人觉得很孤单。来中国之前，我问过中国的经济情况，中国的生活成本比较高，所以我准备了一些钱带过来。到了中国，经济上没有任何困难。我一年的消费大概约10万，主要消费用途是住宿费30%（当时我在校内住的）、餐饮20%、日常用品10%、交通费和网络费用5%。"（190923NJ087，马达加斯加）

"每月消费用途：住宿费3300元，生活费2500元，其他1000元，共计约6800元。"（190926BJ020，印度尼西亚）

"在中国主要的消费是住宿、吃饭、买书、科研、寒暑假去旅游和（买）猫粮，一年大概6万块左右。"（200703SH096，印度尼西亚）

"我记得我到中国读硕士学位的时候是2010年，主要消费第一是住宿费、学杂费；第二是网络费，还有交通的费用，第三是宿舍的水电费；第四就是作为研究所需要的一些费用。"（190923NJ088，印度尼西亚）

问卷调查及访谈结果均显示，住宿费和餐饮费是来华留学生经费支出最多的两项。住宿费因地域不同、是否住在校内、自住还是合租而有较大差别。相对而言，住在校内的留学生公寓是最经济的选择，房费支出约为700-1000元/月不等。但由于校内公寓在制度设计上优先供给奖学金生，往往导致需求错配和资源浪费，一方面，经济条件较差的自费生很难申请到校内公寓；另一方面，部分奖学金希望在校外住宿而难以获得学校允许。

"学校宿舍非常难申请，系统开放后10分钟内名额就会被抢光，去年我就没申请上，今年我请几个好朋友都我一起抢，好不容易才抢到一个名额。"（190923NJ089，哈萨克斯坦）

校外住宿的支出受地域影响较大，二三线城市的房租与校内住宿费用差别不同，而在北京、上海等一线城市的校外租住的支出则相对较高，房租约为人均5000元/月。部分留学生出于安静、舒适、方便等个人需求选择在校外住宿。除此之外，族群聚居地带来社交和生活的便利，也是留学生选择在校外租住的主要原因，如前文提到的韩国学生朴再浩即与家人共同租住在北京韩国城望京。

"我在三元桥附近租的房子，就自己一个人住。我觉得这边外国人比较多，国际化程度更好，生活很方便。我的公寓所在的地区好像有很多德国的公司，我有四五个来自德国的邻居，我不会德语，但是可以用英文跟他们交流，我们的生活习惯比较相似，所以平时也经常一起交流、一起吃饭。"（190926BJ021，美国）

无法抢到校内住宿名额的学生只能无奈选择在校外住宿，这样意味着他们在华的生活成本被无形地提高了，这部分群体在选择校外居住地的时候多以便宜和方便（如离学校较近或交通方便）为主要依据。另外，由于学校公寓通常仅提供给留学生本人，且不允许男女混住，因此，对于有家人陪同的留学生，他们只能选择在校外租住，这笔支出也将随家庭成员的数量呈倍数增长，仅靠一人的收入来源往往难以负担。

"我每年的奖学金30%转给我先生作为付房租的一部分，20%我存下来，50%我自己花（书籍、餐饮、服装、生活用品、玩具、门票、停车费等等）。关于我们家庭最大的费用，肯定是房租（一万三）和孩子的学费（一万二）。一般来说靠奖学金基本上只能一个人生存，养家是不太现实，主要是得靠另一半。"（190925BJ038，波兰）

餐饮及其他生活必需品的消费支出虽因人而异，但总体差别不大。在校内住宿且在食堂用餐花费最少，在校内住宿但有饮食禁忌的学生与在校外住宿的学生通常选择自己做饭或"叫外卖"，消费支出相对较高。根据访谈结果，大部分学生的消费在1000-2000元之间。

"主要消费放在饭菜和学习上。这个方面，本人一个月在学校里花的钱还不到一千五，除非出去外地玩儿的时候，算起来，不超过两千五。总体来讲，每个月本人拿到的3000元的生活费，都没有花光。"（200227SH090，泰国）

总体而言，生存性消费以住宿费（700-5000元/月）和餐饮与杂费（1000-2000元/月）为主。住宿费个体间差异最大，餐饮及其他杂费个体间差异不大，留学期间生存性消费约为3600-10200元/月。发展性消费和享受性消费是留学生的"软性支出"，其中高层次的学历生因研究需求较多，发展性资料支出较大，享受性消费较少；与此相反，短期非学历生因留学期限短、压力小、可支配时间较多，更倾向于利用空余时间和经费聚会、旅游，而非用于学业和研究。

第二节　经济认同

经济惯习打通了全球的场域，抵消了本土化和全球化的张力，与多元的文化和社会认同相反，留学生的经济认同呈现出相对一致的标准。此部分考察留学生对中国经济三个方面认同情况，分别是发展认同、消费认同和劳动认同。发展认同关注留学生对中国经济发展（宏观经济场域）的总体印象；消费认同关注留学生对于在华消费的感受，反映了他们对中国商品市场（消费经济场域）供给和需求的认同程度；劳动认同关注留学生对在华工作的态度，体现了他们对中国劳动力市场（就业经济场域）人力资源和报酬的认同程度。

一、发展认同

改革开放以来，中国从计划经济向市场经济转轨，与此同时，中国启动了从产品经济社会向商品经济社会、从农业社会向工业社会、从乡村社会向城镇社会、从同质的社会向多元的社会、从封闭社会向开放社会、从伦理型社会向法治型社会的转型[①]。今天，中国完成了经济体制和社会结构双重转型的伟大创举，并通过积极参与国际市场竞争，将中国制造遍及全球，在全球经济舞台上发挥重要作用。在留学生眼中，中国发展的优势和特色是什么？印度学生马如龙对于中国发展的印象极有代表性

"如果我用一句话来说中国经济发展的话，那就是'发展速度快，产业规模大，质量越来越好'。"（200227SH091，印度）

"快"是访谈中留学生提及中国发展时使用最多的词汇之一。在他们看来，"中国速度"已经成为中国改革开放以来宏观经济快速发展的代名词。

"中国经济发展速度特别快，中国经济的快速发展显著提高了本国居民的收入。根据世界银行的数据，1980年近80%的中国人处于极度贫困状态（即每天生活费不足一美元）。现在按此标准，极度贫困比例已经降到了20%以下。自1978年改革开放以来，中国经济的发展取得了举世瞩目的成就。1978-2004年期间，国内生产总值（GDP）增长超过了10倍，年均增长率为9.6%。至2005年底，中国已成为世界第四大经济体，按国际汇率计算人均

---

① 李培林.另一只看不见的手：社会结构转型［J］.中国社会科学，1992（05）：3-17.

GDP达到1713美元。今天，作为世界第二大经济体，中国在世界经济中扮演着重要角色，以中国经济这么快的发展速度，有一天可能会成为世界第一大经济体。"（200227SH092，印度）

中国的经济发展也带动了国家的全面发展，大到网络科技，小到衣食住行。林龙如在Z大学留学两年，在两年的生活中，他深刻地感受到了中国经济发展带来的生活变迁。

"让我感触最深的是支付宝、微信支付的便捷。在电子支付方面，中国是远远超出其他国家的。其次，中国基础建设的布局广泛。高铁的速度和体验缩短了地域之间的距离，出行非常便利。另外，中国的自媒体和资讯非常发达，一个热点的发酵和传播在极短时间内就可以完成，对于政策的宣传以及民生事件的解决都有一定的正向作用，虽然在某种程度上也会导致信息茧房。"（200227SH093，泰国）

发达的科技、便利的生活帮助各国的留学生快速适应了中国的经济生活，高铁、微信、京东、淘宝、快捷支付、共享单车、滴滴打车、美团外卖……这些快节奏生活创造出的产品让他们既惊讶于中国速度、又享受于中国速度。

"2008年秋天，我来到华东师范大学攻读硕士学位。报到那天操场上、宿舍楼下、食堂附近都排满了各式各样的自行车，为了方便校园生活，我也买了一辆。骑着崭新的自行车，我欣喜激动，顿时感受到了成为一名研究生的自豪与责任。可当时由于无法申请宽带，宿舍里无法上网，只能去网吧跟父母打字聊天，那时的思乡心情还记忆犹新。2014年秋天，我又回到母校攻读博士学位。班里的同学帮我安装了'微信'，从此，我和老师、同学及家里人的联系方式发生了巨大的变化。微信里至少有十多个常用群：2014年华师博士、韩门姐妹花、老吴桃李芬芳、越南学子群…之前要发邮件通知每个学生的事情，现在只要几秒中的时间就可以完成，我们办事的效率提高了几百倍。在家里的爸妈也跟着我安装了微信，这样随时随地都可以和我网上视频。2018年夏天，当我骑着漂亮的'共享单车'行驶在美丽的校园里，十年前骑车的情景历历在目，仿佛就在昨天；当我坐在飞驰的高铁上，与远在越南的父母网上视频的时候，千里之遥，仿佛近在咫尺。相信许多外国同学都会跟我一样经常感叹：中国科技发展得太快了，那些日新月异的变化都在推着我们与时俱进、每日更新。中国改革开放这些举世瞩目的成就不仅让中国人民富裕起来，方便老百姓的工作和生活，给企业和商家带来了更多的利益和发展空间，成千上万的来华留学生也切实感受到了改革开放带来的好处。中国面临的机遇前所未有，面对的挑战也是前所未有的，但我们相信目前和未来的挑战都难不倒勇敢勤劳的中国人，期待并相信我们共同的明天会更好！"（200703SH094，越南）

在享受快节奏带来生活便利的同时，留学生也面临着快节奏带来的生活压力。

"我觉得中国的经济发展挺令人佩服的，特别是在科技这方面。中国人的生活条件越来越好了，但是这个发展的代价也很大，普通人的休息时间太少了，每个家庭的负担很大，为了交房租/房贷和学费大家都很拼命地工作，有时候生活的压力实在太大了。"（190925BJ038，波兰）

"大"是留学生眼中中国经济发展的第二个关键词，中国经济发展催生了体量庞大的产业经济，它既是中国经济发展的重要优势，也是中国在国际社会竞争的基础之一。哈萨克斯坦叶尔肯总结了他对于中国产业经济的几点思考：

"第一，中国有产业分工协作和产业门类齐全的大国规模经济优势。第二，中国有技术易于创新、应用和市场化的规模经济优势。第三，中国有发展网络经济的人口规模和密度优势。第四，人口规模较大和国土面积较广阔的国家，在经济转型和产业结构调整方面，也具有大国经济优势。第五，由于人口规模为基础的贸易和资金流动投入等规模较大，在国际经济中也有规模优势。"（200703SH095，哈萨克斯坦，文字访谈）

产业经济进一步推动中国城市化的快速发展，生活在城市中的留学生非常喜爱这片土地的热闹喧嚣和生活气息。

"我觉得中国比较dynamic。人多，然后机会多。不像我在法国生活的城市，我生活的地方靠近德国和比利时，是一个很小的城市，以前发展还不错，

现在经济比较落后，也没办法在这边工作或者创业。"（190927BJ025，法国）

"不知不觉，来广州也有好长一段时间了，没来广州之前从来不知道地铁可以人挤人到什么程度。每一天日复一日地挤地铁，人挤人，用中国人的话说，这叫'闹心'。而在新冠肺炎这段时间，才真正体会到'不闹心'也未必是什么好事，充满烟火气息的'闹心'才真的是繁华盛世。"（200227SH093，泰国）

"好"是留学生眼中中国经济发展的第三个关键词，曾几何时，中国制造一度成为低廉、劣质的代名词，随着"中国制造2025"和提质增效的改革方案的出台，中国制造向着高品质、新创意、智能化方向发展，中国制造的品质越来越好，而近水楼台的留学生对此感触最深，对中国制造的未来充满信心。

"中国产的东西很不赖。我自己是个'米粉'（小米产品的忠实使用者），除了手机，我家里的很多很多东西都是小米的：充电宝、充电线、插座、智能手环、保温杯、驱蚊器、圆珠笔、鼠标等等，甚至牙膏我都用小米的，质量就是可信可靠！"（200703SH096，印度尼西亚）

二、消费认同

英国学生宋珍妮至今依然记得，在她踏上来华留学旅途的前夜，她的父母在她的行囊里塞下各种各样生活用品和药品，生怕她在中国缺少日常所需，当她来到中国的一个月后，就发现之前的准备纯属杞人忧天。

"我父母特别担心我在中国买不到需要的东西，他们印象中的中国还是特别贫困的那种，什么东西都没有，来了之后才发现中国的超市不仅应有尽有，而且物美价廉。"（190522BJ059，英国）

"一个社会越是富裕，这个社会里的成员发展其个性的机会也越多；相反，一个社会越是贫困，其成员可以选择的生存方式也越有限"①。中国的社

---

① 费孝通.中华民族的多元一体格局［J］.北京大学学报（哲学社会科学版），1989（04）：3-21.

会阶层分化导致消费市场细化，推动了消费市场向层次化、多样化、个性化方向发展，在这个多元的消费市场中，各种特殊的消费需求都能找到与之匹配的供给①。这种"包容性消费空间"给留学生留下深刻的印象②。

"在中国，同样是一种产品，你可以买到几块钱的，也可以买到几千块钱的，我觉得这样很好，可以满足不同人群的需要，也给我们这些'穷学生'多了很多选择……淘宝是我最喜欢的app，只要能想到的东西都能在那里找到，这是很神奇的。在我们国家，我也经常用amazon网购，但是那上面的东西都很贵，而且都是大牌商品，他们只满足有钱人的需求，很多生活中很有用的东西，你在上面找不到。但是我发现在淘宝上都能找到，我都无法想象回国以后没有它（淘宝）该怎么办。"（190522BJ059，英国）

中国城市的国际化程度越来越高，国际连锁的品牌店随处可见。科技的高速发展让消费变得方便快捷，微信、支付宝和美团外卖、饿了么几乎是所有留学生来华后第一时间安装的软件。不习惯食堂的中国餐饮，又没有时间自己做饭，上海纽约大学本科毕业生itmum momin在毕业典礼上的发言说

"我在中国学会的第一句中文是'你的外卖到了'……并不是所有的英雄都穿着披风，还有可能穿'饿了么'的蓝色外卖马甲。"（Itmum Momin，孟加拉国）③

"在中国做什么都很方便，不耽误时间线上购物很方便，快递很快，电子支付也很便捷，出门都不需要带现金，带手机就可以。"（200703SH097，尼日利亚）

"北京是特别好的地方，现在和纽约、伦敦、巴黎差不多，想要买什么

---

① 张翼.当前中国社会各阶层的消费倾向——从生存性消费到发展性消费［J］.社会学研究，2016，（4）：74-97

② 胡洋，周姝天，施益军，等.包容性消费空间与城市转型发展关系研究——以南京老门东为例［C］// 2017中国城市规划年会.

③ 上海纽大留学生毕业演讲：我学的第一句中文是"你的外卖到了"［EB/OL］.2018-01-08. https://www.sohu.com/a/233696185_557383

都很方便。"（190926BJ023，俄罗斯）

与此同时，在这个丰裕的消费社会中，消费市场在满足差异的同时也再生产了差异，中国消费趋同的现象也引起了留学生的关注。

"我发现中国人很喜欢欧美日韩的'大牌'产品，包括学生也是这样。我最好的中国朋友，她经常让我帮她代买韩国的化妆品，她也经常买雅诗兰黛、欧莱雅这些欧洲牌子，但从来不买中国的。我觉得很奇怪，我用过一段时间（国产品牌）的化妆品，我觉得很好用，而且很便宜，我觉得中国的化妆品和韩国的没有什么差别"（210215BJ098，韩国）。

正如波德里亚所说，"人们从来不消费物的本身（使用价值）——人们总是把物（从广义的角度）用来当作能够突出你的符号，或让你加入视为理想的团体，或参考一个地位更高的团体来摆脱本团体"①。消费不仅是满足需求的一种手段，同时也是生产社会分类的一种方式。名牌商品不仅是一种消费品，同时也是一种奢侈品，是一种身份地位的象征。

中国消费品市场兼顾了商品的实用功能和区分功能，在小川由美眼中，"秀水街"这个神奇的购物市场完美地体现了这种兼容。秀水街是北京朝阳区使馆区周边的购物市场，成立于1980年，由于早期所卖的东西号称"紧俏的出口转内销商品"，这些商品价格低廉，质量与在商场购买的产品相差无几，且以议价而非标价的形式售卖，吸引大量的外籍游客关注，逐渐成为旅游胜地。几年以前，第一次来中国留学的小川由美慕名而来，被琳琅满目的大牌商品深深吸引。

"我觉得中国人很聪明，他们很会变通，不管是那些外贸原单，还是这种购买的方式。在日本，只有很小的手工艺品或者二手市场才可以讲价，而品牌都是标价，所有商店都是统一的。我第一次看到这种结合，感觉很新鲜。而且我当时买的一个包质量真的还不错，既实用又不会让人觉得寒酸，价格也很便宜，很可惜当时没有带回国。"（210215GZ099，日本）

---

① 波德里亚.消费社会.第3版［M］.南京：南京大学出版社，2008：48

三、劳动认同

对于许多留学生来说，完成学业并不意味着在中国生活的终点，他们同样渴望以留学为契机，在中国长期生活和工作；另一方面，随着中国经济国际化程度不断提高，对于国际人才的需要也日益增长，来华留学生对在华工作秉持什么态度呢？

以往移民研究显示，外籍人士在异国工作往往会受到"双重劳动力"市场的结构限制，只能进入次要市场，从事报酬少、安全性低、工作环境差的工作，即使从事与本地居民相同的工作也可能享受不同的待遇[①]。在中国的劳动力市场中是否也存在这种情况？留学生如何看待在华工作？

安吉任职的机构是一家中国国有企业，俄罗斯学生安娜博士毕业后则在一家外企任职，在她看来，外企的员工虽然大多是中国人，但企业的文化氛围更加国际化。

"我就职的是一家美国公司在中国的分公司，我们公司的负责人是美国人，但是他常年都在国外，实际上是一位中国经理负责这边的业务，我的同事几乎都是中国人，有意思的是他们互相直接会叫对方英文名字。我在留学的时候知道中文名字很重要，但是没想到工作之后反而用不到中文名字了，现在他们也叫我ANNA，而不是安娜。除了称呼，我觉得我的同事对我很好，他们很专业，英文也不错。如果我跟他们的意见不一样，他们会跟我商量，不会命令我或者把我当成他们的下属。我们的工资都是根据成绩发的，不会因为我是外国人，或者因为这是外企给我多发或少发。"（210215GZ100，俄罗斯）

不同地区留学生经济认同的差异也在问卷调查中得以体现，调查结果显示，欧美学生毕业后在华工作和长期生活的意愿都显著高于亚非地区的学生（$p < 0.005$，通过卡方检验）。

[①]　Doeringer P B, Piore M J. Internal Labor Markets & Manpower Analysis[J]. Industrial & Labor Relations Review, 1971, 25(2).

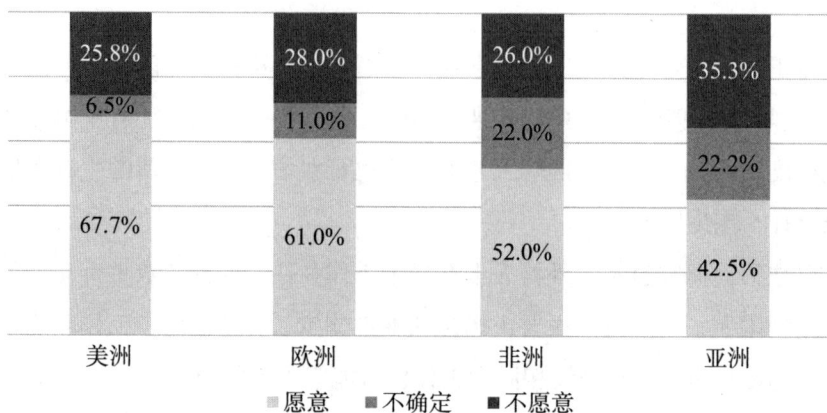

图7.8 毕业后在华工作意愿[1]

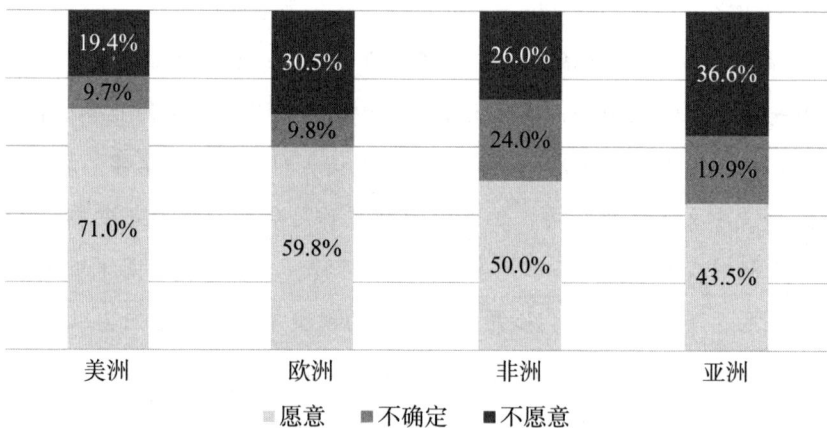

图7.9 毕业后在华生活意愿

除此之外，较快的工作节奏和较大的工作压力也让留学生对在华工作望而却步。

---

[1] 本研究根据学生填写的国籍转为亚洲、欧美、非洲、美洲四个定类变量，另将问卷47题及48题定序变量转为定类变化，即将可能性得分0—4的转为不愿意，5转为不确定，6—10转为愿意

"如果你三年前问我是不是希望留在北京，我会说有可能。但是现在我感觉北京的生活很累，也很贵。如果你没有一个很好的收入就很痛苦，我觉得现在这边的生活成本比巴拿马那边更高，特别是租房，在北京租房太高了。然后比如说你去一个医院，现在我是一个学生，我去公立医院，然后没有问题。但是我工作的时候我不要去公立医院，去国际医院太贵了。所以我的感觉在北京如果想要一个高质量的生活需要花很多钱，然后需要有一个很高的收入。但是在我们的国家你有一个一般的工作，你的生活也很好。"（200109SH061，巴拿马）

"我之前在中国工作的体验非常好，特别是在大城市，待遇很不错，而且中国老板/同事对外籍员工的态度一般都挺热情。可申请的工作岗位比较多，所以比较容易找到适合自己的工作。然而，我毕业后还是打算回国了，主要是因为我们现在追求不再是更多的钱而是生活品质，我们想慢下来，更加享受生活。一个家庭在北京的费用实在是太大了，所以就算收入高，生活压力一直很大，而且竞争（压）力也大。"（210215GZ100，俄罗斯）

第三节　经济资本

布迪厄认为，经济资本是一种物质财产和经济财富，是最重要的一种资本形式[①]，也是决定行动者在场域中位置重要的影响因素。但是，对于来华留学生而言，他们的经济资本却面临双重制约。一方面，如前文所述，他们来华留学可支配的资产或来自家庭支持，或源自奖助学金，不仅使用受制于资助者，且常常捉襟见肘；另一方面，即使偶有剩余，也难以实现资本的投资和再生产，中国政府始终严格限制留学生经济活动，这就导致了外籍学生在华留学期间无法实现经济资本的积累和生产，更难以在经济场域攫取和争夺这一资本。

---

① 布迪厄，著.包亚明，译.文化资本与社会炼金术［M］.上海：上海人民出版社，1997：190。

在布迪厄看来，各种形式的资本可以在一定程度上相互转换，经济资本是"所有其他类型资本的根源，其他类型的资本是经过改造、变相的经济资本，它们产生的具体效果与经济资本相同，只是在一定程度上掩盖了（尤其是对其拥有者）经济上的事实。换言之，经济资本才是它们的根源"①，正因如此，外籍学生在华留学期间虽然无法积累经济资本，但是却可以策略性地将经济资本转换为其他资本形式，这种转换以消费为途径，留学生通过三种不同类型的消费方式将经济资本分别转化为人力资本、文化资本和社会资本。

一、生存性消费与人力资本

亚当·斯密最先提出人力资本的主张，认为"经济效益要在人们为了自身利益的服务当中显示出来"②。Becker进一步完善了人力资本理论，认为人的知识、技能、经验、体力与物质资本相似，可以通过积累形成财富，通过投资实现增值③。Chiswick将人力资本的概念引入移民的研究中来，用移民的教育水平、工作经验和其他工作技能来代表其所拥有的人力资本，并论证较高人力资本有利于提高移民收入，对其融入当地产生积极影响④；Borjas的研究显示1970年代到达的移民比以前的到来的移民技术水平较低，他们的收入在其整个职业生涯中大大低于当地人的收入⑤。人力资本因投资而升值，投资人力资本包括两种手段，分别为教育和技能培训⑥。教育水平、劳动技能、

---

①　Bourdieu P. The Forms of Capital[M]// Readings in Economic Sociology. 1986. 242–257

②　舒尔茨.人力资本投资［M］.北京：商务印书馆，1990：203

③　Becker G S. Investment in Human Capital: A Theoretical Analysis[J]. NBER Chapters, 1962..

④　Chiswick BR, Sullivan TA. The new immigrants. [J]. State of the Union America in the S, 1978, 21(4Suppl): suppl 8–9.

⑤　Borjas G J, Tienda M. The economic consequences of immigration. [J]. Science, 1987, 235(4789):645–651.

⑥　Gruescu S. Effects of a declining population in a model of economic growth with endogenous human capital–Lucas (1988)[M]// Population Ageing and Economic Growth. 2007.

语言能力等指标对于移民融入具有重要影响，具有较高人力资本的中国和印度移民在西方国家的经验研究也证明了这一观点①。人力资本与文化资本在概念内涵上有相似和重叠的部分，朱伟珏做了细致的辨析②。本研究将人力资本和文化资本视为两种不同的资本，人力资本是一种知识和技能，可以在劳动力市场快速转变为经济资本；文化资本是一种气质和象征，并不存在明确的量化和换算标准，但可以作为一种区分的标志，在某种程度上可以视为稀缺性（scarcity）的人力资本。以法国高等教育行业为例，普通大学（université）的经济学院和高等商学院（grande école d'Hautes études commerciales）都可以提供经济学教育，在不同类型学校中获得的人力资本可能大致相同，但文化资本却相差悬殊；若以英语水平来说，人力资本关注的是发音是否清晰？用词是否准确？文化资本则关注发音是美式还是英式？用词是否考究？对于来华留学生而言，学习知识和提高汉语水平可以视为投资人力资本；获得文凭和赢得中文水平的权威凭证（如汉语桥大赛的冠军、HSK证明或中文相关专业的学位）可以视为投资文化资本。

学习知识和提高汉语水平几乎是所有外籍学生，尤其是非学历生来华留学的主要目的。学费是提升这方面人力资本所必需的投资，也是大部分外国学生留学生存性消费的主要支出之一。以2018年为例，来华留学生共计492,185人，其中学历生（258,122人，占52.4%）和非学历生（234,063人，占47.6%）各占一半。非学历生以学习知识、提高语言能力和进行访学研究为主要目的，可以分为普通进修生（107,938人，占21.9%）、高级进修生（2,701人，占0.5%）和短期留学生（123,424人，占25.1%）。非学历生学年时间相对较短，以一学期（半年）居多，根据与10所中国高校相关负责人访谈获知，一学期学费在12,000-15,000元之间；学历生以学习知识、提高语言能力和获得专业学位为主要目的，可以分为专科生（12,277人，占2.5%）、

---

① 项飚.全球"猎身"［M］.北京：北京大学出版社，2012.
② 朱伟珏.文化资本与人力资本——布迪厄文化资本理论的经济学意义［J］.天津社会科学，2007，000（003）：84-89.

本科生（160,783人，占32.7%）、硕士研究生（59,444人，占12%）和博士研究生（25,618人，占5%）；学历生学费根据教育层次和专业不同，费用有所区分，一学期学费在10,000–22,500元之间，详见图7.10。

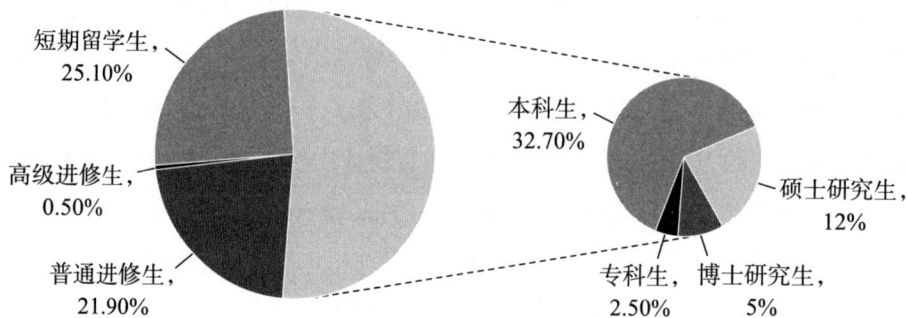

图7.10　2018年来华留学生教育类型图

不同学科学费同样存在差别，2018年各学科统计分布如下表，最受留学生欢迎专业分别为：汉语言（185,476人）、工科（73,533人）和西医（55,225人）；学历生排名前三的专业分别为：西医（59,509人）、工科（52,946人）和管理学（33,464人）；非学历排名前三的专业为：汉语言（152352）、文学（21,805人）和工科（14,024人），从学科选择也可以看出，留学生更加偏爱实用型专业，如技能类（西医、工科）和语言类（汉语言）专业。

表7.3　2018年来华留学生专业统计表

学科分类	学费分类	学历生	非学历生	合计
汉语言	未分	33124	152352	185476
管理	一类	33464	13260	46724
经济	一类	32163	9656	41819
文学	一类	9191	21805	30996
法学	一类	9449	4205	13654
教育	一类	3044	3716	6760
历史	一类	889	682	1571
哲学	一类	731	123	854

学科分类	学费分类	学历生	非学历生	合计
工科	二类	59509	14024	73533
理科	二类	6605	2029	8634
农科	二类	4177	2250	6427
西医	三类	52946	2279	55225
中医	三类	8937	4425	13362
艺术	三类	3893	3257	7150

总体而言，留学生通过缴纳学费以提高人力资本。因不同留学类型（学历生或非学历生）、教育层次（本科、硕士、博士）和学科类别（分三大类）需要的经费投入存在一定的差距（详见表7.4）[①]。

表7.4　来华留学生学费标准（财政部、教育部，2015）[②]

学生类别	学科	学费/年	住宿费/年	生活费/年	医疗保险/年	年资助总额
本科生	一类	20000	8400	30000	800	59200
	二类	23000	8400	30000	800	62200
	三类	27000	8400	30000	800	66200
硕士研究生/普通进修生	一类	25000	8400	36000	800	70200
	二类	29000	8400	36000	800	74200
	三类	34000	8400	36000	800	79200
博士研究生/高级进修生	一类	33000	12000	42000	800	87800
	二类	38000	12000	42000	800	92800
	三类	45000	12000	42000	800	99800

注：一类包括：哲学、经济学、法学、教育学、文学（除文艺类外）、历史学、管理学；二类包括：理学、工学、农学；三类包括：文学（文艺类）、医学

---

① 财政部、教育部.关于完善中国政府奖学金资助体系和提高资助标准的通知［A/OL］.2015-02-

②

二、发展性消费与文化资本

正如上文所言，人力资本和文化资本在教育领域既有区别又有重叠，在某种程度上文化资本可以视为一种稀缺性的人力资本，投资文化资本可以视为追求"精益求精"的改善性投资。调查结果显示，应用于学业改善的费用占比（36%）并不高。在访谈的过程中，我们发现这部分支出受学生留学类型和层次的影响较大。以学习语言为目的的非学历生因课程安排针对性较强，往往并无此项支出。与之相对，不同层次的学历生因其专业差异较大，而呈现多元需求。理科学生在研究器材和资料上的投入较多，文科学生则在语言培训方面额外开销较大。

发展性消费通常随学历层次递增，相对于硕士研究生和本科生，博士研究生在购买研究资料、接受额外的专业和语言培训、参加学术性会议、用于发表和出版上等方面的投入相对较高。根据教育部某奖学金项目2020年的内部报告，168名博士研究生2019-2020学年发展性消费在0-50,000元之间，平均值为7,577元人民币。发展性消费两极差异较大，其中，43%的学生年均消费高于8,000元，而37%的学生年均消费不足3,000元，年均消费在3,000-5,000元和5,000-8,000元的学生分别占9%和11%。

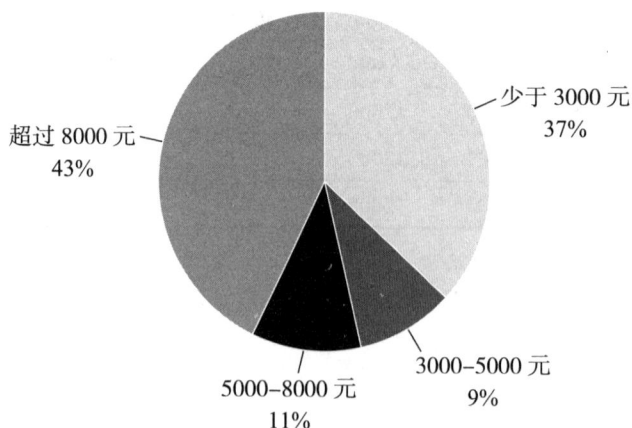

图7.11 168名研究生年均发展性消费情况

韩国学生金新仁是168名博士生中发展性消费最高的留学生，他的记账本向我们展示了支出的细目。

我的博士研究课题是"汉唐丝绸之路上的玻璃器——朝鲜半岛出土玻璃器的产地与文化交流"，2019–2020年投入在学术研究的支出共计49,608元，主要为进行田野调查产生的交通、住宿费用共计20,981元（42.3%）、参加国际学术会议产生的交通、住宿等费用共计16,068元（32.4%）和购买学术资料、复印、打印等费用共计12,559元（25.3%）（210215GZ103，韩国）。

表7.5　韩国留学生金新仁2019–2020学年发展性消费账目

开支项目	内容	时间	金额	目的
国际学术会议费 总计16068元	机票	2019/8/22	1670	参加西安国际学术会议
		2019/9/18	1373	参加韩国国际学术会议
		2019/11/24	1878.36	参加韩国国际学术会议
		2019/12/13	2090	参加第四届世界考古论坛（SAF）
	交通费	2019/8/28	1580	参加西安国际学术会议
		2019/9/23	1230	参加韩国国际学术会议
		2019/11/28	768	参加韩国国际学术会议
		2019/12/18	503	参加第四届世界考古论坛（SAF）
		2019/8/28	1698	参加西安国际学术会议
		2019/9/23	994	参加韩国国际学术会议
	博物馆参观票	2019/8/28	590	参观陕西地区博物馆
	其他费用	2019/8/28	980	参加西安国际学术会议
		2019/11/28	576	参加韩国国际学术会议
		2019/12/18	137.8	参加第四届世界考古论坛（SAF）
学术考察费 总计20981元	机票	2019/6/21	1540	高句丽相关遗址考察
		2019/11/4	3547	日本关东地区考察
		2020/1/18	1645	收集博士论文材料

续表

开支项目	内容	时间	金额	目的
	交通费	2019/8/19	198	学习丝绸之路
		2019/11/9	1820	日本关东地区考察
		2020/1/18	1750	收集博士论文材料
		2019/6/28	2095	高句丽相关遗址考察
		2019/11/9	2210	日本关东地区考察
		2020/1/21	1811.17	收集博士论文材料
	买书	2019/11/9	1560	日本关东地区考察
	博物馆参观票	2019/6/6	240	参观特展（韩国国立中央博物馆）
	其他费用	2019/6/28	2565	高句丽相关遗址考察
资料费 总计12559元	打印费	2019/6/4	98	准备博士论文选题报告
		2019/6/12	6.2	准备博士论文选题报告
		2019/7/1	0.2	学习丝绸之路
		2019/10/11	47	准备博士论文选题报告
		2019/10/15	21.8	准备博士论文选题报告
		2019/11/1	5.3	准备博士论文选题报告
		2019/12/12	1.2	参加第四届世界考古论坛（SAF）
	买书	2019/8/6	634.54	学习丝绸之路
		2019/8/6	92	学习丝绸之路
		2019/8/6	498	学习丝绸之路
		2019/8/16	169	学习丝绸之路
		2019/8/16	170.02	学习丝绸之路
		2019/8/19	242.06	学习丝绸之路
		2019/10/8	20.12	准备博士论文选题报告
		2019/10/10	31.19	准备博士论文选题报告
		2019/11/15	110	学习丝绸之路
		2019/11/19	9	准备博士论文选题报告
		2019/11/20	1081.84	准备博士论文选题报告
		2019/12/9	717	准备博士论文选题报告

开支项目	内容	时间	金额	目的
		2019/12/26	337	准备博士论文选题报告
		2019/12/27	948	准备博士论文选题报告
		2019/12/30	124.7	准备博士论文选题报告
		2019/12/31	375	准备博士论文选题报告
		2020/1/8	729	收集博士论文材料
		2020/1/9	442	收集博士论文材料
		2020/1/10	662.8	收集博士论文材料
		2020/1/11	289	收集博士论文材料
		2020/1/14	501	收集博士论文材料
		2020/1/15	341	收集博士论文材料
	扫描费	2019/6/9	547.35	准备博士论文选题报告
	中国知网	2019/11/21	100	准备博士论文选题报告
	发票邮费	2019/12/26	12	参加第四届世界考古论坛（SAF）
	复印费	2019/6/20	185.54	准备博士论文选题报告
	打印费	2020/1/7	16.35	准备博士论文选题报告
	选题报告费	2020/1/7	2994.2	准备博士论文选题报告

总体而言，发展性消费以课题调研费、参加学术研讨及培训和资料费为主，用以积累、转换为文化资本，因留学类型和教育层次不同而差异较大，非学历生此项支出较少，学历生的支出随教育层次的增加而增加，留学生每月发展性消费约为0-4,000元。

三、享受性消费与社会资本

对留学生而言，享受性消费是"重要但非必要的消费"（190927BJ062，古巴），此项消费的类型和金额因个体差异较大，但进行享受性消费的目的比较集中，留学生或将其视作放松消遣的手段或将其视为维系社交的途径，或兼而有之。

"每个人消遣的办法可能都不一样吧，对我来说，我大多是去逛街，散散心。还没到星期五，我就感觉到了周末的气氛，那天我的心就激动起来，我到处打电话，约朋友们出来。到了约好的那天，一放学，我就去最时尚的地方约见朋友们，体验新开的餐馆，来解除一周的压力。然后我们换一个地方喝咖啡聊天，然后才正式开始逛街。"（李英美，韩国）①。

"我的原则是用60%的时间做研究，然后剩下可能做一点自己有兴趣的事情。我喜欢周一到周五工作，周六周日休息和娱乐。我周末会跟朋友一起打球、吃饭、喝酒，因为我认为我们周一到周五都在办公室做研究，看新闻看书很辛苦、很孤独。所以周末需要有一个机会跟朋友一起放松。"（200109SH054，巴西）

"我每个月都会尽量节省一些钱，这样学期结束就能攒下一笔费用，我会用这笔钱去中国各个地方旅游，钱少我就去近一点的地方，钱多我就去西安这些离北京远的地方，在中国留学的这4年，我已经去过23个城市了，可以说我比很多中国人走过的城市都多。每个地方都有特色的风土人情，我觉得旅游是认识一个国家和文化最好的方式。"（190103BJ045，越南）

"如果不是学习的话，日常生活或者娱乐生活，可能更多也是跟中国朋友在一起。对，就是一起打球。"（190927BJ025，法国）

大多数留学生会根据总体经济情况和实际结余情况进行理性消费，适度的享受性消费不仅可以缓解留学生的压力，同时有利于帮助学生融入中国学生群体、了解中国文化，积累社会资本。但是，我们在调查中也发现部分学生存在冲动消费、攀比消费、享乐消费、透支消费、超前消费等非理性消费行为②，甚至存在个别学生因挥霍无度而拖欠学费、住宿费的情况。与生存性消费相比，享受性消费与发展性消费均为留学生的"软预算"，在总体经费

---

① 南京大学海外教育学院.汉韵悠扬、中国印象：南京大学外国留学生征文作品集［M］内部文件.2012：166

② 陈夏瑾.浙江留学生消费状况调研［J］.市场论坛，2017，（3）：68-72.

不变的情况下，过度的享受性消费也将挤占发展性消费的可支配额度，造成来华留学的本末倒置，沉醉于灯红酒绿的留学生不仅在知识方面一无所获，同时也将加深中国人对留学生这一群体"刻板印象"，加剧这一群体融入中国的困难。

第四节　经济融入

经济融入是来华留学生建立在对中国消费和就业市场以及整体经济发展形势不同的认同基础上，利用自身各类资本优势融入就业市场，将积累的其他资本转换为经济资本，并实现以经济资本为主的各类资本再生产的社会实践。在调研中我们发现，一方面，由于严格的就业政策、复杂的就业手续和模糊的就业流程，部分留学生对在华就业望而却步，部分留学生甚至铤而走险，通过非正规途径在华进行经营性活动；另一方面，严格的政策限制了留学生通过直接进行经济投资以促进经济资本升值，只能通过间接投资其他资本，再利用其他资本进入中国劳动力市场后，才能开始积累经济资本。不同资本对在华找工作的帮助区别较大，大部分留学生追求的人力资本和文化资本并不利于在华就业，反而极大提高了留学生回国就业的竞争力。调查表明，社会资本对在华找工作具有较大帮助。

一、实习、就业、创业：经济融入的正规路径

（一）实习

在中国，留学生只有在完成学业后才有可能进入正规的就业市场，在读期间从事任何就业、经商或经营性活动都被视为违反规定。但是，留学生可以通过"勤工俭学"的方式作为过渡手段。勤工俭学也被称作"实习""兼

职"，一方面可以让留学生获得一定的经济收入，另一方面，可以让他们积累在华工作经验，帮助他们更加深入地融入中国社会。但是，调查显示，只有15-20%的学生获得兼职工作机会①。一方面，语言是获得实习机会的主要障碍之一，另一方面，尽管规定允许留学生兼职，但获得许可的程序并不容易。

根据国家移民局和教育部的最新规定，留学生如果想在校外从事兼职工作或实习，应获得学校的批准，然后向出入境管理部门申请在居住证上注明兼职工作或校外实习的时间和地点。只有留学时间超过半年的学生才有资格申请实习（持有X2签证的短期学生没有这种机会），且每次实习时长不能超过半年。法律授权教育部及学校认定留学生实习或兼职的资格（《中华人民共和国出境入境管理法》（2013年，第42条），未经授权或超出授权范围工作的外国学生是违法的。

"2013年《中华人民共和国出入境管理法》正式实施'中国留学生国际学习计划'，其要求引起了众多国际留学生的关注。国务院教育行政部门第四十二条《出入境管理法》应当建立外国留学生工作研究管理制度，为外国留学生工作研究工作提供范围和时限，这是中国第一个明确规定的立法形式，这意味着现在来华留学生已经能够'勤工俭学'，相关的管理制度也将建立并逐步完善。由于教育工作的需求，大多数英语教学工作可供外国人使用。以英语为母语的人会比以英语为第一或第二外语的人外更受市场欢迎，很少有没有学位的非英语母语人士能在课堂上授课。中国人学习外语的热情逐年增加。在中国教英语，每小时就可以拿到100-300元人民币。"（张经理，X留学中介公司）

持有X签证的国际学生，若在校学习期间有校外实习或兼职的需求，经校方同意后，可以向公安机关出入境管理机构，提交就读学校和实习单位出具的同意勤工助学或者校外实习的函件，申请居留证件加注。加注后，学生可在实习单位从事校外实习活动；如未加注，则不得在校外进行勤工助学或

---

① China Schooling, Part-time Jobs in China[EB/OL].

实习。教育部官网留学网站"留学中国"特别在实习说明上增加了"温馨提示"——"如果你希望寻找一份实习工作，请通过专业、正规的途径获取，诸如校内学生服务中心或信息平台等"①。

正因为加注签证、签署协议的手续较为复杂，让很多留学生对正式申请"勤工俭学"望而却步。同时，招聘留学生的公司需要在公安系统备案，且需要对留学生实习期间的行为承担较大的责任，也导致很多公司对外籍实习生敬而远之。

"现在允许外国学生在中国做兼职工作。需要大学出具同意书，招聘单位或公司出具证明信和录用通知书，然后才可以向派出所申请，警察先检查公司是否有能力招募外国人，如果公司完全有能力招募外国学生，那么他们将在签证上标上'勤工俭学'。招聘公司不能更改，如果公司违反这项法律，将会受到高额罚款。很多公司嫌手续太麻烦，或者招的留学生违反法律会连累公司承担风险，所以不愿意找留学生，公司不是做慈善的，都会很计较这些利益。"（王老师，E大学）

许多留学生转而选择不需要签署协议的工作，如家教、私教、帮厨、翻译、演员、服务生等，这类工作要求简单、时间灵活、报酬可观，可以补贴家用。但这类工作通常与他们所学的专业关联度不大，也并不符合他们对未来工作的预期。

古巴留学生白伟聪的故事很有代表性。白伟聪来自古巴的单亲家庭，他与母亲和妹妹三人生活在一起。母亲是家中的顶梁柱，虽然辛苦工作，但是收入不高，很难负担孩子的继续教育费用。幸运的是，本科毕业后白伟聪申请上了中国K奖学金，2016年，他来到中国的H大学攻读硕士学位。奖学金免除了H大学的学费和住宿费，每个月还有1500元生活津贴。除了日常花销，还要定期寄款回国补贴家用，奖学金的支持显得捉襟见肘，于是刚到中国不久的他就决定打工。

"在中国留学法律不允许打工，所以一开始只能申请实习，我在好几

---

① 教育部留学基金委.在学须知［EB/OL］.留学中国.

个地方都实习过，最好的一次是在南美电视台做过翻译，在南美电视台的时候收入还不错，5000块钱一个月也不辛苦，但是他们只允许我实习两个月。后来实习不好找，我只能找兼职，我帮古巴的朋友管理雪茄店，还在4个酒店——比如香格里拉大酒店里面工作过。兼职的工资很低，雪茄店的工作一个月工资是3000块，还特别辛苦，早上10点就要到那边，晚上10点才回去，所以我在那边待了不到5个月就不干了。除了硕士阶段的最后一个学期，我都在找各种工作机会，最后一个学期因为要写论文，要准备很多东西，想顺利毕业的话就得加油（学习），我只能不再找工作，省吃俭用。"（190927BJ062，古巴）

中国高校是帮助留学生寻找"勤工助学"机会的最大助力。留学生可以很容易地获得高校招聘教学助理的信息，但如果想得到这一职务，通常需要与中国学生竞争，且可以选择的实习方向非常有限。非正式兼职（不需要签署协议）与正式兼职（需要签署协议）之间，存在半正式兼职，即担任高校里的外语老师。这类工作既能发挥留学生的语言优势和专业特长，又能为高校节约经济成本和信息成本。外教的工作性质颇为微妙，一方面，留学生担任外教是"个人从事有酬劳动"，应该属于就业；另一方面，2000年公布的《高等学校接受外国留学生管理规定》虽然规定"外国留学生在校学习期间不得就业、经商，或从事其他经营性活动"，同时也补充留学生"可以按学校规定参加勤工助学活动"（第三十六条），也就是说学校拥有一定自主权。

"早期没有那么严的时候其实是可以工作的，我在N大学留学的时候就是一边读书一边教学，没有问题，也没人管。学校好像也是支持的，因为这样就不需要向社会招聘了，省了他们很多工作。现在好像都不行了，现在学校找外教很困难，有很多的要求，必须有资格证，对资质要求相当高。"（190923BJ048，白俄罗斯）

正如达尼亚所言，新的规定更加严格。2017年教育部发布的《学校招收和培养国际学生管理办法》申明"国际学生在高等学校学习期间可以参加勤工助学活动，但不得就业、经商或从事其他经营性活动。国际学生勤工助学的具体管理规定，由国务院教育行政部门会同有关部门另行制订"（第三十条）。相比2000年的规定，新规取消了"按学校规定参加勤工助学活动"，改为"国际学生勤工助学的具体管理规定，由国务院教育行政部门会同有关部门另行制订"，与2013年的《中华人民共和国出境入境管理法》趋同[①]。这在一定程度上限制了学校对于留学生勤工俭学判定的自主权，也造成了很多留学生无法继续开展这种"半正式"的兼职工作，B大学埃及学生高明和德国学生李卓越的勤工俭学就遇到了新规实施。

埃及学生高明是Y大学语言学的在读博士生，因为专业能力突出，且与B大学阿语系主任相识，在读期间就成为B大学的外教。2017年新规实施以来，北京地区的高校也开始进行内部清查，高明只好放弃得来不易的实习机会；新规实施对于德国学生李卓越的影响更大，李卓越原是Y大学的正式外教，因为只有硕士学历，他常常感到选择较少。于是，2016年他决定辞去工作在Y大学继续攻读博士学位，原本他的规划是一边完成学业，一边以实习的身份继续担任外教，这样既能实现学历的提高，又不影响原来的工作计划，但是"计划赶不上变化"，突如其来的新规打乱了原本一切的部署。

总而言之，实习虽然是推动留学生融入中国经济生活的重要途径，但是由于实习制度设计存在冲突、相关部门缺乏协调、操作较为复杂、整体效果并不理想[②]。

（二）就业

虽然大部分留学生在读期间并没有参与到中国的工作环境中，但是他们

---

①《中华人民共和国出境入境管理法》（2013年）第四十二条规定"国务院教育主管部门会同国务院有关部门建立外国留学生勤工助学管理制度，对外国留学生勤工助学的岗位范围和时限作出规定"。两大法规都趋向于收回高校对勤工助学的便宜决定权，而由部级机构会商做出规定。

② 金一超.外国留学生勤工助学制度创新：原则与范围［J］.高教探索，2013（1）：110–112.

依然对毕业后在华工作很感兴趣。2019年由国外人才信息研究中心举办的外籍人才招聘会上，3600名报名者中近60%为外籍留学生[1]。我们调查显示，49%的留学生希望毕业后能长期在华生活，而他们中的大多数（76.47%）认为，在华工作是长期在华生活的必要条件。48%的留学生希望毕业后能继续在华工作，全球化智库（CCG）的调查显示出更高的比例，62%留学生希望得到在华工作的机会[2]。

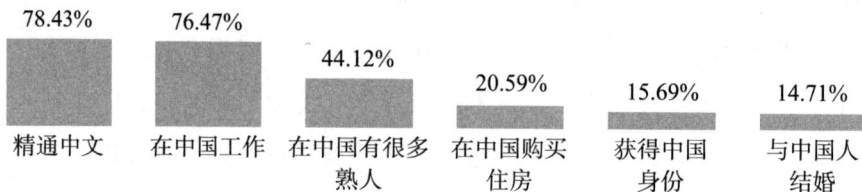

图7.12　长期在华生活所需要的条件（问卷26题，多选）

与实习相似，留学生在华工作同样面临种种困难，对于在华工作政策不了解是首要障碍，

我们的调查显示，了解外籍人士在华工作和居留政策的学生仅占25%，40%的学生不了解相关政策，35%的留学生认为这些政策不是很清晰（问卷49题）。

其次，要在中国工作的话，手续方面同样较为复杂，学习和工作是两套完全不同的签证管理系统，获得工作机会的留学生需要更换签证类型，这期间也需要用人单位的积极配合。国际人才招聘网2017年对1007名外籍求职者的问卷调查显示，诸多外籍人士在华就业的负面影响因素中，"办理签证花费的时间过长"，以及"需要从各个政府部门获得审批，导致环节过于复杂"这两项超过了50%的比例，还有接近42%的外籍人士认为"要求提交的材料太多"[3]。

---

① HelloCareer. 2019年在华外籍人才求职分析报告［R］. 2019：10

② 全球化智库. Fast-growing economy woos overseas students to stay for a job［R/OL］. 2018–07–10.

③ HelloCareer. 2019外籍人才在华就业调研报告［R］. 2020：4

"如果这个单位比较了解外国签证还好，我当时的单位让我跟中介联系，由他们付中介费。然后中介跟我说接下来怎么操作，所以也还好。有个单位就是说你可以先拿一个旅游签证，然后我们帮你再转。但是实际上可能不太行，因为一般来说只有回国才可以换类型。我觉得最好的办法是在中国的时候把工作谈好，然后回去一趟再过来，就可以直接申请工作签证，这样比较省事。"（190925BJ038，波兰）

留学生在华工作面临的第三个困难是难以获得招聘信息，全球化智库（CCG）的调查显示，留学生求职的首选渠道是关于工作和实习的在线信息，其次是在学校举办的工作/实习展览会，以及通过社交媒体与雇主建立联系[①]。由教育部留学基金委主办的"留学中国"网站是外籍学生申请来华留学最常用的网站之一，这个平台不仅整合大量来华留学以及奖学金的相关信息，同时也包括实习和工作信息的内容。但遗憾的是，这些信息非常稀少，且缺乏时效性。我们通过三种官方语言（中文/英语/法语）的搜索，仅找到3条招聘信息（图7.13），其中一条是2014年发布的，两条是2016年发布的。中国国际人才网相比前者提供了更加齐全、实时的招聘信息，但是，这一网站提供的工作类型相对较少，依然是以外语教师居多，在最近一次的搜索中，25个招聘职位中共有18个为外语教师岗位，占72%。针对外籍人士工作机会单一也是影响留学生在华工作的重要原因。

（问）您认为在中国工作最大的困难是什么？最大的期待是什么？（答）最大的困难应该是工作内容的限制，据本人了解，目前在中国的工作机会只有翻译、教泰语、做自己的生意等。希望以后泰国人在中国找工作有更多的工作机会以及更好的工作条件和工资待遇。（200227SH090，泰国）。

外籍人才招聘会是经国家外国专家局批准，由国外人才信息研究中心主办，中国国际人才网承办的专门针对来华外籍人员与国内用人单位之间进

---

① 全球化智库. Fast-growing economy woos overseas students to stay for a job［R/OL］. 2018-07-10.

招聘信息

招聘单位	职位名称	岗位所在地点	报名截止时间	操作
中日韩三国合作秘书处 （Trilateral Cooperation Secretariat)	社会文化项目官员	韩国首尔	2014-04-26	详情

Career

EMPLOYER	POSITION	CITY	EXP	OPERATION
TOP 30 private enterprise	Foreign English Assistant	Beijing	2016-12-30	details
Richfit Information technology Co. Ltd.	Engineer	Beijing	2016-12-31	details

Career

EMPLOYEUR	LIEU	VILLE	DATE-LIMITE D'INSCRIPTION	OPÉRER

图7.13　留学中国官网提供的招聘信息

行人才交流的平台，目的是让外籍人才和用人方能够实现双方需求的高效对接，用人单位借助这种当面恳谈的方式能更高效地了解外籍求职者的真实情况，提高招聘的效率和成功率；而外籍人才则可以通过这种透明互动的形式与更多的单位接触，了解就业行情，选择到更满意的工作岗位。自2005年起中国国际人才网已开始在北京、上海、广州、深圳等地举办外籍人才招聘会，规模和影响力日渐扩大，参与单位所涉领域也从单一的文化教育逐渐扩展到互联网、高技术、金融、传媒、旅游、生物制药等多个行业。越来越多的外籍人才借助招聘会这个平台与用人单位进行面对面交流，找到了满意的工作。国际人才招聘网发布的《2019年在华外籍人才求职分析报告》显示，2019年度春季招聘会于4月到5月在苏州、深圳、北京、上海、成都五地先后举行，五地共有60多个国家3619人次的报名参加，人数创往年新高。与此同时，报告也指出"目前就业市场所提供的职位，从总体数量上就远远低于人才供给，更不用提细分行业、地域和人才的匹配度。因此很多学历背景和工作经验都很优秀的外籍人才，不得不离开中国"[①]。

---

① HelloCareer. 2019外籍人才在华就业调研报告［R］. 2020：7–9

由于劳动力市场信息匹配效率较低，社会资本发挥较强的优势①。达尼亚在留学和实习期间结交的朋友为她找工作带来极大的便利，虽然目前她还没有完成学业，但是已经收到几家工作机构抛出的橄榄枝。

"现在已经有几家企业和公司找我，也有高校比如说天津外国语大学跟我打过招呼，说你毕业了之后可以过来，还有新华社也联系过我。我觉得在中国找工作并不难，可能也真的是跟人有关系，也许是因为接触的人多一些，之前认识的都是我这些多年积累的一些关系，可能在白俄罗斯当老师期间也认识了更多的朋友。"（190923BJ048，白俄罗斯）

相反，投入的人力资本和文化资本往往对在华找工作帮助不大。"随着越来越多的人获得更高的学位，工作职位对教育水平的要求也在水涨船高。当有越来越多的人获得某一教育文凭或学位时，其价值也就随之下降"②，即使在中国获得了博士学位，也并不容易找到心仪的工作。

在文凭、专业能力和汉语能力的三重劣势下，一种策略是放弃辛苦学习的专业，利用自己的外语优势从事相关的教学、翻译、编辑工作。

"其实在中国找工作对我来说非常简单，但是一般不会跟我的专业有关系。如果要是想在中国找工作的话，首先要考虑什么样的公司会更想聘用外籍员工？他们需要外籍员工做什么工作？我想肯定是翻译。"（190925BJ038，波兰）

埃及学生高明和亚美尼亚学生马丽就读的专业分别是对外汉语教学和中外比较文学，这两个专业很难在中国找到合适的工作，为了留在中国，他们最终分别成为阿拉伯语的博士后和亚美尼亚语的外教。

相反，如果希望发挥专业和汉语能力的优势，回国就业反而是更好的选择，这就构成了一种悖论：为了融入而努力融入，最后却无法融入，也就是说如果中文足够好，足够了解中国，回国发展比在中国发展有更多的机会。

① Yanjie B, Soon A. Guanxi Networks and Job Mobility in China and Singapore［J］. Social Forces（3）：3.

② ［美］兰德尔·柯林斯.文凭社会：教育与分层的历史社会学［M］.北京：北京大学出版社，2018：1

"毕业之后我肯定会回国，或者去另一个国家工作。因为我学的专业就是汉语国际教育，这个专业在中国是很难找到对口工作的。反而在我们国家或者在别的国家会有很多机会和需求。即使没办法教学，就靠中文能力也很容易在当地找到工作。现在中国外贸非常发达，我们国家有很多中国的公司，他们每年都需要大量的人才。"（190531BJ047，印度尼西亚）

"我希望回巴拿马工作，因为我已经有中国的学位文凭、有中国的生活经历、有语言能力，这些都是在国外才能发挥出来的竞争优势。如果我回国肯定会找到一个不错的工作。所以我的生活会比北京好。"（200109SH061，巴拿马）

（三）创业

除了找工作、就业，留学生还可以通过创业来延续在华的生活。2016年中共中央办公厅、国务院办公厅印发了《关于加强外国人永久居留服务管理的意见》，各地方政府参照此政策纷纷出台了吸引外籍人才就业、创业的详细规定，公安部于当年3月率先在北京推出支持创新发展的20项出入境政策措施，其中包括"在京高校的外国学生经所在高校同意并出具推荐函，可以申请在学习类居留许可上加注'创业'后，在中关村实施兼职创业活动"①。通过加入北京高科技中心中关村国家示范区的创新企业，外国留学生将有资格申请永久居留权②。但是，2016年至2018年，通过北京中关村"直通车"条件并取得"绿卡"的仅353人③。在华创业不仅需要较强的经济资本支持，还需要较强的社会资本④，这对留学生具有极大的挑战。

"创业并不简单，刚开始的时候我们也遇到了很多困难。因为我们是外国人，在这里开公司，第一个难关就是语言，所有的东西是中文说明，第二

---

① 公安部、北京市政府.支持北京创新发展20项出入境政策措施［EB/OL］.2016-03-01.
② 北京市中关村科技园区管理委员会.中关村外籍高层次人才直接申请在华永久居留
③ 北京日报.中关村开启外籍人才积分评估申请"绿卡"创新探索［N/OL］.2018-04-17.
④ 王昀，池仁勇，张龙.大学生创业者社会资本的作用机制——基于创业学习的思考［J］.中国青年社会科学，2019，038（004）：P.77-82.

个就是不懂开公司的流程……如果没有中国朋友的帮助，我们不可能成功，朋友们帮我们注册公司，帮我们选地址，帮我们装修，帮我们招生。"（龙生，伊朗）[1]

相反，华裔留学生在此方面具有较强的竞争优势。首批在北京中关村创业并通过积分评估机制取得永久居留的19名外籍人士中，就有18人是外籍华人[2]。

总而言之，留学生毕业后难以快速进入劳动力市场，一方面，留学与工作之间缺乏平滑的过渡通道，留学生既缺乏在华求职的信息渠道，又缺乏必要的社会支持；另一方面，对于留学、就业、居留这一连续生命历程的相关制度和规范缺乏连续性，通过梳理新中国成立以来与来华留学生相关的各种法律规定，我们发现与来华留学相关的方针和方案涉及留学生的规模扩大、在校管理、入境居留、生活就业及经费管理等方方面面（表7.6.），但彼此之间并无紧密的联系和过渡，这也造成了留学生缺乏对未来的统筹规划和整体设计，无形中增加了他们结束学业后进一步融入中国社会的难度。

表7.6 来华留学生相关政策与规定

在校管理	扩大规模	入境居留	生活就业	经费管理
《中华人民共和国学位条例》1980/2004年全国人民代表大会常务委员会	《中华人民共和国中外合作办学条例》2003/2013/2019年教育部	《边防检查条例》1952/1962年国务院（废止）/《中华人民共和国出境入境边防检查条例》1995年国务院	《中华人民共和国境内外国人宗教活动管理规定》1994年国务院	《关于招收自费外国来华留学生的有关规定》1989年国家教委

---

① 澎湃新闻.来华留学生的毕业选择：留下工作创业，或将知识带回家乡［N/OL］.2018-08-22.

② 上海观察.中关村首创外国人积分拿"绿卡"，首位非华人来自也门［N/OL］.2018-05-10.

续表

在校管理	扩大规模	入境居留	生活就业	经费管理
《中华人民共和国高等教育法》1998/2015/2018 年全国人民代表大会常务委员会	《中华人民共和国中外合作办学条例实施办法》2004年教育部	《中华人民共和国出境入境管理法》1985/2012年年全国人民代表大会常务委员会	《外国人在中国就业管理规定》1996/2010/2017劳动部、公安部、外交部、外经贸部/人力资源和社会保障部	《外国来华留学生经费管理办法》1995年国家教委、财政部
《中小学接受外国学生管理暂行办法》1999国家教委（废止）、《高等学校接受外国留学生管理规定》2000/2012 年教育部、外交部、公安部（废止）/《学校招收和培养国际学生管理办法》2017年教育部、外交部、公安部	《留学中国计划》2010教育部	《外国人在中国永久居留审批管理办法》2004.公安部、外交部	《中华人民共和国境内外国人宗教活动管理规定实施细则》2000年国家宗教事务局	《外国留学生奖学金年度评审暂行办法》1997国家教委（废止）/《中国政府奖学金年度评审办法》2004年教育部
《普通高等学校学生管理规定》2005/2014年教育部、《关于规范我高等学校接受留学生/国际学生有关工作》2009/2020年教育部	国家中长期教育改革和发展规划纲要（2010–2020年）2010年国务院	《外国人在中国永久居留享有相关待遇的办法》2012年中组部、人社部等25个部门	《关于给外国籍高层次人才和投资者提供入境居留便利的规定》2002年国办	《关于中国政府奖学金的管理规定》2001教育部

在校管理	扩大规模	入境居留	生活就业	经费管理
《普通高等学校外国留学生新生学籍和外国留学生学历证书电子注册实施办法》2007年教育部	《关于做好新时期教育对外开放工作的若干意见》2016年中办/国办	《中华人民共和国外国人入境出境管理法实施细则》1986/1994/2010年公安部、外交部（废止）/《中华人民共和国外国人入境出境管理条例》2013年国务院	《在中国境内就业的外国人参加社会保险暂行办法》2011年人力资源和社会保障部	《优秀外国留学生奖学金申请、评选及管理办法》2006年国家留学基金管理委员会
《来华留学生医学本科教育（英语授课）质量控制标准暂行规定》2007年教育部	《推进共建"一带一路"教育行动》2016年教育部	《中华人民共和国外国人入境出境管理条例》2013年国务院	《关于加强外国人永久居留服务管理的意见》2016年中办/国办	《完善中国政府奖学金资助体系和提高资助标准的通知》2014年教育部
《关于外国驻华使、领馆人员随任配偶入我高等学校学习有关规定》2008年教育部	《中国教育现代化 2035》2019年国务院	《外国人停留证件签发服务指南》2019年国家移民局	《外国人来华工作许可服务指南（暂行）》2017年国家外国专家局	
《来华留学生高等教育质量规范（试行）》2018年教育部	《关于加快和扩大新时代教育对外开放的意见》2020年教育部等八部门	《中华人民共和国外国人永久居留管理条例（征求意见稿）》司法部　2020年2月	《在华外国人参加演出活动管理办法》1999年文化部	

二、做生意、打黑工、多申钱：经济融入的非正规渠道

在正规途径难以进入经济场域、获得经济资本的情况下，部分留学生通过选择非正规、甚至是非法的渠道进入中国市场。此部分的三个案例展示了

留学生非正规的经济融入策略，通过这些策略，他们或是省略经济资本转换的中间环节，直接使用经济资本进行投资；或是尽可能延长合法在华居留的时间，节约对其他资本投资，从事经济回报低但资质要求少的半正规工作；或是在有限的留学时间内尽可能多地增加经济来源。

（一）做生意

第一种非正规的经济融入策略是"做生意"，做生意是中国法律法规明令禁止留学生从事的经济活动。无论是教育、公安、外交等部门都对留学和就业有严格的制度限制，留学生持以留学为目的的学生签证，来华工作则需要持有工作签证，雇佣持有学生签证的外籍人士是需要承担极大的风险。因此，雇佣持留学签证的留学生工作是违法的。

"有的学生拿着学生签证进来，就再也找不到人了，不住校，老师也联系不上，后来才知道他申请留学实际就是为了来中国做生意……这种情况很难杜绝，这种学生申请的时候表现都很好，我们也很难区分。后来我们学校增加了两条规定防止这种情况，一是要求学生住校，如果学生非要住在校外就需要签保证书，如果联系不上就视为放弃学籍；二是缩短有效居留期，为了方便学历生，以前每次长期居留的有效期是两年，这样学生入学办一次居留就不用再跑手续了，现在我们只好统一缩短为半年，这样学生就没办法玩消失了，他必须每隔半年找学校更新护照，要不然就成了非法居留，性质就变了。"（某高校管理老师）

一经发现留学生做生意，高校会对其进行严厉的处罚。

（二）打黑工

第二种非正规的融入策略属于"打黑工"，这部分学生大多从事上文提到的技术含量较低、报酬不高、不需要签订合同与协议的，介于"正式工作"和"实习"之间的"半正式的工作"，可以称之为"打黑工"。一方面，"打黑工"的留学生与雇佣机构之间并不具有正式的劳动关系，虽无很高的经济回报激励，但也不必担心严重的制度处罚；另一方面，他们不受中国的法律保护，因此往往会遭到雇主不公正的对待。"打黑工"现象也是严令禁止的。

（三）多申钱

"多申钱"指的是在华留学期间同时申请在多个学校攻读相同或不同的学位，并同时申请多个奖学金。我们在调研中发现的一个案例就是这种现象的典型代表。留学生X于2017年申请在A大学攻读硕士学位，并获得了a奖学金的资助。2018年他又申请了B大学的硕士项目，同时申请b奖学金的资助。由于当时留学生的学籍管理并未全国联网，A校与B校平时互动较少，a与b奖学金机构也并无来往，直至2019年才在机缘巧合之下发现了这一情况。

严格说来，X的行为违反了奖学金机构的规定，大部分留学生奖学金管理办法中都禁止留学生同时享受其他奖学金，如《中国政府奖学金工作管理办法》（2020年）第十五条的规定中提到"奖学金生不得同时享受中国各级政府和录取院校设立的其他奖学金（不含各类一次性奖励金）的资助。对于刻意隐瞒资助情况的，一经发现，其中国政府奖学金资格将予以取消，并退还已领取的中国政府奖学金"。由于各个高校通常委托同一部门负责各类留学生奖学金管理和发放事宜，报考一所高校的留学生如果企图同时享受两份奖学金，这种行为将迅速被校方发现并报知相关奖学金授予机构。X最终被B校开除。同时，a与b两个奖学金机构均停止了对其继续资助。

"多申钱"被视为性质恶劣的"投机取巧"策略，目前，相关部门已经建立全国联网留学生预审系统，避免类似的事情再次发生。

以上案例所列举的留学生虽各有不同的行动逻辑，但均存在相同的目的和问题，即以赚钱而非学业为留学主要目标，这无疑极大地破坏来华留学生管理制度，造成恶劣的社会影响，甚至会成为威胁社会稳定和安全的隐患。从上文可知，文化融入的消极策略是"退出"，即留学生在既无法认同中国文化，又缺乏相应融入资本的情况下，可以选择离开这一场域；社会融入的消极策略是"回避"，即在缺乏社会资本和认同的情况下，虽无法融入中国学生社交圈层，却可以退回到留学生社交圈层这一舒适的场域中。以上两种情况都不会造成对中国场域规则或结构的破坏，而经济融入的消极策略不仅破坏了场域的规则（违反留学生管理或奖学金管理制度），同时也破坏了场域的结构，即成为享受"超国民待遇"的异国群体。2019年7月"留学生学伴事件"引发全国热议，剥离推波助澜、借题发挥、无中生有的不理性声音，中国民众对于留学生较为理性的质疑正是集中在其"超国民待遇"的身份之上，即责任和义务的不对等、身份与待遇的不匹配。

图7.14　留学生学伴事件新闻词云分析[①]

---

① 样本为事件发酵期间相关新闻、报道、评论共计50余篇，文字材料约20万字

第八章

总结与讨论

现代性加速了社会的流动，流动也建构了现代性的特征①。长时段的跨境流动被称为移民，李明欢将移民类型分为：工作性迁移、团聚性迁移、学习性迁移、投资性迁移、休闲性迁移和托庇性迁移等六类群体②。以往研究对以学习性迁移为目的的教育移民关注较少，对其他类型则多有讨论。实际上，留学自始至终承担着促进各国、各地区沟通与共同进步的使命，是人类文明传播的重要依托。本研究以来华留学生为研究对象，主要考察这部分人群来华留学动机、对华态度印象以及在华融入情况，即来华留学生的流动、认同与融入。

本研究的第一章梳理了经典移民研究以及留学生研究中关于流动、认同和融入理论，并结合布迪厄场域、惯习、资本的实践理论建立了本文的分析框架。布迪厄的实践理论一方面有利于破除已有研究中行动、结构、制度的二元对立；另一方面，通过引入时间和关系的分析维度，我们将外国学生在华留学看作由流动、认同和融入三种实践类型构成的，相互影响的生命历程，并试图勾勒出这一历程的整体画像：发展的方向、转变的轨迹以及延续的路径。来华留学古已有之，中国最早的、成规模的来华留学可以追溯到隋唐时代，"留学"一词也起源于这个时期日本对遣华学习者的称谓。本研究第二章旨在梳理来华留学的发展历史，探究不同时代来华留学生的流动、认同和融入特征，以及不同时代来华留学管理制度的变化和意义的变迁。本研究第三章主要考察外籍留学生为何选择来中国留学，流动的是惯习驱动与场域推拉共同作用的结果，第四章讨论了来华留学的组织场域——中国高校中

---

① 齐格蒙特·鲍曼，鲍曼，Bauman, et al.流动的现代性［M］.上海：上海三联书店，2002：7

② 李明欢.国际移民政策研究［M］.厦门：厦门大学出版社，2011：7-13

的游戏规则，以及在规则的引导下，留学生与场域中其他行动者的互动关系。第五章、第六章、第七章尝试探讨留学生在走出校园，走入更广阔、更丰富的社会维度后，将面对哪些机遇？经历哪些挑战？他们在不同空间维度上处于什么位置？他们如何通过策略性的实践，维持或改变他们在中国社会、经济和文化中的位置，并形塑新的惯习？以下是本研究的主要结论及政策建议。

第一节　主要结论

一、来华留学的历史传承

"山川异域，风月同天"，留学打开各个文明沟通互鉴之路的钥匙。来华留学的历史起于隋唐，承于两宋，转于明清，合于新中国成立，可以分为三个大的历史周期，即：以周边国家广泛来华学习先进知识和经验的"儒学时代"（隋唐两宋），与亚洲国家学生、学者相互切磋、被欧美学生学者研究考察的"汉学时代"（明清民国）和中外学生学者共同学习、互相交流的"中国研究时代"（新中国成立至今）。

隋唐两宋时期来华留学的主要群体是周边国家达官显贵的子弟（留学生）和僧侣群体（学问僧）。明清时期上述群体的留学生规模大幅缩减，与此同时，欧美国家的传教士自西而来，他们出于对异域文化的好奇，自发学习和研究中国社会和文化。随着他们的研究在欧美国家产生一定影响，以研究为目的的西方学生和学者踏上了来华研究的旅程，他们逐渐取代传教士，形成了以研究汉学和中国为目的的学术共同体；新中国成立至今来华留学历史可以进一步分为三个小的历史周期：新中国成立初期对外国际教育交流逐渐恢复，留学生群体的来源国家从亚非拉等社会主义国家的战略伙伴（新中国成立初期）扩展到少数欧美国家，并最终面向全球招收人才。我国对于留学生的身份定位也经历了从"社会主义建设人才"到"国际友人"再到"国际人才"的变迁。

不同时代来华留学生的来华动机、对待中国社会的态度、在中国学习生活的模式各不相同，三个时期推动留学生来华学习动机的因素分别为：政治因素、文化因素和多元因素；留学生与中国社会对待彼此的态度可以依次总结为：从被"文化认同中心"边缘化，到双方彼此互相认同，到"多视角不排斥政治"，最后成为"非政治、非文化、非社会的行动主体"①。留学生融入类型可以大致划分为：同化型融入（隋唐两宋）、边缘化型融入（明清民国）和多元型融入（新中国建立以来）。新中国建立以来，来华留学的管理制度同样经历了从官方严格管控、逐步开放交流到政府与学校多元治理的三种形态变迁。在考察制度变迁的同时，不能忽略制度的惯性和路径依赖，早期以中央政府为主导的管理体制始终影响着当今留学生管理制度的发展②。

二、来华留学的生成机制

经历千年的传承与嬗变，来华留学从被动完成历史使命变为主动选择个人命运。来华留学的选择既受个人的情感与理性影响，又受两国之间经济、文化和社会结构比较因素影响，两种因素的综合生成了来华留学的"机缘巧合"。

各国之间文化软实力相对大小可以视为彼此之间推拉博弈的结果，与此同时，不同国家留学生的文化惯习对于中国文化场域具有不同的"选择性亲和力"（affinité élective）③。如果用中国本土的词汇描述这一亲和力，即为"缘分"。当在面临各种可能性的时候，这种寄居在身体内部的倾向被重新激

---

① 米歇尔·维沃尔卡，王鲲，黄君艳，等.社会学前沿九讲［M］.北京：中国大百科全书出版社.2017：135

② 江涵.我国来华留学生教育政策惯性与改变［J］.教育进展，2020，10（1）：7.

③ D.罗宾斯，李中泽.布迪厄"文化资本"观念的本源、早期发展与现状［J］.国外社会科学，2006，（3）：36-42.

发①，影响行动者的决策。如果将不同国家粗糙划分为四个文化圈层，不同文化圈层与中国文化场域的文化距离影响两种文化"结缘"的可能性，由强及弱分别为华人圈（想象的文化共同体）、亚洲圈、非洲圈、欧美圈②。留学生文化惯习（主观结构）与中国文化场域（客观结构）最契合的状态表现在行动（实践）动机上，即对中国文化的"寻根"。

留学生所处经济场域与中国经济场域的推拉结构和经济惯习对中国经济场域的契合程度构成了行动的另一极。在经济全球化的今天，人们对另一个国家的经济认知与其在世界舞台中展现的"硬实力"是高度契合的。也就是说中国与留学生来源地的经济实力对比既形成了结构上的推拉结果（客观结构），也促成了认知上的选择倾向（主观结构）。从经济实力的国际对比来看，中国经济场域对于经济实力相对落后的亚非国家留学生的吸引力远高于欧美国家。对亚非国家的留学生来说，迅速崛起的中国市场意味着丰富的"机遇"和"机会"，而相对低廉的经济成本和相对高的教育回报，共同驱动着大批对中国知之甚少、落后地区的留学生怀揣梦想，远渡重洋，期待在中国"展翅高飞"。我们把这一极留学生的行动（实践）动机特点概括为"振翼"。

"寻根"和"振翼"构成了来华留学生成机制连续谱的两极，外国学生来华留学的动机往往是好奇与热爱、成本与收益、主动与被动的综合体：中国与各国社会场域的推拉交织分解为或近或远的中国社会关系和或强或弱的中国社会网络对留学生个体的影响，重要他者（significant others）倾向于将自己曾经旅华、留学、工作、生活的美好经历以及对中国的热爱与情感传递给亲友，让他们也对中国满怀陌生又熟悉的故土怀恋（情感卷入）；疏远的关系（如来自遥远东方的神秘邻居）则会把神秘传递给对方，为他们型塑憧憬又好奇的东方想象（兴趣爱好）。

---

① 皮埃尔·布迪厄，华康德，布迪厄，等.实践与反思：反思社会学导引［M］.北京：中央编译出版社，1998：23

② 麻国庆.全球化：文化的生产与文化认同——族群、地方社会与跨国文化圈［J］.北京大学学报（哲学社会科学版），2000，37（4）：152-161.

三、来华留学的伸缩场域

来华留学既可以看作从一个大的"国家场域"到另一个"国家场域"的过程，也可以视为从一个小的"学校场域"到另一个"学校场域"的过程，留学生的实践场域是一个伸缩且同构的社会空间。一方面，他们生活在一个行政管理系统、后勤服务系统和教学培训系统构成的校园小社会中[①]，校园组织场域的三个系统分别满足留学生经济生活、社会交往、文化教育的需求，并分别对应迪玛奇奥和鲍威尔理论中的三种组织机制——即提供法律奖惩的强制性机制（coercive）、提供共享观念的规范性机制（normative）和提供趋同激励的模仿性机制（mimetic）[②]。总体而言，行政管理系统是以"强制性机制"控制（regulate）留学生的科层组织和"被动场域"。对于行政系统的各项要求，留学生必须遵从，没有讨价还价的权利。在这种情况下，如果这一场域的游戏规则并不考虑中外学生的异质性，以为中国学生"量身定制"的规定对留学生"一视同仁"，无论是否有助于留学生融入中国都极易造成其因惯习迟滞而产生各种不适；后勤管理系统是以"规范性机制"安置（localize）留学生的单位组织和"互动场域"。后勤系统为中外学生的互动增加了物理和制度的时空分割，这种分割既是避免中外学生冲突的"保护网"，也是阻碍中外学生交流的"隔离罩"，不同于行政系统的"硬约束"，后勤系统的制度安排是一种"软约束"。在这种情况下，留学生既可以选择在"保护网"的庇佑下，拒绝深入中国社会，保持惯习的相对稳定；也可以寻求突破"隔离罩"，尝试融入中国社会，实现从制度到策略"（de la règle aux stratégies）的转变[③]；教学管理系统是以"模仿性机制"涵化（acculture）留

---

① 杨立强，彭春.浅析高校留学生管理工作中的问题及建议［J］.才智，2013（35）: 169-170.

② Powell D M W. The Iron Cage Revisited: Institutional Isomorphism and Collective Rationality in Organizational Fields [J]. American Sociological Review, 1983, 48(2):147-160.

③ 皮埃尔·布迪厄，华康德，布迪厄，等.实践与反思：反思社会学导引［M］.北京: 中央编译出版社，1998.139

学生的师门组织和"主动场域"。教学系统为中外学生的互动增加了制度性保障，推动留学生与中国导师和同门形成相对稳定的工具性关系或情感性关系，并促进留学生模仿中国人的行动和交往模式、体验中国文化。但是教学系统对留学生融入的促进同样没有强制性，而是一种与后勤系统方向相反的"软约束"，留学生可以选择参加师门组织的各种活动，也可以选择不参加或有所保留地参加。

另一方面，走出校园，留学生将进入一个更加广阔的经济、社会和文化空间。在中国的文化场域中，他们将体验到地道的中国传统、习俗和风物，一方面，母国形塑的文化惯习与中国文化场域难以完美契合，不同的文化差异将引发不同程度的文化冲击；另一方面，中国文化场域的"多元复合性"也极大程度上减缓了不同文化相互的碰撞，促进了彼此的交流和融合[①]。在中国的社会场域中，他们既会遇到来自天南海北的国际友人，也会结识具有相似经历的同胞，还会接触形形色色的中国人民。但是，受限于学校的制度安排，大部分留学生的社交圈层局限于学生群体，社交场域的"游戏规则"往往"鼓励"留学生与同文化群体和除中国以外的其他文化群体成为朋友，留学生公寓可以视为推动建立国际友人圈和老乡圈，阻碍建立中国朋友圈的重要制度性安排。除此之外，鼓励各国文化混杂的制度安排也随处可见，不管是针对留学生的必修课（中国概况）、语言课程还是集体活动。同乡会促进留学生与本国同胞交流的制度性，即使一句中文也不会说，在组织和网络的帮助下也能应对异国生活的种种困难，这也解释了为什么很多留学生即使在中国生活多年依然难以掌握中文。留学生虽出于提高语言水平、完成课业要求、体验中国生活、理解中国文化等种种需求，强烈希望与中国学生交往，但却鲜有互动机制和机会。而很多中国学生认为留学生有宽松的入学和优厚的奖学金制度的，从而对这一群体鲜有好感；在经济方面，留学生同样进退失据，一方面，他们可以无碍地进入中国琳琅满目的消费市场，但由于缺乏经济独立性，只能将有限的资金用以满足生存性消费；另一方面，留学期间

---

① 郝正.跨文化传播中的多元复合性［J］.社会科学战线，2015（7）：16-20.

他们被严格禁止从事有酬活动，只有经历漫长的等待、严厉的审批和激烈的淘汰才有可能在完成学业后涉足中国的劳动力市场。

四、留学生的经济认同、社会认同与文化认同

"人的特点首先是超越情境，能够对他人给予的定位作出回应，即使他从未认同自身的客体化"[①]。如果说来华留学的选择是受惯习与"想象的"异国场域"选择性亲和力"的牵引，认同则反映了惯习与"真实的"异国场域互动的默契。惯习与场域的契合将会让他们在华的生活"如鱼得水"[②]，而惯习与场域的不协调则会导致"惯习迟滞"，引发严重的矛盾冲突和认同危机。

不同程度的文化冲击催生出不同的文化认同反馈策略，"入乡随俗"和"求同存异"分别代表积极和消极的文化认同取向。极端的"入乡随俗"会让留学生在文化上同化成中国人，视他乡为故乡；而过分地"求同存异"实际上是追求人类文化之"共同"，而存民族文化之"差异"。虽然文化同化论和文化多元论是移民研究者普遍认可的文化互动的两种策略和结局，但在来华留学的实践中，争做地地道道的"中国人"和只当特立独行的"外国人"都是极其少见的现象。与其他类型的移民不同，教育移民的主要目的就是学习和模仿异国文化，他们通常既不会为了融入当地文化而放弃母国认同，也不会固执己见、拒绝接受他国的文化传统。两种认同取向都可能导致文化的"相互理解"，即，认可"相同"也认可"不同"，理解为何相同，也理解为何不同，这样的认同状态可以称之为"双重在场"[③]。与此相反，原生惯习与陌生场域难以匹配也可能导致留学生既失去了对母国文化的认同，又

---

① Sartre, Jean-Paul. Critique de la raison dialectique (précédé de Questions de méthode)[M]. Vol. 1. Paris: Gallimard, 1960:22

② 皮埃尔·布迪厄，华康德，布迪厄，等.实践与反思：反思社会学导引［M］.北京：中央编译出版社，1998：173

③ 布尔迪厄.实践理论大纲［M］高振华，李思宇，译，北京：中国人民大学出版社，2017：229

难以达成对新文化的认同，成为"夹在两个世界之间的人"[①]，被抛在两个世界之间，这一认同状态可以称之为"双重缺席"[②]。总而言之，积极和消极的认同取向将导致四种认同类型，即Berry所谓的双向文化认同的融入类型（integration）、客居文化认同的同化模型（assimilation）、原有文化认同的分离模型（separation）和混乱文化认同的边缘化模型（marginalization）[③]。

留学生同时具有"外国人"和"学生"的双重身份认同[④]，这也导致留学生与留学生之间，因为资源与社会结构地位的相似（结构主义视角）和经历与处境的相同（建构主义视角）更容易产生积极的社会认同，形成紧密的社会关系。但与此同时，与留学生群体过度紧密的社会关系及过度冗余的社会网络都会造成社会认同的内卷，既不利于其与中国学生交往，也不利于其融入中国社会；留学生与中国学生之间，由于资源和社会结构地位的迥异（结构主义视角）更易产生消极的社会认同，除非以学生身份并引起对方共鸣，无论留学生是否主动"示好"，都难以获得热情的反馈，代之以礼貌的、客套的回应。改变这一局势的策略是，以"学生"而非"外国人"的身份与中国学生互动（建构主义视角），释放"我们是一样的"信号。为了保证这一身份信号的一致性，必要的时候还需要与其他留学生群体保留一定的社会距离。

随着经济的全球化的发展，经济惯习打通了全球的场域，抵消了本土化和全球化的张力[⑤]，与多元的文化和社会认同相反，留学生的经济认同呈现出相对一致的标准。留学生对中国经济场域的积极印象是"发展速度快，产业规模大，质量越来越好"，而消极印象则是"工作节奏快、生活压力大"；中国消费市场给留学生带来了双重震撼：既惊讶于市场如此多元的消费供给，

---

① P. Bourdieu. The Algerians[M]. Kansas: Beacon Press, 1962:143–144

② Saverese Éric. Sayad Abdelmalek, La double absence. Des illusions de l'émigré aux souffrances de l'immigré[M]. Paris: Le Seuil, coll. "Liber", 1999:163–169.

③ Berry J W. Immigration, Acculturation, and Adaptation[J]. Applied Psychology, 1996(01):5–34.

④ 马春燕.中国故事的"他方"讲述与传播初探——以来华留学生为视角［J］.理论导刊，2017，000（008）：93-96.

⑤ 丹尼尔.米勒.消费：疯狂还是理智［M］.北京：经济科学出版社，2013.46-47

又惊讶于中国消费者相对一致的消费追求；中国的劳动力市场则让留学生感受到了双重的差别对待。

五、留学生的经济资本、社会资本与文化资本

"不同类型资本在某一特定时刻的分布结构，代表了社会世界的内在结构，即在这个世界的现实中所刻下的一系列制约因素，它们以持久的方式决定着它的运作，降低了实践成功的机会"[①]，不同资本累积的异质性决定留学生在不同场域的结构位置。资本就像游戏场中的筹码，筹码越多，参与游戏的机会就越多，筹码越好，赢得胜利的可能性就越大。

文化资本分为三种类型，即以肉体或精神持久性情的身体性形式（l'état incorporé）；以文化产品或这些产品理论的实现、批判、客体化的客观性形式（l'état objective）；以官方认可的、拥有合法性的体制性形式（l'état institutionnalisé）[②]。对于留学生而言，在科学研究的领域有所创新、在学术前沿问题上有所突破或贡献、在大型学术会议或知名学术期刊有所著述，都可视为积累客观性文化资本的策略。客观性文化资本可以视为"文化商品"，具有兼容性，它的价值既服从本土规律，又符合全球的标准，油画作品和中国画作品可以在各自的领域"各美其美"；获得知名高校的文凭和得到知名导师的指导，是提升体制性文化资本的主要策略。体制性文化资本具有"一致性"特征，即在同一个评价体系内存在一致的评价标准，文凭的价值、就读名校名誉和导师的影响力是衡量不同留学生制度性文化资本的主要手段；身体性文化资本是以内在化（intériorisé）为前提[③]，表征为一种"先赋"的身份不平等，以及通过"自致"的努力也难以改变这一不平等[④]。在布迪厄看

---

① Bourdieu P. The Forms of Capital[M]// Readings in Economic Sociology. 1986. 242–257

② Bourdieu P. Les trois états du capital culturel[J]. Actes de la recherche en sciences sociales, 1979, 30(1):3–6.

③ 李全生.布迪厄场域理论简析［J］.烟台大学学报（哲学社会科学版）（2）：146–150.

④ 包亚明.文化资本与社会炼金术［M］.上海：上海人民出版社，1997：193

来，身体性文化资本是阶级/结构形塑和决定的，需要家庭教育的积累和行动者长期的身体力行和融会贯通，无法通过赠与、买卖和交换的形式在短时间内获得[①]。社会出身不同导致人们继承身体性文化资本不同。这一理论不仅适用于阶级，同样适用于国家。

社会资本分为两种类型，"聚合型社会资本"（bonding social capital）指的是差异相对较小的个体间形成的强关系、同质性和短距离的社会联结，是留学生与留学生群体间建立的社会资本，有利于通过"表达性行动"（expressive action）获得期待的同情和回报，以及有价值的理解和建议，维系已有的资源；桥接型社会资本（bridging social capital）指的是差异相对较大的个体之间所形成的弱关系、异质性和长距离的社会联结，是留学生与中国学生群体间建立的社会资本，有利于通过"工具性行动"（instrumental action）以"实现达成某些具体目标"，获取更多的资源[②]。获得两种资本的途径是参与社会交往，留学生可以通过参加两类社会组织分别获得相应的社会资本：老乡会和学校社团是留学生与留学生之间开展表达性行动，积累聚合性资本的主要平台；参加师门会和语伴项目有助于留学生与中国学生之间开展工具性行动，积累桥接性资本。社会资本的另一种二分法是根据获得资本的时间和空间，留学生在来华之前积累的社会资本即"原始资本"，在留学之后积累的资本即"新型资本"[③]，衡量两种资本的效益的优劣并不在于其建立时间的先后、数量的多少和结构的疏密，关键在于哪个社会资本可以更好地在学生所处的场域实现转换。

经济资本只有一种类型，同时也可以兑换成所有类型的资本。来华留学生的经济资本面临双重限制。一方面，他们来华留学可支配的资产或来自家庭支持，或源自奖助学金，不仅使用受制于资助者，且常常捉襟见肘；另一

---

① Paul, DiMaggio. Cultural Capital and School Success: The Impact of Status Culture Participation on the Grades of U.S. High School Students[J]. American Sociological Review, 1982.

② 林南.社会资本：关于社会结构与行动的理论［M］.上海：上海人民出版社，2005：47

③ 赵延东，王奋宇.城乡流动人口的经济地位获得及决定因素［J］.中国人口科学，2002，000（004）：8-15.

方面，即使偶有剩余，也难以实现资本的投资和再生产，中国政府始终严格限制留学生经济活动，这就导致了外籍学生在华留学期间无法通过正常途径增值经济资本，更难以在经济场域争夺这一资本，只能通过消费的方式将其转化为其他资本，生存性消费、发展性消费和享受性消费分别有助于人力资本、文化资本和社会资本的生产和累积。

六、留学生的经济融入、社会融入与文化融入

"很多流动人口从这个国家又走到另一个国家，呈现出多种不同的模式，构建出了种类繁多的空间和时间"[①]。根据布迪厄提出公式，实践=（惯习＊资本）+场域[②]，留学生在中国社会各个维度的融入状况由留学生的惯习与场域的契合程度以及持有相应场域资本的数量和质量共同决定。

留学生在中国文化场域的实践过程可以总体化约为一个从融入到不融入再到融入的U型曲线[③]，不同个体的文化融入曲线因经历、需求和目的的变迁与差异而不同[④]。文化认同决定了文化融入的方向，文化资本则决定文化融入的位置。积极的文化认同（融入或同化）和丰厚的文化资本相结合有利于帮助留学生在文化场域中占据优势位置，成为具有两种文化优势的"新公民"。文化认同与文化资本的双重缺失，意味着留学中国只能是一次短暂的人生体验，他们只是"过客"；较高的文化认同或丰富的文化资本都易促成留学生成为中国的"常客"，在结束留学生活后，无论是留在中国继续深造或工作，还是回国继续人生旅程，他们的未来都极有可能与中国保持千丝万缕

① 米歇尔·维沃尔卡，王鲲，黄君艳，等.社会学前沿九讲［M］.北京：中国大百科全书出版社.2017：162

② 布尔迪厄.区分：判断力的社会批判［M］北京：商务印书馆，2015：169.

③ Lysgaard,S. Adjustment in foreign society: Norwegian Fullbright grantees visiting the United States[J]. International Social Science Bulletin, 1955. 45–51.

④ Kim Y Y. Becoming intercultural: an integrative theory of communication and cross-cultural adaptation [M]. CA: Sage Publications, 2001:180–190.

的联系。

来华留学生的社会融入呈现为一条与文化融入相反的曲线，即"脱离中国社会网络"到"深入中国社会网络"再到"脱离中国社会网络"的倒U型曲线。倒U型曲线同样只能看作留学生各种社会融入可能中比较有代表性的一种。不同的留学类型和目的产生了不同的社交需求和网络结构。社会认同决定社会融入的群体，社会资本则决定在群体中的地位。消极的社会认同指的是留学生在中国社会场域中，强调"外国人"的身份认同，倾向于"人以群分"的认同策略，难以走出留学生朋友"舒适圈"，逐渐导致社会认同的分化，即分裂为留学生社交场域（"飞地"）与中国学生的社交场域。与此同时，不断强调"外国人"的身份认同，也会造成社会认同的内卷化，即对于在华留学生小群体的过度融入，而无法融入中国学生的大群体中。社会资本的数量对于此类留学生群体融入中国社会的影响不大，由于消极的社会认同导致社会资本的单一性（主要表现为留学生之间的社会资本），其社会资本的大小强弱只会影响其对留学生社会场域融入的深度，以及所处的位置。积极的社会认同指的是留学生在中国的社会场域中，强调"学生"的身份认同，倾向于"生产认同"的认同策略，尝试走出留学生朋友的"舒适圈"，融入到中国社会的大场域中。社会资本对此类留学生影响较大，社会资本的数量（与中国学生建立的资本数量和与留学生建立的资本数量）和质量（桥接型资本还是聚合型资本、新型社会资本还是原始社会资本）都将对其社会融入产生一定影响。社会资本数量少、种类稀少的留学生相对难以融入中国的社会场域，只能作为"舞台"上的"配角"。与此相反，社会资本数量多、种类丰富的留学生更易融入中国社会场域，与中国人形成"我们感"，与中国人占据相同甚至更具优势的场域位置。总而言之，促进融入中国社会的总体策略是通过积累桥接型社会资本，并增强与中国学生加强的交流性的、强关系的社交互动，与中国学生形成积极的社会认同，减少对于本国学生和其他留学生交流性的、强关系的社会网络依赖。

来华留学生的经济融入可以分为两条截然相反的发展路径，实习、就业、创业是留学生实现经济融入的正规路径，但复杂的申请程序、激烈的市场竞争、单一的工作类型、狭隘的获知途径都让留学生对在华实习和就业望而却步。留学生将并不丰富的经济资本通过消费转换成其他资本，并期待利用其他资本在中国的劳动力市场中转换为更加丰厚的经济资本，但现实往往事与愿违。由于文凭的通胀在中国日渐普遍，人力资本和文化资本往往对于在华找工作帮助不大。社会资本反而因为劳动力市场提供的招聘信息与需求匹配效率太低，可以有效地帮助留学生更加有效地找到工作或投资。在文凭、专业能力和汉语能力的三重劣势下，一种融入策略是"曲线救国"，即放弃辛苦学习的专业，利用自己的外语优势在中国从事相关的教学、翻译、编辑工作；另一种融入策略是"直接回国"，回国就业反而能更好地发挥留学生语言和专业方面的优势，这也造成了一种融入的悖论：为了融入而努力融入，最后却无法融入。也就是说，留学生为了留在中国而努力学习中文，了解中国文化，但最终却发现：如果中文足够好，足够了解中国，回国发展会比在中国发展有更多的机会。在正规途径难以进入经济场域，获得经济资本的情况下，部分留学生选择通过非正规、甚至是非法的渠道进入中国市场。"做生意""打黑工"和"多申钱"是常见的三种非正规的经济融入策略，虽各有不同的行动逻辑，但均存在相同的目的和问题，即以赚钱而非学业为留学主要目标，这无疑极大了破坏来华留学生管理制度，造成恶劣的社会影响，甚至会成为威胁社会稳定和安全的隐患。

七、流动、认同、融入，来华留学的生命历程

通过以上总结可知，来华留学生的流动、认同、融入看似是各不相干的实践过程，实际是紧密联系的生命历程。在整个留学历程中，惯习、场域、资本的互动贯穿始终，流动是受惯习与"想象的"异国场域"选择性亲和力"牵引的选择实践；认同是惯习与"真实的"异国场域互动的认知实践；融入是受惯习与场域的契合程度以及持有相应场域资本的数量和质量共同影响的行动实践，三种实践的因果互动机制见图8.1。

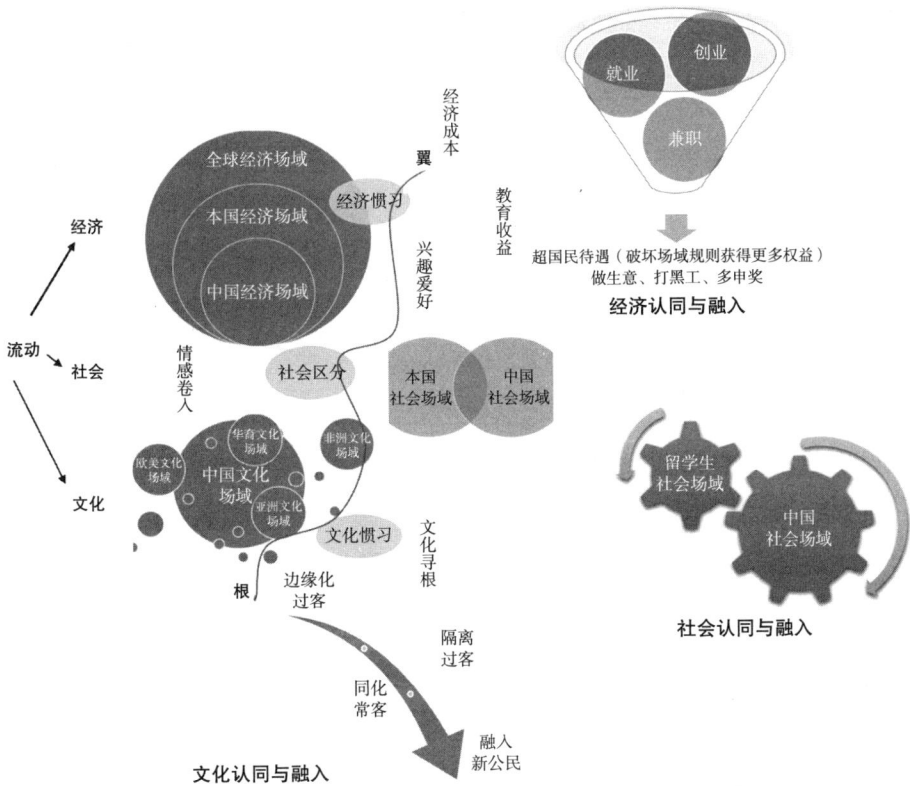

图8.1　来华留学实践的因果互动机制

　　流动、认同和融入在因果链条上相互影响，同时也是建立在一个时间序列上的循环的历程，"美好的"留学经历以"流动"（immigration）为起点，以"融入"（integration）为终点，反映在经济、社会和文化维度上的理想型，分别呈现出身份趋同化、生活社会化、文化交互融合的特征，"经济上的休戚相关和政治上的各行其是、文化上的各美其美"[①]；"不美好的"留学经历则以"不融入"（non-integration）为起点，以反向"流动"（emigration）为终点，文化融入的消极策略导致"退出"，即留学生在既无法认同中国文化，又缺乏相应融入资本的情况下，选择离开这一场域；社会融入的消极策略引

――――――――――

① 费孝通.经济全球化和中国"三级两跳"中的文化思考［J］.理论参考，2002（3）：3-5.

发"回避"，即在缺乏社会资本和认同的情况下，无法融入中国学生社交圈层，只能退回到留学生社交圈层这一舒适的场域中；经济融入的消极策略则造成"破坏"，不仅破坏了场域的规则，即不遵从留学生管理或奖学金管理制度，同时也破坏了场域的结构，即成为享受"超国民待遇"的异国群体。不融入的理想型表现为对身份特殊化的强调、社交的内卷化和文化相互区隔的特征。

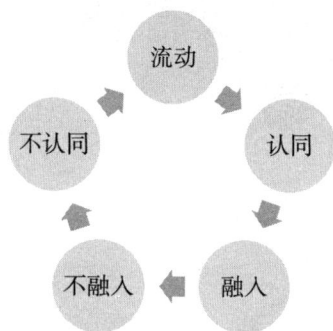

图8.2　来华留学实践的时空循环模型

外籍留学生来华不仅追求知识的积累和语言的提高，也期望深入了解中国文化、融入中国社会。欧美等发达国家通常采用高额的奖学金激励和宽松的工作、移民政策吸引外籍研究生人才，并将其发展为本国的"智力"（significant brain）。目前我国虽有较完善的奖学金激励政策，但行政化的管理模式和封闭式的住宿模式并不利于他们结交中国朋友、接触中国社会，在其完成学业后也缺乏留住人才的实习、工作、长期居留和永久居留等配套政策，导致以外籍研究生为代表的国际人才能"来"而不能"留"，能"融"而不能"入"，造成了经济资源和教育资源的浪费，基于以上情况，本文将在最后一节提出几点浅陋的政策建议。

八、场域、惯习、资本，实践理论的补充发展

作为实践理论的创立者，布迪厄或将此理论运用于考察"被封锁"和

"被围困"的法国社会阶层再生产现象，或以此理论研究"被殖民"和"被同化"的阿尔及利亚社会的社会转型和文化融合的过程。受时代发展的局限，布迪厄始终未能将研究的目光投向开放社会中主动选择命运的群体，而来华留学生则是这一群体的典型代表。本文通过布迪厄实践理论框架研究具有不同惯习、携带不同资本的外籍学生群体为何选择来到中国留学以及如何在这异国场域中开展实践？他们的实践与其他行动者在封闭社会或转型社会的实践相较，是否有所不同？与此同时，本文也结合了中外学者的理论和经验研究，尝试对实践理论的关键概念进行补充和发展。

布迪厄理论中的场域往往是一个内容不可知、边界不可及的"黑箱"，从事组织研究的社会学者则希望通过对正式制度和非正式制度的分析描绘出场域的轮廓，本文的第四章结合迪玛奇奥、鲍威尔和斯科特等人的理论对来华留学生学习和生活的组织场域进行全面的考察；场域的边界是伸缩自如、变动不居的，这不仅与场域的客观复杂性有关，也与行动者的主观能动性相连。对于行动者而言，场域的边界往往是由惯习和资本共同决定的探索能力的边界，惯习与场域的契合程度以及在场域中有效的资本质量决定留学生的来华经历是坐困校园还是行者无疆；在布迪厄看来，社会是一个你争我抢、你死我活的斗争场域，在这个封闭的空间中，强者恒强而弱者愈弱，最终表现为流动停滞和阶层固化。留学产生的跨境流动则带来一种新的可能性，在此视域下，社会更像是一个不同文化群体各美其美、美美与共的竞合场域。

惯习是布迪厄应对行动与结构二元对立的关键概念，但是它一方面作为认知结构被社会的客观结构所决定，另一方面作为长期型塑而成的性情倾向系统难以改变。在一个封闭的社会中，行动者的惯习往往难以超越他所处的社会结构位置。那么，当行动者处于新的、开放的、流动的社会结构中，他们的惯习是否会因此发生改变？本文认为：一方面，来华留学生的惯习与中国场域的契合程度影响其对中国的认同和融入程度；另一方面，不同的认同和融入策略也将影响留学生在中国社会结构的位置，进而改变、型塑留学生的惯习。

虽然布迪厄提出多种类型的资本，但在他看来，经济资本是现代社会最重要的资本形式，其他资本只是一种变换形式的经济资本。因此，布迪厄无意对各种资本进行明确的定义和充分的阐述，相反，布迪厄提出象征资本概念以期对所有形式的资本进一步地化约。化约的资本与斗争的场域、既定的惯习一脉相承，最终形成资本决定场域、场域决定惯习、惯习决定资本的闭环和循环，而打破这一循环则须求助于各类资本的内涵发展。本文结合全球化的文化理论对留学生的文化资本进行考察，结合科尔曼、格兰诺维特、伯特、林南、帕特南等社会学家的理论对留学生社会资本进行分析，并基于中国的留学政策研究留学生如何策略性地将经济资本转换为其他形式的资本，以及其他形式的资本在中国的外籍人士劳动力市场的转换情况。

第二节　政策建议

一、提高中国高校的国际化影响力

尽管有论者认为"选择学校"是影响留学动机选择的最后一个环节，学校的影响不如国家重要[①]。但是，随着全球留学市场的日渐成熟，制度性文化资本——文凭学历被纳入国际体系，高校的国际知名度对留学选择的影响越来越大，中国学者对来华留学生的动机调研也证明了这一猜想[②]。

学生在本国教育资源不能满足预期，而其他国家教育质量更有竞争力的条件下会选择流动到外国接受教育，并倾向于选择到具有良好国际声誉，并在世界排名靠前的一流大学中进修[③]。中国在国际教育市场竞争中并不占据优势。2018年QS公布的全球前500名高校排名中，中国列榜高校仅14所，排

---

①　Mazzarol T, Soutar G N. "Push-pull" factors influencing international student destination choice[J]. International Journal of Educational Management, 2002, 16(2):82-90.

②　安然，张仕海.亚洲来华留学生教育需求调查分析［J］.高教探索，2008（3）：103-108.

③　S. Wilkins. Who benefits from foreign universities in the Arab Gulf States? [J]Australian Universities Review, 2011 (53) 73-83.

名最靠前的为清华大学，占25名[①]。泰晤士2018年公布的全球前500名高校中，中国列榜高校仅7所，其中排名最靠前的学校是北京大学，占第29名[②]。与此同时，应该注意到，国际排名靠前的大学对来华留学生具有明显的吸引力，以2018年THE上榜的7所高校为例，其中5所大学（北京大学、上海交通大学、浙江大学、复旦大学和清华大学，顺序按留学生规模排列）在来华留学生规模上位列中国前十。不仅如此，这些学校更是外国高层次留学生的首选，5所高校招收博士生总数占全国1004所高校招收数量的10%，高级进修生（研究生以上的非学历生）占全国数量的22%。

随着教育部"双一流"大学（即建立世界"一流大学"和"一流学科"）战略布局的全面推进，部分中国高校国际化地位的提高，2020年，有24所和17所高校分别登上QS和THE排名榜上，短短两年间就有10所中国高校进入全球前500名，这充分彰显出改革的成就，也意味着更多优秀的外国青年将慕名来华留学。与此同时，还应注意，国际化程度不代表国际影响力大小，从西南交通大学国际化评价研究中心（URI）发布的《2019中国大学国际化水平排名》（表8.1）的评分中可以看出，国际化水平排名前20的高校，仅前5名国际显示度排名超过80分，国际显示度排名第一的清华大学和排名二十名的电子科技大学，国际显示度得分分别为98.33和32.52，相差近三倍。

表8.1　2019URI中国大学国际化水平排名

序号	高校名称	国际化水平得分	学生国际化得分	国际显示度得分
1	清华大学	91.88	92.82	98.33
2	北京大学	88.48	83.8	97.38

---

① QS2018年，进入前500名的中国高校分别为清华大学（25）、北京大学（38）、复旦大学（40）、上海交通大学（62）、浙江大学（87）、中国科学技术大学（97）、南京大学（114）、北京师范大学（256）、武汉大学（282）、同济大学（316）、中山大学（319）、哈尔滨工业大学（325）、南开大学（344）、西安交通大学（344）．

② THE2018年，进入前500名的中国高校分别为北京大学（29）、清华大学（35）、中国科学技术大学（153）、复旦大学（155）、南京大学、浙江大学、上海交通大学（201–250）．

续表

序号	高校名称	国际化水平得分	学生国际化得分	国际显示度得分
3	上海交通大学	84.87	82.78	82.09
4	浙江大学	83.8	96.16	85.65
5	复旦大学	76.04	73.77	83.51
6	同济大学	74.25	71.17	71.14
7	中山大学	73.69	72.09	60.92
8	武汉大学	72.86	84.27	75.19
9	华中科技大学	69.9	73.84	69.43
10	西安交通大学	68.91	72.77	68.3
11	哈尔滨工业大学	68.47	69.49	62.75
12	厦门大学	66.97	63.21	70.86
13	南京大学	66.37	61.75	78.46
14	四川大学	66.21	74.75	69.43
15	山东大学	65.48	65.95	69.9
16	天津大学	62.76	62.88	62.84
17	南开大学	62.09	55.19	64.19
18	吉林大学	62.07	65.73	62.66
19	北京师范大学	61.89	59.71	69.21
20	电子科技大学	61.65	63.75	32.52

中国高校与外国高校国际合作的数量也在一定程度上决定其国际知名度和影响力。根据教育部对外公布的中外合作办学项目和名单，合作办学项目超过3个的高校仅有19个，超过4个的仅9个，这也侧面说明中国高校的国际影响力相对较弱，应不断加强、持续提高。

表8.2 教育部中外合作办学及项目名单

序号	高校名称	中外合作办学及项目数
1	清华大学	11
2	上海交通大学	9

续表

序号	高校名称	中外合作办学及项目数
3	浙江大学	6
4	西安交通大学	6
5	北京大学	5
6	电子科技大学	5
7	对外经济贸易大学	4
8	南开大学	4
9	中国美术学院	4
10	北京理工大学	3
11	复旦大学	3
12	广东外语外贸大学	3
13	杭州电子科技大学	3
14	江苏师范大学	3
15	宁波大学	3
16	上海大学	3
17	同济大学	3
18	中国传媒大学	3
19	中山大学	3

二、严格把控来华留学招生质量关

"花开自有蝴蝶来"，双一流的建设工作有利于通过提升中国高校自身质量以吸引优质留学生。同时，中国高校在招收留学生时也应注意对其质量严格把关，对吸引而来的留学生有选择性地吸收。中国学者的研究说明，部分高校为了扩大留学生规模，降低留学生入学门槛，忽略对其质量的评估[1]。这样的做法不仅不利于高校的发展，同样让留学生感到中国教育的"廉价"，

---

[1] 高雪梅，孙祥山，于旭蓉，等.地方高等院校外籍研究生教育分析 [J].沈阳农业大学学报（社会科学版），2016，18（005）：580–584.

有损中国高校在国际教育市场上的名誉。相反，严格的考核制度和培养方案不仅有利于对人才进行筛选，而且有助于培养留学生的文化认同，正如李奇所说"如果通过两三年的学习，从中国学到了我引以为豪的、能够让我可持续发展的知识和能力，他就会认同你的高等教育。如果教育质量不能保证，也就谈不上传播和共享思想理念，那么这个钱可能就打水漂了"①。

提高教育质量，严把招生准线，是中国教育部门一贯奉行的定律。1998年前教育部长陈至立就在全国来华留学生工作会议中强调"扩大数量的关键是人家来不来，如果人家不来，我们就无从扩大数量，因此扩大数量的关键是提高质量。在数量和质量的关系中，重要的是提高质量，这是声誉问题。不仅关系到某个学校，也关系到我国高等教育的声誉"。1998年来华留学的工作方式为"深化改革，完善管理，保证质量，积极稳妥发展"，2003年新的工作原则"扩大规模、提高层次、保证质量、规范管理"再次强调质量的重要性。新时代来华留学事业强调从"外延发展"向"内涵发展"转变②，对于国际人才培养的重视进一步加大了对质量的追求力度。教育部2018年制定的《来华留学生高等教育质量规范（试行）》进一步强调要"以质量促发展，以规范促管理，实现来华留学教育工作健康可持续发展"。

目前我国来华留学生中学历生和非学历生各占一半，学历生以本科生为主，总体层次较低，近年来，我国来华研究生规模虽不断扩大，但整体占比相对欧美国家依然较低，应继续扩大对于来华研究生的招收宣传力度和奖学金支持力度；与此同时，在读留学生质量普遍不高，由于生源质量差，学生语言和专业水平难以达到考核要求，部分学校只能通过降低标准的考核方式和"弹性"的评价方式让其完成学业，这也造成留学生质量的恶性循环。为了提高高校国际化水平，严把质量关，应建立统一的招生标准和评估制度，避免留学生招生"各自为政""宽进宽出"，目前我国已有较为完善的语言考

① 陈龙."亚洲第一留学目的地"的自豪与忧虑［J］.东西南北，2018（21）.

② 杨大伟，杨升荣，刘俭.新时期高校发展来华留学生教育的对策研究［J］.高教探索，2016，000（005）：97–101.

试标准（汉语水平考试，简称HSK），可以参考美国GRE和GMAT考试形式，在语言考试的基础上增加专业考试，并将考试成绩作为录取的重要标准之一[①]。

三、规范优化来华留学生奖学金政策

奖学金是吸引外国留学生来华留学的重要措施之一，第七章第一节的调查显示，奖学金是部分留学生在华生活的主要经济来源，来华留学生奖学金主要包括六大类，以中国政府奖学金为主，随着近年来招收留学生的规模逐渐增加，中国政府奖学金支持的留学生数量也随之增加、覆盖率逐年扩大，2018年已达63,041人，占当年留学生总体的12.8%；地方政府奖学金、国际中文教师奖学金、高校奖学金、企业奖学金以及其他机构提供的奖学金约为26%的留学生提供学费、生活费、调研费等各项补贴。

通过奖学金吸引外籍优秀学生留学是世界各国普遍采取的战略措施，主要分为三类形式，一类是以国家为主体实施的留学生增长计划和奖学金激励政策，如中国2010颁布的"留学中国"计划、日本20世纪80-90年代陆续推出的"10万留学生计划"和"30万留学生计划"、欧盟委员会2003年设立的伊拉斯谟世界计划（Erasmus Mundus）等，这些奖学金计划有利于通过"信号效应"在短期内迅速吸引世界各国学生的注意，从而快速扩大本国留学生规模，但也容易造成对数量盲目追求，而对质量缺乏把关；另一类是以机构为主体实施的留学生专项奖学金制度，如美国的汉弗莱奖学金项目（Humphrey Fellowship Program）、富布赖特学者项目（the Fulbright Program）、艾森豪威尔基金会项目（Eisenhower Fellowships），英国的志奋领项目（Chevening Scholarship）、德国的洪堡奖学金项目（Humboldt Research Fellowships）、法国的埃菲尔奖学金（Eiffel Scholarship）等等，这些奖学金大多由专业机构负责奖学金的招生、发放、评审、联络工作，对于获得奖学金的留学生实施精细化管理及全过程追踪，有利于有针对性地发现、培养、

[①]　夏青.来华留学生入学考试制度改革探析［J］.高等理科教育，2011，（3）：53-56.

利用人才；第三类是以院校为主体实施的留学生奖学金制度，这种模式一方面将奖学金与留学生的学业情况密切关联，有利于奖勤罚懒、择优汰劣；另一方面由院校自主掌控奖学金名额及金额，有助于根据各自实际情况便宜行事，以吸引不同学科、不同专业、不同层次的稀缺性人才。

目前我国对于外国留学生的奖学金机制政策以第一类为主，奖学金管理模式相对粗放，申请门槛相对较低、监管措施尚不完善。虽然大部分中国奖学金都配有较为完善的管理细则和考核规定，但获得奖学金的留学生学业水平和研究能力依然不尽如人意，大量获得奖学金资助的留学生无法按期毕业，甚至出现中途退学、肄业等情况。应将奖学金作为撬动高层次国际人才的杠杆[①]，一是要谨慎评定奖学金生名单，严格考察奖学金生资格，并建立奖学金生从招录、培养、毕业到就业的全流程的管理档案及包括留学生学业成绩、发表著作、研究成果、专精领域等全信息的人才档案；二是应通过开发专项奖学金，有针对性地吸引专业型或复合型国际化人才，如教育部中外语言交流合作中心"新汉学计划"项目，该项目旨在"支持外国学生来华进行博士阶段的学习和研修，培养具有国际学术视野、通晓国际学术规则，能够参与国际学术交流与研究的青年汉学家"，自2013年启动以来，已培养了70余国600余名中国研究领域的外籍博士生；三是应鼓励高校根据各自学科优势，探索设立奖学金的可能性。如北京大学哈佛燕京学堂项目（Yenching Academy of Peking University）、清华大学的苏世民学者项目（Schwarzman Scholars）、中国人民大学的丝路学院项目（Silk Road School Renmin University of China）都是这一领域的先行者和成功案例。

四、试点推进"网格化"的行政管理模式

由于国际学生群体特殊性及资源整合重要性，大部分高校对其采取"整

---

① 李小红，方晓田.近十年高等教育之来华留学教育：成绩与挑战［J］.国家教育行政学院学报，2018，000（004）：58-64.

合式"的管理模式，即由学校设立国际教育学院、国际合作交流处或留学生办公室作为主管部门，协调学校其他职能部门，负责国际学生的招生录取、入学指导、手续办理、学籍管理、法制教育、身心健康、校园文化生活等各方面工作。"整合式"管理模式是我国早期受意识形态和国际形势的制约，将外国学生奉为外宾，给予特殊的待遇的历史产物，是一种"保姆式"、"封闭式"、"隔离式"的管理模式。这一模式无疑减少了国际学生与中国学生互动、交流的机会，使他们很难真正了解中国社会和文化，无形阻碍了其社会融入①。2018教育部发布的《来华留学生高等教育质量规范（试行）》明确提出要把"趋同化"作为管理改革方向，高校管理模式也逐渐从特殊照顾向趋同管理过渡。

趋同化管理要求中外学生在学习方面接受相同的行政机构管理、遵守相同的规章制度约束、享有相同的校内软硬资源，尽管趋同化管理是我国高校留学生管理工作改革的方向。但在这一多变的时代，"绝对的趋同化既不可能，也无必要"②，留学生这一群体在语言能力、教育经历和公民权利方面都与中国学生有所不同，"他们的法纪意识相当不统一，他们对我国的法律法规要求存在着陌生感和质疑感"③，是"以人为本"的管理精神的体现，有利于根据中外学生的不同特质进行更具有针对性和适应性的管理措施。在此基础上笔者提出"网格化"管理模式的概念。

"网格化"管理模式概念参考了中国基层社会治理的新模式，通过招募有海外经历和国际交际能力的教师作为外事专员，并允许其流动到各个院系承担外事工作。与"网格员"的工作性质相似，一方面外事专员与留学生联络密切，了解他们生活、学习、社交等各方面的问题和困难，另一方面，他

---

① 严宏伟，王泽阳，赵星.来华留学生跨文化自治管理研究与探索［J］.太原城市职业技术学院学报，2015，000（003）：105-107.

② 张端鸿.来华留学生教育为何难以实现管理趋同［N］.中国科学报.2019-07-17（4）.

③ 李坤.新形势下外籍学生安全管理体系模式探究［J］.教育现代化，2018，5（38）：212-213.

们可以代表学院，在留学生与学校的行政管理部门（如学生处、教务部、研究生院等）沟通不顺畅的条件下参与调节，纵横网络中的重要一环，既照顾了留学生"生源国别不同、语言基础不同、文化风俗不同、专业背景多元、文化认同迥异、学习动机多样"等客观事实[①]，最大程度上避免文化差异导致的误解，又兼顾了"严格执行有关政策法规，不可搞特殊化，避免混淆'留学身份'和'外宾身份'"[②]，在政策上一视同仁，在身份上对等，更有参与感。这一模式有利于破除韦伯概念科层制对岗位和职位的强调，转向对人的关注。

五、积极探索"社会化"的生活管理模式

绝大多数中国高校要求国际学生在校内住宿，并实行中外分隔的住宿制度，对外国学生宿舍施行严格的定期检查、晚间关门、晚归登记、访客登记。中外分隔和严格管理有利于减少中外学生因文化、语言、生活习惯不同而引发的冲突，降低学校安全管理风险，但是这一制度也导致了中外学生生活空间的隔离，不利于他们的彼此交流和相互理解[③]。随着国际学生数量的增多，高校留学生公寓的供不应求，以及越来越多的学生出于隐私保护、住宿价格、文化习惯、融入社区、深入体验中国文化等原因选择校外住宿，探索"社会化"的生活管理模式势在必行。

"社会化"的生活管理模式，即在政府机构的引导下，通过学校与周边社区、企业及社会结构合作的方式，盘活社会资源，满足留学生住宿的多样化需求。"社会化"的生活管理模式被世界各大留学生目的地广泛采纳，但

---

① 谭清美，王军华，Jhony Choon Yeong Ng.来华留学研究生与国内研究生协同培养模式研究［J］.学位与研究生教育，2018，313（12）：49-53.

② 高雪梅，孙祥山，于旭蓉，等.地方高等院校外籍研究生教育分析［J］.沈阳农业大学学报（社会科学版），2016，18（005）：580-584.

③ 道格拉斯·艾伦，胡锐军.外国留学生在中国主流大学的文化适应——超越留学生公寓［J］.国家教育行政学院学报，2015（10）.

形式各有不同。如美国以校内宿舍（dorm）、校外租住（house apartment）和家庭寄宿（homestay）三种形式的住宿模式满足留学生的需求。校内宿舍价格便宜，出入校园方便，因此资源相对紧张，需要提前申请，部分高校要求低年级的留学生必须住在学生宿舍；希望在校外住宿的留学生可以通过国际学生中心获得房源的推荐，也可自行在租房平台寻找住房；寄宿家庭一般针对18岁以下的留学生或本科低年级的留学生，大部分寄宿家庭与美国高校具有长期合作关系，具有一定的国际交流经验，寄宿家庭既可以提供留学生的一日三餐，满足留学生日常生活所需，并且可以帮助留学生尽快熟悉本地环境，融入当地社会。

澳大利亚、加拿大、新西兰等新兴留学生目的地也都推行寄宿家庭模式，其中新西兰对于寄宿家庭有严格的标准和审查制度，留学生所在院校负有选择、监督、培训、指导、评估、管理寄宿家庭的责任，发生在寄宿家庭中的纠纷和事故也将由留学生所在院校负责协调和调节；澳大利亚、加拿大、新加坡等国则依赖市场对寄宿家庭进行管理，并不制定统一的规定，也不对寄宿家庭进行专业的培训。

法国、英国、荷兰等欧洲国家则通过住房补贴引导留学生在校外租住，其中法国的补贴力度较大，补贴制度最为完善。在法留学生获得的住房补贴由家庭补助基金（Caisse d'allocations familiales，简称CAF）提供，补贴金额随学校所在地区、房租金额、留学生身份（学生还是实习生）、居住状态（个人居住还是伴侣合租）以及住房条件（studio还是合租）的不同略有差异，在法留学生获得当地银行（开户信息RIB）、学校（入学证明certificat de scolarité）和房东（租房证明L'Attestation de Loyer/residence）提供相关证明后即可在CAF的官方网站上提出申请，获批后将于每月获得一定的房租补贴。

除此之外，以日本为代表的部分国家通过动员社会力量对留学生提供帮助，"一方面，政府积极鼓励日本国籍教育协会等非盈利团体建造留学生宿舍，并与财团法人'留学生志愿企业协力推进协会'合作，发动企业利用空余的职工宿舍，接纳留学生入住。另一方面，留学生教育的行业领导团体——日恩学生志愿机构为各地政府、社会团体和私人机构建造留学生宿舍承担一部分成本，并选择条件良好的私人住房，向互助支付保证金，供留学生租用"①。

相比之下，中国政府既未推行家庭寄宿制度（部分国际机构与中国家庭合作尝试在小范围内推行寄宿制度），也未对在校外租住的留学生提供补贴（获得奖学金的留学生如选择在校外住宿可以获得一定的补贴，补贴来自奖学金）。留学生在校外租住需要租赁方到当地派出所备案并承担相应监管责任，因此，大部分中国房东并不倾向与留学生合作。相对而言，外国人聚集地如外国使领馆、跨国公司所在地周边的房屋租赁人和公安机构具有较为成熟的交流和管理经验，留学生也更容易在此地区租住到心仪的住房，这也造成了一定程度的留学生聚居现象，为社会治理增加了风险和隐患。针对这一情况，可以参考美国、英国、法国、德国、日本、埃及国等国家的经验，通过开放中外学生合住、推行寄宿家庭制度、引入社会机构力量、提供少量住房补贴等形式缓解高校留学生住宿供给压力，降低学校的管理成本，帮助外籍学生更好地了解中国社会和中国人的生活方式，全面、深入地融入中国社会。

六、持续完善"市场化"的就业和居留政策

改革开放40多年以来，我国始终注重国际人才的引进和培养。但是，我国目前在国际人才的争夺中占据不利地位。一方面，留学教育赤字非常严重，以2018年为例，我国出国留学生高出来华留学生近17万人；另一方面，留学效益转换并不明显，2018年我国来华留学生已近50万，但根据中国科学技术部部长王志刚在2019年第十七届中国国际人才交流大会上的报告，2018年在华工作的外籍人士未破百万，占本国人口不足0.1%，远低于国际平均水平。外籍留学生具有较强的跨文化交际能力、专业技术水平和汉语沟

---

① 丁笑炳.基于市场营销理论的留学生教育服务［M］.北京：北京大学出版社，2012：220.

通能力，是国内劳动力市场的稀缺资源，这部分资源如何从高等教育市场中的学生转换为劳动力市场的人才和储备人才是我国来华留学教育进一步的发展方向。

一是应进一步完善外籍人才就业政策，我国来华留学教育长期以"扩大规模"为导向，高校竞相将来华留学生教育的关注点放在积极扩大招生人数上，一般无暇顾及来华留学生的就业创业问题，而实际上，留学生的"出口"问题才是衡量留学生人才培养质量的关键要素之一[①]。应通过积极推行"市场化"的就业政策，建立便利、合理的人才竞争和引进渠道，纳入国家和地方政府的引智工程，鼓励优秀的外籍留学生毕业后继续在华工作、生活，为中国的发展做出贡献。

二是完善外来移民治理的制度、体制和机制，推进《中华人民共和国外国人永久居留管理条例》出台，针对外籍留学生群体设立专项条款。司法部2020年公布的《中华人民共和国外国人永久居留管理条例（征求意见稿）》相较于2004年公安部、外交部制定的《外国人在中国永久居留审批管理办法》，将可以申请永居的对象进一步扩大为：高素质的各类技术移民、对中国经济发展做出贡献的投资移民、直系亲属家庭团聚移民三类，符合国际通行惯例。但由于中国是非移民国家，应在充分考虑中国国情的基础上，对第一类潜在对象的留学生群体制定更加详细的规定。来华留学生尤其是硕士研究生以上学历的留学生群体是各国引智工程的主要对象，目前在华留学生中，一方面存在大量长期享受国家奖学金的优秀人才，毕业后无法在华工作、生活，造成了一定的资源浪费和人才流失；另一方面，也存在部分学生水平较差、占用中国教育资源、从事违法犯罪。鉴于这一群体数量庞大，且良莠不齐，应专门设立适用此群体的永居条例，具体实施细则可会商教育部，可引入推荐、积分、担保等机制便于择优汰劣；

三是应加强留学生相关管理事务的机构整合和制度整合，正如第四章第一节所言，目前来华留学生相关事务由不同的政府机构负责，简而言之，留

---

① 吴丹.高校构建来华留学生就业服务机制探究［J］.大学教育，2018（2）：37-39

学生入境前的申请审批工作以外交部门为主，入学后的培养管理工作以教育部门为主，毕业后的求职就业工作由人力资源部门监督，而工作后长期居留申请审批工作则由公安部门负责，"相关部门之间缺乏有效的沟通和协调机制，无法实现人员信息和管理资源的共享，还存在机构职能交叉错位的问题，导致政出多门，管理低效"①。随着2018年国家移民局的成立，可以积极探索打通各个部门的整合式管理模式，以满足留学生不同阶段之间的协调和衔接；同时，也应加强留学生相关的不同法律、法规间的协调和整合，既要避免不同部门颁发的法律之间存在真空和漏洞，又要避免各种规定之间相互矛盾或"踩脚"，真正做到"有法可依、有法必依、执法必严、违法必究"。

---

① 涂永前.论外国人来华就业法律制度的完善［J］.中国社会科学院研究生院学报，2016（5）：121–126.

附　录

一、访谈人员

序号	访谈编号	中文名	国籍	性别	访谈时间	访谈地点
001	190107BJ001	曾静	马来西亚	男	20190107	北京
002	190107BJ002	崔彬	韩国	男	20190107	北京
003	190107BJ003	高美珍	韩国	女	20190107	北京
004	190107BJ004	金慧贤	韩国	女	20190107	北京
005	190107BJ005	金星月	韩国	女	20190107	北京
006	190107BJ006	李准基	韩国	男	20190107	北京
007	190107BJ007	陆明明	亚美尼亚	女	20190107	北京
008	190111BJ008	白南娜	罗马尼亚	女	20190111	北京
009	190111BJ009	曹永鑫	韩国	男	20190111	北京
010	190111BJ010	李霞	韩国	女	20190111	北京
011	190111BJ011	林思琪	泰国	女	20190111	北京
012	190111BJ012	土田根一	日本	男	20190111	北京
013	190111BJ013	萧艾嘉	马来西亚	女	20190111	北京
014	190111BJ014	徐慧云	韩国	女	20190111	北京
015	190121BJ015	李渔	马来西亚	女	20190121	北京
016	190926BJ016	安德	意大利	男	20190926	北京
017	190926BJ017	金元晟	韩国	男	20190926	北京
018	190926BJ018	金冬心	韩国	女	20190926	北京
019	190926BJ019	兰佩玉	马来西亚	女	20190926	北京
020	190926BJ020	苏星	印度尼西亚	男	20190926	北京
021	190926BJ021	吉喆	美国	男	20190926	北京
022	190926BJ022	闻天	泰国	男	20190926	北京
023	190926BJ023	尤利娅	俄罗斯	女	20190926	北京

序号	访谈编号	中文名	国籍	性别	访谈时间	访谈地点
024	190927BJ024	金银河	韩国	女	20190927	北京
025	190927BJ025	维克多	法国	男	20190927	北京
026	190927BJ026	赵明泽	韩国	男	20190927	北京
027	190104BJ027	梁友仁	韩国	男	20190104	北京
028	190108BJ028	张柏嘉	美国	女	20190108	北京
029	190606BJ029	何明霞	美国	女	20190606	北京
030	190606BJ030	柳田鑫	缅甸	女	20190606	北京
031	190924BJ031	艾琳	奥地利	女	20190924	北京
032	190924BJ032	赵定远	瑞士	男	20190924	北京
033	181228BJ033	路易	西班牙	男	20181228	北京
034	181228BJ034	兰斯	俄罗斯	女	20181228	北京
035	190925TJ035	莉娜	哈萨克斯坦	女	20190925	天津
037	190925TJ037	海明美	埃及	女	20190925	天津
038	190925BJ038	安吉	波兰	女	20190925	北京
039	190102BJ039	陈氏香	越南	女	20190102	北京
040	190102BJ040	大力	巴基斯坦	男	20190102	北京
041	190102BJ041	高明	埃及	男	20190102	北京
042	190102BJ042	朴再浩	韩国	男	20190102	北京
043	190103BJ043	王安义	俄罗斯	男	20190103	北京
044	190103BJ044	刘俊杰	葡萄牙	男	20190103	北京
045	190103BJ045	阮家民	越南	男	20190103	北京
046	190531BJ046	莎绮娜	埃及	女	20190531	北京
047	190531BJ047	苏珊	印度尼西亚	女	20190531	北京
048	190923BJ048	达尼亚	白俄罗斯	女	20190923	北京
049	190923BJ049	嘉琳	喀麦隆	女	20190923	北京
050	190923BJ050	嘉妮	哈萨克斯坦	女	20190923	北京
051	190923SH051	苏琴	印度尼西亚	女	20190923	上海
052	190923SH052	马安沙	尼泊尔	男	20190923	上海

续表

序号	访谈编号	中文名	国籍	性别	访谈时间	访谈地点
053	190923SH053	吴晶晶	斐济	女	20190923	上海
055	181227BJ055	金莎	韩国	女	20181227	北京
056	181227BJ056	康年	以色列	男	20181227	北京
057	181227BJ057	黎氏璎	越南	女	20181227	北京
059	190522BJ059	宋珍妮	英国	女	20190522	北京
060	190927BJ060	图安	波兰	男	20190927	北京
062	190927BJ062	白伟聪	古巴	男	20200227	北京
063	190927BJ063	吴安虹	越南	男	20190927	北京
064	190107BJ064	迪巴	斯里兰卡	男	20190107	北京
065	190121BJ065	金志英	韩国	女	20190121	北京
066	190926BJ066	阿雅	坦桑尼亚	女	20190926	北京
067	190926BJ067	布东	苏丹	男	20190926	北京
068	190927BJ068	苏菲	法国	女	20190927	北京
069	200227BJ069	王伟	伊朗	男	20190927	北京
070	190108BJ070	南特	西班牙	男	20190108	北京
071	190108BJ071	杨晓天	美国	男	20190108	北京
072	190219GZ072	沙菲尔	俄罗斯	女	20190219	广州
073	190219GZ073	伟力	柬埔寨	男	20190219	广州
074	190219GZ074	李安安	哈萨克斯坦	女	20190219	广州
075	190219GZ075	王爱妮	泰国	女	20190219	广州
054	200109SH054	裴多	巴西	男	20200109	上海
058	200109SH058	安卓	阿根廷	男	20200109	上海
061	200109SH061	塞班	巴拿马	男	20200109	上海
036	200109SH036	杜长安	越南	男	20200109	上海
076	200109SH076	梦涵	比利时	女	20200109	上海
077	200109SH077	范如	意大利	男	20200109	上海
078	200109SH078	张驰名	喀麦隆	男	20200109	上海
079	181228BJ079	朱莉	意大利	女	20181228	北京

序号	访谈编号	中文名	国籍	性别	访谈时间	访谈地点
080	190103BJ080	刘多絮	韩国	女	20190103	北京
081	191114BJ081	比尔	美国	男	20191114	北京
082	190102BJ082	林翠琼	越南	女	20190102	北京
083	190103BJ083	贝杰斯	土耳其	男	20190103	北京
084	190923NJ084	马丽	亚美尼亚	女	20190923	南京
085	190923NJ085	南伽	德国	女	20190923	南京
086	190923NJ086	张艺馨	缅甸	女	20190923	南京
087	190923NJ087	莫丽娜	马达加斯加	女	20190923	南京
088	190923NJ088	庄小龙	印度尼西亚	男	20190923	南京
089	190923NJ089	阿雅	哈萨克斯坦	女	20190923	南京
090	200227SH090	黄安良	泰国	男	20200227	上海
091	200227SH091	马如龙	印度	男	20200227	上海
092	200227SH092	郭嘉翼	印度	男	20200227	上海
093	200227SH093	林龙如	泰国	男	20200227	上海
094	200703SH094	希氏玉容	越南	女	20200703	上海
095	200703SH095	叶尔肯	哈萨克斯坦	男	20200703	上海
096	200703SH096	李思福	印度尼西亚	男	20200703	上海
097	200703SH097	李明义	尼日利亚	男	20200703	上海
098	210215BJ098	李美静	韩国	女	20210215	北京
099	210215GZ099	小川由美	日本	女	20210215	广州
100	210215GZ100	安娜	俄罗斯	女	20210215	广州
101	210215GZ101	李明瑞	尼日利亚	男	20210215	广州
102	210215GZ102	张秀梅	越南	女	20210215	广州
103	210215GZ103	金新仁	韩国	男	20210215	广州
104	210215GZ104	韩素琴	韩国	女	20210215	广州
105	190108BJ105	云彩	意大利	女	20190108	北京
106	210215BJ106	张涛	肯尼亚	男	20210215	北京
107	190103BJ107	美琳	吉尔吉斯斯坦	女	20190103	北京

续表

序号	访谈编号	中文名	国籍	性别	访谈时间	访谈地点
108	190103BJ108	李卓越	德国	男	20190103	北京
109	190107BJ109	陈美珍	泰国	女	20190107	北京
110	190121BJ110	张锋	波兰	男	20190121	北京
111	190926BJ111	李湘仪	马来西亚	女	20190926	北京
112	190927BJ112	海龙泽	日本	男	20190927	北京
113	200703BJ113	关山	哥伦比亚	男	20200703	北京
114	190108BJ114	华丽娜	俄罗斯	女	20190108	北京
115	190924BJ115	黄莎莎	巴拿马	女	20190924	北京
116	199227BJ116	颜昌海	美国	男	20199227	北京
117	181228BJ117	甲氏娜	越南	女	20181228	北京
118	181228BJ118	米莱	伊朗	女	20181228	北京
119	181228BJ119	娜娜	俄罗斯	女	20181228	北京
120	190103BJ120	罗琼	哥伦比亚	男	20190103	北京
121	190102BJ121	黄丽雅	韩国	女	20190102	北京
122	190923BJ122	杜氏枫	越南	女	20190923	北京
123	190923BJ123	穆佳佳	埃及	女	20190923	北京
124	190923BJ124	苏明月	越南	女	20190923	北京
125	190923BJ125	太田亮	日本	男	20190923	北京
126	190923BJ126	叶敏敏	埃及	女	20190923	北京
127	190923BJ127	朱丽娜	马达加斯加	女	20190923	北京
128	200703SH128	小凤	俄罗斯	女	20200703	上海
129	200227NJ129	凯丽	俄罗斯	女	20200227	南京
130	200227NJ130	张武功	美国	男	20200227	南京
131	200703NJ131	陈松	越南	男	20200703	南京
132	200227NJ132	陈旺	肯尼亚	男	20200227	南京
133	200703BJ133	法和	荷兰	男	20200703	北京
134	200703BJ134	迈克	美国	男	20200703	北京

二、调查问卷

亲爱的同学，您好！该问卷希望了解您在华留学期间生活适应情况，请您帮忙填写一下问卷（问卷基本上均为选择题）。本调查资料只用于科学研究，并承诺保护被调查者隐私，非常感谢您的支持和帮助！

1.您的中文名（选填）[填空题]

_____

2.您的性别 [单选题] *

○男　　　　　○女

3.您的年龄 [单选题] *

○ 18~25　　　○ 26~30　　　○ 31~35

○ 36~40　　　○ 40以上

4.您的国籍（请填写国家名，如韩国、日本）[填空题] *

_____

5.您来华留学是否有奖学金资助 [单选题] *（如是请填写奖学金名称）

○是 _____

○否 _____

6.您目前的留学身份是 [单选题] *

○语言生　　　○进修生　　　○本科生

○硕士生　　　○博士生　　　○已毕业

7.是否已婚？ [单选题] *

○已婚（请跳至第9题）

○未婚（请跳至第8题）

8.如未婚，是否考虑与中国人结婚？ [单选题] *

○考虑　　　　○不考虑

9.您的配偶是哪国人 [单选题] *

○和您一个国家

○中国人

○其他国家

10.您来华留学期间是否有家人陪伴？（配偶/父母/子女一起在华生活）

［单选题］*

○是　　　　　　　○否

11.您的汉语水平可以达到［单选题］*

○HSK 4级以下　　　　　　○HSK 4级

○HSK 5级　　　　　　　　○HSK 6级

○HSK 6级以上

12.您认为您的汉语水平［单选题］*

○非常不好　　　　　　　○比较不好

○一般　　　　　　　　　○比较好

○非常好

13.您认为用中文进行日常生活沟通［单选题］*

○非常困难　　　　　　　○比较困难

○一般　　　　　　　　　○比较简单

○非常简单

14.您认为用中文撰写博士论文或学术文章［单选题］*

○非常困难　　　　　　　○比较困难

○一般　　　　　　　　　○比较简单

○非常简单

15.目前为止您在中国生活了多长时间（含参加项目前来华学习、工作经历）［填空题］*

请填写留学的年数，不足一年请按月填写。如1年3个月/3年6个月

16.您计划在中国居住多久［单选题］*

○一年以上　　○三年以上　　○五年以上　　○十年以上

○十五年以上　　○永久居住　　○还没有决定

17.您是否愿意接受中国的风俗习惯？［单选题］*

○非常不愿意　　　　　　○比较不愿意

○视情况而定　　　　　　○比较愿意

○非常愿意

18.您在中国过哪些传统节日［多选题］*

□春节　　　　□中秋节　　　　□元宵节　　　　□端午节

□清明节　　　□从来不过　　　□其他＿＿＿＿＿＿

19.来华留学的原因［多选题］*

□获得高质量教育　　　　　□获得国际生活经验

□对中国文化向往　　　　　□适宜的政治经济环境

□优厚的奖学金　　　　　　□易于找到理想职业

□有亲戚朋友在中国　　　　□希望交到中国朋友

□亲朋好友的推荐

20.您认为来华留学对找到理想工作是否有帮助？［单选题］*

○几乎没有帮助　　　　　○比较没有帮助

○一般　　　　　　　　　○比较有帮助

○非常有帮助

21.您与本地人因为文化差异发生过冲突吗？［单选题］*

○经常发生　　　　　　　○时有发生

○偶尔发生　　　　　　　○较少发生

○从未发生

22.当您与当地人因为文化差异发生冲突时，您会［单选题］*

○坚持自己的看法，希望说服对方

○坚持自己的看法，不愿意与对方争辩

○坚持自己的看法，愿意倾听对方的意见

○尊重对方的看法，愿意修正自己的看法

○放弃自己的看法，认为对方完全正确

23.在华生活期间您是否有过负面的情绪体验（焦虑/孤独/无助/怀乡）[单选题]*

○经常有 　　　　　　　　　○有时有

○偶尔有 　　　　　　　　　○几乎没有

○从来没有

24.产生负面情绪的原因［多选题］*

□思念家乡 　　　　　　　　□得不到充分的社会支持

□语言沟通不畅 　　　　　　□学习研究遇到困难

□缺少朋友 　　　　　　　　□难以融入寄居地文化

□难以获得新的社会资源 　　□其他原因_____

25.当您在中国遇到困难时，您会向谁求助？［多选题］*

□学校部门 　　　　　　　　□学校社团

□本国使馆 　　　　　　　　□宗教组织

□中国民间组织或慈善机构 　□本国在华民间组织（老乡会、校友会）

□家人 　　　　　　　　　　□中国朋友

□在华本国朋友 　　　　　　□在华外国朋友

□新闻媒体 　　　　　　　　□其他_____

26.您认为长期在中国生活需要哪些条件？［多选题］*

□获得中国身份 　　　　　　□在中国购买住房

□在中国工作 　　　　　　　□与中国人结婚

□在中国有很多熟人 　　　　□精通中文

□其他_____

27.您是否愿意与中国人交朋友［单选题］*

○非常不愿意 　　　　　　　○比较不愿意

○一般 　　　　　　　　　　○比较愿意

○非常愿意

28.您是否希望交到更多中国朋友［单选题］*

○非常不同意 　　　　　　　○比较不同意

○一般　　　　　　　　　　○比较同意

○非常同意

29.您有多少位中国朋友？［单选题］*

○5名以下　　　　　　　　○5-10名

○11-15名　　　　　　　　○16-20名

○21-30名　　　　　　　　○30名以上

30.您在华期间每月的消费（以人民币为计量）［单选题］*

○3000元人民币以下　　　　○3000-5000元人民币

○5000-8000元人民币　　　　○超过8000元人民币

31.请选择在华生活期间每月生活开销最大的前三项［多选题］*

如您有奖学金，请按以下参考标准核算

学费：本科及语言生1900元/月、研究生和普通进修生2400元/月、博

士生和高级进修生3200元/月

住宿费：博士生以下为700元/月，博士生和高进生1000元/月

□饮食支出　　　　　　　　□衣着支出

□房租支出　　　　　　　　□水费、电费等生活杂费

□休闲娱乐　　　　　　　　□学费支出

□交通支出　　　　　　　　□旅游支出

□学习资料及额外培训

32.请您在华留学的经济来源包括？［单选题］*

□家庭支持（○无　○有）　　□奖学金（○无　○有）

□个人积蓄（○无　○有）　　□打工兼职（○无　○有）

□其他（○无　○有_____）

33.您认为您在华留学最主要的经济来源是［单选题］*

□家庭支持　　　　　　　　□奖学金

□个人积蓄　　　　　　　　□打工兼职

□其他_____

34.您对学校留学生管理和服务工作是否满意？［单选题］*

很不满意　　○1　　○2　　○3　　○4　　○5　　很满意

35.您对在华期间学习情况是否满意？［单选题］*

很不满意　　○1　　○2　　○3　　○4　　○5　　很满意

36.您对在华期间生活情况是否满意？［单选题］*

很不满意　　○1　　○2　　○3　　○4　　○5　　很满意

37.您对在华期间社交情况是否满意？［单选题］*

很不满意　　○1　　○2　　○3　　○4　　○5　　很满意

38.您对在华期间住宿条件是否满意？［单选题］*

很不满意　　○1　　○2　　○3　　○4　　○5　　很满意

39.您对学校的饮食是否满意？［单选题］*

很不满意　　○1　　○2　　○3　　○4　　○5　　很满意

40.您对在华期间参与社团/组织/机构情况是否满意？［单选题］*

很不满意　　○1　　○2　　○3　　○4　　○5　　很满意

41.家庭的年收入（以人民币为计量单位）［单选题］

○少于20万元人民币选填　　　　○20–30万人民币选填

○30–40万人民币选填　　　　　○40–50万人民币选填

○50万以上人民币选填

42.您认为您本人的社会经济地位在本国属于哪个层级？［单选题］*

○上　　　　○中上　　　　○中　　　　○中下

○下　　　　○不好说

43.您认为您本人的社会经济地位在中国属于哪个层级？［单选题］*

○上　　　　○中上　　　　○中　　　　○中下

○下　　　　○不好说

44.来华留学之后，您认为您的生活水平有什么变化？［单选题］*

○下降很多　　○略有下降　　○没变化　　○略有上升

○上升很多　　○不好说

45.在华期间，您参加以下活动的频率［矩阵量表题］*

	从不	一年几次	一月至少一次	一周至少一次	一周多次	几乎每天
您收听中国广播的频率	○	○	○	○	○	○
您看中国电影的频率	○	○	○	○	○	○
您看中国电视连续剧的频率	○	○	○	○	○	○
您看中国报纸的频率	○	○	○	○	○	○
您看中国杂志的频率	○	○	○	○	○	○

46.在华期间，您参加以下活动的频率［矩阵量表题］*

	从不参加	很少参加	偶尔参加	经常参加	每次必去
学校官方或奖学金机构组织的集体活动	○	○	○	○	○
中国朋友组织的集体活动	○	○	○	○	○
留学生组织的集体活动	○	○	○	○	○
本国使馆、校友会、学生社团组织的活动	○	○	○	○	○
博士师门组织的活动	○	○	○	○	○

47.完成学业后，您留在中国生活的可能性有多大？［单选题］*

○不可能　　　　○1　　　　　○2　　　　　○3

○4　　　　　　○5　　　　　○6　　　　　○7

○8　　　　　　○9　　　　　○极有可能

48.完成学业后，您留在中国工作的可能性有多大？［单选题］*

○不可能　　　　○1　　　　　　○2　　　　　　○3

○4　　　　　　○5　　　　　　○6　　　　　　○7

○8　　　　　　○9　　　　　　○极有可能

49.您是否了解毕业后在华工作政策？［单选题］*

○完全不了解　○1　　　　　　○2　　　　　　○3

○4　　　　　　○5　　　　　　○6　　　　　　○7

○8　　　　　　○9　　　　　　○非常了解

三、参考文献

阿帕杜莱，阿尔君，2016，《全球化》，韩许高译，南京：江苏人民出版社。

阿特巴赫，菲利普·G，2001，《比较高等教育：知识、大学与发展》，人民教育出版社教育室　译，北京：人民教育出版社。

埃尔德，格伦·H，2002，《大萧条的孩子们》，田禾译，南京：译林出版社。

安德森，本尼迪克特，2003，《想象的共同体：民族主义的起源与散布》，吴叡人译，上海：上海人民出版社。

奥尔森，曼瑟尔，2014，《集体行动的逻辑》，陈郁译，上海：上海人民出版社。

奥格本，威廉·费尔丁，1989，《社会变迁：关于文化和先天的本质》，王晓毅译，杭州：浙江人民出版社。

奥斯特罗姆，埃莉诺、奥斯特罗姆，文森特，1992，《制度分析与发展的反思：问题与抉择》，王诚译，北京：商务印书馆。

巴比，艾尔，2000，《社会研究方法》，邱泽奇译，北京：华夏出版社。

巴斯，弗雷德里克，2014，《族群与边界：文化差异下的社会组织》，高崇译，北京：商务印书馆。

鲍德里亚，让，2014，《消费社会》，刘成富、全志钢，南京：南京大学出版社。

鲍曼，齐格蒙特，2001，《全球化：人类的后果》，郭国良、徐建华，北京：商务印书馆。

鲍曼，齐格蒙特，2002，《流动的现代性》，欧阳景根译，上海：上海三联书店。

鲍曼，齐格蒙特，2006，《被围困的社会》，郇建立译，南京：江苏人民出版社。

贝克，乌尔里希，2004，《世界风险社会》，吴英姿译，南京：南京大学出版社。

贝克尔，加里、贝克尔，吉蒂，2013，《生活中的经济学》，章爱民、徐佩文译，北京：机械工业出版。

本尼迪克特，鲁思，1987，《文化模式》，何锡章、黄欢译，北京：华夏出版社。

本尼迪克特，鲁思，2018，《菊与刀：日本文化的类型》，吕万和、熊达云、王智新译，北京：商务印书馆。

波兰尼，卡尔，2016，《巨变：当代政治与经济的起源》，黄树民译，北京：社会科学文献出版社。

伯格，彼得·L、卢克曼，托马斯，2019，《现实的社会建构：知识社会学论纲》，吴肃然译，北京：北京大学出版社。

伯特，罗纳德·S，2008，《结构洞：竞争的社会结构》，任敏、李璐、林虹译，上海：上海人民出版社。

布迪厄，皮埃尔，1997，《文化资本与社会炼金术》，包亚明译，上海：上海人民出版社。

布迪厄，皮埃尔，2004，《国家精英：名牌大学与群体精神》，杨亚平译，北京：商务印书馆。

布迪厄，皮埃尔，2006，《实践感》，蒋梓骅译，南京：译林出版社。

布迪厄，皮埃尔，2011，《关于电视》，许钧译，南京：南京大学出版社。

布迪厄，皮埃尔，2012，《男性统治》，刘晖译，北京：中国人民大学出版社。

布迪厄，皮埃尔，2012，《所述之言：布赫迪厄反思社会学文集》，陈逸淳译，台北：麦田出版社。

布迪厄，皮埃尔，2012，《自我分析纲要》，刘晖译，北京：中国人民大学出版社。

布迪厄，皮埃尔，2015，《区分：判断力的社会批判》，刘晖译，北京：商务印书馆。

布迪厄，皮埃尔，2017，《实践理论大纲》，高振华、李思宇译，北京：中国人民大学出版社。

布迪厄，皮埃尔，2017，《世界的苦难：布尔迪厄的社会调查》，张祖建译，北京：中国人民大学出版社。

布迪厄，皮埃尔、华康德，卢瓦克，1998，《实践与反思：反思社会学导引》，李猛、李康译，北京：中央编译出版社。

布迪厄，皮埃尔、帕斯隆，让－克洛德，2002，《再生产：一种教育系统理论的要点》，邢克超译，北京：商务印书馆。

布迪厄，皮埃尔、夏蒂埃，罗杰，2012，《布尔迪厄与夏蒂埃对话录》，马胜利译，北京：北京大学出版社。

布劳，彼得，1991，《不平等和异质性》，王春光译，北京：中国社会科学出版社。

布劳，彼得，2008，《社会生活中的交换与权力》，李国武译，北京：商务印书馆。

布洛维，麦克，2007，《公共社会学》，沈原等译，北京：社会科学文献出版社。

布洛维，麦克，2008，《制造同意：垄断资本主义劳动过程的变迁》，李荣荣译，北京：商务印书馆。

程家福，2012，《来华留学生教育结构历史研究：1950–2010》，上海：同济大学出版社。

道格拉斯，玛丽，2013，《制度如何思考》，张晨曲译，北京：经济管理出版社。

翟学伟，2017，《中国人行动的逻辑》，上海：生活.读书.新知三联书店。

丁笑炯，2012，《基于市场营销理论的留学生教育服务》，北京：北京大学出版社。

董泽宇，2012，《来华留学教育研究》，北京：国家行政学院出版社。

凡勃仑，托斯丹·邦德，2015，《有闲阶级论：关于制度的经济研究》，李华夏译，武汉：武汉大学出版社。

费埃德伯格，埃哈尔，2005，《权力与规则：组织行动的动力》，张月译，上海：上海人民出版社。

费孝通，1998，《乡土中国　生育制度》，北京：北京大学出版社。

费孝通，2004，《论人类学与文化自觉》，北京：华夏出版社。

福柯，米歇尔，1999，《规训与惩罚》，杨远婴、刘北成译，上海：生活·读书·新知三联书店。

福塞尔，保罗，1998，《格调：社会等级与生活品味，梁丽真译，北京：中国社会科学出版社。

福山，弗朗西斯，2001，《信任：社会美德与创造经济繁荣》，彭志华译，海口：海南出版社。

付春，2015，《族群认同与社会治理》，北京：经济科学出版社。

高宣扬，2004，《布迪厄的社会理论》，上海：同济大学出版社。

戈登，米尔顿·M，2015，《美国生活中的同化：种族、宗教和族源的角色》，马戎译，南京：译林出版社。

戈夫曼，欧文，1990，《日常接触》，徐江敏、丁晖译，北京：华夏出版社。

戈夫曼，欧文，2008，《日常生活中自我呈现》，冯钢译，北京：北京大学出版社。

戈夫曼，欧文，2017，《公共场所的行为：聚会的社会组织》，何道宽译，北京：北京大学出版社。

格兰诺维特，马克，2015，《镶嵌：社会网与经济行动》，罗家德等译，北京：社会科学文献出版社。

格兰诺维特，马克、斯威德伯格，理查德，2014，《经济生活中的社会学》，瞿铁鹏、姜志辉　译，上海：上海人民出版社.

格伦菲尔，迈克尔，2018，《布迪厄·关键概念》，林云柯译，重庆：重庆大学出版社。

郭星华，2011，《漂泊与寻根：流动人口的社会认同研究》，北京：中国人民大学出版社。

哈贝马斯，尤尔根，2019，《后民族结构》，曹卫东译，上海：上海人民出版社。

哈里森，劳伦斯·E，2017，《多元文化主义的终结》，王乐洋译，北京：新华出版社。

亨廷顿，塞缪尔，2010，《文明的冲突与世界秩序的重建（修订版）》，周琪等译，北京：新华出版社。

怀特，威廉·富特，1994，《街角社会》，黄育馥译，北京：商务印书馆。

黄光国，2010，《人情与面子：中国人的权力游戏》，北京：中国人民大学出版社。

吉登斯，安东尼，2013，《资本主义与现代社会理论》，郭忠华、潘华凌译，上海：上海译文出版社。

吉登斯，安东尼，2016，《社会的构成：结构化理论纲要》，李康、李猛译，北京：中国人民大学出版社。

贾玉新，1997，《跨文化交际学》，上海：上海外语教育出版社。

柯兰君、李汉林，2001，《都市里的村民：中国在城市的流动人口》，北京：中央编译出版社。

柯林斯，兰德尔，2018，《文凭社会：教育与分层的历史社会学》，刘冉译，北京：北京大学出版社。

柯武刚、史漫飞，2003，《制度经济学：社会秩序与公共政策》，韩朝华译，北京：商务印书馆。

克里希那穆提，吉杜，2010，《关系的真谛》，邵金荣译，北京：九州出版社。

克利福德，詹姆斯、马库斯，乔治·E，2006，《写文化——民族志的诗学与政治学》，高丙中等译，北京：商务印书馆。

克罗齐埃，米歇尔，1989，《被封锁的社会》，狄玉明译，北京：商务印书馆。

克罗齐埃，米歇尔，2002，《科层现象》，刘汉全译，上海：上海人民出版社。

克罗齐埃，米歇尔、费埃德伯格，埃哈尔，2017，《行动者与系统：集体行动的政治学》，张月译，上海：格致出版社。

孔飞力，2016，《他者中的华人》，李明欢译，南京：江苏人民出版社。

李惠斌、杨雪冬主编，2000，《社会资本与社会发展》，北京：社会科学文献出版社。

李路路、李汉林，2019，《中国的单位组织：资源、权力与交换》，上海：生活.读书.新知三联书店。

李梅，2008，《高等教育国际市场：中国学生的全球流动》，上海：上海教育出版社。

李明欢，2018，《国际移民政策研究》，厦门：厦门大学出版社。

李培林，1992，《转型中的中国企业》，济南：山东人民出版社。

李培林，1993，《新社会结构的生长点》，济南：山东人民出版社。

李培林，2000，《就业与制度变迁——两个特殊群体的求职过程》，杭州：浙江人民出版社。

李培林，2003，《农民工：中国进城农民工的经济社会分析》，北京：社会科学文献出版社。

李培林，2004，《重新崛起的日本》，北京：中信出版社。

李培林，2010，《村落的终结：羊城村的故事》，北京：商务印书馆。

李培林，2013，《生活和文本中的社会学》，上海：生活·读书·新知三联书店。

李培林，2014，《中国社会巨变和治理》，北京：中国社会科学出版社。

李强，1999，《生命的历程：重大社会事件与中国人的生命轨迹》，杭州：浙江人民出版社。

列斐伏尔，亨利，2016，《空间与政治》，李春译，上海：上海人民出版社。

列维－斯特劳斯，克劳德，2006，《种族与历史》，于秀英译，北京：中国人民大学出版社。

列维－斯特劳斯，克劳德，2016，《我们都是食人族》，廖惠瑛译，上海：上海人民出版社。

林南，2005，《社会资本：关于社会结构与行动的理论》，张磊译，上海：上海人民出版社。

刘少杰，2012，《社会学理性选择理论研究》，北京：中国人民大学出版社。

罗家德，2010，《社会网分析讲义.第2版》，北京：社会科学文献出版社。

马佳妮，2020，《留学中国——来华留学生就读经验的质性研究》，北京：社会科学文献出版社。

麦克盖根，吉姆，2001，《文化民粹主义》，桂万先译，南京：南京大学出版社。

米勒，大卫、沃尔泽，迈克尔，2018，《多元主义、正义和平等》，高建明译，江西：江西人民出版社。

米勒，丹尼尔，2013，《消费：疯狂还是理智》，张松萍译，北京：经济科学出版社。

莫斯，马塞尔，2019，《礼物：古式社会中交换的形式与理由》，汲喆译，北京：商务印书馆。

帕森斯，塔尔科特，2003，《社会行动的结构》，张明德译，南京：译林出版社。

帕森斯，塔尔科特、斯梅尔瑟，尼尔，1989，《经济与社会》，刘进译，北京：华夏出版社。

帕特南，罗伯特，2018，《独自打保龄：美国社区的衰落与复兴》，刘波译，北京：中国政法大学出版社。

青木昌彦，2001，《比较制度分析》，周黎安译，上海：上海远东出版社。

琼斯，埃里克，2019，《文化融合：基于历史学和经济学的文化批判》，王志标译，杭州：浙江大学出版社。

渠敬东，2017，《缺席与断裂：有关失范的社会学研究》，北京：商务印书馆。

瑞泽尔，乔治，2014，《汉堡统治世界》，姚伟译，北京：中国人民大学出版社。

塞尔兹尼克，菲利浦，2014，《田纳西河流域管理局与草根组织——一个正式组织的社会学研究》，李学译，重庆：重庆大学出版社。

森，阿马蒂亚，2014，《身份与暴力：命运的幻象》，李风华译，北京：中国人民大学出版社。

施晓光、严军，2011，《全球知识经济中的高等教育》北京：北京大学出版社。

司马云杰，2011，《文化社会学·第5版》，北京：华夏出版社。

斯科特，W·理查德，2010，《制度与组织》，姚伟、王黎芳译，北京：中国人民大学出版社。

斯科特，詹姆斯·C，2011，《弱者的武器》，郑广怀等译，南京：译林出版社。

斯梅尔瑟，尼尔、斯威德伯格，理查德，2009，《经济社会学手册》，罗教讲、张永宏译，北京：华夏出版社。

斯沃茨，戴维，2006，《文化与权力：布尔迪厄的社会学》，陶东风译，上海：上海译文出版社。

孙立平，2005，《现代化与社会转型》，北京：北京大学出版社。

田毅鹏、漆思，2005，《"单位社会"的终结：东北老工业基地"典型单位制"背景下的社区建设》，社会科学文献出版社。

图海纳，阿兰，2003，《我们能否共同生存？既彼此平等又互有差异》，狄玉明、李平沤，北京：商务印书馆。

图海纳，阿兰，2008，《行动者的归来》，舒诗伟、许甘霖、蔡宜刚译，北京：商务印书馆。

托马斯，威廉、兹纳涅茨基，弗洛里安，2002，《身处欧美的波兰农民》，张友云译，南京：译林出版社。

王春光，2018，《移民空间的建构：巴黎温州人跟踪研究》，北京：社会科学文献出版社。

威利斯，保罗，2013，《学做工：工人阶级子弟为何继承父业》，秘舒、凌旻华译，南京：译林出版社。

韦伯，马克斯，1997，《经济与社会》，林荣远译，北京：商务印书馆。

韦伯，马克斯，2004，《经济行动与社会团体》，康乐、简惠美译，桂林：广西师范大学出版社。

维沃尔卡，米歇尔，2017，《社会学前沿九讲》，王鲲、黄君艳、章婵译，北京：中国大百科全书出版社。

西蒙，赫伯特，2002，《西蒙选集》，黄涛译，北京：首都经济贸易大学出版社。

项飚，2012，《全球"猎身"：世界信息产业和印度的技术劳工》，王迪译，北京：北京大学出版社。

项飚，2018，《跨越边界的社区：北京"浙江村"的生活史（修订版）》，上海：生活.读书.新知三联书店。

徐为民，2011，《来华留学生教育的理念与实践》，杭州：浙江大学出版社。

薛晓源、曹荣湘，2005，《全球化与文化资本》，北京：社会科学出版社。

阎云翔，2006，《私人生活的变革：一个中国村庄里的爱情，家庭与亲密关系：1949-1999》，龚小夏译，上海：上海书店。

阎云翔，2017，《礼物的流动：一个中国村庄中的互惠原则与社会网络》，李放春、刘瑜译，上海：上海人民出版社。

杨军红，2009，《来华留学生跨文化适应问题研究》，上海：上海社会科学院出版社。

杨茂庆，2019，《多元与交融：少数民族流动儿童的城市社会融入问题与对策研究》，北京：商务印书馆。

杨善华、谢立中，2006，《西方社会学理论》，北京：北京大学出版社。

伊罗生，哈罗德，2008，《群氓之族：族群认同与政治变迁》，邓伯宸译，广西：广西师范大学出版社。

殷，罗伯特·K，2014，《案例研究方法的应用》，周海涛译，重庆：重庆大学出版社。

英格尔斯，阿历克斯，1985，《人的现代化》，殷陆君译，成都：四川人民出版社。

于富增，2009，《改革开放30年的来华留学生教育：1978–2008》，北京：北京语言大学出版社。

张慧，2015，《边疆城市化进程中失地农民的城市融入》，北京：中国社会科学出版社。

张继焦，2004，《城市的适应：迁移者的就业与创业》，北京：商务印书馆。

张静，2007，《基层政权：乡村制度诸问题》，上海：上海人民出版社。

张鹏，2019，《城市里的陌生人：中国流动人口的空间、权力与社会网络的重构》，袁长庚译，南京：江苏人民出版社。

周雪光，2003，《组织社会学十讲》，北京：社会科学文献出版社。

朱国华，2004，《权力的文化逻辑》，上海：上海三联书店。

Alba, R. D. & V. Nee 1997, "Rethinking Assimilation Theory for a New Era of Immigration." *International Migration Review* 31(4).

Appadurai, Arjun 2001, *Après le colonialisme : les conséquences culturelles de la globalisation*. Paris: Éditions Payot & Rivages.

Babiker, I. E., J. L. Cox & P. Miller 1980, "The measurement of cultural distance and its relationship to medical consultations, symptomatology and examination performance of overseas students at edinburgh university." *Social Psychiatry* 15(3).

Bernard, P. 1999, *Social Cohesion: A Critique in CPRN*, Discussion Paper. Ottawa: Canadian Policy Research Networks, Inc.

Berry, J.W. 1996, "Immigration, Acculturation, and Adaptation." *Applied Psychology* 46(1).

Bourdieu, Pierre & James S. Coleman 1991, *Social Theory for a Changing Society*. New York: Russell Sage.

Bourdieu, Pierre & Jean-Claude Passeron 1966, *Les héritiers: Les étudiants et la culture*. Paris: Editions de minuit.

Bourdieu, Pierre & Jean-Claude Passeron 1970, *La reproduction: éléments pour une théorie du système d'enseignement*. Paris: Éditions de Minuit.

Bourdieu, Pierre 1962, *The Algerians*. Trans. by Alan C. M. Ross. Boston: Beacon Press.

Bourdieu, Pierre 1979, "Les trois états du capital culturel." *Actes De La Recherche En Sciences Sociales* 30(1).

Bourdieu, Pierre 1979, *Algeria 1960*. Trans.by Richard Nice. Cambridge: Cambridge University Press.

Bourdieu, Pierre 1980, "Le capital social: notes provisoires." *Actes De La Recherche En Sciences Sociales* 31.

Bourdieu, Pierre 1985, "The Social Space and the Genesis of Groups." *Theory and Society* 14(6).

Bourdieu, Pierre 1987, *Choses dites*. Paris: Minuit.

Bourdieu, Pierre 2000. *Les Structures sociales de l'économie*. Paris: Editions du Seuil.

Bourdieu, Pierre 2004, "Algerian landing." *Ethnography* 5(4).

Bourdieu, Pierre 2015, *Questions de sociologie*. Paris: Editions de minuit.

Bourdieu, Pierre, Franz Schultheis & Christine Frisinghelli 2012, *Picturing Algeria*. New York: Columbia University Press.

Coleman, J.S. 1988, "Social Capital in the Creation of Human Capital." *The American Journal of Sociology* 94.

Coleman, J.S. 1990, *Foundations of Social Theory*. Cambridge: Harvard University Press.

Durkheim, Emile 2002, *Le Suicide :Etude de sociologie*. Paris: Presses Universitaires de France.

Durkheim, Emile 2013, *De la division du travail social*. Paris: Presses Universitaires de France.

Entzinger, Han & Renske Biezeveld 2003, *Benchmarking on immigrant integration*. Report for the European Commission by European Research Centre on Migration and Ethnic Relations (ERCOMER), EU project No. DG JAI–A–2/2002/006.

Fl, A , B. Kwl , & C. Bcl. 2004, "Positive psychological capital: beyond human and social capital. " *Business Horizons* 47(1).

Gagnepain, Jean 1990, *Du Vouloir Dire*. Bruxelles: De Boeck.

Gans, Herbert J. 1979, "Symbolic Ethnicity: The Future of Ethnic Groups and Culture in America." *Ethnic and Racial Studies* 2(1).

Goldscheider 1983, *Urban migrants in developing nations*. Colorado: West view Press.

Hogg, Michael A. & Dominic Abrams 1988, *Social Identification: A Social Psychology of Intergroup Relations and Group Process*. London: Routledge.

Jenson, J. 1998, *Mapping Social Cohesion: The State of Canadian Research*. Ottawa: Canadian Policy Research Networks Inc.

Li, An shan 2018, "African Students in China: Research, Reality, and Reflection." *African Studies Quarterly* 17(4).

Luthans, F. , C. M. Youssef–Morgan & B. J. Avolio 2007, *Psychological*

Capital: Developing the Human Competitive Edge. Oxford: Oxford University Press.

Massey, Douglas S. 1993, *American apartheid: segregation and the making of the underclass.* Cambridge: Harvard University Press.

Michels, R. 1968, *Political Parties: A Sociological Study of the Oligarchical Tendencies of Modern Democracy.* New York: Free Press.

Park, R., E. W. Burgess & R. D. Mckenzie 1984, *The City: suggestions for the study of human nature in the urban environment.* Chicago: University of Chicago Press.

Park, Robert E. 1928, "Human Migration and the Marginal Man." *American Journal of Sociology* 33(6).

Portes, A. & M. ZOU 1993, "The New Second Generation: Segmented Assimilation and Its Variants among Post–1965 Immigrant Youth." *The Annals of the American Academy of Political and Social Science* 530.

Portes, A. P. 1998, "Social capital: its origins and applications in modern sociology." *Annual Review of Sociology* 24(1).

Powell, D. M. W. 1983, "The iron cage revisited: institutional isomorphism and collective rationality in organizational fields." *American Sociological Review* 48(2).

Putnam, R.D. 1993, *Making Democracy Work: Civic traditions in modern Italy.* New Jersey: Princeton University Press.

Redfield, R., R. Linton & M. J. Herskovits 1936, "Memorandum for the Study of Acculturation." *American Anthropologist* 38(1).

Robertson, Shanthi 2013, *Transnational Student-Migrants and the State.* London: Palgrave Macmillan.

Rowan, M.B. 1977, "Institutionalized organizations: formal structure as myth and ceremony." *American Journal of Sociology* 83(2).

Schatzki, T.R. 1996, *Social Practices: A Wittgensteinian Approach to Human*

Activity and the Social. Cambridge: Cambridge University Press.

Taylor, Cyril 2013, *A Student Guide to Study Abroad*. New York: AIFS Foundation.

Warner, W. L. & L. Srole 1945, *The Social Systems of American Ethnic Groups*. New Haven: Yale University Press.

后　记

本书是由我的博士论文改写而成，在三年的博士学习期间，我获得了许多老师、领导、同学和亲友的鼓励和帮助，在这里我向他们表示最诚挚的谢意！

我要感谢我的导师李培林教授！在整个博士学业和论文写作的过程中，李老师对我的关怀和指导是无微不至的，大到论文选题的确定、文章框架的选择，小到调查方法的使用、研究问题的展开，微到图片表格的引述、文献格式的修改，无不凝结着李老师的学识、智慧和心血。当他得知我的论文即将付梓，又慨然赐序，令我万分激动。李老师曾说做学问有三重境界，第一重是"独上高楼"的勇气，第二重是"终不悔"的决心，第三重是"回头蓦见"的功夫。唯有"独上高楼"的勇气、"回头蓦见"的功夫和"终不悔"的决心，耐得住"望尽天涯路"的寂寞，同时能够经得起诱惑、守得住底线，才能做出"为人民"的大学问、真学问。李老师将学术追求和富民情怀当作毕生志趣，他渊博的学问知识、严谨的治学态度、崇高的理想信念始终激励着我，"高山仰止，景行行止。虽不能至，心向往之"。

我要感谢参与本书访谈和给予我帮助的每一位来华留学生！自2013年从事"新汉学计划"国际学术交流项目以来，我接触过近千名来华留学的优秀外籍青年，了解到他们不远万里、负笈远渡的留学决心，感受着他们朝斯夕斯、念兹在兹的求学精神，倾听了他们独居异乡、入而不融的生活苦闷，这些鲜为人知的经历和故事促使我下定决心写出一本关于他们的社会学研究。囿于学术写作的规范要求，我无法将他们真实的姓名写在论文里，但我尽力把他们真实的故事融入到我的研究思考中。希望这本不成熟的作品，可以让中国的读者更加客观地了解来华留学的学生，同时也让更多优秀的外国青年愿意留学中国、认识中国、理解中国，共同推动不同文明和合共生，"各美其美、美人之美、美美与共、天下大同"。

我要感谢我的父母和家人对我求学道路的支持和鼓励！多年漂泊在外，我不能和他们时刻分享我的感受，但他们永远能够理解我的坚持。"谁言寸草心，报得三春晖"，现代社会发展的标志之一就是个体离开家庭走入社会，但这个时代最核心社会问题也在于走入社会的我们如何回报家庭。我要感谢我的爱人一路上的陪伴和理解！我们一起经历了大学的青葱岁月、法国的异乡羁旅、工作的起起伏伏、生活的柴米油盐，她把最好的年华留给了我，我能送给她最宝贵的礼物是始终如一的陪伴，"宜言饮酒，与子偕老。琴瑟在御，莫不静好"。

我要感谢我所工作单位——教育部中外语言交流合作中心的各位领导和同事！感谢马箭飞书记、宋永波书记！他们关爱下属、提携后进，批准了我在职读博的申请，让我能够利用业余时间更好地充实自己。感谢静炜主任！在我入职之初她就教导我要深耕细作、厚积薄发，让我认识到不断学习的重要性。感谢周卉处长和张科处长！她们虽是我的领导，但更像我的亲人，无论工作、学业还是生活上，她们都给予我最大程度的包容、支持、关怀和鼓励。我要特别感谢杨金成处长、研究员！他是我在单位的"导师"，在我博士论文的写作过程中，他给予了我很多帮助，他扎实的学术功底、饱满的研究激情和谦逊的处世风格是我学习的榜样。我还要感谢所有同事对我的支持、帮助和鼓励！

我要感谢边燕杰教授、陈光金教授、杜鹏教授、哈巍教授、洪大用教授、蒋国河教授、李春玲教授、李路路教授、李炜教授、刘精明教授、梁在教授、邱泽奇教授、田丰教授、王春光教授、王晓毅教授、尉建文教授、夏传玲教授、杨慧林教授、阎光才教授、张继焦教授、张翼教授、张慧教授、张靖教授、张晓京教授、赵延东教授、周晓虹教授、周雪光教授、朱光磊教授、庄晨燕教授、Armel Huet 教授、Jean-Claude Quentel 教授、Jean-Yves

Dartiguenave教授在我求学期间和博士论文写作过程中给予的指点和帮助！我要特别感谢给予我关心和帮助的同学和朋友们！

　　人生路上的每一个选择最终汇聚成了命运，回首过去的时光，有的庆幸、有的遗憾，无论未来的我如何看待当下的选择，我还是愿意遵从本心、不忘初心，继续走下去。最后，我想感谢在许多艰难中没有放弃的自己……

王昕生

2021年12月5日